Industry 1.0
수력과 증기기관의 힘으로 기계적 생산 시작
1784년에 최초의 기계식 방적기 사용

Industry 2.0
전기를 이용하고 분업과 대량생산 시스템 시작
1870년에 미국의 신시내티 도살장에서 최초의 어셈블리 라인 도입

Industry 3.0
전자와 정보 기술을 이용하여 생산 자동화를 추진
1969년에 최초의 프로그램이 가능한 논리 컨트롤러 사용

Industry 4.0
사이버 – 물리적 시스템 사용
2016년 스위스의 다보스 포럼에서 4차 산업혁명 논의 시작

The Core Strategies of the Fourth Industrial Revolution

4차 산업혁명의 핵심전략.

4차 산업혁명 시대의 Survival Kit

- 취업 필독서
- 명퇴 격퇴서
- 창업 필휴서
- 자녀 교육서
- 조직 혁신 필수서

저자: 박춘엽, 박병연, 오점술
도와준 이: 손인배

책연

PREFACE

    4차 산업혁명이 빛의 속도로 진행하고 있으며 그 파장이 쓰나미처럼 몰려오고 있다. 이 쓰나미에 휩쓸리어 가지 않으려면 대응 방안을 마련해야 한다. 그러나 무엇을 어떻게 해야 할지를 알려주는 길라잡이가 없어 보인다. 이 책은 이와 같은 상황에서 4차 산업혁명에 대비하는 핵심 전략과 대응 방안을 제시하고자 쓰이어진 것이다.

    이 책은 젊은 취업 준비생과 직장에서 승진을 추구하며 명예퇴직도 걱정하는 직장인, 그리고 창업 준비자들에게는 필수적인 것이다. 그래서 대학의 강의 교재로 사용하면 취업과 창업에 효과가 클 것이다. 또, 이 책의 내용은 기업과 비영리 기관에서 혁신과 변화를 추구하는 임원과 중간 관리자들에게도 필수적이며, 청소년들의 교육에 관심이 많은 학부모와 교사들에게도 매우 유용할 것이다. 이 책은 또 중앙 정부와 지방자치단체에서 근무하는 공무원들과 정치인들에게도 미래를 준비하는 데 필요한 지식과 지혜를 줄 것이다.

    이 책은 3편 10장으로 구성되어 있다. 제1편에서는 4차 산업혁명의 본질을 이해할 수 있도록 4차 산업혁명과 관련된 기술적, 경제적, 사회적, 문화적, 정치적 요인들에 대하여 예를 들어가며 설명하였다. 제2편에서는 4차 산업혁명 시대에 필요한 인적 혁신, 제품 혁신, 제조 혁신, 그리고 마케팅 혁신에 대하여 사례를 들어 알기 쉽게 설명하였다. 제3편에서는 미래 예측과 유망한 미래 사업 그리고 미래에 대한 대응 전략과 실행 방안을 제시하였다.

    급속히 진행하고 있는 4차 산업혁명과 관련된 기술, 경영, 경제, 사회, 문화, 정치에 이르는 방대한 주제를 함축성 있게 다루는 데 어려움이 많았다. 이 책은 한글에 충실히 하려고 노력하였지만 일부에서는 전문 용어 외래어를 한국어로 바꾸지 못하고 사용하였다. 독자들의 양해를 바란다. 부족하지만 아무쪼록 이 책이 독자들과 이 사회에 도움이 되기를 기원한다.

이 책의 제1, 2, 3, 4, 5, 8, 9, 10장은 박춘엽 교수가, 제6장은 오점술 교수가, 그리고 제7장은 박병연 교수가 각각 저술하였다. 또, 손인배 회계사는 이 책 저술 작업 초기에 많은 도움을 주었다. 이 책의 초고를 읽고 유용한 조언을 주신 박춘기 님, 임상빈 교수, 박알렉스 님, 오정금 대표, 박창해 님, 그리고 김기현 님에게 감사의 말씀을 드린다. 특히, 어려운 여건 속에서도 이 책의 발행을 맡아주신 도서출판 책연의 우주온 대표님과 보명북스의 정태욱 대표님 그리고 까다로운 편집 작업을 고도의 전문 기술로 수행해 주신 정병현 대리님께 특별히 감사의 말씀을 드린다.

저자 씀

CONTENTS

PART 01 변화와 그 요인의 이해

CHAPTER 01
4차 산업혁명은 기회의 창

1. 4차 산업혁명은 빛의 속도로 진행 중   2
2. 4차 산업혁명의 본질   3
3. 그것은 스스로 열리지 않는다   5
4. 산업혁명과 한국의 경험   7
5. 한국이 얻은 교훈   9

CHAPTER 02
경영 환경 변화의 10대 요인

1. 작은 괴물 스마트폰   11
2. 물리적 연결망   15
3. 사회적 연결망   16
4. 욕구의 변화   20
5. 인구 변화   25
6. 노동 문제와 일자리   27
7. 여가 시간   30
8. 교육과 학습   31
9. 과학 기술 공학 수학   31
10. 국제적 환경   33

CHAPTER 03
4차 산업혁명의 핵심 기술과 개념

1. 인공지능   35
2. 로봇   39
3. 사물인터넷과 웨어러블 디바이스   42
4. 바이오 의료 기술   48
5. 자동차의 재탄생   49
6. 3D 프린팅   53
7. 빅데이터   54
8. 가상현실과 증강현실   56
9. 드론   57
10. 공유 경제   58
11. 가상 화폐와 블록체인   62
12. 핀테크   63

PART 02 혁 신 전 략

CHAPTER 04
**인적 혁신:
업무 역량 혁신**

1. 미래에 필요한 업무 역량	68
2. 복잡한 문제 해결 능력	70
3. 비판적 사고	79
4. 창의력	87
5. 인사 관리 능력	90
6. 타인과의 코디네이팅	93
7. 감성 지능	98
8. 판단과 의사 결정 능력	102
9. 서비스 지향성	107
10. 협상력	109
11. 인지적 유연성	112
12. 외국어 능력	115
13. 컴퓨터 활용 능력과 사이버 업무 역량	119
14. 전문 분야의 업무 역량	125
15. 신기술의 이해	127
16. 사원의 업무 역량 종합 평가	128
17. 교육의 혁신	129

CHAPTER 05
**제품 혁신:
신제품 개발**

1. 신제품 개발에 기업의 운명이	130
2. 신제품 개발의 이유	131
3. 신제품의 종류	132
4. 신제품 개발의 특징	135
5. 신제품 개발 과정	136
6. 기업 내부와 외부 상황 분석	137
7. 신제품 개발 전략의 개발	138
8. 신제품 아이디어의 원천	140
9. 아이디어 선별	143
10. 제품 콘셉트 개발과 테스트	147
11. 사업성 분석	150
12. 디자인, 원형 제작과 테스트	152
13. 생산	156
14. 론치	157
15. 신제품 개발이 실패하는 이유	159
16. 신규 사업 개발	161

PART 02 혁신 전략

CHAPTER 06
제조 혁신과 스마트 팩토리

1. 제조 혁신의 배경과 중요성 — 164
2. 제조 혁신을 촉진하는 요소 기술과 변화 — 167
3. 스마트 혁신에 의한 제조 패턴의 변화 — 171
4. 스마트 팩토리 — 183
5. 스마트 팩토리 추진 방법 — 187
6. 스마트 팩토리 추진 모델 — 194
7. 스마트 제조의 미래 — 207

CHAPTER 07
마케팅 혁신: 마케팅 전략 4.1

1. 데이터 중심의 마케팅 — 212
2. 제품 서비스 — 217
3. 디지털화 — 225
4. 데이터 과학 — 234
5. 빅데이터 — 240
6. 분석과 예측 — 252

PART 03 미래 기회와 대응 전략

CHAPTER 08
미래 예측

1. 4차 산업혁명의 진로 — 262
2. 스마트폰의 활용 범위가 확대된다 — 264
3. SNS의 영향력이 증대한다 — 267
4. 인재의 선발과 평가 기준이 달라진다 — 267
5. 유연 근무제가 확대된다 — 268
6. 교육과 학습 시스템이 변한다 — 269
7. 기업의 사회적 책임이 중요해진다 — 270
8. 농업과 농촌이 부활한다 — 271
9. 미래 인구와 경제 성장 — 272
10. 재앙이 될 것인가? 축복이 될 것인가? — 273

PART 03   미래 기회와 대응 전략

CHAPTER 09
미래 유망 사업

1. 황금 알을 낳는 거위 12 … 274
2. 욜로는 미래 비즈니스의 핵심 개념 … 277
3. 대세는 서비스 산업 … 278
4. 6070+세대를 위한 비즈니스 … 278
5. 일하는 여성에 주목 … 279
6. 일인 가구에 주목하라 … 280
7. 플랫폼 비즈니스 … 280
8. 온라인 교육과 훈련 … 280
9. 신재생 에너지 산업 … 281
10. 미래 사업 100가지 … 281

CHAPTER 10
요약과 대응 전략

1. 요약 … 297
2. 개인 차원의 대응 전략 … 299
3. 기업을 위한 대응 전략 … 301
4. 비영리 조직을 위한 실행 가이드 … 306
5. 지방 자치 단체와 중앙 정부의 대응 전략 … 307

부 록

부 록

용어 해설 … 310
참고 문헌 … 312
색인 … 317

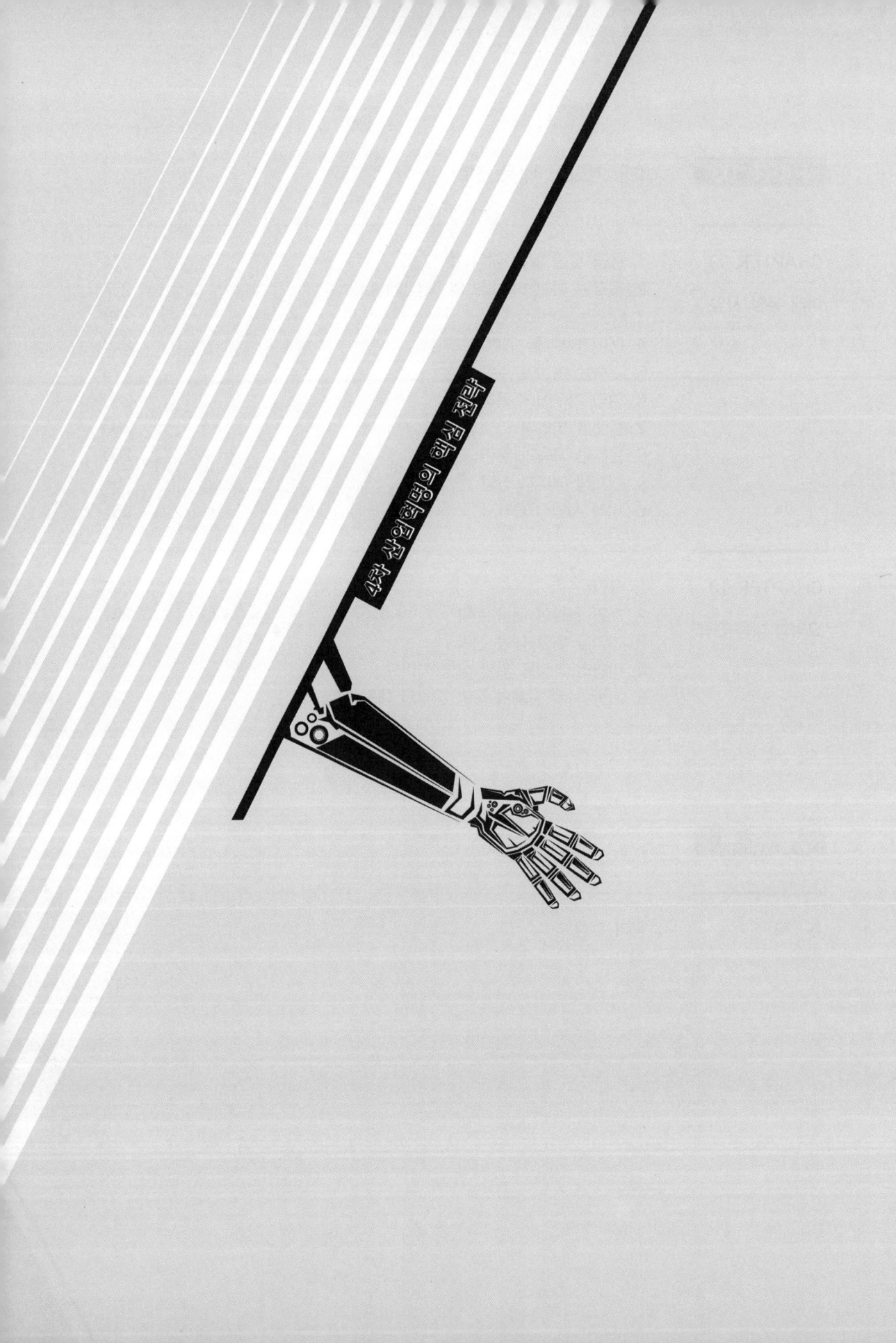

4장 신경망이 은닉한 세계

PART 01

변화와
그 요인의 이해

CHAPTER 01 4차 산업혁명은 기회의 창

CHAPTER 02 경영 환경 변화의 10대 요인

CHAPTER 03 4차 산업혁명의 핵심 기술과 개념

CHAPTER 01 4차 산업혁명은 기회의 창[1]

1 4차 산업혁명은 빛의 속도로 진행 중

4차 산업혁명이라는 용어가 세상에 퍼지기 시작한 지가 2년 정도밖에 되지 않았다. 그런데 세상은 이미 4차 산업혁명의 한 가운데 서 있는 느낌이 들 정도로 급속히 변하고 있다. 예를 들면, 인공지능이 암 환자를 진단하고 약을 처방하고 있으며, 로봇이 생산 공장이 아닌 가정으로 들어와서 일만 도와주는 것이 아니라 인간의 파트너가 되어 대화의 상대가 되고 있다. 이제 로봇은 물리적인 일만 하는 단계를 넘어서 인간의 정서적인 파트너 역할까지 하는 것이다.

하지만 아직도 일부 사람들은 폴더 폰을 쓰면서 "난 이 폴더폰으로도 아무 불편을 느끼지 않는다", "무엇 때문에 그리 급하게 살아?" 하며 짐짓 여유를 부리고 있다. 아직도 노년층과 장년층의 일부는 인터넷 뱅킹을 해본 적이 없다. 그러나 벌써 인터넷 뱅킹의 시대를 지나 모바일 뱅킹과 핀테크 시대가 진행 중이다. 이처럼 밀려오는 거대한 변화의 물결인 4차 산업혁명의 쓰나미는 머뭇거리는 이들에게 아무런 배려도 하지 않고 세상을 마구 바꾸고 있다. 이 쓰나미는 한순간에 과거를 집어삼키고 말 기세다. 한국은 1차와 2차 산업혁명 시기에 세계의 변화를 제대로 감지하지 못하고 변화가 가져다주는 기회를 활용하지 못하고 모두 지나쳐 버렸다.

1차 2차 3차 산업혁명이 산업을 획기적으로 발전시키고 인류의 복지를 증대시킬 수 있었던 기회를 제공했던 것처럼 4차 산업혁명도 인류에게 많은 기회를 가져올 것이다. 물론 4차 산업혁명은 과거의 산업혁명과는 달리 인류에게 많은 부작용과 숙제를 가져다줄 것이라고 우려하는 견해도 있다. 이 우려의 목소리는 많은 진실을 포함하고 있다. 따라서 이러한 우려를 무시해서는 안 될 것이다. 그렇지만 우리는 우려보다는 변화의 본질을 이해하고 그 변화에 긍정적으로 대응하겠다는 자세를 가져야 할 것이다.

---

[1] 제1~5장, 8~10장은 박춘엽이 저술하였음.

3차 산업혁명에서는 전자 기술과 그것을 바탕을 한 컴퓨터가 주연이었다고 할 수 있다. 이들 전자 기술과 컴퓨터는 계산뿐만 아니라 생산 활동을 변화시키고 사회 문화까지 변화시키는 데 큰 역할을 하였다. 이제 컴퓨터는 인간 생활에 없어서는 안 될 필수적인 도구가 되었다. 하지만 컴퓨터의 도입 초기에는 우리 사회에 좀 불편한 일도 벌어졌다. 예를 들면, 컴퓨터는 주판을 이용하여 계산을 잘하는 사람들로부터는 일자리를 빼앗았다. 하지만 주판 대신 컴퓨터를 사용하여 생산성이 향상되었고 결과적으로는 좀 더 풍요로운 세상이 되었다.

4차 산업혁명 시기에는 컴퓨터에 못지않은 새로운 기술들이 등장한다. 예를 들면, 인공지능, 로봇, 사물인터넷, 가상현실, 자율주행차, 유전체학 등과 같은 것들이다. 이제 이런 기술들은 미래가 아니고 현재 진행형이다. 이런 기술들은 인간에게 많은 편익을 줄 수도 있지만, 원하지 않는 결과도 가져올 것이라는 우려도 있다. 예를 들면, 자율주행차가 도입되면 하루아침에 택시 기사라는 직종이 없어지게 되고, 따라서 수많은 일자리가 없어질 것이라고 한다. 그뿐만이 아니고 자율주행차가 운행되면 자동차 보험이 전혀 다른 형태로 바뀔 것이며 자동차 보험을 팔던 수많은 판매원은 직장을 잃게 될 것이라고 예측하기도 한다. 또, 인공지능과 사물인터넷 그리고 정보 통신과 금융이 융합된 소매점에서는 판매원이 거의 사라질 것이라고 한다. 이러한 소매점에 대한 상상은 이제 '미래의 상상도'가 아니고 현실이 되고 있다. 4차 산업혁명은 미래의 이야기가 아니고 이제 현실이다.

4차 산업혁명의 중요한 특징 중의 하나는 그것이 가히 빛의 속도로 진행되고 있다고 할 수 있다는 점이다. 왜냐하면 4차 산업혁명에 필요한 산업 기술과 제품 개발에 필요한 과학기술 정보가 고도로 발달한 정보 통신망을 통하여 전 지구상에 교류 확산되고 있는 바 이와 같은 정보 통신망에서 정보의 유통 속도가 가히 빛의 속도에 가까운 것이기 때문이다.

2 4차 산업혁명의 본질

세상에 변화하지 않는 것은 없다. 날씨가 매일 바뀐다. 인간이 태어나서 죽음에 이르기까지 끊임없이 변화하며 살다가 마침내 죽음에 이른다. 이렇게 삼라만상이 변한다. 이렇게 보면 만물이 변한다는 사실은 하나의 불변의 질서라고 할 수 있다. 그래서 그리스의 철학자 탈레스는 "모든 것은 변한다. 변하지 않는 것은 변한다는 사실 그 자체뿐이다"고 설파했다. 4차 산업혁명의 본질적인 특징 중의 하나는 4차 산업혁명은 '변화'라는 것이다. 이 변화는 '○○를 바꾼다' 또는 '○○가 바뀐다'는 것을 의미한다. 이 변화는 몇 가지 특징을 가지고 있다. 그 특징들에 대해서 논의해 보고자 한다.

1) 변화는 재앙인가 기회인가

변화는 고통을 가져오는 경우가 많다. 기후 변화는 그것을 겪는 생물들에게 생존과 관련된 고통을 준다. 전쟁과 같은 파괴적인 변화는 더욱 큰 고통을 가져온다. 하지만 우리는 변화는 우주의 질서라는 사실을 인정해야 한다. 변화는 일시적으로 행운이 될 수도 있고 불행의 씨앗이 될 수도 있다. 그러나 변화가 가져오는 최종적인 결과는 그 변화 자체가 결정하는 것이 아니고 우리가 어떻게 하느냐에 달려있다고 할 수 있다. "당신에게 일어난 일은 당신 인생의 10퍼센트만큼만 영향을 미친다. 90퍼센트는 당신이 어떻게 반응하느냐에 달려있다"고 찰스 스윈돌은 말하였다(Charles R. Swindoll(1934~), 미국의 텍사스주 프리스코(Frisco) 시의 스톤브라이어 코뮤니티 교회 원로 목사).

그렇다. 4차 산업혁명은 기회가 될 수도 있고 재앙이 될 수도 있다. 그것의 결과를 결정짓는 것은 4차 산업혁명이 할 일이 아니고 우리 인간의 몫이란 뜻이다. 그렇다면 우리가 해야 할 일은 4차 산업혁명을 두려워하고 경원할 것이 아니라 그것이 재앙이 아니고 기회가 되도록 하는 노력이어야 할 것이다.

그렇다면 4차 산업혁명이 우리에게 기회가 되게 하기 위해서는 우리는 무엇을 어떻게 해야 할 것인가? 이러한 질문에 대해서 "낙관주의는 성취에 이르게 하는 믿음이다. 희망과 신뢰가 없이는 아무것도 할 수 없다"고 헬렌 켈러는 갈파하였다. 이 말은 앞이 보이지 않아서 불안하고 답답할 때 우리를 전진하게 하는 것은 회의와 비관주의가 아니고 낙관적 자세와 희망과 신뢰라는 뜻이다. 29년 동안이나 감옥 생활을 하고 최후에는 남아프리카의 흑인 인권 대통령이 된 넬슨 만델라는 "성취될 때까지 모든 것은 불가능해 보인다"고 자신의 경험을 고백하였다. 그러나 아무리 노력해도 성공하지 못하는 경우도 있다. 이런 상황에 대해서 미국의 발명가 토머스 에디슨은 "우리의 가장 큰 약점은 포기하는 것이다. 성공하는 가장 확실한 방법은 한 번 더 해보는 것이다"고 말하여 포기하지 말고 부단히 노력할 것을 권면하였다.

2) 4차 산업혁명 시기는 기회의 창

앞에서 살펴본 바와 같이 4차 산업혁명은 재앙이 될 수도 있고 기회가 될 수도 있다. 선택은 우리 모두의 몫이며 각자의 몫이기도 하다. 이 저서의 첫 번째 명제는 '4차 산업혁명은 기회'로 만들자는 것이다. 그래서 4차 산업혁명이 전개되는 시기는 기회의 창(window of opportunity)이라고 할 수 있다. 기회의 창이라는 말은 '기회가 존재하는 짧은 시간' 또는 '기회를 활용하거나 놓칠 수 있는 짧은 시간'이라는 뜻이다. 그래서 '4차 산업혁명 시기는 기회의 창이다'라는 말은 '4차 산업혁명 기간은 우리가 무언가 가치 있는 것을 할 수 있는 짧은 시간이다'라는 의미로 해석할 수 있다.

기회를 최대로 활용하여 원하는 성과를 얻기 위해서 기회의 속성에 대해서 생각해 보겠다. 4차 산업혁명에 대해서 어렴풋이 짐작하고 있지만 구체적으로 무엇이 어떻게 될지는 아무도 단정할 수 없다. 기회가 가지는 이러한 속성에 대해서 말트비 밥콕((Maltbie Davenport Babcock(1858-1901), 19세기 미국의 장로교회 목사)은 "기회는 그 가치가 명확하게 된 상태로 오지는 않는다. 그것은 모든 사람에게 불확실한 도전이 될 것이다"고 말하였다. 이것은 4차 산업혁명이 어떤 가치를 가지고 있는지는 명확하지 않고 그것은 모든 사람들에게 도전의 기회가 될 수 있다는 말이다. 또, 발명가 토머스 에디슨은 "대부분의 사람들이 기회를 놓친다. 왜냐하면, 그것은 작업복 차림을 하고 있으며 마치 일처럼 보인다"고 말하여 '기회란 매우 평범한 모양으로 나타나기 때문에 그것을 인식하기란 쉽지 않으며 놓치기 쉽다'고 경고한 바 있다.

4차 산업혁명이 가져오는 기회의 창의 폭은 좁을 것이다. 다시 말하면, 4차 산업혁명 기간 동안에 우리가 기회를 잡을 수 있는 시간은 길지 않을 것이다. 그 이유는 이미 앞에서 논의한 바와 같이 4차 산업혁명은 고도화된 정보 통신 시스템 덕택으로 매우 빠른 속도로 진행할 것이며 그것의 파장도 쓰나미처럼 밀려 올 것이기 때문이다. 이와 같은 전망은 한국이 4차 산업혁명에서 성공하기 위해서는 그것에 대한 대응 방안을 좀 더 신속하게 마련하고 적극적으로 전개해야 한다는 점을 시사하고 있다.

3 그것은 스스로 열리지 않는다

4차 산업혁명의 시기를 기회의 창이라고 하였다. 그러나 그것은 스스로 열리지는 않는 창문이다. 기회를 잡으려면 자기 스스로 기회의 창문을 열어야 한다. "기회는 노크하지 않는다. 그것은 당신이 (창)문을 열 때 스스로 나타난다"라고 카일 챈들러(Kyle Chandler(1965~), 미국의 영화배우)는 말하였다. 이 말은 기회가 와도 그것을 잡기 위해서 스스로 적극적으로 노력하지 않으면 그 기회를 잡을 수 없다는 의미일 것이다(그림 1.1).

그림 1.1 기회의 창은 스스로 열리지 않는다

🔹 기회의 창을 어떻게 열까?

앞에서 4차 산업혁명이라는 기회의 창은 스스로 열리지 않는다고 하였다. 그렇다면 누가 그것을 열어야 하는가? 이 질문에 대한 답은 '우리 스스로가 열어야 한다'일 것이다. 그렇다면 우리 스스로 이 기회의 창을 열기 위해서는 무엇을 어떻게 해야 할까? 또, 그것을 연 다음에는 무엇을 어떻게 해야 할까?

이러한 질문에 대한 대답과 관련하여 현재 국내에서는 4차 산업혁명에 관한 서적이 출간되고 각종 행사와 강연회 등이 개최되고 있다. 그러나 4차 산업혁명이 가져오는 변화의 근본적인 원인은 무엇이며 나아가서 어떻게 대비해야 할 것인가에 대한 구체적인 논의는 매우 부족하다. 심지어는 4차 산업혁명에서 한국보다 앞서가고 있다고 할 수 있는 미국 유럽 일본에서도 미래에 대한 명확한 비전과 준비 방안을 제시하는 내용은 충분하지 아니하다.

이러한 상황에서 이 책은 4차 산업혁명이라는 기회를 최대로 활용할 수 있는 능력을 함양하는 데 필요한 지식과 지혜를 제공하기 위해 쓰이어진 것이다. 그러한 의도 하에서 이 책을 크게 3부분으로 나누어 첫 번째 부분에서는 4차 산업혁명의 본질을 이해하는 데 필요한 내용을 다루었다. 그래서 이 책의 제1편에서는 4차 산업혁명의 역사적 배경과 4차 산업혁명이라는 변화의 사회 문화 경제 기술적 요인과 핵심 기술(인공지능, 로봇 기술 등) 등을 다루었다.

이 책의 두 번째 부분에서는 4차 산업혁명에 대응하는 전략을 개발하고 혁신하는 데 필요한 내용을 다루었다. 이와 관련하여 제2편에서는 인적 자원 혁신, 제품 혁신, 제조 혁신 그리고 마케팅 혁신을 다루었다. 여기에 포함된 내용은 기업 이외의 비영리 조직의 혁신에도 필요한 것일 뿐만 아니라 개인들도 알아두면 유용한 것들이다.

마지막으로 4차 산업혁명에 대한 대응 전략을 마련하기 위해서는 미래에 대한 지식과 지혜가 필요하다. 그래서 제3편에서는 미래를 예측하고, 미래의 유망 사업에 필요한 내용을 포함하였으며, 마지막 장에서는 독자들 각자가 처한 상황에서 대응 전략을 마련하고 실행하는 데 필요한 내용을 포함하였다.

이 책의 내용은 기업 경영의 관점에서 전개된 것으로 보일 수도 있지만, 책의 내용 중 대부분은 공무원을 포함하는 비영리 조직의 리더와 종사자들에게도 4차 산업혁명을 이해하고 그에 대한 준비를 하는 데 필요한 것들이다. 또, 이 책의 내용의 대부분은 대학생을 포함한 취업 희망자에게는 취업의 길라잡이가 되고, 창업을 희망자들에게는 유용한 창업의 길라잡이가 되고, 초중고 학생의 부모와 교사에게는 교육의 길라잡이가 될 것이다. 저자들은 한국과 외국의 대학에서 여러 해 동안 공학과 경영학을 가르치고 연구한 지식과 경험 그리고 산업 현장의 혁신과 창업 지도와 교육에서 다년간 전문가로서 활동하였던 노하우를 바탕으로 하여 4차 산업혁명에 대한 길라잡이가 될 수 있는 이 책을 감히 쓰게 되었다.

4　산업혁명과 한국의 경험

　4차 산업혁명 과정에서 한국이 현재와 미래에 무엇을 어떻게 해야 할 것인가를 파악하기 위해서는 지금까지의 산업혁명 과정에서 한국이 무엇을 어떻게 해 왔는가를 회고해 보는 것도 의미 있는 일이라고 생각한다. 주지하는 바와 같이 인류 역사에는 과거에 3차례의 산업혁명이 있었다. 1차 산업혁명은 영국에서 시작되었으며, 그때 가장 대표적인 변화는 산업 활동에서 인력을 대체하는 기계적 동력을 활용했다는 점이다. 구체적 사례를 언급하면 이 시기의 변화의 특징은 인력을 이용하여 베를 짜던 일에 증기기관과 수력을 이용하여 수공업을 기계를 이용한 생산 시스템으로 바뀌었다는 점이다. 이러한 변화는 영국에서 시작되었으며 시기적으로는 1774년경이었다.

　이와 같은 1차 산업혁명 시기에 한국은 시대적으로는 조선 왕조의 정조 때였으며, 이 시기에 한국에서 있었던 역사적 사건으로는 수원 화성의 축성을 꼽을 수 있다. 현재 유네스코 세계문화유산으로 등재되어 있는 한국의 수원 화성과 영국의 증기 기관을 이용한 방적기를 사용한 힘의 관점에서 비교하면, 영국의 방적기는 기계의 힘을 사용하였고 수원 화성은 거중기를 사용하였으나 인력에 의존하였다는 점이 근본적인 차이라고 하겠다. 하지만 수원 화성에 사용하였던 거중기는 증기 기관처럼 스스로 동력을 발생하는 장치는 되지 못하였으나 인간의 힘의 한계를 확상하는 도구였다는 점이 주목할 만하다고 하겠다.

　2차 산업혁명의 특징은 전기 에너지를 사용하고 분업과 어셈블리 라인의 도입으로 특징지워지는 대량 생산 체계의 도입이라고 할 수 있다. 2차 산업혁명의 시발점은 미국의 오하이오 주의 신시네티시 도살장에서 어셈블리 라인이 도입되었던 1870년으로 본다. 이 시기에 한국은 조선 왕조 말기의 고종시대로 신미양요(1871년)를 겪고 있었다. 한편, 일본은 미국에서 어셈블리 라인이 처음으로 도입되었던 1870년 보다 두 해 앞선 1868년에 명치유신을 하였다. 이처럼 일본은 2차 산업혁명 시기부터 산업화에 눈을 떴으나, 한국은 당시에 스스로 산업화의 노력을 시작하지 못하였다.

　3차 산업혁명의 특징은 생산 자동화와 컴퓨터를 기반으로 하는 정보화라고 할 수 있다. 이러한 변화의 핵심 요소는 전자와 컴퓨터 정보 통신 기술이라고 할 수 있다. 3차 산업혁명 시기의 가장 괄목할 만한 발명은 컴퓨터이었다. 컴퓨터는 일련의 명령을 컴퓨터 프로그램으로 작성하여 입력하면 입력된 프로그램에 따라 명령을 실행하는 전자적 기계이다. 현대 컴퓨터의 모태가 되는 컴퓨터는 1950년대에 미국에서 발명되었다. 이와 같은 컴퓨터의 원리를 이용하여 1969년에 프로그램이 가능한 논리 컨트롤러를 처음으로 생산에 적용하여 생산 자동화를 이루었는데 이 시기를 3차 산업혁명이 시작된 시기로 본다. 3차 산업혁명 기간 동안에 이루어진 생산 자동화의 결과로 인류는 미국과 유럽 제국을 중심으로 처음으로 물질적인 풍요를 경험하게 되었다. 3차 산업혁명 시기에 해당하는 20세기 말 경에는 인터넷이 발명되었는데 이것은 생산 활동뿐만 아니라 인간의 일상생활도 크게 바뀌게 하였다. 또, 3차 산업혁명 시기에는 휴대폰과 인터넷이 결합된 스마트폰이 발명되어 문명의 발전을 가속화하는 단계에까지 이르렀다.

    그렇다면 제1차와 제2차의 산업혁명에 참가하지 못하였던 한국은 3차 산업혁명 시기에 무엇을 하였던가? 한국은 3차 산업혁명이 시작되었다고 하는 1960년대에 처음으로 현대적인 제조업을 시작하였다. 하지만 이 시기에 한국의 생산 기술은 생산 자동화와는 거리가 먼 것이었다. 3차 산업혁명의 꽃이라고 할 수 있는 컴퓨터가 한국에 도입된 것은 1967년이었다. 컴퓨터가 도입되기 전까지 한국에서 대부분의 계산은 주산에 의존하고 있었다. 그런 상황에서 한국 정부의 경제기획원에서 컴퓨터를 도입한 것은 상징적인 사건이었을 뿐이었으며 기업의 생산 활동이나 일상생활과는 거의 관련이 없는 사건이었다. 하지만 이때 한국인들은 컴퓨터 시대가 올 것이라는 것을 알게 되었고, 컴퓨터를 산업에 활용하기 위해서는 컴퓨터를 이용할 수 있는 전문 인력이 필요하다는 것을 알게 되었다. 이와 같은 필요성을 깨닫고 숭실대학교가 1969년에 한국에서는 최초로 전자계산학과를 개설했고 뒤이어 많은 대학들이 전자계산학과를 설립하여 컴퓨터 활용에 필요한 전문 인력을 양성하였다. 지금까지 설명한 1, 2, 3차의 산업혁명의 진행 과정에 대한 설명을 그림 1.2에 요약하였다.

그림 1.2 산업혁명의 전개 과정과 한국의 참여[2]

---

2) 출처: http://scet.berkeley.edu/wp-content/uploads/4th-industrial-rev.jpg의 자료를 참조하여 필자가 작성한 것임

이처럼 살펴볼 때 3차 산업혁명에서도 한국은 지각생이었다. 하지만 한국 국민의 노력과 정부의 산업화 정책이 결합하여 3차 산업혁명의 말미에 해당하는 21세기 초에는 제조업 분야에서 한국은 중진국 대열에 서게 되었으며 정보 통신 분야에서는 부분적으로 선진국과 어깨를 나란히 하는 수준에 이르게 되었다. 이와 같은 한국의 성취 경험은 한국인에게는 물질적인 풍요뿐만 아니라 정신적으로도 자신감과 자부심을 느끼게 하는 중요한 원동력이 되었다. 하지만 한국은 주지하는 바와 같이 현재 기술적으로 앞선 선진국과 낮은 임금에 기반을 둔 산업화 후발 국가들의 추격 사이에 끼어 있는 상황이다. 이러한 상황에서 4차 산업혁명 시기를 맞은 한국이 활용할 전략은 무엇인가?

5 한국이 얻은 교훈

한국은 1960년대부터 수출 지향형 경제 발전 정책을 시작하였는데 처음에는 일회용 비닐 우산과 가발과 같은 경공업 제품으로서 보잘것없는 것이었다고 할 수 있다. 하지만 한국은 1986년부터는 자동차 엑셀을 수출하기에 이르렀다. 이러한 과정에서 한국은 정치적 불안정이 있었으나 경제는 꾸준히 성장하였고, 1993년에 민주적 과정을 거쳐 김영삼 대통령이 취임하고, 1996년에 선진국 모임의 상징인 경제협력개발기구(OECD)에 회원국으로 가입함으로써 30년 만에 민주화와 경제 발전을 동시에 이룬 세계적인 모델 국가로 부상하였다. 3차 산업혁명 기간에 이룩한 한국의 성취는 실로 대단한 것이었다.

3차 산업혁명 기간에 한국은 제조업 분야에서 크게 발전하였으나 아직은 독창적인 제품은 많지 않았고, 이미 선진국에서 생산하던 것들을 상대적으로 저가로 생산하여 가격 경쟁력을 바탕으로 성장할 수 있었다. 그러나 이 기간 동안에 시작한 정보 산업 분야에서는 한국은 독보적인 성과를 이루었다. 예를 들면, 2011년에 시행된 정보 통신기술개발 지수(ICT Development Index)에서 152개 국가 중에서 1위를 차지하기도 하였다. 한국의 이와 같은 산업 발전의 초기 주도자는 정부이었다. 하지만 1980년대부터 대기업을 중심으로 한 민간의 기술 개발이 이루어지기 시작하여 1990년대에는 민간 기업의 연구 활동이 정착되었다고 할 수 있다. 한국의 수출은 꾸준히 증가하여 2015년에는 양적으로 세계에서 6위에 달하기도 하여 명실상부한 무역 대국이 되었다. 또, 정보 산업에서 삼성전자는 반도체 생산에서 세계 시장을 주도하였고, 스마트폰 생산에서 미국의 애플사와 경쟁함으로써 정보 통신 분야에서 한국의 위상을 크게 높였다.

하지만 한국의 사회적 지표는 경제적 지표와 비교하면 열악하다고 하겠다. 예를 들면, 한국 노인의 상대적 빈곤 율은 45.7퍼센트(2013년 기준)로 OECD 국가 중 최하위이고(OECD 평균은 12.7퍼센트, 일본은 19.4퍼센트, 프랑스는 5.4퍼센트), 한국의 노인 자살률은 OECD 국가 중 11년째(2016년 현재) 1위를 차지하고 있는 등 극단적인 상태이다. 또, 한국은 높은 청년 실업률로 인하여 많은 젊은이들이 고통을 받고 있으며, 세계 최하위 수준의 저출산 국가이다. 이와 같은 저출산은 한국이 과거 수 십 년 동안 이루어왔던 발전을 미래에 지속할 수 있을지에 대해서 회의적으로 될 수 있는 상황을 만들고 있다.

한편, 4차 산업혁명이 이미 진행 중인 이 시점에 한국은 인공지능, 로봇, 자율주행차 등에 있어서 아직 선두 그룹에 들어 있다고 평가하기 어려운 상황이다. 이렇게 된 것은 3차 산업혁명 기간 동안에 제조업과 정보 산업에 있어서 크게 발전하였던 한국이 좀 느슨해진 사이에 세상은 쉬지 않고 발전하고 있었기 때문이라고 봐야 할 것이다.

이와 같은 3차 산업혁명 기간 동안의 한국의 경험으로부터 배워야 할 교훈은 다음과 같이 2가지로 정리할 수 있을 것 같다.

첫 번째 교훈은 경제가 성장하고 산업이 발전한다고 해서 모든 문제가 해결되는 것이 아니다. 경제의 성장과 함께 적정한 분배도 함께 이루어져야 한다. 그렇지 않으면 경제성장의 결과로 고통 받는 사람의 수가 상대적으로 증가할 수도 있다는 역설이 현실로 나타날 수 있다는 것이다. 한국은 이제 일부 계층의 희생을 대가로 치르는 경제 성장이 아니고 분배에서도 균형이 이루어지는 지속 가능한 발전을 할 수 있는 모형을 개발해야 할 것이다.

두 번째 교훈은 조그마한 성과에 도취하여 자만해서는 안 된다는 것이다. 한국이 지난 40여 년 동안 제조업과 정보 산업에서 많은 발전을 이루었지만 그에 못지않게 다른 나라들도 끊임없이 변하고 발전하고 있다. 따라서 한국이 4차 산업혁명 시대에도 지속적으로 발전하기 위해서는 기술 개발과 생산성 향상을 위해서 자만하지 말고 부단히 노력해야 할 것이다.

CHAPTER 02 경영 환경 변화의 10대 요인

격변하는 경영 환경에서 현재와 미래의 현상을 이해하고 미래에 대응하는 전략을 개발하기 위해서는 변화를 일으키는 원인과 이유를 이해해야 한다. 그런데 이와 같은 능력을 갖추기 위해서는 먼저 변화를 주도하는 요인을 파악하여야 한다. 그리고 이들 변화 요인들이 변화를 일으키는 구조와 과정을 이해해야 한다. 이러한 관점에서 제2장에서는 현재와 미래의 경영 환경을 변화시키는 요인을 10가지로 구분하여 논의하고자 한다. 제2장에서 다루는 내용을 이해하면 조직의 임원과 관리자는 왜 조직의 혁신이 필요한가를 알게 될 것이며, 취업 준비생은 자기소개서와 면접에서 자신감을 갖게 될 것이며, 창업 희망자는 창업 비전을 확립할 것이다.

1 작은 괴물 스마트폰

이제 스마트폰은 편리한 통신의 도구라는 단계를 넘어 세상을 바꾸는 작은 괴물로 변신하고 있다. 예를 들어, 서울에서 전철을 타면 대부분의 승객들이 스마트폰을 가지고 '열공'(열공=열심히 공부한다의 준말. NAVER 사전)하는 것을 볼 수 있다. 이들 '스마트폰 열공족'들은 좌석에 앉아 있을 때뿐만 아니라 승객이 많아서 혼잡한 출퇴근 시간에 서서 갈 때도 열공하기는 마찬가지다. 이들이 열공하는 내용을 훔쳐보면 그 내용이 참으로 다양하다. 채팅, 인터넷 뉴스 시청, 웹툰 보기, 사진 보기, 게임, 영화 보기, 블로그 검색, 이메일 체크, 상품 검색, 주식 시세 알아보기, 폰뱅킹 등 각양각색이다. 이제 전철의 객실 내부는 승객이 이동을 위하여 잠시 머물다 가는 공간이 더 이상 아니다. 이제 그것은 움직이는 사무실로, 움직이는 놀이 공간으로, 움직이는 학습 공간으로 변한 것이다. 전철 객실을 이렇게 변화시킨 주인공은 바로 스마트폰이다.

이와 같은 스마트폰 열공 사태는 여러 가지 변화를 가져왔다. 그중에서 가장 눈에 띄는 변화 중의 하나는 전철 객실 내부 벽면에 있는 광고가 사라지고 있다는 것이다. 과거에는 객실 벽면에 각종 광고가 빈틈없이 꽉 들어찼는데 요즘은 빈 곳이 많다. 어떤 경우에는 전동차 내부 벽면의 절반 이상이 하얗게 빈 곳으로 남아있는 경우도 있다. 전철 객실 벽면에 그나마 남아 있는 광고라고 해봐야 공기업의 광고, 의약 피실험자 모집 광고, 비영리 단체의 광고, 외국어 학습 광고 정도다. 얼마 전까지만 해도 자주 볼 수 있던 노년층을 위한 관절 치료, 통증 치료 광고들도 사라지고 있다. 이것을 보면 이제 나이 많은 사람들도 스마트폰 열공족으로 바뀌고 있기 때문이 아닌가 하는 생각이 든다. 이처럼 스마트폰은 단순한 통신 수단을 넘어서 지하철 광고를 통째로 집어 삼켜버리는 괴물로 돌변한 것이다.

스마트폰의 위력은 여기에 그치지 않고 있다. 젊은 층에서는 많은 사람들이 스마트폰을 이용해서 쇼핑하고 있다. 스마트폰을 이용하는 모바일 뱅킹 족도 증가하고 있다. 요즘은 스마트폰을 이용하여 이메일도 대부분 처리하게 됨에 따라 가정에 있는 노트북 컴퓨터나 데스크톱 컴퓨터를 사용한 지가 오래되었다고 하는 사람들도 있다.

스마트폰에 설치되는 앱은 스마트폰의 괴력을 증대시키는 핵심 수단이다. 앱을 이용하면 세계 각국어로 실시간으로 음성 인식 통번역이 되어 그렇게 어렵던 외국어의 장벽이 한순간에 무너지는 것을 체험하게 된다. 이제 해외여행에서 외국어가 장벽이라는 말은 옛말이 되었다. 또, 스마트폰 앱을 이용하면 각종 모임의 회원들을 연결하여 실시간으로 교류하게 되었다. 스마트폰은 교육에서도 변화를 가져오고 있다. 필자는 한국방송통신대학교 경영대학원에서 인터넷 강의를 하고 있는데 이 강의는 모바일 기기로 시청할 수 있다. 모바일 학습 시대가 된 것이다. 필자의 강의를 외국에서 수강하는 학생들은 필자에게 스마트폰을 이용하여 질의하고 필자와 실시간으로 교신하기도 한다. 대학입시를 준비하는 고등학생들은 스마트폰을 이용하여 등하교 시간에 신문의 사설을 읽는다고 한다. 이처럼 스마트폰은 교육에서도 시간과 공간을 초월하여 서비스를 확대하는 등 우리 생활에 깊숙이 들어와 세상을 변화시키고 있다. 이러한 변화의 끝이 어디가 될지 예측하기 어렵다.

스마트폰은 기억용량은 반도체 기술의 발전에 따라 비교적 쉽게 확장할 수 있으나 화면의 크기가 제한되어 있다는 한계점이 있다. 또, 스마트폰은 키보드가 불편하다는 점도 한계점이다. 이들 불편 사항은 '휴대'라는 이유 때문에 초래되는 불가피한 결과이다. 그런데 이러한 한계점을 극복하는 장치가 출시되었다. 예를 들면, 한국의 삼성전자는 스마트폰에 가정의 텔레비전 모니터나 책상용 PC(개인용 컴퓨터)의 모니터를 연결할 수 있게 하는 기기와 앱을 개발하여 출시하였다. 스마트폰과 연결되는 키보드는 이미 출시되어 있어서 입력 장치의 한계도 이미 극복되어 있다. 그림 2.1은 스마트폰에 모니터와 키보드가 연결된 모양을 보이고 있다. 이처럼 확장된 스마트폰에 대한 시장의 반응은 어떨지 아직 지켜봐야 할 단계이지만 스마트폰의 이와 같은 확장은 이제 스마트폰이 손안의 기기로 한정되지만은 않을 것임을 보여주는 사건이라고 본다.

그림 2.1 **스마트폰에 큰 모니터와 키보드가 연결된 상태**

　이와 같은 스마트폰은 지금뿐만 아니라 미래에도 개인의 통신 활동뿐만 아니라 비즈니스, 교육, 엔터테인먼트 등 많은 분야에서 인간의 생활을 변화시키는 요술 방망이 같은 역할을 할 것이다. 따라서 이제 비즈니스, 엔터테인먼트, 교육, 정치, 문화 등 모든 영역에서 스마트폰을 생각하지 않고는 미래를 설계할 수 없는 시대가 되었다. 2016년 말 서울의 광화문 광장에서 있었던 촛불 모임에서도 스마트폰의 역할이 컸었다고 할 수 있다. 이렇게 스마트폰은 정치에서도 막강한 힘을 보이는 것이다.

　이제 교회도 예배를 모바일로 생중계할 뿐만 아니라 시간에 맞추기 어려운 신자들을 위해서 예배를 스마트폰으로 재생해서 시청할 수 있게 해야만 하는 모바일 예배 시대가 오고 있다. 기독교뿐만 아니라 불교와 다른 종교에서도 청년뿐만 아니라 모든 연령의 신도를 확보하기 위해서는 스마트폰을 이용하는 모바일 서비스와 모바일 선교가 중요한 영역으로 부상하게 될 것이다.

　이제 모든 길은 스마트폰으로 통한다고 말할 수 있다. 스마트폰을 지배하는 자가 세상을 얻으리라는 것이 분명해졌다. 이제 머지않아 제5세대 통신 서비스가 등장할 것이라고 한다. 그렇게 되면 스마트폰의 정보 송수신과 처리 속도는 지금보다 훨씬 빨라질 것이다. 그렇게 되면 이미 괴력을 발휘하는 스마트폰은 더욱 변신할 것이며 그것이 비즈니스와 인간의 생활에 미치는 영향은 더욱 확대될 것이다.

일본의 스마트폰 열공족

3 min •

저자는 이 책을 저술하던 2017년 8월에 4차 산업혁명 관련 학술 논문 발표를 위하여 일본을 방문하였는데 학술행사를 마치고 며칠 동안 도쿄에 머물렀다. 한국의 스마트폰 열공족에게 관심이 있던 저자는 일본의 스마트폰 열공족에게도 관심을 가졌다.

결론부터 말하면 일본의 스마트폰 열공 바람은 한국의 그것에 못지않았다. 일본의 도쿄 지하철 승객 중 젊은이들은 대부분 지하철 객실 내부에서 스마트폰을 보고 있었다. 도쿄의 지하철 승객 중 나이가 좀 든 사람들 중에는 신문이나 책을 읽는 사람들도 있었다. 돌이켜보면 도쿄의 지하철에서 승객들이 독서를 하는 것은 잘 알려진 사실이었다. 그런데 이들 독서파 승객들의 일부가 스마트폰 열공족으로 변한 것이었다. 그래서 현재 도쿄의 지하철에는 스마트폰 열공파와 독서파가 혼합된 상태이었다. 그래서 일본의 지하철 객실 벽면에는 서울의 지하철과 비슷하게 상업 광고가 있을 만한 자리가 비어있는 곳이 많았다. 그림 2.2에 보인 사진에서 승객의 머리 위쪽에 하얗게 보이는 곳이 광고가 사라진 벽면이다.

그림 2.2 도쿄의 지하철 승객들이 스마트폰을 보고 있는 모습
(2017. 8. 26. 저자 박춘엽 촬영)

2 물리적 연결망

현대 사회를 변화시키는 또 다른 요인 중의 하나는 연결성(connectivity)이다. 이와 같은 연결성은 두 가지로 나누어 볼 수 있는데, 하나는 물리적 연결이고 다른 하나는 사회적 연결이다. 물리적 연결이란 전화, 인터넷, 휴대폰, 사물인터넷 등의 물리적 장치를 이용한 통신의 연결을 의미한다. 한편, 사회적 연결이란 카카오톡, 페이스북, 트위터, 링크트인, 인스타그램 등과 같은 사회적 연결망, 즉 SNS(social networking service, 또는 social networking sites)를 바탕으로 하는 사회적 연결을 의미한다(사회적 연결에 대해서는 제2장 제3절에서 논의한다.).

한국 사람이라면 대부분 물리적 연결 시스템의 혜택을 누리고 있다. 한국은 2010년에 이동 통신 서비스 가입자 수가 5,000만 명을 넘어서 (숫자상으로는) 보급률이 103퍼센트에 달하였다. 요즈음에 해외여행을 해본 한국인이라면 대부분의 해외 여행지에서 국내의 가족이나 친구와 시간과 공간의 제한을 거의 받지 않고 휴대폰을 이용한 접속을 할 수 있게 된 것을 경험하였을 것이다. 이제 이런 서비스가 너무나 보편화 되어서 놀랄만한 일이 아니다. 이런 연결을 통하여 교류되는 내용도 음성뿐만 아니라 문자와 영상 등으로 제한이 거의 없다. 이와 같은 현대 사회의 연결성을 물리적 연결성이라고 할 수 있는데 이와 같은 물리적 연결성은 다음과 같이 정리할 수 있다.

물리적 연결성은 두 가지로 나누어서 생각할 수 있다. 한 가지는 사람과 사람 사이를 연결하는 통신 시스템으로서, 예를 들면, 유선 전화, 무선 전화, 인터넷 등이다. 이와 같은 연결 시스템을 1차적 연결망이라고 할 수 있다. 그런데 1차적 연결망과는 다른 한 가지 연결 시스템이 우리의 관심을 받고 있는데 그것이 바로 사물인터넷이라는 것이다.

사물인터넷이란 통신 기능을 가진 센서를 목표하는 개체에 부착시켜 그 개체의 상태를 센서로 감지하여 그 자료를 인터넷 통신망을 통해서 통제 본부 또는 사람에게 알리는 기능을 가진 시스템을 말한다. 예를 들면, 가정의 에어컨에 사물인터넷을 설치해 놓으면 가정의 에어컨이 집주인의 스마트폰에 연결될 수 있고 집주인은 스마트폰을 이용하여 원거리에서 가정의 에어컨을 통제할 수 있다. 이와 같은 사물인터넷은 비교적 저렴한 가격으로 실현될 수 있어서 에어컨뿐만 아니라 가정의 냉장고와 자동차 그리고 공장의 기계 등에도 설치될 수 있다(사물인터넷에 대한 좀 더 자세한 설명은 제3장 제3절을 참조). 이와 같은 사물인터넷을 이용한 연결망을 2차적 연결망이라고 할 수 있다.

이처럼 물리적 연결망은 이와 같은 1차적 연결망과 2차적 연결망으로 구분할 수가 있는데 이와 같은 개념을 그림 2.3에 정리하였다.

1차적 연결망	2차적 연결망
• 기본적으로 사람과 사람 간의 통신을 위한 연결망 • 통신의 수단은 유무선 전화, 인터넷 등이다.	• 사물인터넷을 이용한 연결망 • 기존의 인터넷 통신망 또는 사물인터넷 전용 인터넷 통신망을 이용한다.

그림 2.3 물리적 연결망: 1차적 연결망과 2차적 연결망

이처럼 4차 산업혁명 기간에 모든 사람과 사물은 1차적 연결망과 2차적 연결망을 통하여 필요한 경우에는 모든 것들이 통신 시스템에 의해서 연결되는 상태가 될 것이다. 이와 같은 연결성은 생활의 편리성뿐만 아니라 생산성 향상, 범죄의 예방, 재해의 예방 등을 위해서 활용되게 될 것이다. 한편, 고도의 물리적 연결망으로 인한 범죄와 사생활 침해와 같은 피해도 불가피하게 나타날 것이다.

3 사회적 연결망

SNS의 등장

21세기에 들어와서도 정보 시스템의 진화는 멈추지 않고 있다. 그 중에 가장 현저한 것은 인터넷을 기반으로 하는 사회적 연결망의 출현이다. 그것은 다름 아닌 인터넷을 기반으로 하는 사회적 네트워킹 서비스(social networking service, SNS)의 발전이다. 사회적 네트워킹 서비스를 나타내는 SNS는 사회적 네트워킹 사이트(social network site, SNS)를 의미하기도 한다. 그래서 이들 두 개의 표현에 대한 영어 약어는 SNS이다. 그런데 SNS는 사실 사회적 매체(social media)라는 표현과도 동의어이다(독자들은 다소 혼란스럽겠지만 SNS의 발상지인 미국에서도 혼란스러운 상태로 발전하고 있으므로 어쩔 수 없다. 독자들의 이해를 바란다). 이 분야가 빠르게 발전하면서 변신하고 있어서 이 분야를 확정적으로 설명하기 어려울 정도이다.

SNS는 사람들이 취미, 직업 등에서의 유사성 또는 공감대를 바탕으로 하여 사회적 관계를 만들기 위해서 사용하는 인터넷상의 플랫폼을 의미한다. SNS의 가장 대표적인 사이트가 페이스북(Facebook)이다. 페이스북은 마크 저커버그(Mark Zuckerberg)와 그의 친구들에 의해서 2004년에 처음 개설되었는데 2017년 6월 현재 전 세계의 페이스북 사용자가 20억 명이 넘었다고 보도되었다. 이러한 사실은 전 세계 인구 중에서 약 4사람 중의 한 명이 페이스북을 사용하고 있다는 것을 의미한다. 다음으로 유명한 SNS가 트위터(Twitter)이다. 트위터는 현재 미국 대통령 트럼프가 애용하고 있어서 인지도가 매우 높다. 일자리 구하기와 직업적 관련성을 바탕으로 사귀는 사이트가 링크트인(LinkedIn)이다. 또, 디지털 사진 등 영상 정보 교환에 관심이 많은 사람들이 교류하는 SNS가 인스타그램(Instagram)이다. 이 외에도 정보 검색

과 교환 등을 목적으로 교류하는 SNS로는 굿리즈(Goodreads)가 있다. 같은 사람들이 서로 다른 이유 때문에 중복해서 가입하는 불편을 피하기 위해서 이들 사이트를 통합해야 한다는 주장도 있다.

사회적 교류와 관련되어 있는 것으로 소셜 메시징(social messaging)서비스가 있다. 소셜 메시징은 모바일 기기를 이용하여 메시지를 교류하는 활동이다. 이것을 도와주는 앱으로는 카카오톡(KakaoTalk)이 한국에서는 가장 널리 사용되는 듯하다. 이 외에도 워츠앱(WhatsApp), 페이스북의 메신저(Messenger), 구글의 행아웃(Hangouts), 라인(Line), 위챗(WeChat), 텔레그램(Telegram), 바이베르(Viber), 블랙베리 메신저(BlackBerry Messenger는 블랙베리 기기에서만 통용됨) 등이 있다. 이것들은 단순히 메시지만 보낼 수 있는 것이 아니고 모바일 기기에서 음성 통화와 영상 통화까지 할 수 있다. 이들 앱이 통신 기능을 하기 위해서는 상대방도 휴대폰에 같은 앱을 설치해야 한다.

사회적 소통을 담당하는 또 하나의 매체는 블로그(blog)이다. 블로그는 UCC(User Created Content, 사용자 작성 콘텐트)인데 한국에서는 네이버 블로그, 다음 블로그 등이 대표적인 블로그 서비스를 하고 있다. 블로그는 정보를 교류하는 매체이지만 메신저와는 좀 다르다. 페이스북, 트위터, 카카오톡은 발신자가 상대방에게 메시지를 적극적으로 보내는 데 비하면, 블로그는 주로 상대방이 특정 블로그를 방문해서 정보를 획득하는 과정에서 교류가 이루어진다.

SNS 중에는 주로 영상 자료를 교류하는 플랫폼 형태의 것들이 있는데 가장 유명한 것은 유튜브(Youtube)이다. 이외에도 카카오TV, 아프리카TV, 네이버 V앱, 트위치 등이 있다. 앞에서 설명한 SNS를 정리하면 그림 2.4와 같다.

구분	예
모바일 메신저	카카오톡, 라인, 텔레그램, 페이스북 메신저, 네이트온, 스카이프, 와츠앱, 디스코드
마이크로 블로그	페이스북, 트위터, 인스타그램, 링크트인, 카카오스토리, 싸이월드, 텀블러
블로그	네이버 블로그, 다음 블로그, 블로거, 티스토리, 이글루스
미디어 플랫폼	유튜브, 카카오TV, 아프리카TV, 네이버 V앱, 트위치

그림 2.4 SNS의 종류

 SNS의 중요성

SNS 활동은 처음에는 PC를 기반으로 하여 시작되었으나 스마트폰이 대중화되면서 이제는 스마트폰을 이용하여 교류가 활발하다. 이제 한국에서 스마트폰을 가진 사람들은 많은 사람들이 하나 이상의 SNS를 이용하여 친구 가족 회사 동료 등과 교류하거나 새로운 친구를 만들고 있을 것이다. 이와 같은 SNS를 통한 교류는 스마트폰이나 인터넷 사용자라면 추가 부

담 (거의)없이 지역 제한 없이 지인들과 교신할 수 있다. SNS의 이와 같은 특성 때문에 SNS를 사용하는 사람이 급속히 증가하고 있으며, 이에 따라서 그것의 영향력이 증대하고 있다.

이와 같은 발전 동향을 볼 때 SNS가 사회와 기업 경영에 어떤 영향을 미칠지를 예측하기 어렵다. 이제 SNS는 단순히 개인 간의 교류와 소통의 수단을 넘어서 기업의 마케팅의 핵심 수단이 되었다. 이제는 신문, 텔레비전, 라디오와 같은 전통적인 매체를 이용하는 광고에 전혀 의존하지 아니하고 SNS만 이용하여 홍보와 광고를 하여 사업에 성공하는 사례가 늘고 있다. SNS는 기업에서뿐만 아니라 정치활동에서도 활발하게 사용되고 있다. 예를 들면, 미국의 대통령 트럼프는 트위터를 이용하여 중요한 정치적 사안을 트위터 친구들에게 알리고 이것은 다시 텔레비전 방송사의 뉴스거리가 되고 있는 실정이다. 이제 디자인에 재능이 많은 사람이라면 인스타그램을 통해서 자신의 디자인을 전 세계에 알릴 수 있고 전 세계를 상대로 비즈니스를 할 수도 있을 것이다. 페이스북은 스포츠 중계를 하기도 한다. 이처럼 SNS는 전통적인 방송의 영역으로도 그 무대를 넓혀가고 있다.

또, 링크트인은 전문가를 연결해주는 SNS 중의 하나인데, 이를 통해서 전문가들 사이의 교류가 촉진되고 있으며 직장을 구하기도 한다. 필자는 사우디아라비아 대학교에서 교수로 일한 적이 있어서 중동의 전문직 사람들과 링크트인을 통해서 교류하고 있다. 앞으로 미국에서는 사원을 채용할 때 그 후보자의 사회적 연결망을 평가 기준의 일부로 포함시키게 될 것이라고 한다. 예를 들면, 채용 후보자의 SNS 팔로우어(follower)의 수, 활동 중인 SNS의 종류 등이 취업 후보자의 자질과 능력 평가의 한 기준이 될 것이라는 전망이다. SNS 리터러시도 지원 채용 시에 평가 기준이 될 가능성이 있다.

SNS의 폐해도 여러 가지로 지적되고 있다. 정상 근무 시간이 끝난 후에 기업의 상급자가 하급자에게 SNS를 통해서 업무 지시를 하는 경우가 SNS의 폐해 사례 중의 하나가 될 것이다. SNS를 통해서 개인 정보가 누출될 수도 있다. 또, SNS는 정치적 집단행동에도 악용될 수 있다고 한다.

이처럼 현대 사회는 물리적 연결망과 사회적 연결망을 통해서 고도로 연결되어 있다. 이러한 연결망은 우리의 삶의 방식과 비즈니스 방식을 통째로 바꾸어 놓고 있다. 그러나 이와 같은 연결망이 우리의 삶과 비즈니스에 미치는 영향은 여기에서 끝나지 않을 것이다. 이제 변화는 막 시작했을 뿐이라고 보아야 할 것이다. 앞으로 새로운 종류의 SNS 서비스가 개발될 것이다.

현대 사회의 사회적 연결망은 2가지로 나누어 볼 수 있는데, 한 가지는 전통적 사회적 연결망이라고 할 수 있는 것인데, 예를 들면, 가족 동문회 향우회처럼 전통적 개념의 공동체 의식을 바탕으로 결성된 연결망이다. 다른 한 가지는 SNS를 통한 사회적 연결망이다. 이들 2가지 사회적 연결망의 특성을 그림 2.5에 정리하여 보았다.

전통적 사회적 연결망	SNS를 통한 사회적 연결망
•학연 연결망: 학교 동문회 등 •지연 연결망: 향우회 등 •혈연 연결망: 가족, 종친회 등 •업무상 모임: 직장 모임 •동호인 모임: 동호회 •이들 전통적 사회적 연결망도 SNS를 통하여 소통한다.	•SNS를 통한 사회적 모임이다. •전통적 개념의 연결망이 없어도 SNS를 통한 사회적 모임이 생기고 있다. •전통적 개념의 연결망이 SNS라는 매체를 통해서 좀 더 활성화되는 경향이 있다. •SNS를 통한 사회적 연결망과 전통적 사회적 연결망은 상호 배타적이 아니다.

그림 2.5 **사회적 연결망의 구분과 특성**

제2장 제2절에서 필자는 현대 사회의 물리적 연결망을 1차적 연결망와 2차적 연결망으로 구분하여 그림 2.3에서 정리하였다. 필자는 다시 현대 사회의 사회적 연결망을 전통적 사회적 연결망과 SNS를 통한 사회적 연결망으로 구분하여 그림 2.5에서 요약하였다. 이와 같은 현대 사회의 연결망을 물리적 특성과 사회적 특성을 구분하면 현대 사회의 연결성의 특성을 이해하는 데 도움이 될 것이다. 그래서 필자는 그림 2.3과 2.5를 결합하여 현대 사회의 연결망의 구조를 물리적 특성과 사회적 특성으로 구분하고 이들 각각 1차적 연결망과 2차적 연결망, 전통적 사회적 연결망과 SNS를 통한 사회적 연결망으로 세분하는 분석의 틀을 그림 2.6를 통하여 보이고 있다. 이와 같은 분석의 틀은 사회의 연결망의 구조와 특성을 좀 더 명확하게 이해하는 데 도움이 될 것이다. 그림 2.6를 통하여 '초연결(hyperconnectivity)' 사회라고 지칭되는 현대 사회의 연결의 구조와 특성을 좀 더 분석적으로 이해하게 될 것이다. (그림 2.3, 2.5, 2.6에 소개한 현대 사회의 연결망 구조 분석은 이 책에서 최초로 제시되는 분석의 틀이다.)

	1차적 연결망	2차적 연결망
물리적 연결망	•기본적으로 사람과 사람 간의 통신을 위한 연결망 •통신의 수단은 유무선 전화, 인터넷 등이다.	•사물인터넷을 이용한 연결망 •기존의 인터넷 통신망 또는 사물인터넷 전용 통신망을 이용한다.
	전통적 사회적 연결망	SNS를 통한 사회적 연결망
사회적 연결망	•전통적 공동체를 바탕으로 한 연결망 •학연 연결망: 학교 동문회 등 •지연 연결망: 향우회 등 •혈연 연결망: 가족, 종친회 등 •업무상 모임: 직장 모임 •동호인 모임: 동호회 •이들 전통적 사회적 연결망도 SNS를 통하여 소통한다.	•SNS를 통한 사회적 모임이다. •전통적 개념의 공동체 의식이 없어도 SNS를 통한 사회적 모임이 생기고 있다. •전통적 개념의 연결망이 SNS라는 매체를 통해서 좀 더 활성화되는 경향이 있다. •SNS를 통한 사회적 연결망과 전통적 사회적 연결망은 상호 배타적이 아니다.

그림 2.6 **현대 사회의 연결망의 구조: 물리적 연결망과 사회적 연결망의 구조**

4. 욕구의 변화

세상을 변화시키는 가장 중요한 요인 중의 하나는 인간의 욕구(needs)이다(일부 서적은 영어 needs를 니즈라는 한글 표현으로 표시하기도 하지만, 이 책에서는 needs를 욕구로 표현하기로 한다). 예를 들면, 서유럽의 사람들이 동방으로 가는 항로를 개척하게 한 것은 비단과 차와 향신료를 좀 더 많이 값싸게 확보하기 위한 왕과 귀족들의 욕구 때문이었다. 한국 사람들도 가난을 극복하고 좀 더 좋은 음식과 주거와 의복을 향유하기 위한 욕구를 만족시키기 위하여 열심히 일하고 산업을 발전시켰다. 그래서 미래를 변화시키는 가장 원천적인 요인은 바로 인간의 욕구라고 할 수 있다. 그런데 인간의 욕구는 변한다. 한 가지 욕구가 만족하면 새로운 욕구가 발생한다. 한국인들은 이제 40여 년 전의 가난에서 벗어났다. 그래서 그들의 욕구도 끼니를 걱정하던 40여 년 전의 그것과는 달라졌다. 구체적으로 무슨 욕구가 어떻게 바뀌었을까? 또, 바뀔 것인가?

욕구의 고도화

한국인의 욕구가 어떻게 변화하였는가를 살펴보고, 또 앞으로 어떻게 변화할 것인가를 설명하기 위하여 욕구와 관련된 학문적 이론을 간단히 소개하고자 한다. 미국의 심리학자 아브라함 매슬로(Abraham Maslow, 1908~1970)는 인간의 욕구를 다섯 가지 수준으로 구분하였다(매슬로, 1943). 그 이후에 그와 그의 후배 학자들이 그의 초기 모형을 더욱 발전시켜 인간의 욕구를 8단계로 구분하는 모형을 제시하였다(맥레오드(2007)). 통상적인 마케팅 과학 또는 경영학 서적에는 매슬로의 욕구 5단계 모형을 소개하고 그것에 따라서 인간의 욕구를 설명하고 있다. 하지만 이 책에서는 매슬로의 5단계 모형보다 설명력이 좀 더 큰 욕구 8단계 모형을 이용하여 인간의 욕구가 어떻게 사회 변화에 작용하는지를 논의하고자 한다.

욕구 8단계는 낮은 수준의 욕구부터 열거하면, 생리적 욕구, 안전 욕구, 사회적 욕구, 존경 욕구, 인지적 욕구, 미적 욕구, 자아실현 욕구, 그리고 자기초월 욕구이다(표 2.1 참조). 매슬로의 욕구 단계론의 핵심적인 내용 중의 하나는 아래 수준의 욕구가 어느 정도 만족되어야 다음 계층의 욕구가 활성화된다는 것이다. 표 2.1을 좀 더 시각적으로 표현하면 그림 2.7과 같다. 그림 2.7에서 보인 바와 같이 인간의 욕구 중에서 아래쪽부터 4개의 욕구 즉, 생리적 욕구, 안전 욕구, 사회적 욕구, 존경 욕구를 결핍 욕구라고 한다. 그리고 나머지 4개의 상위 욕구 즉, 인지적 욕구, 미적 욕구, 자아실현 욕구, 그리고 자기초월 욕구를 성장 욕구라고 한다(그림 2.7 참조).

표 2.1 매슬로의 욕구 8단계와 요구의 예

	욕구의 종류	욕구의 예
1	생리적 욕구	음식, 물, 호흡, 주거, 종족 유지 등에 대한 욕구
2	안전 욕구	고용, 재무적 안정, 건강, 사고와 상해로부터 안전 욕구
3	사회적 욕구	우정, 가족, 사회적 그룹, 지역사회 조직, 종교 동에 참가 욕구
4	존경 욕구	자존감, 자신감, 성취감, 인정 존경 받고 싶은 욕구
5	인지적 욕구	지식과 의미에 대한 욕구, 호기심, 탐사 욕구, 의미와 예측 욕구
6	미적 욕구	아름다움, 균형, 외모에 대한 욕구
7	자아실현 욕구	자신의 잠재력 실현 욕구, 고등 교육, 여행, 개인적 성장 욕구
8	자기초월 욕구	진리, 영혼, 존재, 자각, 무조건적 사랑에 대한 욕구

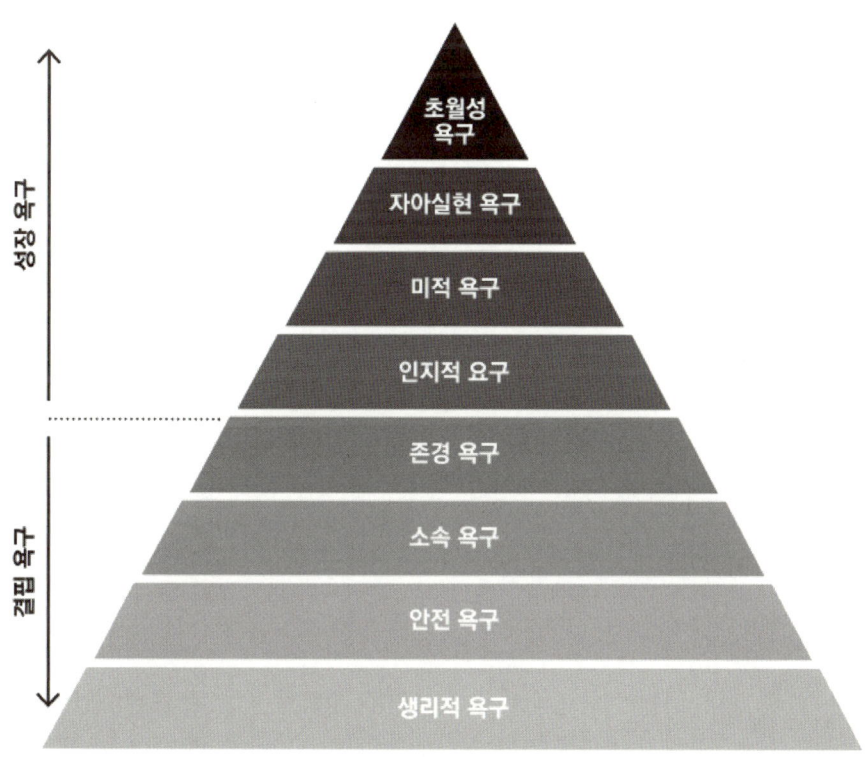

그림 2.7 매슬로의 욕구 8단계 모형[3]

이 매슬로의 모형에 의거하여 한국인의 욕구가 어떻게 변하고 있는지를 고찰해 보고자 한다. 한국의 경제는 1950년대와 60년대에는 끼니를 걱정해야 하는 수준이었다. 그 당시에는

---

[3] 출처: https://www.simplypsychology.org/maslow.html
Maslow's Hierarchy of Needs (Saul McLeod 2007, updated 2016)

상당 부분의 사람들이 하루에 세 끼를 먹고 추위로부터 보호받는 것이 최우선의 욕구이었다. 그 당시에도 예뻐지고 싶고 높은 수준의 공부를 하고 싶은 욕구는 있었지만 많은 한국인들에게 있어서 이와 같은 욕구는 활성화되지 못하였다. 그러나 최근의 한국인들의 선택을 보면, 과거와는 다르게 한국인의 욕구는 매우 고도화되었다는 것을 알 수 있다. 예를 들면, 한국의 요즘 젊은이들의 상당히 큰 비율이 자신의 외적 아름다움(표 2.1에서 6번째 욕구)을 실현하기 위해서 좋은 옷과 성형 수술까지 선택하고 있다. 또, 대학 진학률도 높아져서 2014년에는 70퍼센트로 상승하였는데, 이것은 매슬로의 욕구 8단계 모형에 의하면 고등교육을 받고자 하는 것은 자아실현의 욕구(표 2.1에서 7번째 욕구)라고 할 수 있는바 이는 한국인의 욕구가 고도화되어 왔음을 나타내는 현상이다.

한국인 소비자의 욕구의 변화를 나타내는 현상의 예를 한 가지 더 소개하고자 한다. 최근에 젊은 세대들의 신용카드사용에 대한 빅데이터 분석 결과에 의하면 이들의 외식비는 줄었는데 이들의 여행비용은 크게 늘었다고 한다. 이렇게 여행 경비를 쓰는 젊은이들은 맛있는 음식보다는 성취감과 개척 감을 주는 여행을 더 중요시한다는 의미로 해석될 수 있다. 이렇게 한국인들의 욕구는 음식에 대한 욕구와 같은 물질적인 것에 대한 것보다는 상대적으로 더 자아실현 지향적인 욕구로 이동하고 있는 것으로 보인다. 이와 같은 욕구의 변화는 소비의 변화를 불러온다는 사실에 경영자는 관심을 가져야 한다.

고급화 욕구

한국인들의 욕구가 낮은 단계의 욕구에서 높은 단계로 이동하고 있는 것 외에도 고급화 욕구를 꼽을 수 있다. 예를 들어, 여성의 경우 자신의 미적 욕구를 실현하기 위해서 화장품을 하나 고를 때에도 좀 더 고급품을 선택하려는 경향이 뚜렷한 것 같다. 이와 같은 변화의 근본은 소비자의 욕구의 변화이다. 따라서 기업 경영에서 제품과 서비스를 개발하고 소비자에게 제공하는 과정에서 고객의 욕구 변화를 자세히 관찰하고 이를 경영에 반영하여야 할 것이다.

가성비

가성비란 가격 대비 성능비의 준말로서 가성비를 수학적 식으로 표현하면,

$$가성비 = \frac{성능}{가격}$$

이라고 표현할 수 있다. 그러니까 가성비가 크면 가격에 비하여 성능이 좋은 것을 의미하고, 가성비가 낮으면 그 반대이다. 이것은 같은 가격에 대해서 최대의 만족을 얻고자 하는

행동의 기준이 되는 지표를 의미하므로 가성비에 의해서 의사 결정을 하는 것은 경제성의 원칙에 따라 의사 결정을 하는 것이다. 소비자들은 가성비가 높은 상품을 선호한다.

🟦 감성화

소비자들은 물리적 특성에 관한 욕구뿐만 감성적 심리적 측면에 관한 욕구가 점점 증가하고 있다. 예를 들면, 커피 한 잔에서도 단순히 물리적으로 커피 한 잔을 마신다는 욕구 이외에도 문화적 환경과 분위기를 즐기려는 욕구가 더 중요하게 인식되는 시대가 되고 있다. 이제는 해외여행에서도 맛있는 음식과 멋있는 경치보다는 여행자 자신의 마음의 평화와 해방감 성취감 등에 더 많은 비중을 두고 있는 것 같다.

🟦 배타성

최근에 소비자들의 특성 중의 하나는 소비자들이 그들이 사용하는 제품과 서비스가 자신에게 맞추어진 특별한 것이기를 요구한다는 것이다. 예를 들면, 개인별 맞춤 의상, 맞춤 요리와 같은 것이다. 이처럼 자신에게만 특별히 제공되는 제품과 서비스를 추구하는 특성을 배타성이라고 표현할 수 있다. 제품과 서비스에서 이와 같은 배타성을 확보하기 위해서는 비용이 크게 상승한다는 문제점을 가지고 있다고 할 수 있다. 그런데 4차 산업혁명이 전개되는 과정에서 이와 같은 배타적 서비스가 통상적인 비용으로도 가능하게 되고 있다. 예를 들면, 독일의 가구 제조업체 노빌리아(Nobilia Kitchen and Design)는 고객의 주문에 따른 맞춤형 제조업을 실현하여 소비자의 배타적 서비스를 만족할 수 있음을 보여주고 있다. 이와 같은 고객 욕구의 배타성은 증가할 것이며 이러한 욕구를 잘 만족하게 하는 기업이 경쟁에서 유리한 위치를 차지할 수 있을 것이다.

🟦 오락성 욕구

소비자들은 제품과 서비스를 선정하는 과정에서 오락성을 중요시하는 것 같다. 무슨 일에서나 수행 또는 처리 과정에 즐거움, 재미, 기쁨이 있는 것을 선호한다는 것이다. 이러한 오락성의 필요성은 아주 새로운 이야기는 아니다. 예를 들면, 어린이들에게 수학을 가르치는 과정에서도 관심과 흥미를 유발하기 위하여 재미있어 보이는 만화나 게임을 사용한다. 그래서 교육(education)과 엔터테인먼트(entertainment)를 합성하여 에듀테인먼트(edutainment)라는 용어가 사용되고 있다. 건강관리에도 건강(health)과 엔터테인먼트(entertainment)를 결합하여 헬스테인먼트(healthtainment, 참고: 이것을 상표로 등록한 미국 기업이 있음)라는 말이 사용되고 있다. 경영자는 소비자와 사원들에게 엔터테인먼트를 제공하기 위해서 신경을 써야 할 것이다. 예를 들면, 기업 경영 회의를 하는 경우에도 음료, 회의 장소, 자료의 준비 등에 있어서도 단순히 필요만 만족시키는 수준을 넘어 추가적인 오락 요소를 추가함으로써 참가자의 관심과 참여도를 높일 수 있을 것이다.

초월성 욕구

초월(transcendence)이라는 말은 어떤 특정한 대상을 넘는다는 뜻이다. 예를 들면, 천당, 열반에 가는 것, 또는 신과 연결되어 있다는 느낌 등을 의미하는 말이다. 초월성 욕구(transcendence needs)란 자신을 위한 욕구를 넘어 그보다 더 위대한 것을 성취하고자 하는 욕구이다. 그래서 이것을 자기 초월성 욕구(self-transcendence needs)라고도 한다. 초월성 욕구의 예로는 이타주의, 정신적 깨달음, 자기중심적 생각으로부터의 해방이다. 이 욕구는 매슬로가 거의 죽음에 가까워졌을 때 파악했다는 인간 욕구인데, 이것은 자아실현 욕구와는 근본적으로 다르다. 자아실현은 '자신의 욕구'를 실현하고자 하는 욕구인데, 자기 초월성 욕구는 '자신의 욕구는 차치하고 자신의 욕구보다 더 위대한 것을 추구하려는 욕구'이다. 예를 들면, 안중근 의사는 자신을 희생해서라도 타인 즉 한민족 전체의 독립을 향한 욕구를 실현하기 위해서 자신을 희생하였는데 이것이 자기 초월성 욕구의 예라고 할 수 있다.

요즈음에는 소비자가 제품을 선택할 때 기업의 사회적 책임(corporate social responsibility, CSR)을 잘하는 기업의 제품을 선택한다고 한다. 그렇다면 기업의 사회적 책임이란 무엇인가? CSR은 4단계로 나눌 수 있는데 제1단계는 경제적 책임으로 이윤 극대화와 일자리 창출이다. 제2단계는 법률적인 책임에 해당하는 것으로서 회계의 투명성, 소비자 보호, 성실한 세금 납부 등이다. 제3단계는 윤리성 책임으로서 환경 보호, 제품 안전, 윤리 경영, 소수자에 대한 공정한 대우 등을 포함한다. 마지막으로 제4단계는 자선 활동, 문화 체육 활동 등에 대한 기업의 지원을 말한다(기획재정부(2010)).

그렇다면, 소비자가 기업의 사회적 책임을 의사 결정의 기준으로 삼는 것은 소비자의 어떤 욕구와 관련이 있는 것일까? 그 이유는 소비자가 기업의 사회적 책임에 충실한 기업의 제품을 선택하는 것은 소비자의 자기 초월적 욕구 때문이라고 볼 수 있다. 왜냐하면, 소비자가 기업의 사회적 책임에 충실한 기업의 제품과 서비스를 선택하는 것은 소비자 자신의 이익과는 직접 관련이 없지만 좀 더 좋은 사회를 만드는 데 미력이나마 기여하고자 하는 자기 초월적 욕구를 만족할 수 있기 때문이라고 할 수 있다.

소비자 참여

소비자의 변화의 또 다른 측면은 소비자들이 기업 경영과 의사 결정에 직접 간접적으로 참여하는 정도가 증가하고 있다는 점이다. 정보 통신 기술을 기반으로 한 인터넷과 SNS의 발달로 사람들은 자신이 관심 있는 일에 참여하기가 용이해졌다. 사회가 참여 사회로 바뀐 것이다. 예를 들면, 스마트폰과 연결되는 각종 SNS를 이용하면 한 장소에 얼굴을 맞대고 모이지 않아도 구성원 또는 관계자는 자신의 의사 표현을 할 수 있게 되었다. 이와 같은 참여 시스템의 발전은 소비자들이 기업의 경영이나 의사 결정에 더욱 용이하게 참여할 있게 하고 있다.

따라서 기업은 제품이나 서비스의 품질 또는 만족도 개선에 큰 비용을 들이지 않고도 소비자를 참여시킬 수 있게 되었다. 예를 들면, 음식점에서 특정 음식에 대한 맛, 서비스 시간, 가격 등에 대한 소비자의 의견을 디지털 기술을 이용하여 수집할 수 있게 되었다. 이처럼 문제 해결에 있어서 소비자들이 쉽게 참여하게 된 것은 기업이 경영 문제를 해결하는 데 있어서 좀 더 현실적인 유용한 해법을 찾을 수 있게 될 것이라는 기대를 하게 한다. 이러한 과정에서 소비자는 좀 더 높은 수준의 만족을 얻을 수 있게 될 것이다. 한편, 이와 같은 소비자의 참여 기회를 활용하지 못하는 기업들은 경쟁에서 열등한 위치에 처하게 될 것이라는 예측을 가능하게 한다. 따라서 기업은 이러한 기업 경영 환경 변화를 긍정적으로 인식하고 활용하는 방안을 마련하여야 할 것이다.

5 인구 변화

인구는 수요와 생산을 결정하는 가장 중요한 요인 중의 하나로서 경영자가 특별히 관심을 가져야 하는 요소이다.

◆ 인구 문제의 특성

인구 문제의 기업 경영과 관련된 특성은 다음과 같이 요약할 수 있다.

- 인구는 수요와 생산을 결정하는 가장 근본적인 변수이다.
- 전문가가 아니면 인구의 변화를 파악하기 어렵다. 통계청 등 전문 기관의 자료가 아니면 개인은 인구 변화를 관측이나 추측이나 체험으로는 알아낼 수 없다.
- 인구 변화는 생물학적 문화 사회적 관성이 커서 그 트렌드를 바꾸기 어렵다.
- 현재의 인구 문제 고민은 미래의 현실이다. 그때 가서 돌이킬 수 없다.
- 인구 문제는 근본 구조를 바꾸는 데 많은 시간과 노력과 자원이 소요된다.

◆ 한국 인구 문제의 고민

한국이 인구 문제의 고민은 다음과 같이 요약할 수 있다.

- 세계에서 고령화가 가장 빠르게 진행되고 있다.
- 한국의 현재 출산율은 세계 최저 수준이다.
- 한국의 생산가능 인구(15~60세 사이의 인구)는 2018년부터 감소한다.
- 2016년에 한국의 신생아 주는 40만 6천 명으로 사상 최저를 기록하였다. 이것은 OECD 국가 중 최하위이며, 세계 224개국 중 220위이다.
- 2017년도 1사분기의 출생아 수는 전년 동기 대비 10퍼센트 이상 감소하여, 2017년의 출생아 수는 36만 명으로 추산하고 된다.
- 한국의 인구는 2031년에 정점에 도달하고 그 이후 감소한다(최근의 동향을 보면 인구 감소가 이보다 더 빠른 시점에서 시작할 수도 있다.).
- 한국은 저출산 문제를 해결하기 위해서 엄청난 금액의 돈을 투입했다고 하지만 인구 감소 트렌드는 변할 기미를 보이고 있지 않다. 2018년에 신생아 수가 반등할 것인가는 국가적 관심사이다.

상기 내용을 보면 인구 문제가 경제와 경영에 있어서 매우 중요하다는 것을 이해했을 것이다. 그리고 한국의 인구 문제는 기업의 경영뿐만 아니라 국가적으로도 매우 심각한 문제라는 것을 짐작했을 것이다.

📦 경영자가 염두에 두어야 할 인구 트렌드

- **소비 둔화:** 2031년까지 한국의 인구는 완만하게나마 증가할 것이라고 하지만 노령인구가 증가하고 생산 가능 인구는 감소하므로 수요가 많이 증가할 것이라고 기대하기는 어렵다. 한국은 2017년 8월에 고령사회(65세 이상 인구가 전체의 14퍼센트 이상)로 들어섰다는 보도가 있었다. 이와 같은 현상은 한국이 2018년에 고령사회에 진입할 것이라는 예측을 앞당긴 것이다. 한국은 2026년에는 초고령화 사회(65세 이상의 인구가 전체의 20퍼센트 이상인 사회)에 접어든다고 예측되어 있다. 노인 인구는 늘지만 노인 빈곤율이 OECD 회원 국 중 최고인 상황에서 노인에 의한 소비 증대는 크지 않을 것이다.
- **어린이 대상 사업:** 최근에 신생아 수가 감소하여 앞으로 당분간 어린이를 대상으로 하는 사업은 호황을 기대하기 어렵다. 그래서 국내의 장난감 생산은 크게 위축되고 있으며 외국제 장난감이 주류를 이루고 있다고 한다. 다만 대도시를 중심으로 여유 있는 계층의 어린이를 상대로 하는 고액의 서비스 사업은 해 볼 만할 것이다.
- **건강 관련 산업:** 한국에서 노령 인구의 증가로 인해 노령자의 건강 관련 산업의 비중이 성장할 것으로 예측된다.
- **베이비 붐 세대:** 한국에서는 1955~1963년 사이에 출생한 세대를 베이비 붐 세대라고 한다. 이들은 한국의 경제 성장 과정에서 많은 이바지를 한 세대인데 이들은 이제 현역에서 은퇴를 시작하였다. 하지만 이들의 노후 준비는 충분한 상태가 아니고 4차 산업혁명 과정

에서 일하는 데 필요한 능력도 충분하지 못한 세대라고 할 수 있다. 하지만 이들 중에는 경제적 여유를 가지고 은퇴하는 사람도 상당한 비율을 차지한다.

6 노동 문제와 일자리

노동 문제는 크게 나누면 실업 문제, 노사 문제, 비정규직 문제와 임금 문제로 나누어 볼 수 있다. 이들 노동 문제는 기업 경영에 영향을 미치는 핵심 요소 중의 하나이며, 4차 산업혁명에서도 가장 중요한 과제 중의 하나이다.

◆ 노동 문제의 배경: IMF 외환위기 고통은 아직 끝나지 않았다

한국에서 실업 문제, 비정규직 문제 등에 대한 해법을 찾는 과정에서 이들 문제가 발생한 배경을 이해할 필요가 있다. 돌이켜 보면 실업과 비정규직 문제는 1997년 말에 시작된 IMF(International Monetary Fund, 국제통화기금) 외환 위기와 함께 우리 사회에 심각한 문제로 등장했다고 할 수 있다. 그 이전에는 이들이 심각할 정도의 사회 문제는 아니었다고 할 수 있으며 노동 문제는 지금의 문제들과는 양상이 다른 것들이었다고 할 수 있다. 한국은 1960년대 이후 산업화를 추진하면서 제조업의 육성에 중점을 두었고 그 당시 한국의 제조업은 매우 노동 집약적이었다. 그래서 대기업과 중소기업의 공장들은 많은 인력이 필요하여 남녀를 불문하고 농촌의 젊은 노동자들을 진공청소기처럼 공장으로 흡입하였다. 그래서 이 시대의 근로자들은 노동 착취라는 문제도 있었지만, 공장 근로를 통하여 한반도에서 보릿고개로부터 해방될 수 있었다. 이들은 낮은 임금과 긴 노동 시간에 시달렸지만, 고용의 관점에서만 본다면 이 시대는 경제 성장과 일자리가 동반 성장하는 선순환 구조를 이루고 있었다고 할 수 있다(이 책의 성격상 그 당시에 부당하게 고통을 받았던 근로자들의 입장은 다루지 못하는 점을 양해해 주기 바란다.).

그런데 1997년 말에 한국은 IMF 외환위기를 겪게 되었고 1998년에는 기업의 구조조정 과정에서 대량 해직과 함께 대량 실업 사태가 발생하였다. 이와 같은 실업 문제는 1960년대 이후 한국의 산업화 과정에서 한 번도 경험하지 못하였던 초유의 사태였다. 그래서 당시에는 실업이나 일자리 창출과 같은 단어들이 좀 생소하게 들릴 정도였다. 그러던 중에 1998년에 대량 실업 사태를 당하자 새로 집권한 김대중 정부는 마땅한 해법을 찾지 못하여 당황하였다. 당시에 한국의 일부 학자와 관료들은 제조업이, 과거에 그랬던 것처럼, 일자리 창출의 열쇠를 가지고 있다고 생각하고 있었다. 하지만 당시에 제조업의 일자리 창출 능력은 이미 정체되고 있었다. 따라서 제조업 중심의 정책으로는 일자리 문제는 해결될 수 없는 상황이었다.

한편, 당시에 저자는 1970년대부터 미국에서 중소기업의 육성과 창업을 통한 일자리 창출에 대해서 20여 년 이상 연구하고 가르치고 있었다. 저자는 일자리 창출을 가장 많이 하는 것은 소규모의 사업체라는 것을 규명하는 논문을 발표한 상태였다(박춘엽, 1997). 그러던 차에 당시의 정부와 집권 여당은 일자리 창출 전문가를 탐색하던 중 저자에게 일자리 창출 정책을 제안해 줄 것을 요청하여 왔다. 그래서 저자는 국회에서 열린 정책 공청회에서 소상공인 지원 정책으로 "소상공인발전센터"(지금은 소상공인지원센터)를 설치할 것을 발제 논문을 통하여 주장하였다(박춘엽, 1998(1), 박춘엽, 1998(2), 그림 2.8). 이와 같은 저자의 일자리 창출 정책은 김대중 정부에서 채택되어 성공적으로 실행되었으며 현재까지도 한국의 일자리 창출 정책의 근간을 이루고 있다(저자가 한국에서 '소상공인'이라는 용어를 최초로 사용하였다).

이와 같이 한국의 일자리 문제는 IMF 외환위기 때부터 시작되었고 이 문제는 지금까지 계속되고 있으며 악화되고 있다. 그 이후에 정부는 기업을 지원하는 입장에서 파견 근로자와 계약직 근로자 제도를 시행하였고 이로 인하여 비정규직 근로자가 양산되어 되었다. 따라서 IMF 외환위기로 인하여 촉발된 일자리 문제와 비정규직 문제는 한국 사회의 치명적인 고통으로 남아있다고 해야 할 것이다.

그림 2.8 소상공인 발전센터 설치방안 공청회[4]

---

[4] 이 사진은 한국의 소상공인 관련 최초의 사진으로서, 1997년 7월 16일 국회의 의원회관 소회의실에서 개최된 공청회 사진이다. 좌측으로부터 김호근(명지대 교수), 오균현(소기업협회 사무총장), 이윤보(건국대 교수), 이길제(국회의원), 박춘엽(저자, 주제 발표자, 동국대 교수), 박옥경(현대악세사리학원장), 최동규(중소기업연구원장), 조제충(중소기업진흥공단 연수원장)이다.

🟦 비정규직과 임금

실업 문제는 한국 사회의 가장 중대한 문제 중의 하나이다. 특히 청년 실업률이 높은 것으로 보도되고 있다. 일부 일자리에서는 구인난을 호소하고 있지만, 실업률은 높은 상태이다. 이러한 근로자의 기대치와 근로 조건의 불일치 문제에는 대중소기업 간의 임금 격차가 중요한 원인으로 작용하고 있다. 이러한 대중소기업 간의 임금 격차는 대학 진학률 상승을 촉발하였고, 과도한 대학 진학률은 결과적으로 학력, 임금, 일자리의 수급 불일치라는 고질적인 구조를 초래하였다. 한국은 이와 같은 상태를 계속 유지할 수는 없다. 무언가 해법을 찾아야 하는데 문제가 고질적이고 복잡하며 여러 집단 사이의 이해관계가 얽혀있어서 쉽사리 해결책을 찾기란 쉽지 않을 것 같다.

비정규직이란 일정 기간 또는 짧은 기간 동안 고용 계약을 맺고 일하는 근로자를 말한다. 계약이 종료되면 일할 기회를 상실하게 된다는 점에서 고용이 불안정하고, 정규직 근로자와는 달리 비정규직 근로자는 복지나 승진 교육훈련 등의 기회가 제한된다는 불리한 점이 있다. 이러한 상황이지만 한국에는 일자리가 충분하지 않아서 비정규직에도 근로자들이 몰리고 있다. 최근에 정부에서는 비정규직을 줄이고 비정규직 근로자를 정규직화하는 노력을 시작하였다. 이와 같은 비정규직의 정규직화가 일반 기업에도 적용되기 위해서는 노사정 간의 협의가 필요하며 제도적 변화가 필요하다고 할 것이다.

노동 문제의 핵심적인 요소 중의 하나는 임금이다. 한국에서는 비정규직의 시간당 임금을 개선하는 조치가 최근에 취해지고 있다. 한국에서도 비정규직 문제의 1차적 해법으로 동일노동 동일임금의 원칙을 적용하는 것을 고려하고 있다. 기업 경영자들도 이와 같은 변화에 대한 준비가 필요하다고 하겠다.

🟦 일자리

4차 산업혁명이 가져올 부정적 영향 중에서 가장 심각한 것으로 예측되는 것 중의 하나는 일자리 감소이다. 슈밥(2016)은 4차 산업혁명이 진행되면 수많은 일자리들이 사라질 것이라는 예측을 내놓기도 했다. 최근에 발표된 미국의 소매점 아마존고는 89명인 마트 직원을 6명으로 축소하게 될 것이라고 한다. 이와 같은 일자리 감소는 미국 전역에서 약 800만 명에 달하는 소매점 직원의 일자리를 위협하게 될 것이라는 보도가 있다. 이것은 4차 산업혁명이 기존의 일자리를 축소시킬 것이라는 예측이 신빙성이 있음을 보여주는 사례라고 하겠다.

여러 선진국들도 일자리 문제로 고민하고 있다. 예를 들면, 미국의 경우에는 국내의 일자리를 확보하기 위하여 트럼프 대통령이 강경한 정책들을 내놓고 있다. 영국을 포함한 유럽의 여러 나라들도 자국 내의 일자리를 확보하기 위해 적극적인 정책들을 시행하고 있다. 한국에서는 4차 산업혁명이 현실화되기도 전에 일자리 문제로 고민하고 있다. 한국에서는 현재 청년들을 위한 마땅한 일자리가 부족할 뿐만 아니라 중장년을 위한 일자리도 부족한 형편이다.

이미 산업 발전의 과정에서 경험한 바와 같이 산업혁명으로 인한 일자리 감소는 그것으로 끝나지 않고 새로운 일자리 창출과도 관련이 되어 있다. 과거에 영국에서 있었던 러다이트 운동(1811~1817년 영국의 중부와 북부의 직물 공업 지대에서 일어났던 방적 기계 파괴 운동)과 같은 일자리 감소로 인한 사회적 갈등이 있었지만, 시간이 경과함에 따라 새로운 일자리가 생성되고 그 결과로 일자리와 노동력 사이에 새로운 균형이 이루어지게 되었다. 이번에 4차 산업혁명 과정에서도 인간의 노동력을 대체하는 많은 기술과 기계들이 등장하여 그 결과로 많은 일자리가 소멸할 가능성이 있지만, 새로운 일자리도 많이 창출될 것이다.

이상에서 살펴본 바와 같이 일자리 문제는 4차 산업혁명 진행 과정에서 가장 중요한 사회적 경제적 과제가 될 것이다. 물론 개별 기업의 입장에서는 공정을 개선하고 서비스를 개선하고 원가 절감 결정을 내리는 과정에서 경제성의 원칙이 가장 중요한 의사 결정 기준이 될 것이다. 하지만, 정치적 사회적 관점에서는 4차 산업혁명 과정에서 발생하는 일자리의 감소와 변동에 대응하여 정부에서는 여러 가지 수단을 동원하여 개입할 가능성이 크다. 이러한 상황에서 일자리 창출은 최대의 사회적 공헌이 될 것이다. 이러한 관점에서 경영자와 창업가의 활동에 의한 많은 일자리 창출이 필요하다고 하겠다.

7 여가 시간

앞으로 4차 산업혁명이 진행됨에 따라 인간이 일하는 시간은 줄어들고 그 결과로 여가 시간이 늘어나게 된다. 이와 같은 여가 시간의 증가는 세상을 변화시키는 중요한 요인 중의 하나가 될 것이다. 여가 시간이 늘어나게 되면 인간은 이 늘어난 여가 시간을 소비해야 한다. 이와 같은 시간 소비 행위는 여러 형태로 나타날 것이다. 예상되는 바로는 개인의 건강과 체육 활동의 증가, 사회적 학습 활동의 증가, 문화 예술의 창조와 소비, 엔터테인먼트 산업의 성장, 자아실현 활동의 증가, 사회적 참여 등 여러 가지 형태로 나타날 것이다.

이와 같은 문화적 소비가 일어나기 위해서 문화적 생산 활동이 증대되면 이와 관련된 산업이 성장할 것이다. 통칭으로 서비스 산업이라고 부를 수 있는 이와 같은 산업은 국가 경제에서 차지하는 비중도 증가할 것이다. 이러한 사회적 현상에 부응하여 여가 산업이 잘 발달할 수 있도록 학교, 정부, 직업 훈련 기관 등의 적극적인 관심과 노력도 중요하게 될 것이다. 경영자는 이와 같은 추세를 활용하여 성장의 기회를 만들어야 할 것이다.

8 교육과 학습

 4차 산업혁명 시대에 필요한 교육

교육과 학습은 개인에게뿐만 아니라 국가와 기업의 경쟁력의 원천 중의 하나이다. 4차 산업혁명 시대에도 기업은 경쟁력을 유지 내지는 향상하기 위하여 사원들에게 필요한 교육을 제공하여야 하며 사원들이 학습할 수 있는 여건을 조성해야 할 것이다. 한국의 공교육은 과거에 경제 발전의 동력이 되었기도 하지만 지금의 한국 교육은 4차 산업혁명 시대에는 부적합한 측면이 있다. 4차 산업혁명의 특징에 비추어 볼 때 한국의 교육의 문제점 중의 하나는 대학 입시를 위한 지식 중심의 주입식 교육 방식이라고 할 수 있다. 그런데 지식 검색이 용이해지고, 인공지능이 많은 문제를 해결하게 되는 상황에서는 단순 지식은 그 중요성이 과거에서만큼 크지 않을 것이다. 이제 기억하는 일은 기계에 맡기고 사람은 기계가 할 수 없는 좀 더 복잡한 문제를 해결하는 일과 창의적인 일을 할 수 있는 능력을 배양하는 교육을 해야 할 것이다.

 사회적 학습

최근의 발전하고 있는 학습 현상 중의 하나는 사회적 학습(social learning)이다. 사회적 학습이란 협력적이고 즉각적이며 상황에 적합한 내용을 각자의 근무 환경에 따라 학습하는 학습 방법이다. 사회적 학습의 예를 들면, SNS를 그룹 채팅을 이용한 토론, 페이스북의 벽에 메시지(포스트) 붙이기, 블로그 이용하기, 유튜브 등을 이용한 학습이다. 이와 같은 사회적 학습 방법은 앞으로 많은 기업에서 활용하게 될 것이다. 물론 이와 같은 사회적 학습 방법이 사원들을 오히려 옥죄는 방법으로 사용되어서는 안될 것이다.

9 과학 기술 공학 수학

인류의 역사를 돌이켜보면 1차 산업혁명 이후부터 2차 3차 산업혁명을 거치면서 산업이 발달하였고 그 결과로 인류의 삶은 획기적으로 향상되었다. 이와 같은 산업 발전 과정에서 과학과 기술의 역할은 지대하였으며 현재 그 영향력은 더욱 커지고 있다. 과학 기술은 산업뿐만 아니라 경제적 정치적 사회적 문화적 변화의 핵심 요인으로 작용하게 되었다. 더 나아가서 기술은 대량 파괴 무기의 개발, 인류의 복지 증진, 환경오염과 통제 등에도 헤아리기 어려울 만큼 큰 영향을 미치게 되었는바 이제 과학 기술이야말로 인류의 현재와 미래를 지배하는 가장 중요한 요인 중의 하나로 확고하게 자리매김하게 되었다. 따라서 인류와 국가의 미래를 생각할 때 과학과 기술을 빼놓고는 생각할 수 없게 되었다.

그런데 과학 기술과 관련하여 관심을 가져야 할 영역이 공학이다. 공학은 과학 기술과 밀접하게 관련되어 있으므로 과학 기술과 함께 이해할 필요가 있다. 과학(science)은 자연에 관한 체계적 지식 그 자체로서 아직 응용되지 않은 상태의 것이라고 할 수 있다. 과학적 지식은 실험과 관찰로부터 얻어진다. 기술은 제품과 서비스의 생산 등에 사용되는 테크닉(technique), 기능(skill), 또는 방법의 집합이라고 할 수 있다. 한편, 공학(engineering)은 목표를 달성하기 위해서(또는 문제를 해결하기 위해서) 사용하는 과학, 수학, 경제학, 사회학 등의 원리를 이용하는 일련의 활동이라고 할 수 있다. 공학과 기술의 차이는 여러 가지이지만 '기술은 테크닉이나 기능의 집합'이라고 할 수 있는 데에 비하여 더 공학은 좀 더 '범위가 넓고 복잡한 문제를 해결하기 위한 일련의 활동'이라고 할 수 있다.

공학(工學)의 본질을 이해하기 위해서는 공학에 해당하는 영어 표현인 Engineering(엔지니어링)이라는 말을 이해할 필요가 있다. 예를 들면, 영어 표현 Mechanical 'Engineering'은 기계 '공학'이라고 번역한다. 여기에서 영어의 Engineering에 대한 한국어 표현이 '공학'인데, 사실 영어 표현 Engineering 이라는 말에는 어원적으로 볼 때 학문이라는 의미가 별로 없다. 본래 Engineering 이라는 말은 동사 Engineer (문제를 해결하다)에 "ing"가 붙어서 '문제를 해결하기', 또는 '문제를 해결하는 활동'을 의미하는 Engineering이 된 것이다. 공학은 영어 표현의 의미로는 '문제를 해결하는 활동'이라는 뜻이라고 할 수 있다.

과학과 기술과 공학의 관계를 거북선을 제작하는 과정을 예를 들어 설명해 보고자 한다. 먼저 전선(戰船)의 윗부분을 뚜껑으로 덮고 뾰쪽한 꼬챙이를 설치하면 적이 승선해 오지 못할 것이라는 생각은 과학적 아이디어이다. 이런 아이디어를 실제로 구현하는 전선을 만들기 위해서는 설계도를 작성하고, 설계도에 따라 선체를 만들고 노를 만드는 등 여러 가지 기술이 이용된다. 그런데 이와 같이 윗부분이 덮개로 덮어진 배를 만들기 위해서 설계를 하고 각종 기술을 적용하여 거북선을 만드는 활동 전체를 영어로 말하면 Engineering이라고 할 수 있다.

공학이라는 개념은 그 유용성을 인정되어 20세기 후반에 많은 영역에서 그것을 활용하게 되었다. 그리하여 공학이라는 개념은 전통적인 공학 분야인 토목 공학, 기계 공학, 화학 공학 외에도 많은 분야에서 적용되었는데 예를 들면, 항공 공학, 생명 공학, 의료 공학 등 낱낱이 열거하기 어려울 정도로 많은 분야의 공학이 발전해 왔다. 그런데 과학, 기술 그리고 공학적 지식을 개발하고 학습하는 데 있어서 수학은 필수적인 요소이다. 그래서 현대 사회에서는 과학(Science), 기술(Technology), 공학(Engineering), 수학(Mathematics)의 영어 표현의 머리 문자를 모은 STEM은 문제 해결에 있어서 불가분의 관계에서 혼연일체가 되어 활용되고 있다.

4차 산업혁명에서는 STEM의 역할이 전보다 더 증대할 것이다. 예를 들면, 인공지능, 로봇, 자율주행차, 사물인터넷, 3D 프린팅, 생체 이식 기술 등이 모두 STEM에 근거를 두고 있기 때문에 새로운 기술의 발전을 이해하고 대응 방안을 마련하기 위해서는 STEM에 대한 지식이 필요하다. 이제 기업의 임원들 중에도 STEM에 대한 이해도가 높은 이공계의 출신의 비중이 증가하고 있는 것은 STEM 지식의 필요성을 입증하는 단적인 예라고 본다.

STEM에 예술(Arts)을 더하면 STEAM이 된다. 이러한 STEAM 교육의 중요성이 인식되어 확산되고 있다고 한다(백윤수, 2017). STEM에 Arts가 포함된 이유는 그것이 이공계 지식 체계와는 이질적인 것이지만 미래 사회에서 예술의 중요성이 매우 클 것이라고 믿기 때문일 것이다. 한국에서는 STEAM을 융합 교육이라고 하여 중요시하고 있다. 2017년도에 개최된 어느 교육박람회에 갔었는데 STEAM 부쓰가 있어서 안내하는 고등학생에게 STEAM이 무엇이냐고 물어보았더니 그냥 "융합교육"이라고 하며 그것이 무엇을 나타내는 말인지를 모르는 것 같아서 좀 아쉽다고 생각했다.

이와 같은 STEAM 융복합이 일어나는 이유는 풀어야 할 문제가 복잡하여 하나의 기술로는 해결할 수 없기 때문이다. 예를 들면, 소비자에게 좀 더 '좋은 차'(예를 들면, 연비가 높고, 안전하고, 편안한 차)를 만들기 위해서는 기계공학적 기술 하나만으로는 목표를 달성할 수 없다. 이 목적을 위해서는 기계 공학뿐만 아니라 전자 공학적 기술과 인체 공학적 기술도 사용되어야 한다. 이와 같이 '좋은 차'라는 소비자의 욕구를 충족시키기 위해서는 여러 기술이 융복합적으로 활용되기 때문에 융복합의 중요성은 계속 증대되는 것이다.

결론적으로 말하자면, STEM은 앞으로 우리의 삶과 경제 발전과 사회의 변화를 주도하며 여러 가지 문제를 해결하는 데 있어서 핵심 요소라는 명제를 잊어서는 안될 것이다. 따라서 경영자와 종사자는 사업 영역과 관계없이 과학, 기술 및 공학의 진보에 관심을 가지고 과학자, 기술자, 공학자를 우대해야 할 것이다.

10 국제적 환경

4차 산업혁명과 관련하여 국제적 경쟁 환경은 대외 의존도가 높은 한국에게는 특별히 더 중요하다고 할 수 있다. 여기에서는 4차 산업혁명과 관련된 국제적 동향에 대하여 간략히 언급하고자 한다.

먼저 영국에 대해서 생각해 보겠다. 영국은 산업혁명의 발상지로서 해가 지지 않는다는 대제국을 건설한 바 있으나 20세기 후반에 정보화 혁명에서 약간 저조하였다고 할 수 있다. 하지만 복제 양 돌리의 탄생에서 볼 수 있는 바와 같이 과학 대국의 저력이 변함없음을 보여 주었고, 최근에는 영국의 인공지능이 한국의 이세돌 기사를 이김으로써 인공지능 분야에서도 기술이 만만하지 않음을 보여주었다.

한편, 독일은 제조업 강국으로서 세계 산업과 경제에서 그 위상이 변함없었다. 하지만 정보 산업에서는 선도적 역할은 하지 않는다는 느낌이 들었다. 하지만 독일은 제조업 4.0을 선언하고 4차 산업혁명을 선도하는 국가임을 확인하였다. 또, 제국주의 시대의 주역 국가 중의 하나이었던 프랑스는 정보화 혁명에서 크게 두각을 나타내지는 못하였지만, 기술 대국 문화 대국으로서의 위상에는 변함이 없고 국내적으로 새로운 지도자의 선택을 기점으로 하여 새로운 도약을 준비하고 있다.

일본은 제2차 세계대전 이후 자동차와 가전 산업을 중심으로 제조업 강국으로 성공하여 미국에 이어 세계 제2의 경제 대국이 되었다. 하지만 일본은 1990년 초부터 약 20년간의 장기적인 불황을 겪었다. 그러나 일본은 최근에는 고용과 생산 등 여러 지표로 볼 때 장기 불황에서 벗어났음을 보여주고 있다. 또, 일본은 로봇 산업에서 세계 최고의 기술을 보유한 것으로 보이며 과학 분야의 노벨상 수상자 수에 있어서 미국, 영국, 독일, 프랑스와 함께 세계 최고의 과학 대국으로 4차 산업혁명 시대에도 주도적 역할을 할 것으로 전망된다.

저임금을 바탕으로 하여 세계적인 제조업 강국으로 성장한 중국은 4차 산업혁명에서 크게 약진할 것으로 전망되고 있다. 중국은 드론, 인공지능, 전기차, 고속철도 등 첨단 기술 분야에서 세계 최고 수준임을 보여주고 있다.

한편 미국은 트럼프 대통령을 선출하여 정치적으로 새로운 경험을 하고 있지만, 경제 과학, 기술 군사력에 있어서 세계 최고라는 위상에는 변동이 없을 것이며 4차 산업혁명에서 주도적 역할을 할 것으로 예상된다.

CHAPTER 03 · 4차 산업혁명의 핵심 기술과 개념

 4차 산업혁명을 심도 있게 이해하기 위해서는 4차 산업혁명의 원동력인 핵심 기술과 개념을 이해하여야 한다. 이와 같은 핵심 기술을 완벽하게 이해하기란 쉽지 않다. 왜냐하면, 이들 기술들이 새로운 것들이며 인공지능과 같은 무형의 기술도 있고, 로봇과 자율주행차 같은 융복합 기술도 포함하고 있기 때문이다. 기업에 이미 근무하는 직장인은 4차 산업혁명을 이해하고 신제품 신규 사업과 경영 전략을 개발하는 능력을 갖추기 위해서는 이들 기술에 대한 이해가 필요하다. 또 창업에 관심이 있는 독자는 여기에서 소개되는 기술적 요소를 이해해야만 미래의 성장 분야의 창업 기회를 만들 수 있을 것이다. 그리고 취업 준비생은 자기소개서나 면접 과정에서 4차 산업혁명의 핵심 기술과 개념을 이해하고 있다는 점을 강조하여야 할 것이다. 인문 사회 분야의 전공자도 취업과 직장 생활을 하기 위해서는 여기에서 소개하는 핵심 기술들에 대한 기본적인 이해가 있어야 한다. 기술에 관심이 적은 사람에게는 다소 흥미가 없는 내용일 수도 있겠으나 이해해두면 매우 유용하리라고 생각한다.

1 인공지능

 기본 개념

 이제 인공지능(artificial intelligence)은 공상 과학 소설이나 영화나 대학의 강의 시간에만 나오는 주제가 아니고 인간의 일상생활과 산업에서 실제로 활용되고 있는 실제적 기술이다. 한국에서는 2016년 4월에 인공지능 알파고가 이세돌 구단과의 바둑 대결에서 승리함으로써 인공지능에 대한 인식이 크게 확산하였다. 인공지능이란 '인간의 뇌가 가진 지능의 기능을 컴퓨터 소프트웨어를 이용하여 수행할 수 있게 하는 기술을 다루는 과학'이라고 할 수 있다. 인공지능은 이제 단순한 기억뿐만 아니라 인간의 뇌처럼 습득한 지식을 바탕으로 하여 추론

하고, 자연 언어를 이해하고, 스스로 학습하고, 시각적 판단을 할 수 있는 단계에까지 이르렀다. 그림 3.1은 인간의 뇌와 인공지능과의 유사성을 상징적으로 보여주고 있다.

그림 3.1 인공지능과 인간의 뇌와의 유사성을 상징적으로 표현한 그림[5]

 활용 분야

인공지능이 활용되는 예를 몇 가지 살펴보면 다음과 같다.

- 미국에서는 아마존이 판매한 음성 인식 인공지능 알렉사가 부모의 허락을 받지 않은 어린아이의 명령에 따라 쿠키와 인형을 주문해서 물건이 배송되었다고 한다. 그런데 이 사건을 텔레비전 방송국 아나운서가 방송하자 시청자 가정에 있던 여러 인공지능이 이 방송 내용의 일부를 명령으로 인식하고 쿠키와 인형을 주문하는 바람에 해당 기업에 주문이 폭주하여 혼란이 있었다는 보도가 있었다. 인공지능이 이미 인간의 생활을 돕고 있지만 아직은 한계도 있다는 내용이다.
- 일본에서는 인공지능이 탑재된 로봇이 일반 가정과 기업에서 활발하게 활용되고 있다. 인공지능이 창작한 문학 작품이 신춘문예 작품 현상 공모에 출품되었다고 한다.
- 한국에서도 투자 의사 결정에서 인공지능의 투자 수익률이 인간 애널리스트보다 더 높게 나타났다고 한다. 또, 한국의 어느 대학 병원에서는 미국의 IBM사가 개발한 인공지능 왓슨(Watson)을 도입하여 질병 진료에 활용하고 있다는 보도가 있었다.
- 중국에서는 춘절에 여행객이 기차역에서 개찰을 하는 업무를 수행한다고 보도되었다. 인공지능 앞에 서서 신분증을 제시하면 인공지능이 승객이 얼굴을 인식하여 본인 확인을 한다는 것이다.
- 인공지능은 로봇과 자율주행차의 핵심 기술이기도 하다.

---

5) http://www.cuelogic.com/blog/artificial-intelligence-and-machine-learning-a-comparison/

- 위와 같은 외국의 예를 들지 않더라도 인공지능은 우리 생활의 매우 가까이에서 활용되고 있는데, 예를 들면, 많은 스마트폰에 다운로드 되는 구글의 지도가 그것이다. 구글의 지도는 음성 인식 기능이 있는데 그것을 활성화 시키고 목적지를 음성으로 말하면 그곳의 위치가 스마트폰의 화면 지도에 나타난다. 저자가 이 책을 저술하던 2017년 여름에 일본의 도쿄를 여행할 때 구글의 지도를 이용하였는데 목적지를 음성으로 입력하면 교통편(지하철 갈아타기 등)과 소요 시간이 화면에 나타났다. 그래서 인공지능 기술이 활용된 구글의 지도는 혼자서 외국에서 여행하는 데도 큰 도움이 되었다. 이처럼 인공지능은 이미 우리 생활에서 활용되고 있는 것이다.

인공지능이 활용되는 분야는 다음과 같다.

- **게임**: 인공지능은 전략적 요소가 포함된 게임에서 매우 우수한 능력을 나타내고 있다. 인공지능은 체스, 포커, 바둑 등에서 그 능력의 우수함이 입증되었다.
- **자연어 처리**: 인간이 말하는 자연어를 이해하는 인공지능을 만들 수 있다. 요즘에는 스마트폰에 인간의 말을 이해하는 인공지능이 설치되고 있다.
- **전문가 시스템**: 기계와 소프트웨어와 특수 정보를 통합하여 추론과 조언을 할 수 있는 전문가 시스템이 있는데 이것도 인공지능을 이용한 것이다.
- **비전 시스템**: 시각적 입력 자료를 이해하고 해석하고 사고할 수 있는 인공지능 시스템이 있다. 예를 들면, 정찰기로 사진을 찍어서 특정 지역에 대한 정보를 얻어낼 수 있고, 범인의 얼굴 영상을 자료에 있는 사람과 연결할 수 있는 능력을 가진 인공지능이 있다.
- **수기 자료 인식**: 손으로 쓴 글씨를 인식하고 그것을 읽을 수 있는 문자로 변환시키는 인공지능 시스템이 있다. 수기 한자를 인식하는 사전 앱을 스마트폰에 다운로드 받을 수 있다.
- **지능형 로봇**: 인간이 명령한 일을 수행할 수 있는 로봇도 인공지능을 이용한 것이다.
- **자율주행차**: 자율주행차의 중앙처리장치는 고도의 인공지능 기능을 수행하는 장치이다.

미래 전망

인공지능은 앞에서 열거한 사례 외에도 교육, 경영 의사 결정, 엔터테인먼트 등 여러 분야에서 활용될 것이 확실하다고 하겠다. 앞으로 기업에서 인공지능을 활용하는 기회가 특히 많을 것이다. 인공지능이라는 말은 1956년, 미국의 다트머스대학교에 있던 존 매카시 교수가 개최한 다트머스 회의에서 처음으로 사용되기 시작했다. 따라서 그 역사는 약 60여 년이라고 할 수 있는데, 1980년대의 침체기를 거쳐 인터넷이 보급되는 1990년대 이후 최근에 매우 활발하게 연구되고 활용되고 있다. 영국의 스티븐 호킹 박사는 인공지능이 인간을 위협하게 될 것이라고 경고하기도 하는데 이에 반대하는 의견을 가진 전문가도 많다. 하지만 반도체의 발명이 정보 산업으로 연결되어 상상하지 못했던 문명을 만든 사실을 생각하면, 인공지능이 앞으로 인류에게 어떤 편익과 불행을 가져다줄지 속단하기는 어려울 것이다.

인공지능은 4차 산업혁명의 핵심 기술이 될 것이다. 왜냐하면, 인공지능은 로봇에서도 머리 부분은 인공지능으로 이루어지게 되는데 이 머리 부분의 인공지능이 좋을수록 합리적인 판단을 더 잘할 것이며 인간과의 교류도 원활할 것이기 때문이다, 또 자율주행차에서도 자동차가 사물을 인식하고 판단하는 기능은 인공지능이 수행하기 때문에 인공지능의 역할은 매우 중요하다. 그래서 인공지능 부분이 우수한 자율주행차가 주변 상황에 잘 적응하고 승차자에게 편안함과 안전을 더 많이 보장해 줄 것이다.

인공지능은 당분간 인류의 편익을 증진하는 데 많이 활용될 것이다. 대표적으로는 인공지능은 제품의 생산과 서비스 활동에서 원가를 절감하고 생산성을 향상시키는 중요한 도구가 될 것이다. 또, 많은 자료를 분석하여 수행되는 각종 의사 결정, 교육, 오락 등에서도 효과적으로 활용될 수 있을 것이다. 기술의 발전과 활용에 관한 과거의 경험을 보면 기술의 조기 도입자(early adopter)들은 동종 업계의 선두 주자가 된 경우가 많다. 인공지능에서도 마찬가지로 조기 도입자는 초기 시장을 선점하게 될 것으로 전망된다. 따라서 기업인들은 인공지능의 발전 동향을 예의 주시하고 자사의 제품과 서비스에 인공지능을 도입하고 활용하는 방안을 모색해야 한다.

하지만 인공지능이 초래하게 될 부정적인 측면에 대한 우려도 적지 않다. 이미 앞에서 언급한 바와 같이 인공지능은 여러 분야에서 현재 인간이 하고 있는 일을 대신할 것으로 예측되고 있다. 블루칼라 작업뿐만 아니라 화이트칼라 일자리도 인공지능이 대체할 것이라고 예상된다. 미래에 인공지능에 의해서 대체될 수 있는 일자리 중에서 특별히 그 가능성이 큰 직업으로는 텔레마케터, 세무 보고자, 보험 평가사, 스포츠 심판자, 법률 비서, 음식점과 커피숍의 접객원, 부동산 중개사, 비서와 행정 보조자, 농업 근로 계약자, 운반원 등이다. 이들 직업들이 인공지능으로 대체될 확률은 모두 90퍼센트 이상으로 추정되었다(크라우스 슈밥, 2016).

프로기사 이세돌과의 바둑 대결에서 이긴 인공지능 알파고는 딥마인드라는 영국의 인공지능 기업이 개발하였다. 딥마인드는 데미스 허사비스 (Demis Hassabis)와 셰인 레그, 무스타파 술레이만에 의해 설립되었는데 이 기업을 구글이 2014년 1월에 4억 달러(약 4800억 원)에 인수하였다. 왜 그렇게 많은 돈을 투입하여 인수하였겠는가? 대답은 이 회사가 작지만 그 만큼 한 미래 가치가 있다고 판단하였기 때문일 것이다.

한국도 이제 세계 10위권 규모의 경제 대국으로서 첨단 기술의 추격자로서의 전략만으로는 경쟁력을 유지할 수가 없는 상황이 되었다. 한국은 이제 자신의 독자적인 기술을 개발하고 보유하지 않으면 안 되는 상태에 이른 것이다. 따라서 인공지능 분야에 있어서 한국은 뒤져있지만, 지금부터라도 독자적인 연구 체계를 갖추고 나가야 할 것이다. 기술 개발을 위해서는 전문 인력이 필요하다. 인공지능 분야에서 최고 수준의 인력뿐만 아니라 초급 기술자로서 연구와 개발 보조 기사도 많이 필요할 것이다.

인공지능에 대한 교육과 연구는 주로 컴퓨터 공학과 관련하여 수행되고 있다. 영국의 에

딘버대학교(University of Edinburgh)에서는 인공지능 전공 학사, 석사, 그리고 박사과정이 개설되어 있다. 이 대학교는 인공지능 전공 학과를 이미 1990년대에 개설하였던 것으로 판단된다. 영국에서 인공지능 전문 회사인 알파고사가 설립된 것이 우연이 아님을 설명하는 사례라고 하겠다. 미국에서도 인공지능 교육과 연구가 매우 활발하다. 미국의 신문 유에스 앤드 월드 리포트(U.S. News and World Report, www.usnews.com)에 따르면 대학원 과정에서 인공지능 분야의 상위권 대학으로는 스탠퍼드대학교, 카네기 멜런 대학교, MIT, 캘리포니아 대학교(버클리), 워싱턴대학교, 조지아공대 등의 순이다. 한국에서는 주로 컴퓨터 공학 분야에서 인공지능을 교육 연구하고 있으나 독립된 학과는 아직 개설되어 있지 않은 것으로 판단된다. 저자는 2016년 2월에 서울시 소재 모 대학에 인공지능 학과를 설립할 것을 제안한 바 있으나 실현되지 못하였다. 앞으로 인공지능 관련 많은 인력이 필요할 것이다.

2 로봇

 기본 개념

로봇은 인간과 비슷한 모양과 기능을 가진 기계를 의미한다. 로봇의 어원은 체코어로 노동을 의미하는 단어 'robota'에서 나왔다고 한다. 일본에서는 사람 모양을 한 로봇이 인간의 생활에 깊숙이 활용되고 있어서 청소 등 일을 거들기도 하고 사람과 대화를 하여 정서적인 상대가 되고 있는 것으로 보도되고 있다. 로봇의 활용은 이제 상상의 미래가 아니고 현실이다.

로봇의 구성과 작동 원리를 설명하면 다음과 같다. 로봇은 기본적으로 4부분으로 나누어지는데, 일컬으면, 감지 장치(센서), 제어 장치, 동작 장치 그리고 동력이다.

① 감지 장치: 감지 장치는 주변의 빛, 소리, 온도 등 환경의 정보를 감지하여 제어 장치로 전달하는 기능을 하는 부분이다. 인간의 눈, 코, 귀, 피부가 주변으로부터 정보를 수집하여 인간의 뇌로 보내는 것처럼 감지 장치에 의해서 수집된 정보는 제어 장치로 전달된다.
② 제어 장치: 제어 장치는 감지 장치로부터 수신한 정보를 바탕으로 하여 판단을 하여 동작 장치에 행동 명령을 내린다. 이처럼 제어 장치는 인간의 두뇌와 같은 역할을 한다.
③ 동작 장치: 동작 장치는 제어 장치가 내린 명령에 따라 로봇의 팔, 다리 등을 움직여서 목적하는 동작을 하여 의도한 작업을 수행하는 것인데 이것은 인간의 머리에서 내린 명령에 따라서 팔과 다리가 움직이는 것에 비유된다.
④ 동력 장치: 동력 장치는 감지 장치, 제어 장치, 동작 장치가 작동할 수 있도록 동력을 제공한다. 동력으로는 교류 또는 직류의 전기가 주로 쓰인다. 전원 장치로 건전지가 사용될 수 있다. 그림 3.2는 로봇의 구성 요소를 보인다.

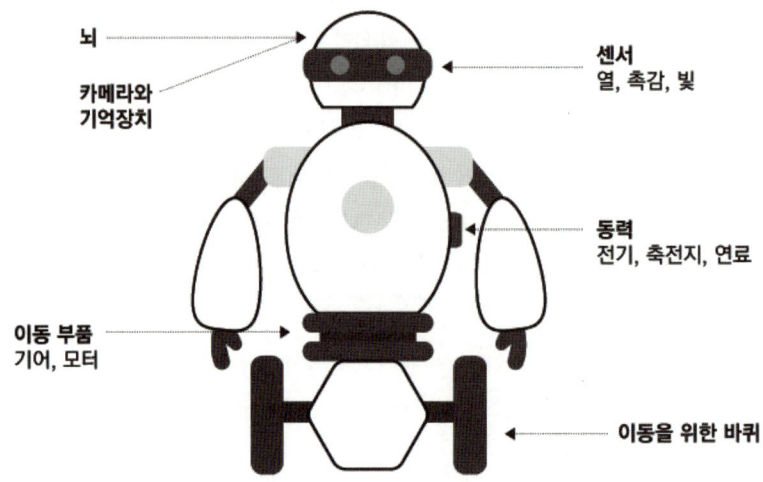

그림 3.2 **로봇의 구성 요소**[6]

로봇의 활용

로봇은 그 용도가 매우 넓어서 많은 종류의 로봇이 있다. 국제로봇협회(International Federation of Robot)는 로봇을 그 용도별로 분류하였는데 먼저 서비스용 로봇과 제조업용 로봇으로 분류한다. 서비스용 로봇은 개인용 로봇과 전문 로봇으로 나누어진다.

① **제조용 로봇**: 자동차 제조(핸들링, 조립, 용접, 도장 등), 전자 제품 제조(도장, 조립, 핸들링 등), 조선(용접, 블라스팅, 도장)
② **서비스 분야의 로봇**: 개인 서비스용 로봇, 공공 서비스용 로봇, 극한 작업 로봇, 기타 산업용 로봇으로 나눌 수 있다. 좀 더 자세한 내용은 다음과 같다.
  - **개인 서비스용 로봇**: 가사 지원(청소, 정리 정돈, 경비, 심부름 등), 노인 지원(보행 보조, 생활 지원 등), 재활 지원(병간호, 장애자 보조, 재활 훈련 등), 작업 지원(근력 강화기), 여가 지원(오락, 테마파크, 게임, 헬스 케어 등), 교육(가정교사, 교육 기자재용), 이동 지원(개인 이동 시스템, 탑승형 로봇)
  - **공공 서비스 로봇**: 공공 서비스(안내, 도우미, 도서관 등), 빌딩 서비스(경비, 배달, 청소), 사회 안전(경비)
③ **극한 작업 로봇**: 사회 인프라(활선, 관로, 고소 작업용), 재난 극복(화재 진압, 인명 구조), 군사(지뢰 제거, 경계, 전투, 로봇 갑옷 등), 해양(탐사, 자원 개발 지원)

---

6) http://14mf.qataracademy.wikispaces.net/file/view/Components%20of%20a%20robot-Farah%20Mahfouz%207A.bmp
/67409843/Components%20of%20a%20robot-Farah%20Mahfouz%207A.bmp

④ **기타 산업용 로봇**: 소매업(판매 활동), 서비스(은행, 음식점 접객 서비스 등), 건설(건설 지원, 건설 유지 보수, 해체 지원), 농림, 축산(농약 살포, 과실 수확 지원), 의료(수술, 간호, 진료, 치료, 교육)

로봇이 이미 많은 인간의 일을 대체하고 있고 앞으로 그 범위는 더욱 확대될 것이다. 따라서 이로 인한 일자리 감소가 심각한 문제로 대두될 것으로 예상된다. 한편, 일본에서는 노인을 돌볼 사람이 부족하여 노인을 돌보는 데에 로봇을 많이 이용한다고 한다. 저자가 2017년 8월에 일본의 도쿄에서 보험회사를 방문했는데 로봇이 방문객인 저자를 맞이하였다(그림 3.3).

그림 3.3 도쿄의 보험회사에서 방문자를 맞이하는 로봇 (2017. 8. 28. 저자 박춘엽 촬영)

로봇 사용에 관한 국제적인 통계 자료를 보면 한국이 세계에서 로봇을 많이 사용하고 있는 국가로 나타난다. 국제로봇 연맹(2016)에 의하면 제조업 근로자 1만 명당 로봇 사용 대수는 세계 평균이 69대인데 한국은 531대로 세계 최고이다. 다음은 싱가포르로 398대이고, 다음은 일본 305대 순서이다. 이 통계 숫자를 보면 한국의 공장들에서 로봇이 얼마나 많이 사용되고 있는지를 상상할 수 있을 것이다. 하지만 일반 서비스업에서 한국에서 로봇이 사용되는 경우는 많지 않다.

로봇은 4차 산업혁명 과정의 주요 기술로서 '인간을 노동으로부터 해방'하는 데 있어서 핵심적인 역할을 할 것이다. 물론 '노동으로부터의 해방'이라는 말이 일자리 감소를 의미하기 때문에 반가운 말이라고만은 할 수 없다. 하지만 이것은 4차 산업혁명 시대의 대세이다. 이 문제의 해답은 일자리 문제를 어떻게 해결하느냐에 대한 해답을 찾아내는 인간의 지혜에 달려있다고 할 수 있다.

3   사물인터넷과 웨어러블 디바이스

인터넷은 인류 최대의 발명이라고 지칭될 정도로 세상을 통째로 바꾸어 놓았다. 인터넷은 그것 없이는 살 수 없는 현대 사회의 불가결한 하부 구조가 되었다. 인터넷은 여러 단계의 진화를 거쳐 현재와 같은 시스템이 되었는데 인터넷이 현재와 같이 일반적인 사용이 가능하게 된 것은 1991년에 World Wide Web이 개발되면서부터이다. 그러니까 인터넷이 널리 사용되게 된 것은 약 25년이 조금 넘는다.

이처럼 인터넷의 역사는 매우 짧지만, 그것은 저렴한 비용으로 이메일과 같은 편리한 통신 활동을 가능하게 하였고, 전자 상거래라고 하는 새로운 경제 활동 영역을 가능하게 하였다. 그리하여 아마존과 알리바바와 같은 초대형 전자 상거래 업체와 수많은 소규모 전자 상거래 업체가 설립되어 인류의 상거래 양상이 근본적으로 변화되고 있다. 인터넷은 또 SNS라고 하는 전 인류가 참여하는 새로운 사회적 연결망을 탄생시키기도 했다.

이처럼 인터넷은 21세기에 들어와서도 계속하여 세상을 변환시키고 있을 뿐만 아니라 사물인터넷이라고 하는 새로운 영역으로 확장되고 있다. 사물인터넷을 통하여 인간과 사물 그리고 사물과 사물이 연결될 전망이며, 이로 인해서 인류는 또 한 번의 변혁을 예감하고 있다. 사물인터넷은 웨어러블 디바이스라는 이름으로 변신하여 인간에게 편익을 주게 될 것이다.

1) 사물인터넷

 기본 개념

사물(thing)과 사물(thing)을 연결하는 인터넷(internet)을 사물인터넷(Internet of Things, IoT)이라고 한다. 사물인터넷은 그 활용 범위가 엄청나게 확대될 것으로 전망된다. 사물인터넷이라는 말은 케빈 애슈턴(Kevin Ashton)이 1999에 처음으로 사용했다고 한다. 사물인터넷을 선점하는 자가 인터넷을 통한 미래 시대의 혁신의 아이콘이 될 것이라고 예측되고 있다. 이러한 사물인터넷을 선점하기 위해서 세계의 유수한 기업과 정부들이 치열하게 경쟁하고 있다. 이와 같은 사물인터넷의 활용 범위는 매우 광범위할 것으로 전망되고 있다. 예를 들어, 자동차 생산 기업이 생산하는 자동차에 엔진의 온도와 진동 등을 측정하여 자동차의 고장 가능성을 사전에 감지할 수 있는 센서를 설치해 놓고 이 센서에 들어온 정보를 인터넷을 통하여 본사의 애프터서비스 센터와 연결해 놓으면 자동차 회사는 특정 자동차의 고장 가능성을 미리 알 수 있을 것이다.

사물인터넷의 구성

사물인터넷의 구성에 대해서 간단히 살펴보고자 한다. 사물인터넷은 4부분으로 나누어서 설명할 수 있는데, 센서, 통신 네트워크, 클라우드, 정보처리 기능부분이다.

① **센서**: 독자들은 디지털 체온계로 체온을 측정해 본 경험이 있을 것이다(남자들은 징집 신체검사 때, 여성들은 육아 시 어린아이의 체온을 측정할 때 경험했을 것이다). 디지털 체온 측정기를 귀에 꽂고 수초가 경과하면 "삐"하는 신호음이 들리고 체온이 디지털 신호로 변환되어 자판에 숫자로 나타낸다. 이 사례에서 디지털 체온 측정기는 사물인터넷의 핵심 요소인 센서의 사례이다. 사물인터넷에서 센서(sensor)는 주변으로부터 정보를 수집하는 감각 기관이다. 감지(sense)의 대상이 되는 것은 온도, 습도, 소리, 진동, 빛, 위치, 영상, 열, 가스, 조도 등이다. 사물인터넷의 센서는 물리적 조건이나 사건으로부터 감지한 내용을 전기적, 광학적 또는 디지털 자료로 변환하는 역할도 한다(디지털 체온 측정기가 감지한 온도는 디지털 신호로 전환되어 숫자로 나타나는 것이다). 이와 같이 사물인터넷의 센서는 감지 기능, 측정치를 디지털 신호로 전환하는 기능, 전환된 신호를 클라우드로 보내는 통신 기능을 포함하고 있다. 센서는 감지하려는 목적(온도, 진동, 소음 등), 정확도, 신뢰성, 범위, 정밀도 등에 따라 여러 종류가 있다.

② **통신 네트워크**: 사물인터넷의 두 번째 요소는 센서로부터 수집된 자료를 전송하는 데 사용되는 통신 네트워크이다. 네트워크와 센서를 연결하는 기술은 와이파이, 블루투스, 아이맥스, 이더넷(Ethernet), LTE(long term evolution), 라이파이(LiFi) 등이다.

③ **클라우드**: 사물인터넷의 세 번째 요소는 센서로부터 수집된 자료를 처리하고 저장하는 모든 활동을 포함한다. 이 과정에서 데이터는 클라우드(cloud)라고 부르는 저장소에 저장되는데 클라우드는 클라우드 저장소(cloud storage)를 의미한다.

④ **정보 처리**: 사물인터넷의 네 번째 요소는 센서로부터 통신 네트워크를 통해서 전송된 정보를 처리하는 기능이다. 여기에서 '정보를 처리'한다는 말은 사물에서부터 전송되어 온 가공되지 데이터를 인간이 사용하기 쉽게 만든다는 뜻이다. 정보처리를 좀 더 구체적으로 말하면 정보의 비주얼화(예를 들면, 그래프로 표시하기), 해석(예를 들면, 위험상태 알림), 예측과 최적화 등을 포함한다. 이와 같은 정보처리에 요즈음은 인공지능이 많이 이용된다. 정보처리를 통하여 뽑아낸 자료는 통신망을 통하여 기계나 사람에게 전달된다. 그러면 정보를 접수한 기계나 사람은 사전에 정해진 원칙에 따라 적절한 조치를 하게 된다.

사물인터넷의 이와 같은 4가지 구성 요소와 기능을 그림으로 표시하면 그림 3.4와 같다. 사물인터넷 소자는 센서와 통신 장치를 포함하는 소형의 디바이스이다. 그림 3.5는 손톱만한 사물인터넷 소자의 사례를 보인다.

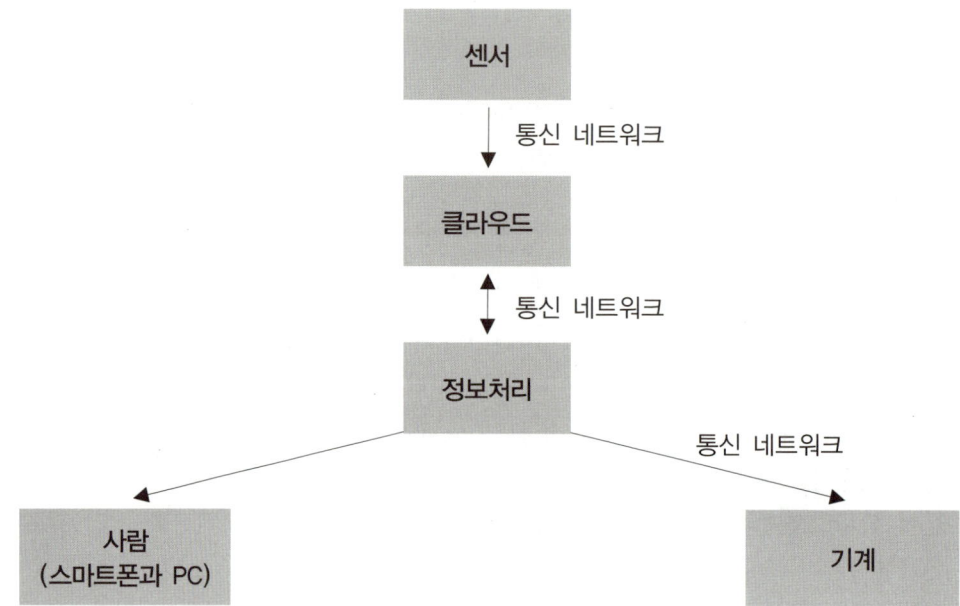

그림 3.4 **사물인터넷의 원리를 보여주는 개념도**

그림 3.5 **사물인터넷의 실제 모양의 예**

🔷 사물인터넷의 활용 사례

사물인터넷은 웨어러블 장치, 스마트홈 관리, 가전제품과 자동차 관리, 개인의 건강관리(원격 의료 관리), 스마트 교통 관리, 제조업과 서비스 산업, 응용에 적용할 수 있고 나아가서는 스마트 도시 건설에도 적용할 수 있다. 이러한 개념을 그림 3.6에서 보이고 있다.

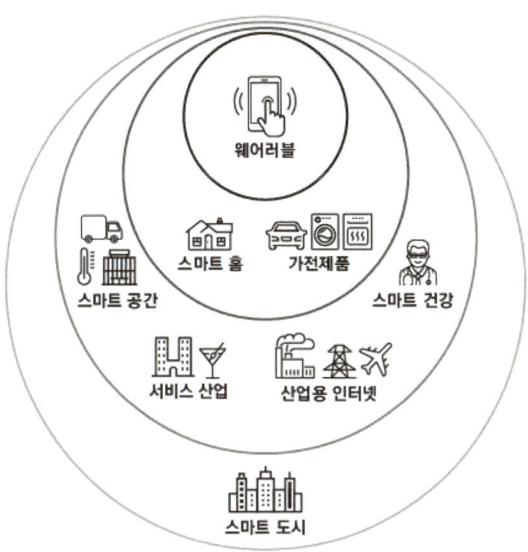

그림 3.6 사물인터넷의 활용 사례[7]

- 스마트 홈: 가정 내의 조명, 난방, 환기, 냉방, 보안, 비디오 감시 시설이 휴대폰을 이용해서 중앙 통제 식으로 관리되는 집을 말한다. 이러한 스마트홈은 사물인터넷을 이용하여 구현된다. 그림 3.7에서 스마트 홈의 개념도를 보이고 있다.

그림 3.7 스마트 홈

---

7) http://www.tandfonline.com/doi/figure/10.1080/15332969.2014.885369?scroll=top&needAccess=true

- **스마트 도시**: 스마트 도시(smart cities)란 인터넷 접속이 언제 어디서나 가능하고 도시 내 모든 시설들이 지능화된 다양한 유비쿼터스 서비스를 제공하는 도시의 개념을 나타내는 말이다. 예를 들면, 중동의 아랍에미리트(UAE)의 두바이시는 도시의 모든 가로등을 비디오카메라가 설치된 스마트 조명으로 바꾸고 있다고 한다. 이것은 시내 전체를 가로지르는 스마트 조명을 통해 도시의 상황을 한눈에 파악할 수 있는 도시 컨트롤 센터의 설치를 목적으로 한 것이라고 한다. 이것은 도시 어느 곳에서나 접할 수 있는 가로등을 도시 전체를 하나로 연결하는 스마트 기반 시설로 활용하는 사례라고 하겠다. 그림 3.8은 스마트 도시의 상상도이다. 스마트 시티가 구현할 수 있는 서비스의 예를 들면 다음과 같다.
  - 교통 서비스: 사물인터넷을 통해서 차량에서 실시간으로 정체 구간, 교통사고 발생 정보를 얻을 수 있고, 빠른 우회경로를 안내한다. 한국에서도 서울의 경우에 버스 정류장에는 오는 버스의 번호와 예상 소요 시간이 디지털로 표시되는데 이것은 사물인터넷을 이용한 것이다.
  - 에너지 절약 서비스: 가정과 빌딩의 전기 제품에 사물인터넷을 설치해 놓으면 실시간으로 에너지 사용량을 알려주고, 전기료를 최소화하는 방법을 스마트폰으로 안내한다. 외출 중에도 스마트폰 터치 한 번으로 전기제품을 끄고, 주인이 들어오기 전에 집안 온도와 조명을 조절할 수도 있다.
  - 관광 서비스: 사물인터넷과 무선 근거리 통신 기술을 이용하여 관광객이 방문지에 도착하면 스마트폰에서 해당 지역의 맛집 등 관광 정보 등을 제공한다.
  - 기타: 이외에도 사물인터넷은 스마트 헬스 케어, 스마트 빌딩, 스마트 에너지, 스마트 소매, 스마트 근무, 스마트 제품 관리 등에 활용된다.

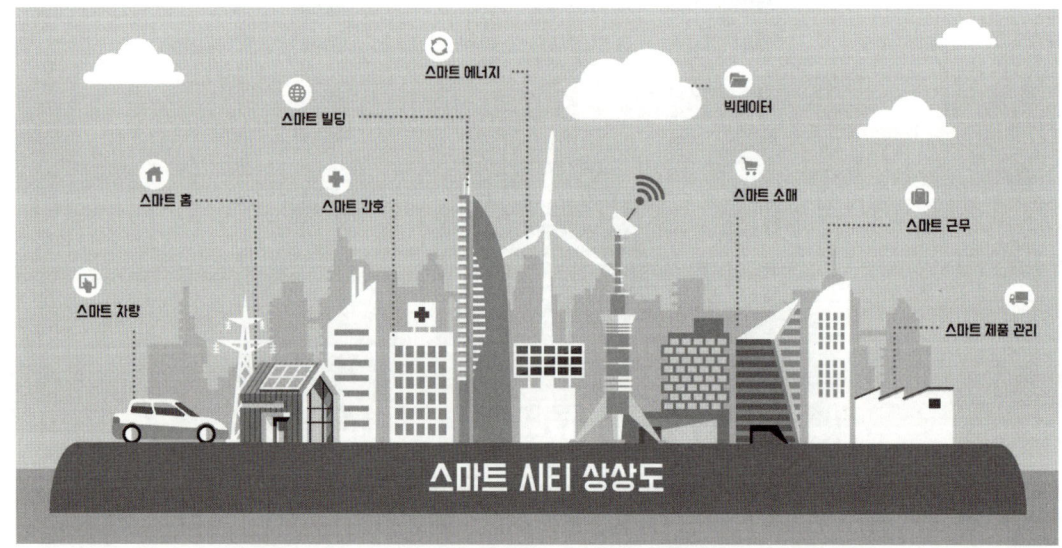

그림 3.8 **스마트 도시의 상상도**

- **산업에서 활용**: 산업용 기기에 사물인터넷을 설치하여 온도 진동 등을 모니터링하여 그 기기의 고장을 예측하고 사전 정비를 함으로써 기기의 수명을 연장하거나 대형 사고를 예방할 수 있다.
- **건강관리**: 사물인터넷을 통해서 건강관리를 할 수도 있다. 이 주제는 다음에 소개하는 웨어러블 디바이스에서 좀 더 구체적으로 다루고자 한다.

2) 웨어러블 디바이스

웨어러브 디바이스를 한국어로 직역하면 '착용 가능한 (인터넷) 장치' 또는 '착용 가능 장치'라고 할 수 있을 것이다(하지만 이처럼 의역을 하지 않고 바로 웨어러블 디바이스라는 표현이 주로 쓰인다). 이것은 '사람이 몸에 직접 착용할 수 있도록 만들어 놓은 인터넷'을 의미한다. 인터넷을 어떻게 착용할까 하는 의구심을 갖는 이들을 위해 한 번 더 설명하면, 사물인터넷 장치에 손목시계처럼 줄을 부착하면 손목에 착용 가능한 디바이스 즉, 웨어러블 디바이스가 되는 것이다.

웨어러블 디바이스의 구체적인 예를 들면, 건강관리 팔찌(health bracelet)다. 사람의 혈압, 맥박, 체온 등을 측정하는 장치를 팔찌 형태에 장착하여 팔찌처럼 손목에 차고 다니는 장치가 건강관리 팔찌이다. 이와 같은 웨어러블 디바이스는 이미 시장에 여러 종류가 나와 있고 구매도 활발하게 일어나고 있다. 스마트 워치, 구글 글라스, 스마트 워치 기반 간편 결제 시스템 등이 웨어러블 디바이스의 다른 사례이다. 웨어러블 디바이스를 선점하기 위해서 국내외 기업들의 경쟁이 치열하다. 그림 3.9는 웨어러블 디바이스의 사례를 보이고 있다.

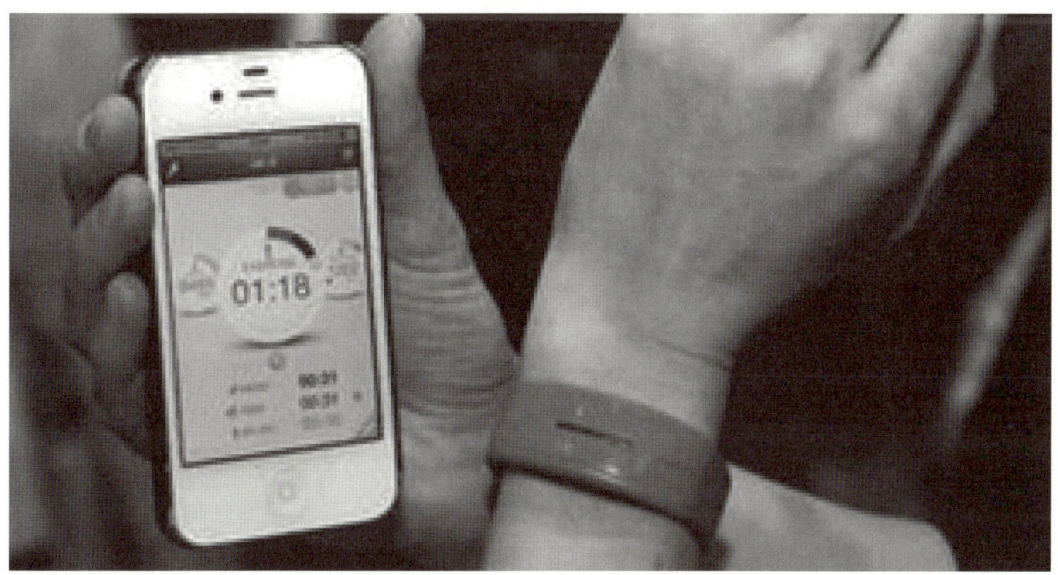

그림 3.9 웨어러블 디바이스의 사례

4 바이오 의료 기술

1) 유전체학

유전체학(genomics)이란 유전체를 연구하는 학문이다. 이를 이해하기 위해서는 유전체(genome, 지놈)가 무엇인가를 먼저 이해해야 한다. 유전체란 생물체의 세포 속에 포함되어 있는 세포핵 염색체를 이루고 있는 DNA(deoxyribo nucleic acid, 체내 유전 현상에 영향을 주는 핵산의 일종)의 전체 집합을 의미한다. 그래서 유전체학은 이러한 유전체를 대상으로 하여 어떤 유전자가 어느 위치에 있는지, 그 기능은 무엇인지, 그들 간의 네트워크는 어떻게 형성되어 있는지를 연구하는 학문이다. 그래서 유전체학이란 생물의 유전자에 관한 정보를 탐색한다는 의미에서 생물 정보학(bioinformatics)의 일부라고 할 수 있다.

미국을 중심으로 1990년부터 인간 유전체에 대한 연구과제가 시작되어 2003년에 이르러 인간 지놈의 모든 염기 서열을 해석하게 되었다. 이것을 인간 지놈 프로젝트라고 한다. 13년 동안에 수행된 인간 지놈 프로젝트에 소요된 비용은 27억 달러나 된다고 한다. 이와 같은 유전체학의 발전은 암이나 알츠하이머병과 같은 유전체와 연관된 치료에 큰 도움이 될 것으로 기대되고 있다.

2014년에 미국의 유전자 장비 기업인 일루미나는 인간의 지놈을 분석하는 데 1,000달러(약 100만 원)면 된다고 발표하였다. 인간의 유전체 지도를 최초로 만드는 데 13년과 27억 달러가 소요되었는데 이것이 1,000달러 수준으로 떨어진 것이다. 이와 같은 기술의 진보에 따라 각종 암 등 질병을 치료하기 위한 개인별 유전체 분석이 대중화될 전망이다.

2) 신경 기술

독자들 중에는 한국의 텔레비전 방송에서, 실험자가 인간에게 특정한 자극을 줄 때 피실험자의 뇌의 어느 부분이 반응하는지를 보이는 영상을 본 사람도 있을 것이다. 이와 같이 특정한 자극에 대한 뇌의 반응을 모니터링하게 하는 기술을 뇌 영상화(brain imaging) 기술이라고 하는데 이것은 신경기술(neurotechnologies)의 일종이다. 신경기술이란 뇌와 의식의 여러 가지 측면을 이해하는 데 사용되는 모든 기술을 의미한다. 여기에는 인간의 망가진 뇌의 기능을 보수하고, 인간의 뇌의 반응이나 활동을 시각적으로 표현하게 하는 기술도 포함한다.

MRI(magnetic resonance imaging, 자기공명영상) 기술은 의료 전문가가 아닌 보통 사람도 친숙한 첨단 기술인데 이것도 신경학 연구에 핵심적인 기술이다. 예를 들면, 치매에 걸린 뇌와 건강한 뇌의 MRI 사진 비교는 텔레비전 방송에도 자주 나타나기 때문에 일반인도 친숙하게 느끼는 영상이다. 뇌 신경기술에는 체내 이식 기술도 있는데 바로 딥브레인 신경자극장치(deep brain neusostimulator)라는 것이 있다. 이와 같은 신경기술들도 4차 산업혁명 시대에 인류의 행복 실현에 도움을 줄 수 있는 기술에 해당한다.

3) 체내 삽입 기술

요즘에 치아 임플란트를 모르는 사람이 많지 않을 것이다. 이 기술은 첨단 기술이지만 나이가 많은 세대들도 나름대로 잘 이해하고 있는 기술이다. 치아 임플란트처럼 사람의 신체 내에 삽입하는 의료 기술을 체내 이식 기술(implantable technologies)이라고 한다. 이와 같은 체내 이식 기술도 4차 산업혁명 시대에 중요한 역할을 하게 될 기술 중의 하나이다. 치아 임플란트뿐만 아니라 다른 분야 예를 들면, 신장이식, 간이식, 화상 환자를 위한 피부이식 등은 이제 별로 놀랄만한 사건이 아닐 정도가 되었다. 이외에도 인공 와우(달팽이관 임프란트), 인공 유방 확대술(breast implant), 피임용 이식(contraceptive implant), 인슐린 펌프 이식, 심장 세동 제거기 이식 등이 생체 이식 기술 등이 실용화되고 있다. 이와 같은 이식 기술은 4차 산업혁명 과정에서 인간의 건강을 지원하는 중요한 의학적 기술이 될 것이다. 한국에서는 치아 임플란트는 국민건강보험에서도 보장되고 있을 정도로 보편적으로 시술되는 체내 이식 기술이 되었다.

5 자동차의 재탄생

자동차는 20세기 문명의 상징과도 같은 것이었다. 그런데 이것이 지금까지 개발된 전자, 센서, 인공지능 기술 등이 결합하여 사람이 직접 운전하지 않아도 목적지까지 갈 수 있는 자율주행차로 발전하고 있다. 또, 종래의 석유를 동력원으로 하던 자동차는 동력 장치가 바뀐 전기차와 수소 연료 전지차로 재탄생되고 있다.

1) 자율주행차

자율주행차(자율주행자동차, autonomous driving car, self-driving car, driverless car, smart car)란 인간 운전자가 없이 운행되는 자동차를 말한다. 엄밀한 의미에서 운전자가 타지 않은 상태에서 움직이는 무인 자동차(driverless cars)와 자율주행차는 다르지만 실제로는 혼용되고 있다. 자율주행차는 운전자가 없이 자동차에 내장된 소프트웨어 제어 시스템에 의해서 통제된다.

자율주행차의 자율 주행 관련 부품과 기능을 간단히 설명하면 다음과 같다.

① **자동차의 위치를 파악하는 시스템**: GPS 정보(위치 정보), 속도계, 고도계, 자이로스코프의 정보를 종합하여 위치를 결정한다.

② 광 탐지기(light detection and ranging, Lidar): 광 탐지기는 주변으로부터의 빛을 분석하여 도로 표시, 도로의 변두리 등을 파악한다.
③ 비디오카메라: 비디오카메라는 교통 신호와 도로 표시를 읽고, 다른 자동차와의 거리를 파악하고, 보행자와 장애물을 감지한다.
④ 레이더 센서(radar sensor): 레이더 센서는 근접한 자동차의 위치를 파악하는 기능을 한다. 레이더 센서를 통해 수집된 정보는 중앙 컴퓨터의 자동 운항 통제 장치에 연결되어 자동차를 제어하는 데 사용된다. 자동차의 전면과 후방에 설치되어 있다.
⑤ 중앙 컴퓨터: 중앙 컴퓨터는 모든 센서로부터 수집된 정보를 분석하여 조향 장치, 가속기, 브레이크를 조정하는 기능을 한다. 이때 사용되는 소프트웨어는 각종 자동차 법규와 안전에 관한 정보를 사전에 보유하고 있다.
⑥ 초음파 센서: 초음파 센서는 매우 근접한 물체와의 거리 등을 측정한다. 주차할 때 유효하게 쓰인다.

자율주행차의 주행 통제 장치들

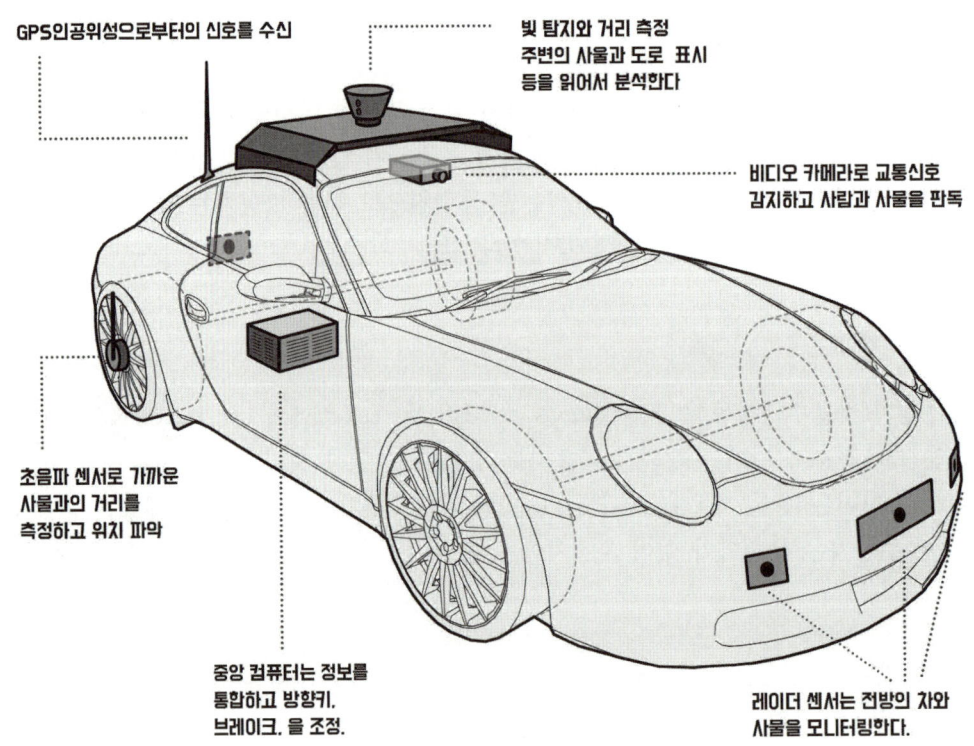

그림 3.10 자율주행차의 모형[8]

---

8) http://i.imgur.com/gzdCdHg.png

자율주행차가 실현되기 위해서는 앞에서 설명한 장치 외에도 여러 가지 기술이 필요하다. 열거하면, 차간 거리를 자동으로 유지해 주는 고속도로 운전 도움 장치(Highway Driving Assist, HDA) 기술; 차선이탈 경보 시스템(Lane Departure Warning System, LDWS); 차선 유지 지원 시스템(Lane Keeping Assist System, LKAS); 후측방 경보 시스템(Blind Spot Detection, BSD); 어드밴스트 스마트 크루즈 컨트롤(Advanced Smart Cruise Control, ASCC); 자동 긴급 제동 시스템(Automatic Emergence Brake, AEB) 등이다.

자동차 시장은 워낙 크기 때문에 세계의 주요 자동차 제조사는 물론 투자 여력이 있는 소프트웨어 회사들도 자율주행차 개발에 적극적으로 나서고 있다. 현재 자율주행차 상용화에 가장 가깝게 다가선 회사는 미국의 구글로 보고 있다. 구글이 개발한 자율주행차의 시험 주행 거리는 350만km를 넘는다. 구글은 앞으로 2~3년 내 자율주행차 상용화가 가능할 것으로 보고 있다. 자동차와 무관한 소프트웨어·검색 업체인 구글이 자율주행차 개발을 주도하고 있는 것은 소프트웨어 기술력이 자율주행차 개발의 성패에 결정적인 역할을 하기 때문이다.

자동차 시장은 워낙 방대하고 우수 신제품에 대한 매출이 확정적이라고 믿기 때문에 누구도 양보할 수 없는 치열한 경쟁을 벌이고 있다. 미국의 GM, 포드, 독일의 벤츠, 일본의 도요타, 한국의 현대자동차와 기아자동차도 양보할 수 없는 개발 경쟁을 하고 있다. 한국 최초의 무인차는 1992년 고려대학교의 한민홍 교수가 만들어서 청계천 고가도로에서 시연하여 성공하였다(당시에 KBS에서 방영하였다). 하지만 당시에 국내 자동차 회사들은 큰 관심을 보이지 않았다. 자율주행자동차 개발에는 중국의 추격도 만만하지 않다. 한국에서는 2016년 2월 12일 자동차관리법 개정안이 시행되면서 자율주행차의 실제 도로주행이 가능해졌다.

자율주행차가 본격적으로 실용화되면, 운전기사가 없는 택시가 등장할 것이고, 화물 배송도 운전자 없는 자동차로 하게 될 것이다. 그렇게 되면 자율주행차의 상용화로 인한 일자리 감소가 현실화될 것이다. 자율주행차의 기술은 자동차에 한정되지 아니하고 일반적인 무인자동차 시스템과 농업용 트랙터의 운행에도 활용될 수 있을 것이다. 일부 선진 국가에서는 운전자가 없는 스마트 트랙터가 농업에서 이미 활용되고 있다.

2) 전기 자동차

탄소 연료를 쓰는 자동차는 두 가지 한계점을 가지고 있다. 한 가지는 탄소 연료 배출 가스가 공기를 오염시킨다는 것이고, 다른 한 가지는 탄소 연료는 그 매장 량이 유한하다는 것이다. 20세기 말에는 원유는 앞으로 50년 내지는 100년 후에는 고갈되리라고 예측되기도 하였다. 그래서 세계 각국은 석유 시대 이후에 대한 관심이 높아졌고 그런 인식의 일환으로 자동차에 석유를 대체할 방법을 찾았다. 석유 자동차를 대체할 방법으로 전기 자동차와 수소 자동차가 개발되었다.

전기 자동차는 비용도 적게 들고 공해도 유발하지 않아서 호평을 받고 있다. 특히 한국에서는 최근에 미세 먼지로 인하여 공기 오염이 심각해지고 있으므로 관심을 많이 받는 교통 수단이다. 하지만 전기 자동차가 상용화되기 위해서는 해결해야 할 문제가 있다. 첫째는 충전하는 시간을 단축시켜야 한다는 기술적 문제다. 둘째는 충전장치가 설치되어 있는 충전소가 충분히 많아야 한다는 점이다. 마지막으로는 일회의 충전으로 갈 수 있는 주행거리의 한계이다. 이러한 문제는 시간이 경과함에 따라 상당 부분 해소되었다. 그런데 지난 수년 동안에 원유 가격이 하락 안정되는 바람에 전기 자동차에 대한 관심은 증가세가 다소 둔화되었다고 할 수 있다.

하지만 전기 자동차 시장은 꾸준히 성장하고 있다. 세계의 전기 자동차 시장은 2015년에는 50만 대 수준에 이르렀다. 전기 자동차에 관심이 특별히 많은 나라는 대기 오염으로 고민하는 중국이다. 2016년에 중국에서는 약 33만 대의 전기 자동차가 판매되어 세계 1위를 차지했다. 중국은 전기 자동차 수출에서도 괄목할 만한 성과를 보이고 있다. 특히 영국의 런던에서는 중국의 전기 자동차가 운행되고 있는 실정이다. 세계의 전기 자동차 시장은 중국을 선두로 가파르게 성장할 것으로 예상되고 있다. 한국에서는 제주특별자치도를 중심으로 전기 자동차의 사용이 적극적으로 추진되고 있다. 한국은 국토가 비교적 협소하고 인구 밀도가 높아서 전기 자동차가 갖는 문제점으로 인해 제약을 크게 받지 않을 여건을 가진 나라라고 할 수 있다. 특히, 최근 한국에서도 공기 오염에 대한 관심이 높아짐에 따라 전기 자동차에 대한 관심도 증가할 것으로 기대된다.

3) 수소 연료 전지차

수소 연료 전지차는 기존의 석유 연료를 사용하는 내연 기관 대신 연료 전지(수소와 공기 중의 산소를 반응시키고, 이 때 발생하는 전기를 이용하는 전지)를 이용하는 자동차로서 탄산가스를 포함하는 매연을 발생시키지 않는 친환경 자동차이다. 이때 수소의 공급 방식은 다음과 같은 두 가지로 구분할 수 있다.

- **압축 수소 이용 방식**: 이 방식은 압축 수소나 액화 수소 탱크를 이용해서 수소를 공급하는 방식인데 자동차 운행 시 물만 발생하므로 공기 오염이 없다는 장점이 있다. 이 방식이 갖는 한계점은 수소 탱크 탑재로 인한 차량의 크기 증가, 수소의 불안정성, 수소 공급의 인프라 구축의 어려움 등이다.
- **메탄올 방식**: 이 방법은 메탄올을 분해하여 수소를 공급하는 방식이다. 이 분해 과정에서 일산화탄소(CO), 탄화수소(HC), 질소 산화물(NOx) 등이 다소 발생하지만, 그 양이 기존 석유 연료 차량의 그것보다 적다. 메탄올 방식은 메탄올이 액체이므로 기존의 석유 연료 공급 인프라를 보완하여 사용할 수 있다는 장점이 있다.

한국에서는 현대자동차가 2013년 1월에 수소 연료 전지차의 양산을 시작하였다. 하지만 2017년 11월 현재 수소충전소는 11개에 불과하다고 한다(중앙일보, 2017. 11. 20.). 이처럼 수소충전소가 적어서 수소차는 대중화되지 못하고 있다. 한편, 일본은 수소충전소가 79개소, 독일에서는 40여개의 수소충전소가 설치되어 있어서 수소차의 대중화에서 한국을 추월하고 있다고 한다(중앙일보, 2017. 11. 20.). 이와 같은 결과가 초래된 데에는 관련 기술의 부족도 한 원인으로 지적되고 있다.

6 3D 프린팅

3D 프린팅(3 dimensional printing, 3차원 인쇄)이란 3차원 공간에서 실행되는 인쇄라는 뜻이다. 그런데 이와 같은 3D 프린팅 기술을 왜 제조 기술의 혁명이라고 하는가? 3D 프린팅을 설명하기 위해서 먼저 종래의 인쇄에 관해서 설명하겠다. 우리가 읽는 인쇄된 책은 2D(2차원) 인쇄라고 할 수 있다. 그런데 종래의 인쇄물은 글자가 새겨진 목판이나 금속 활자에 인쇄용 잉크를 묻힌 후에 그것을 종이에 찍어서 인쇄하므로 그것이 단순 복제로 보이지 2차원적 인쇄라는 것이 실감이 나지 않을 수도 있다. 하지만 PC와 함께 사용되는 도트 프린팅(dot printing) 기계를 보면 잉크가 묻은 핀이 좌우(x축)로 움직이고 종이는 세로(y축)로 움직여 가면서 인쇄가 되는데, 이것을 보면 종이 위에 하는 인쇄는 2D 프린팅이라고 할 수 있다(요즘은 2D 프린팅 과정을 직접 눈으로 관찰할 수 있는 기계는 많지 않다).

한편, 3D 프린팅이란 x(가로)와 y(세로) 축에 추가하여 높이(z) 축에 따라 이동하며 인쇄를 하면 입체가 만들어 진다는 개념을 이용한 것이다. 3D 프린팅을 시루떡 만드는 과정을 예로 들어 설명해 보겠다. 시루떡을 만들 때 쌀가루와 팥을 교대로 반복해서 한 켜씩 쌓아 갈 때 한 켜는 2차원 평면 인쇄에 해당한다. 그런데 시루떡을 한 켜 한 켜 쌓아 가면 결과적으로 시루의 내부 모양과 같은 가진 떡이 한 시루 만들어진다. 이처럼 3D 프린팅이란 좌우 축(x축)과 세로 축(y축) 외에 제3의 높이 축(z축)을 따라가며 인쇄를 하면 입체가 만들어진다는 개념을 이용한 것이다. 3D 프린팅에서는 만들어질 제품의 모양에 관한 정보가 인쇄 기계에 입력되면 그 정보에 따라 좌우 그리고 높이가 결정된다.

3D 프린팅 기술을 이용하여 입체 형태를 만드는 방식은 두 가지로 나눌 수 있다. 한 가지는 한 층씩 쌓아 올리는 방식인데 이 방식을 적층가공(積層加工) (첨가형 또는 쾌속 조형 방식이라고도 함)이라 하고, 다른 한 가지는 하나의 덩어리를 깎아서 원하는 형상을 만드는 방식인데 이것을 절삭 형(컴퓨터 수치 제어 조각 방식)이라고 한다. 그림 3.11은 적층 가공 방식으로 사람의 머리 형상을 만드는 것을 보인다.

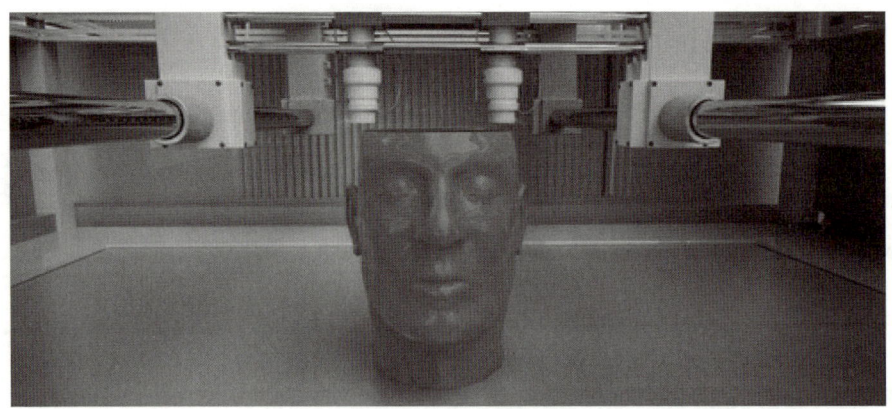

그림 3.11 3D 프린팅의 활용 사례

 이와 같은 3D 프린팅은 과거에 입체를 만들 때 금형을 만들고 그것을 이용하여 사출, 압출, 주조 등의 과정을 이용했던 것보다 효율적으로 원하는 입체를 만들 수 있다. 3D 프린팅은 과거의 생산 방식보다 시간이 단축되고 비용도 절감될 뿐만 아니라 개인별 맞춤형 생산도 더 용이해진다. 소비재 생산에서도 3D 프린팅 기술은 여러 가지 변화를 가져올 것으로 기대된다. 왜냐하면, 개인별 맞춤형 생산이 과거보다 좀 더 용이하고 효율적으로 이루어질 수 있기 때문이다. 3D 프린팅 기술은 생체 의료 분야에서도 활발하게 응용이 이루어지고 있다. 3D 프린팅이 인간의 신체 부위나 장기의 생산에 적용될 경우 이 분야와 관련된 의료 서비스에도 큰 변화가 일어날 것이다.
 3D 프린팅이 가져올 수 있는 부정적인 영향도 적지 않다. 3D 프린팅은 일반적으로 제조 과정에서 쓰레기를 전통 방식보다 더 많이 생산할 것으로 예상된다. 또, 인간의 신체 일부와 장기 등을 생산하게 될 때 윤리적인 문제가 발생할 것이라고 한다. 현재 한국 내의 학교에서는 3D 프린터를 도입하여 교육에 활용하고 있다. 1980년대 초반에 PC가 보급될 때 전교에 한 두 대의 PC를 사들여 PC의 기능 등을 공부했는데, 그로부터 30년 후인 2010년경에는 한 사람이 한 대의 PC를 손에 들고 다니며 활용하게 된 것을 생각하면 3D 프린터가 광범위하게 사용될 날도 그리 멀지 않았다는 상상을 하기가 어렵지 않다.

7 빅데이터

 빅데이터(big data)는 문자 그대로 '많은 양의 데이터'를 말한다. 현재의 디지털 사회에서는 과거의 아날로그 환경에서 생성되던 것과는 비교할 수 없을 정도로 많은 자료가 생성된다. 예를 들면, 인터넷 쇼핑몰에서 구매한 상품의 종류와 금액, 쇼핑몰 방문자가 관심을 보인 상품의 종류, 인터넷 쇼핑몰에 있었던 시간 등이 기록된다. 인터넷 쇼핑몰을 방문하여 아무것도 구매하지 않아도 방문자의 여러 가지 정보가 축적된다. 오프라인 쇼핑 매장에서도 특정 지역에서 소비자들이 사용한 신용 카드 사용 금액, 시점 등에 관한 자료가 발생한다. 카카오톡에서 생성되는 자료도 하루에 수억 건에 이상이 될 것이다. 이외에도 CCTV에 기록된 영상 자료도 엄청나게 생성된다. 이러한 형태로 생성되는 대량의 데이터를 총칭하여 빅데이터라고 한다. 이러한 자료들을 무심코 지나칠 수 있지만, 잘 분석하면 거기에서 경영이나 정책을 위한 의사 결정에 유용한 정보를 얻어낼 수 있다.

빅데이터라는 용어는 1990년대부터 사용되었다고 한다. 빅데이터를 좀 더 체계적으로 정의한다면 그것은 기존이 소프트웨어 도구로는 적정한 시간 내에 포착, 관리 처리 분석할 수 없을 정도의 매우 많은(big) 자료를 말한다. 빅데이터에서 말하는 빅(big)의 기준도 시간이 감에 따라 바뀐다. 2012년 기준으로 그 범위는 수십 테라바이트(테라는 10의 12제곱, 1조)에서 몇 페타바이트(petabyte) (페타는 10의 15제곱, 1000조) 수준이었다. 빅데이터는 다음과 같은 특징을 가지고 있다.

- **양(volume)**: 자료의 양이 많다. 빅데이터에서는 전통적인 통계학에서 사용하는 표본 추출이라는 방법을 적용하지 않고 자료를 있는 그대로 관측하고 분석한다.
- **속도(velocity)**: 빅데이터는 디지털 자료이므로 매우 짧은 시간에 또는 실시간으로 분석하고 활용할 수 있다.
- **다양성(variety)**: 빅데이터 자료는 다양하다. 문자, 이미지, 소리, 동영상 등을 포함한다.
- **기계 학습(machine learning)**: 기계(인공지능)가 빅데이터에 내재된 패턴, 규칙성, 또는 특성 등을 찾아낸다.
- **디지털 발자국(digital footprint)**: 디지털 자료는 디지털 교호 작용(예를 들면, 스마트폰 채팅)의 결과로 추가적인 비용이 없이 생성되는 부산물이다. 이와 같은 디지털 활동의 결과로 발생되는 자료를 디지털 발자국이라고 한다.

빅데이터는 이러한 특성 때문에 기존의 통계학적 방법으로는 분석할 수 없다는 특징을 가지게 된다. 빅데이터는 무질서해 보이지만 잘 분석하면 그 안에 포함된 유용한 정보를 찾아낼 수 있다. 예를 들면, 고객의 쇼핑 행위에 관한 빅데이터를 분석하면 고객이 선호하는 상품의 종류, 가격, 디자인 등에 관한 정보를 찾아낼 수 있다. 앞으로는 대기업뿐만 아니라 중소기업들도 사업과 관련된 빅데이터에 접근할 수 있게 되고 그것을 분석하여 사업 경영에 유용한 정보를 확보할 수 있을 것이다. 또 빅데이터는 기업 경영에서뿐만 아니라 질병 예방, 범죄의 수사와 예방, 농업 등에서도 이용될 수 있을 것이다. 빅데이터 분석 전문가는 앞으로 가장 유망한 직업 중의 하나로 지목되고 있다.

8 가상현실과 증강현실

극장에서 영화를 보는 동안에 영화에 나오는 장면들이 마치 현실인 것 같은 착각이 들기도 한다. 이 순간에 영화는 관람자에게 마치 현실인 것처럼 느껴지지만 실제로 현실은 아니다. 가상현실(virtual reality, VR)이란 이처럼 실제로는 현실이 아니지만(가상이지만) 현실처럼 느껴지는 것을 말한다.

요즘은 한국 내의 전자 제품 판매장에 가면 가상현실 장비들이 매장에 진열되어 있어서 그것들을 체험해 볼 수 있다. 그림 3.12에 보이는 것이 가상현실 체험 장치인데 보통 VR기기 (가상현실 기기)라고 부른다. VR기기를 눈에 밀착시킨 후 작동 스위치를 켜면 눈앞에 환상적인 영상들이 전개되는데 이 장치를 착용하고 있는 동안 착용 자는 자신이(전자 제품 매장에 있음에도 불구하고) 눈으로 보고 있는 영상을 실제로 체험하고 있는 듯한 느낌을 받는다. 예를 들면, VR기기를 착용하고 패러글라이딩을 타고 하늘을 나는 영상을 보고 있으면 착용자는 마치 하늘을 나는 듯한 느낌을 받는다. 이처럼 이 장치를 통해서 착용 자가 체험한 영상과 하늘을 나는 듯한 느낌을 가상현실이라고 부른다. 이와 같은 가상현실은 사진 기술, 그래픽 기술과 컴퓨터 기술을 이용하여 만들어진 것이다. 그림 3.12는 가상현실 기기를 착용하고 있는 모습을 보이고 있다.

그림 3.12 가상현실 기기를 착용하고 있는 모습

가상현실이란 좀 더 전문적인 용어로 표현하면 '어떤 상황이나 환경을 컴퓨터를 통해서 그것이 마치 실제인 것처럼 느끼게 하는 인간과 컴퓨터 사이의 인터페이스'를 말한다. 가상현실은 가상의 시각 체험뿐만 아니라 가상의 맛, 가상의 냄새, 가상의 소리, 가상의 촉각도 만들어 낼 수 있다. 가상현실은 가상환경(virtual environment), 인공현실(artificial reality), 합성환경(synthetic environment), 실감 멀티미디어(immersive multimedia)라고도 한다.

가상현실의 응용 분야는 매우 다양하다. 예를 들면, 자동차 운전 교육, 항공기 조종사 훈련, 해부학 실습을 위한 3차원 해부도 및 시뮬레이션, 가상 내시경, 모의 수술 등 교육적인 목적에 사용된다. 또 스포츠 분야에도 많이 활용되는데 VR 패러글라이딩, 각종 VR 스포츠 체험 등이 있다.

그렇다면 증강현실(augmented reality, AR)이란 무엇인가? 증강현실이란 눈에 보이는 것들이 가상의 이미지와 현실이 섞여 있는 것이라고 할 수 있다. 증강현실은 체험자가 자유롭게 움직이면서 체험할 수 있는데 보통 스마트폰을 이용한다. 예를 들면, 얼마 전에 한국에 엄청난 열풍을 몰고 왔던 포켓몬고는 증강현실을 이용한 게임이다. 포켓몬고 게임에서 게임플레이어는 휴대폰에 나타난 영상(가상)뿐만 아니라 자신이 실제로 있는 현실도 보고 있는 상황에서 게임을 하는 것이다.

9 드론

드론(drone)의 영어 사전 의미는 본래 '윙윙거리는 소리'였는데 지금은 무인 항공기(unmanned aerial vehicle, UMV)를 의미하는 말로 많이 쓰인다. 이 무인 항공기에는 사람이 타지 않고 비행체는 지상에서 원격으로 조종된다. 이와 같은 드론이 4차 산업혁명의 주도적 기술은 아니고 응용 기술에 해당하는 기술이지만 그 활용 범위가 넓어서 4차 산업혁명 과정에서 큰 역할을 할 것으로 예상되고 있으며, 따라서 관련 산업이 크게 발전하고 있다. 최근 수년간 프로펠러가 4개 달린 드론인 쿼드로터(quadrotor)(그림 3.13)가 항공사진 촬영과 개인 취미 활동용으로 널리 보급되어 우리에게 친숙해진 바 있다.

무인 항공기는 원래 군사적 목적으로 시작되었다. 특히, 제2차 세계대전 때 독일을 중심으로 많은 기술적 진보가 있었다. 그 후에는 이스라엘이 중동전쟁을 하는 동안 광범위한 지역에 대한 군사 정보를 수집할 목적으로 무인 항공기 기술을 크게 발전시켰다. 그래서 현재 군사적 목적의 무인 항공기 기술은 이스라엘의 기술이 바탕이 된 것으로 알려져 있다.

그림 3.13 프로펠러가 4개인 드론, 쿼드로터[9]

드론의 활용 분야는 군사적 목적 외에도 그 범위가 매우 넓다고 하겠다. 요약하면 다음과 같다.

- **항공 촬영**: 드론이 정보 통신 기술과 결합하여 미디어 콘텐츠 개발에 활용
- **수송**: 인터넷 서점 아마존은 드론으로 배송할 계획. 드론은 긴급한 장기 수송에도 활용
- **농업**: 드론은 농약 살포와 작황 항공 촬영에도 활용
- **우주 항공 해양**: 적조 감시
- **환경 기상**: 대기 오염 분석, 기상 관측에도 드론이 활용
- **재난 안전**: 조난자 수색, 긴급 구조
- **군사**: 항공 정찰, 군사적 촬영
- **교통**: 교통 상황 분석, 교통사고 처리에도 드론을 사용

이상과 같이 드론은 광범위하게 활용될 수 있지만 한국에서는 제한을 받는 경우가 있다. 예를 들면, 서울지역 대부분이 비행 금지 구역으로 지정되어 있어서 드론이 제한을 받을 수 있다.

10 공유 경제

공유 경제(sharing economy)란 소유하고 있는 제품을 여러 사람이 나누어 가며 소비하는 경제 활동을 의미한다. 예를 들면, 카쉐어링(car sharing)을 들 수 있다. 카쉐어링이란 여러

---

9) 출처: http://aerocarnival.avianaerospace.com/quad.html

사람이 개별적으로 각자의 차량을 소유하지 아니하고, 하나 또는 그 이상의 차량을 여러 사람이 공동으로 소유하고 각자가 필요한 때에 사용하는 방식이다. 이렇게 되면 각자가 개인별로 차량을 소유할 때보다 좀 더 적은 비용으로 자신의 교통 욕구를 만족시킬 수 있게 된다. 이러한 카쉐어링은 조금 불편할 수도 있지만, 차량의 공동 관리, 관리비의 공동 부담 등으로 경제적인 이익도 있다.

공유 경제라는 개념은 2008년에 미국이 금융 위기를 겪으면서 취업난, 가계 소득 감소 등이 심화하자 합리적인 소비로 어려움을 극복하기 위한 방안으로 활성화되었다고 한다. 특히, 이러한 개념이 실용화되는 단계까지 발전하게 된 배경에는 인터넷과 SNS의 발달로 개인 대 개인의 접속과 거래가 용이해진 점이 있다. 그래서 이런 공유 경제는 단순히 나눠 쓰기 정도의 개념을 넘어서 새로운 비즈니스를 개발하는 개념으로도 널리 활용되고 있다. 공유 경제는 거래 형태에 따라 다음과 같이 나누어 볼 수 있다.

- **쉐어링**: 사용자들이 제품 혹은 서비스를 소유하지 아니하고 필요에 따라 사용하는 방식이다. 예를 들면, 카쉐어링이 있다. 미국에서는 출퇴근길이 같은 사람들끼리 하나의 차를 공동으로 이용하는 라이드 쉐어링(ride sharing)이 수십 년 전부터 이루어지고 있었는데 인터넷과 SNS의 발달로 인하여 쉐어링이 좀 더 보편적으로 이루어지게 된 것이다. 한국에서도 쉐어링 형태의 공유 경제 서비스가 이미 시작되었다. 지방자치단체에서는 자전거 쉐어링, 홈쉐어링도 하고 있다.
- **교환**: 필요하지 않은 제품을 필요한 사람에게 판매하는 방식이다. 예를 들면, 중고품 매매가 있다. 한국에는 중고품 거래 인터넷 사이트에 수십만 명이 가입하여 중고품 거래를 하고 있다.
- **협력적 커뮤니티**: 특정 커뮤니티의 구성원 사이에 협력을 통한 방식으로 유형과 무형의 재화를 공유한다. 대표적인 사례가 에어비앤비(Airbnb)인데 이것은 여행자에게 쓰지 않는 방을 대여해 주는 커뮤니티이다(www.airbnb.co.kr).

공유 경제를 이용한 비즈니스 모델

공유 경제란 비영리 목적에만 적용할 수 있는 개념으로 이해할 수 있으나 실제로는 이 개념을 이용하여 새로운 영리 사업을 시작할 수 있다. 공유 경제 개념을 이용하여 창업된 기업 중에서 세계적으로 유명한 것이 우버(Uber)와 에어비앤비이다.

- **에어비앤비(AirBnB)**: 미국인 브라이언 체스키와 조 게비아(Brian Chesky and Joe Gebbia)가 샌프란시스코에 왔는데 묵을 곳이 없어서 공기 매트리스를 깔고 자기 시작했다. 이후 친구인 나탄 브레차지크(Nathan Blecharczyk)가 2008년에 참여하여 샌프란시스코에서 에어

벳 앤드 브렉퍼스트(AirBed and Breakfast)라는 이름으로 단기간 저가의 숙박 서비스를 시작하였다. 에어비앤비는 자신들이 숙박 시설을 소유하지 아니하고 여분의 숙박 공간을 가진 사람들이 대여 서비스에 참여하도록 하고 참여자에게는 소득을 보장하고 사용자에게는 저가의 숙박 서비스를 활용하게 하며 자신들(에어비앤비 본사)은 이 조직화와 연결 서비스에 대하여 소정의 수수료를 취하는 비즈니스 모형이다. 에어비앤비는 이처럼 자신은 숙박 시설을 보유하지 않고 숙박업 서비스를 시작하였지만 지금은 191개국 65,000개 도시에 3,000,000개의 숙박 목록을 보유한 세계 최대의 숙박업 기업이 된 것이다.

- **우버(Uber Technology Company)**: 우버는 자동차 서비스를 필요로 하는 사람과 자동차를 보유한 사람을 연결하여 서비스를 제공하고 이용하는 교환이 이루어지게 하는 스마트폰 앱을 개발하고 운영하는 회사이다. 이 앱을 이용하면 누구든지 차량을 보유하고 있으면 운송 차량의 역할을 할 수 있기 때문에 정식으로 사업 허가를 받고 택시 서비스를 제공하는 택시 업계와의 마찰이 계속되고 있다. 우버는 공유 경제를 상징하는 기업으로 인식되고 있다.

우버는 원래 가레트 캠프(Garret Camp), 스텀블 어폰(Stumple Upon)과 트레비스 카라니크(Travis Kalanick)가 우버캡(UberCab)이라는 이름으로 2009년에 창업하였다. 실제로 우버 택시 앱이 사용된 것은 2011년이었다. 그리고 회사 명칭도 우버캡에서 우버로 바뀌었다.

한국에서는 2014년 10월 우버 택시 서비스를 시작하였는데 우버 서비스가 자가용차가 허가 없이 영업 행위를 하게 한다는 점에서 법규를 위반한다고 규정하고, 2015년부터 우버 서비스를 금지하고 위반자를 단속하고 있다. 이 규정을 위반하는 자를 신고하는 경우 포상금을 제공하고 있다.

에어비앤비 체험기

3 min •

    저자는 2017년 여름에 일본의 도쿄를 여행하는 동안에 에어비앤비를 이용한 경험이 있다. 숙박일보다 1주일 전에 서울에서 인터넷으로 예약을 하였는데 큰 어려움 없이 회원 가입부터 숙박 대상 물건 검색과 신용카드로 선불까지 진행하였다. 도쿄에 가서는 도쿄역 지하철 안내소의 안내를 받아 지하철을 타고 한 번 환승을 하여 목적지 지하철역까지 도착하였다. 지하철역 출구에는 주변 지역의 지번까지 상세히 나와 있는 지도가 있어서 큰 어려움 없이 예약한 목적지 부근까지 갈 수 있었다.

    목적지 부근에 마침 부동산 중개소가 있어서 목적지 지번을 대고 위치를 물었더니 약 50미터의 거리에 있는 목적지를 찾아 주었다. 목적지 출입구에서 노크를 하였더니 집에 있던 다른 숙박객이 나와서 나를 확인하고 주인에게 전화를 걸어 열쇠함의 비밀번호를 확인하고 숙박할 방 열쇠를 열쇠 함에서 꺼내 주었다. 집 주인은 그 다음 날 아침에 와서 간단히 인사를 하는 정도였다. 저자는 그곳에서 4박 5일 동안 묵고 올 때는 방 열쇠를 방안의 테이블 위에 놓고 왔다. 숙박료를 이미 선불로 냈으므로 정산할 필요가 없었다.

    모든 에어비앤비 숙소가 저자가 경험한 것과 같지는 않다. 아침 식사를 제공하는 곳도 있고 집 주인과 접하기 쉬운 구조로 된 곳도 있다. 전문적인 서비스를 제공하는 호텔보다 더 불편할 수도 있다. 따라서 여행자가 유의하여 선택해야 한다.

 Like    Comment    Share

11. 가상 화폐와 블록체인

　가상 화폐(virtual currency 또는 virtual money) 는 4차 산업혁명 시대에 등장하는 새로운 개념들 중에서 이해하기가 가장 어려운 것들 중의 하나이다. 가상 화폐는 "가치를 디지털로 표시한 것으로 중앙은행이나 공공기관이 발행한 것이 아니지만, 지불의 수단으로 사용되며, 전자적으로 송금, 저장, 교환되는 것"이라고 정의할 수 있다(유럽은행(European Banking Authority)의 정의). 따라서 가상 화폐는 물리적 실체가 존재하지 않고 전자적으로만 존재하는 화폐이므로 종이나 금속을 이용해서 가치를 표시하던 기존의 화폐에 익숙해져 있는 사람들에게는 이해하기가 좀 어려운 화폐라고 할 수 있다.

　전통적인 지폐 한 장은 물리적으로는 한 장의 종이에 불과하지만, 국가가 보증하기 때문에 그 종이 위에 표시된 숫자만큼의 가치를 모든 사람이 인정하고 교환과 저장의 수단으로 통용한다. 이와 같이 화폐가 성립되기 위한 가장 중요한 두 가지 기본 요건은 국가의 공인과 위조 방지라고 할 수 있다. 그런데 디지털 화폐는 초기에 국가가 인정하지는 않았지만, 우여곡절을 거쳐서 실제로 거래의 수단으로 사용되게 되었으며 지금은 많은 금융 기관들과 개인들이 디지털 화폐 거래에 적극적으로 참여하고 있다. 최근에는 일본과 영국에서 디지털 화폐를 교환의 수단으로 인정하는 단계에 이르렀다. 이쯤 되면 디지털 화폐가 국가의 공인이라는 화폐로서의 가장 중요한 필요조건을 확보한 셈이다.

　공인 화폐가 되기 위한 두 번째 조건으로 위변조 방지라는 문제가 있다. 그런데 이것은 블록체인(blockchain)이라는 개념을 통해서 극복되었다고 할 수 있다. 블록체인은 가상 화폐로 거래된 내용을 기록한 전자 장부이다. 가상 화폐의 거래 내용은 전 세계의 관계자 모두에게 공개되고 기록되고 전파된다. 그러므로 블록체인을 조작하려면 전 세계의 관계된 모든 컴퓨터에 기록되어 있는 전자 장부를 동시에 조작해야 하므로 사실상 특정인이 임의로 조작할 수 없다. 이 장부를 특정인이 소유할 수 없고 장부 스스로가 암호화하는 기능을 가지고 있으므로 임의적 조작은 불가능하다. 따라서 가상 화폐로 사용한 거래 내역은 위조될 수 없으므로 화폐가 가져야 하는 위변조 방지라는 신뢰성을 확보하게 될 것이다.

　디지털 화폐는 아직 소비재의 구매에 널리 사용되고 있지는 않지만 교환의 수단으로서의 기능은 어느 정도 인정되었다고 할 수 있다. 그런데 가상 화폐를 구매하고자 하는 수요자가 증가함에 따라 가상 화폐의 가격이 상승하고 있어서 투자 내지는 투기의 대상이 되고 있는 실정이다. 아직까지 가상 화폐가 전 세계에 일상적으로 사용되고 있지는 않지만 송금이 용이하고 저비용이라는 장점 때문에 전통적 화폐가 사용되기 어려운 여러 상황에서 쓰이면서 자리를 잡을 것이라고 예상하고 있다. 많은 전문가들이 가상 화폐에 대한 투자는 수익성이 좋을 것이라는 예측을 하기도 한다. 하지만 가상 화폐에 대한 투자는 손실을 초래할 수 있다는 점도 명심해야 한다. 이미 가상 화폐에 대한 투자 결과로 희비가 엇갈리는 결과가 발생하고 있다. 가상 화폐에 대한 투자나 매입을 하려면 국내에 설립되어 있는 자문회사를 방문하여 안내를 받거나 이미 발행된 서적을 읽고 본인이 스스로 할 수도 있다. 실제로 발행된 가상 화폐로는 비트코인(Bitcoin), 이더리움(Ethereum), 리플(Ripple), 라이트코인(Litecoin) 등 수백 가지나 된다. 디지털 화폐에 대한 더 깊은 내용은 이 책의 수준을 넘는 것이라고 판단되므로 생략한다.

보도에 따르면 한국에서도 가상 화폐가 공인되는 과정을 밟고 있는 것으로 보인다. 금융 거래법의 개정으로 2017년 7월 18일부터 은행이 아닌 업체도 일정 요건을 갖추면 소액 외화 송금 사업을 할 수 있게 되었다. 이렇게 되면 소규모업체가 비대면 온라인 형식으로 해외 송금 업을 시작할 수 있을 것으로 보인다. 다만 송금 한도는 건당 3,000달러, 연간 2만 달러로 제한된다. 실명 확인은 처음에만 실시하고 두 번째 거래부터는 이 절차가 생략된다.

이와 같은 소액 외화 송금 업체가 확대됨으로 인한 변화가 예상된다. 먼저 외화 송금 수수료가 대략 절반 정도 수준으로 낮아져서 1만 원 이하가 될 것으로 예상하고 있다, 디지털 화폐를 이용한 외화 송금에서는 먼저 원화를 송금 업체에 맡기고 해당 국가의 계좌를 지정하면 송금 업체가 원화를 가상 화폐로 바꾸어 해당 국가의 거래 업체에 보낸다. 이 돈을 받은 거래 업체는 가상 화폐를 해당 국가의 화폐로 환전하여 지정된 계좌에 입금하게 된다. 이에 따라 2~3일 걸리던 해외 송금이 몇 시간 정도로 단축된다. 이로써 한국에도 가상 화폐 시대가 현실화되고 있다.

12 핀테크

핀테크(fintech)라는 말은 금융(finance)과 기술(technology)이 결합에서 만들어진 말이다. 여기서 기술은 정보 기술(information technology)을 의미한다. 그래서 핀테크란 '금융 서비스를 위한 정보 기술'라는 의미로 쓰이게 된다. 핀테크라는 말은 원래 금융 기관들이 고객들과는 상관없이 자신들의 업무 처리를 위해서 사용하는 기술을 의미하는 것이었다. 그러므로 핀테크에 처음 사용되었던 기술은 대형 컴퓨터와 이와 관련된 주변기기라고 할 수 있다. 그러나 지금 핀테크는 금융 기관들의 내부적 업무 처리뿐만 아니라 금융 서비스 소비자들인 개인들의 금전 거래, 계좌 입금과 출금, 주식 거래, 로봇을 이용한 금융 서비스 자문 등에 사용되는 기술을 포함한다.

핀테크에서 이용되거나 이용되게 될 기술에는 PC, 인터넷, 스마트폰, 인공지능, 엑셀, 통신 네트워크, 인식 기술 등이다. 금융 기관들이 과거에 주산을 이용하여 숫자를 처리하던 때를 생각하면 금융 기관에서 사용하는 컴퓨터와 인터넷 기술이야말로 천지개벽과 같은 엄청난 변화이다. 금융 소비자도 이제 은행에 직접 가지 않고도 현금 인출기에서 현금 인출, 인터넷 뱅킹, 폰뱅킹 등을 할 수 있어서 이에 만족하는 소비자도 많다. 하지만 정보 통신 기술의 발전과 인터넷 전문 은행의 설립 그리고 디지털 화폐의 출현과 인공지능의 발전 등으로 인하여 핀테크는 금융 산업과 금융 서비스에 있어서 또 한 번의 큰 변화를 예고하고 있다.

핀테크는 다음과 같은 장점이 있다.

① 실시간 처리: 핀테크는 지급과 수금 등 금융 거래 자료를 실시간으로 포착하고 처리할 수 있다.
② 거래 활성화와 기회 창출: 핀테크는 금융 거래를 원활하게 한다. 거래 활성화를 통해서 핀테크는 경쟁과 혁신과 일자리 창출을 촉진할 것이다. 핀테크를 통해 생성된 자료는 부가 가치를 창출할 수 있다.
③ 새로운 서비스 개발의 기초 자료: 금융 서비스 제공자들은 수십만 건의 자료를 분석하여 소비자의 특성을 파악할 수 있다. 기업과 금융 당국은 거의 무한대의 자료에 대해서 구조화된 접근을 할 수 있다. 특히, SNS의 대중적 사용으로부터 발생하는 자료를 분석하여 정보를 얻고 이를 바탕으로 새로운 서비스와 제품을 제공할 수 있다.
④ 효율적인 시장 창출: SNS의 자료로부터 정보를 얻는 방법은 과거에 사용하던 데이터 마이닝과는 달리 딥 러닝이라는 기법인데 이를 통해서 상상하지 않았던 통찰과 정보를 얻을 수 있게 되며 이를 바탕으로 좀 더 개인화된 제품과 서비스를 제공할 수 있고 좀 더 효율적인 시장을 창출할 수 있다.
⑤ 중소기업에게 재무 관리와 금융 서비스 개선: 핀테크는 중소기업에게 소규모의 금융 서비스를 효율적이고 좀 더 다양한 형태로 제공할 수 있다. 혁신적인 핀테크를 이용하면 중소기업들에게 맞춤형 금융 서비스를 제공할 수 있다. 예를 들면, 온라인 공급사슬 금융, 온라인 거래 금융 등과 같은 것이다. 혁신적인 금융 솔루션은 중소기업들이 현금 흐름을 개선하고, 운전 자금 관리를 개선하고, 자금 확보를 좀 더 확실하게 할 수 있다.
⑥ 대금 청구와 수금의 용이성: 핀테크의 개선된 결제 시스템은 고객 관계 관리 및 대금 청구와 수금 등에서 모든 기업에게 도움이 된다. 핀테크 솔루션은 전자 송장관리 포털과 공급사슬 파이낸스 솔루션도 포함한다.
⑦ 고객 만족 증대: 핀테크는 모바일 기기와 태블릿을 이용하여 거래할 수 있도록 한다. 이와 같은 기기를 이용하는 거래는 좀 더 효율적이고 고객 만족을 증대시킬 수 있다.
⑧ 정보의 비대칭성 해소: 핀테크는 시장에서 정보의 비대칭성을 해소하여 투자자와 대부자와 대출자를 연결하는 능력을 개선할 수 있다.
⑨ 로보 자문: 로보 자문(robo-advisors)과 같은 혁신적인 서비스를 이용하면 광범위한 고객들에게 금융 자문을 해줄 수 있다. 이렇게 되면 일반인들도 보험 투자 등 금융 관련 문제에서 좀 더 나은 의사 결정을 할 수 있게 될 것이다.

⑩ **자원의 효율적 배분**: 인터넷이 모든 사람들에게 정보의 접근성을 가져온 것처럼, 핀테크는 시장에서 정보의 비대칭성을 줄이고, 위험을 감소시키고, 자원을 좀 더 효율적으로 배분하게 하는 데 기여하게 될 것이다.

⑪ **빠른 의사 결정**: 대출에 있어서 빠른 의사 결정을 할 수 있다. 한국에서도 담보 없이도 대출 신청할 수 있으며 수분 이내로 대출 여부를 결정하는 기관들이 서비스를 하고 있다.

⑫ **위험 관리와 보안 관리**: 핀테크 산업의 선두 주자들은 신기술이 금융 시스템의 위험을 좀 더 잘 관리할 수 있게 할 것이라고 생각하고 있다. 거래의 디지털화로 인해서 감사 기능이 향상되고 지급 시스템이 좀 더 투명해지고, 거래의 보안성 향상에 도움이 될 것이다.

⑬ **새로운 가치 스트림 생성**: 블록체인과 디지털 화폐가 성공적으로 결합하면 금융 서비스뿐만 아니라 경제 전반에 걸쳐서 새로운 가치 스트림을 발생될 수 있다고 한다.

⑭ **경쟁 촉진**: 핀테크 분야에서의 기술 혁신은 경제 전반에 걸쳐서 경쟁을 촉진할 것이다.

한국은 정보 통신 기술 분야에서 세계적인 우위를 가진 국가로서 핀테크를 개발하고 활용하는 데 있어서 비교적 유리한 인프라를 가지고 있다. 하지만 현재 한국이 핀테크 활용 수준은 높다고 말할 수 없다. 핀테크 산업 중에서 송금/결제, 인터넷 전문 은행, 디지털 화폐의 분야, 크라우드 펀딩에서 한국 내의 동향을 살펴보면 다음과 같다.

- **결제/송금**: 핀테크에 해당하는 결제로는 스마트폰 결제, 선불카드/전자화폐, 모바일카드 등인데 이러한 수단을 통하여 결제와 송금을 하는 비율은 비교적 낮다.
- **인터넷 전문 은행**: 한국에서도 2017년에 인터넷 전문은행이 설립되었다. 그래서 24시간 서비스가 되는 인터넷 전문 은행 시대가 개막되었다.
- **디지털 화폐**: 한국의 금융 당국은 2017년 7월에 디지털 화폐인 비트코인의 송금을 허용함에 따라 한국에도 디지털 화폐의 시대가 열렸다고 할 수 있다.
- **크라우드 펀딩**: 한국에서도 크라우드 펀딩이 활성화되어 있다.

4장 삼성전자의 미래전략

PART 02
혁신전략

CHAPTER 04 인적 혁신: 업무 역량 혁신

CHAPTER 05 제품 혁신: 신제품 개발

CHAPTER 06 제조 혁신과 스마트 팩토리

CHAPTER 07 마케팅 혁신: 마케팅 전략 4.1

CHAPTER 04 인적 혁신: 업무 역량 혁신

1 미래에 필요한 업무 역량

🔷 명퇴를 격퇴하려면

이 책의 제1, 2, 3장에서 살펴본 바와 같이 앞으로 수년 내에 인공지능, 로봇, 사물인터넷 등 신기술 등이 광범위하게 활용되면 직장인의 업무 환경도 크게 변할 것이다. 직장인의 업무 환경이 변하면, 직장인들이 수행해야 할 업무도 달라질 것이다. 이에 따라서 직장인들이 업무 수행을 위해 필요로 하는 업무 역량도 바뀌게 될 것이다. 이와 같은 환경 변화에 따라 새롭게 요구되는 업무 역량을 갖추지 못하는 직장인은 명예퇴직이라는 이름으로 도태될 것이다. 4차 산업혁명이 진행되면 직장인들의 퇴직 연령은 더욱 낮아질 수 있다. 그러므로 직장인은 4차 산업혁명 시대에 낙오되지 않고 생존하기 위해서는 변화하는 업무 환경이 요구하는 새로운 업무 역량을 갖추어야 한다. 이와 같은 상황 변화를 이해하고 제4장에서 다루는 직장인에게 필요한 미래의 업무 역량의 내용을 학습하고 역량을 배양하기 바란다.

🔷 취업 준비생의 준비

특히, 취업 준비생은 어떻게 해야 취업에 성공할 수 있는가? 대답은 간단하다. "직장에서 필요로 하는 업무 역량을 갖추어야 취업에 성공할 수 있다"이다. 그러므로 취업 준비생은 미래의 직장인이 필요로 하는 업무 역량(소위 취업스펙)이 무엇인가를 파악하고 그러한 역량을 갖추어야 한다. 그리고 자신의 역량을 자기소개서나 취업 면접 과정에서 보여야 한다. 그러기 위해서는 제4장에서 논의하는 직장인의 미래의 업무 역량을 숙지하고 역량을 함양해야 한다.

미래에 필요한 업무 역량

그렇다면 4차 산업혁명이 진행되는 미래에 직장인이 필요로 하는 업무 역량은 무엇일까? 이런 질문에 대한 해답을 통해서 경영자는 미래의 직장인에게 필요한 업무 역량을 미리 파악하고 그러한 업무 역량을 갖춘 인력을 선발 또는 훈련해야 미래에 대비할 수 있게 될 것이다. 미래에 필요한 업무 역량에 대한 정보는 기업에게뿐만 아니라 취업 준비생과 학교 교육에도 참고가 될 것이다.

세계경제포럼(World Economic Forum)은 4차 산업혁명이 진행됨에 따라 직장인에게 필요한 업무 역량에 관한 연구를 한 바 있다. 그 결과는 세계경제포럼(2016)이 발표한 "직업의 미래"라는 연구 보고서에 포함되어 있다. 이 보고서는 글로벌 기업체의 인사 담당자와 전략 담당자를 대상으로 한 설문 조사를 바탕으로 작성된 것이다. 이 보고서는 현재 진행되고 있는 기술적 변화들이 미래의 고용과 업무 역량(skills) 그리고 선발에 어떠한 영향을 미칠 것인가를 전 세계의 여러 산업체를 대상으로 조사한 결과를 포함하고 있다.

세계경제포럼(2016)의 이 보고서를 바탕으로 하여 알렉스 그래이(Alex Gray, 2016)는 직장인이 필요로 하는 업무 역량을 요약 정리하였는데 그 내용은 다음과 같다. 알렉스 그래이(Alex Gray, 2016)에 의하면 2015년에 필요한 근로자의 업무 역량 상위 10가지는 ① 복잡한 문제 해결 능력, ② 타인과의 코디네이팅, ③ 인사 관리, ④ 비판적 사고, ⑤ 협상력, ⑥ 품질 관리, ⑦ 서비스 지향성, ⑧ 판단과 의사 결정, ⑨ 적극적 경청, ⑩ 창의력이었다.

한편 2020년에 근로자에게 필요로 하는 업무 역량의 내용과 우선순위는 2015년도의 그것과는 좀 다르게 나타났다. 그 내용을 소개하면, 2020년에 근로자에게 필요한 업무 역량은, 우선 순서대로, ① 복잡한 문제 해결 능력, ② 비판적 사고, ③ 창의력, ④ 인사 관리, ⑤ 타인과의 코디네이션, ⑥ 감성 지능, ⑦ 판단과 의사 결정, ⑧ 서비스 지향성, ⑨ 협상력, ⑩ 인지적 유연성으로 나타났다. 이상과 같은 내용은 표 4.1에 정리하였다.

표 4.1에 정리한 2015년과 2020년도에 필요한 업무 역량의 우선순위 변동을 요약하면 다음과 같다. 표 4.1에서 순위 변동이 가장 큰 것은 2015년에 10위이던 창의력이 7단계나 상승하여 2020년에는 3위가 될 것이라는 것이다. 또, 2015년에 4위이던 비판적 사고력이 2020년에는 2단계가 올라서 2위가 될 것이라는 점이다. 이러한 변동 중에도 복잡한 문제 해결 능력(complex problem solving)은 부동의 1위로 남을 것이라는 전망이다. 제4장에서는 표 4.1에 따라 2020년에 직장인에게 필수적인 업무 역량 10가지에 대해서 설명하고 그러한 역량 배양 내지는 향상시키는 방법을 논의하려고 한다.

여기 제4장의 후반부에서는 표 4.1의 10가지 업무 역량 외에 미래의 근로자가 갖추어야 할 업무 역량을 추가하여 논의하였다. 그 내용은 외국어 능력, 사이버 업무 역량, 컴퓨터 활용 능력, 전문 분야의 업무 역량, 그리고 제3장에서 소개한 신기술의 이해 등이다. 그리고 이들 업무 역량을 평가하는 방법을 표로 작성하여 제시하고자 한다.

표 4.1 직장인에게 필요한 10대 업무 역량: 2015년과 2020년[10]

순위	2020년	순위	2015년
1	복잡한 문제 해결 능력 (Complex Problem Solving)	1	복잡한 문제 해결 능력 (Complex Problem Solving)
2	비판적 사고 (Critical Thinking)	2	타인과의 코디네이팅 (Coordinating with Others)
3	창의력 (Creativity)	3	인사 관리 (People Management)
4	인사 관리 (People Management)	4	비판적 사고 (Critical Thinking)
5	타인과의 코디네이팅 (Coordinating with Others)	5	협상력 (Negotiation)
6	감성 지능 (Emotional Intelligence)	6	품질 관리 (Quality Control)
7	판단과 의사 결정 (Judgement and Decision Making)	7	서비스 지향성 (Service Orientation)
8	서비스 지향성 (Service Orientation)	8	판단과 의사 결정 (Judgement and Decision Making)
9	협상력 (Negotiation)	9	적극적 경청 (Active Listening)
10	인지적 유연성 (Cognitive Flexibility)	10	창의력 (Creativity)

2 복잡한 문제 해결 능력

알렉스 그래이(2016)에 따르면 복잡한 문제 해결 능력(complex problem solving)은 2015과 2020년도 모두에서 직장인의 업무 역량 순위에서 1위를 차지하였다(표 4.1). 그렇다면 복잡한 문제란 무엇인가? 또, 복잡한 문제 해결 능력이란 무엇인가? 왜 이와 같은 복잡한 문제 해결 능력이 가장 중요한 업무 역량으로 지목되고 있는가? 복잡한 문제를 해결하는 방법은 무엇인가? 복잡한 문제 해결 능력을 향상시키려면 어떻게 해야 하는가 등에 대하여 논의하고자 한다. 그리고 복잡한 문제 해결 과정을 예를 들어 설명하고자 한다.

1) 복잡한 문제의 특성: 복잡한 문제란 어떤 문제인가?

복잡한 문제의 특성은 다음과 같다(푼케(Joachim Funke), 2012).

---

[10] 출처: 알렉스 그래이(2016)

(1) 관련된 변수의 수가 많다

 전통적으로 문제의 복잡성을 판단하는 첫 번째 측도로 문제 내의 변수의 개수를 사용해왔다. 다시 말하면, 복잡한 문제의 가장 두드러진 특징은 변수가 많다는 것이다. 예를 들면, 한국의 저출산 문제는 정부가 엄청난 돈을 투입하여 해결하려고 하였어도 쉽게 풀리지 않는 대표적인 '복잡한 문제' 중의 하나라고 할 수 있다. 저출산 문제의 첫 번째 특징으로 저출산과 관련된 변수가 많다는 점을 살펴보겠다. 예를 들어, 저출산과 관련된 변수는 양질의 일자리 수, 소득, 임금 수준, 주거비, 주택 가격, 자녀 양육비, 교육비, 생활비, 출산 비용, 젊은이들의 가족관, 결혼 기피, 만혼 등 얼른 보아도 12개나 된다. 따라서 저출산 문제는 관련 변수가 많은 복잡한 문제라고 할 수 있다.

 기업 경영에서도 변수가 증가해왔다. 과거에는 원자재의 가격과 임금이 주요한 변수로 작용하던 상황이었던 것에 비하면 현대의 경영 문제에는 경영의 목표 달성에 영향을 미치는 요인(변수)이 훨씬 많아졌다. 예를 들면, 기업 경영에 영향을 미치는 변수로는 원자재의 가격과 임금뿐만 아니라 소비자의 욕구와 그 변화, 품질, 기술, 노사 관계, 제품의 디자인, 금리, 마케팅 환경의 변화, 유통 구조, 경쟁 업체의 동향, 해외 시장의 동향, 지적 재산권 문제 등 그 수가 상당히 많다(13개). 특히, 최근에 기업들은 환경 문제, 기업의 사회적 책임, 안전, 국가의 경제 정책 등과 같은 변수(4개)에 대해서도 기업 경영과 관련하여 신경을 써야 한다. 이처럼 얼른 열거해 봐도 기업에 경영에 영향을 미치는 변수는 17개나 된다. 기업에 경영에 영향을 미치는 변수는 앞으로 더욱 증가할 것이다.

(2) 관련 변수들 간의 연관성

 문제를 복잡하게 만드는 또 하나의 요인은 문제에 포함된 변수의 개수뿐만 아니고, 변수들 간의 연관성이다. 예를 들면, 저출산 문제에 있어서 문제와 관련된 12개의 독립 변수가 종속 변수(여기에서는 출산율)와만 관련되어 있다면 관계의 개수는 모두 12가지이다. 그런데 실제에 있어서 이들 독립 변수들은 종속 변수와 관련되어 있을 뿐만 아니라 독립 변수들 상호 간에도 서로 관련되어 있어서 문제를 더욱 복잡하게 만든다. 예를 들면, 출산율을 높이려면 임금도 올리고 일자리 수도 늘려야 한다. 그런데 독립 변수인 임금은 또 하나의 독립 변수인 일자리 수와 관련되어 있다(통상적으로 임금이 오르면 일자리가 줄어든다고 가정하고 있다). 이와 같이 독립 변수와 독립 변수 사이의 관계는 문제 해결을 더욱 어렵게 만든다. 이와 같이 독립 변수와 종속 변수 사이의 관계 외에도 독립 변수들끼리의 관계까지를 모두 고려하면 문제의 복잡성은 크게 증가한다.

 그림 4.1은 독립 변수가 많은 문제의 유형을 보이고 있다. 한편, 그림 4.2는 독립 변수의 개수는 많지 않으나 독립 변수들 간에 상호 연관된 문제의 유형을 보인다.

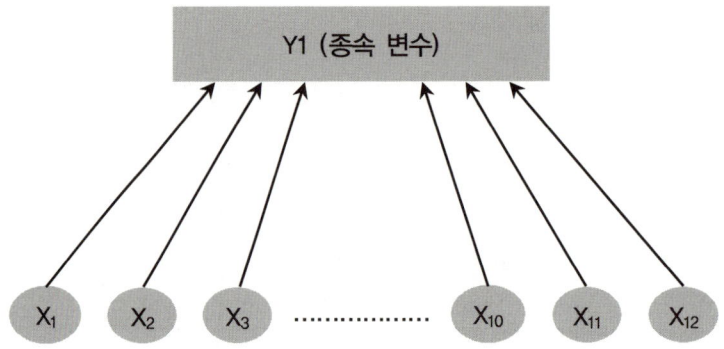

$X_1, X_2 \cdots X_{12}$: 독립 변수 (원인 변수)

그림 4.1 복잡한 문제 유형 1: 독립 변수의 수가 많은 경우

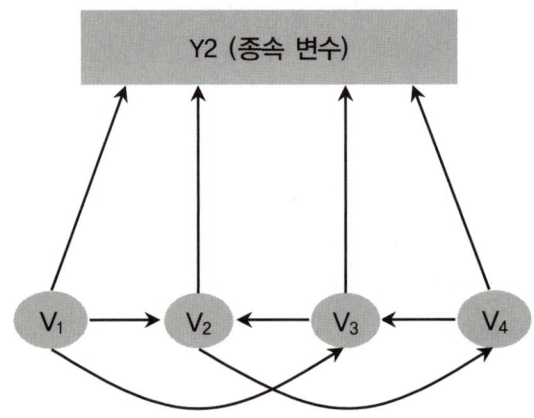

V_1, V_2, V_3, V_4: 독립 변수 (원인 변수)

그림 4.2 복잡한 문제 유형 2: 독립 변수의 개수는 적지만 서로 연관되어 있는 경우

(3) 문제 상황의 동태적 특성

복잡한 문제의 세 번째 특징은 문제의 상황이 동태적이라는 점이다. 문제 상황의 동태적이라는 말은 '문제를 둘러싼 환경 상황이 시간에 따라 변한다'는 뜻이다. 예를 들면, 기업 경영에 영향을 미치는 변수들은 고정되어 있지 아니하고 끊임없이 변한다. 예를 들면, 금리, 임금, 소비자의 욕구, 경쟁자의 전략 등 수많은 변수들이 일정하게 고정되어 있지 아니하고 시간에 따라 변한다. 이와 같은 문제 상황의 동태성은 문제 해결을 어렵게 만드는 또 하나의 요인이다.

(4) 사업 목표와 관련된 변수에 대한 정보 부족

복잡한 문제의 네 번째 특징은 사업 목표와 관련된 변수들에 대한 정보가 부족하다는 것이다. 여기에서 변수와 사업 목표에 대한 정보 부족이란 사업의 목표가 명확하지 않고 사업 목표와 변수들 간의 관계가 명확하지 않다는 뜻이다. 예를 들면, (저출산 문제와 관련하여) 청년들의 소득이 그들의 결혼 결심에 영향을 미치고 결혼이 출산으로 이어진다고 가정할 수 있다. 하지만 우리는 청년들의 소득이 구체적으로 얼마가 되어야 결혼을 결심하게 될지에 대하여 정확하게 알지 못한다. 또, 청년들의 주택 문제를 어떻게 해결해 주어야 이들이 결혼을 하고 자녀를 낳게 될지를 구체적으로 알지 못한다. 이와 같이 사업목표(저출산 문제 해결)와 관련된 변수들(임금, 주택문제 해결 등)에 대한 정보가 부족한 상황은 복잡한 문제의 대표적인 특징 중의 하나인 것이다.

(5) 다목적성

복잡한 문제의 마지막 특성은 그것을 둘러싸고 있는 상황이 상충하는 여러 개의 목적을 포함하고 있다는 점이다. 예를 들면, 정부가 풀어야 할 문제는 '저출산 문제'인데 이것에 영향을 주는 상황은 단순하지 아니하고 여러 개의 목표가 상충하는 관계에 있어서 문제 해결을 어렵게 한다. 저출산 문제를 둘러싸고 있는 상황에는 많은 경제적 사회적 변수가 있는데, 예를 들면, 임금, 경제 성장, 수출과 같은 것들이다. 이런 상황에서 출산율을 올리기 위해서 임금을 올리면 수출 경쟁력이 떨어질 수 있고, 또 일자리도 감소할 수 있다. 그렇게 되면 결과적으로 저출산 문제 해결에 도움이 되지 않을 수 있다. 이처럼 해결하고자 하는 문제에 영향을 주는 변수들은 여러 개이고 이 변수들은 각각의 목적을 가지고 있고 그 목적들 간에는 상충하는 관계가 있을 수 있고 이들 상충하는 관계는 문제 해결을 어렵게 한다.

기업 경영의 문제에서도 만족시켜야 하는 목적이 복수로 존재하는 특성이 있다. 예를 들면, 기업은 주주의 이익을 위해서는 이윤을 극대화해야 한다. 하지만 다른 한편으로는 원만한 노사 관계를 유지하기 위해서는 이윤이 줄더라도 사원의 임금을 인상해야 하고 복지도 향상해야 한다. 이와 같이 이윤 극대화라는 목표와 원만한 노사 관계 유지라는 두 가지 목표는 상충할 수 있다는 것이다. 이 외에도 기업은 사회적 책임을 다하기 위해서는 이 목적을 위한 지출도 늘려야 하는데 이것은 주주의 이익과는 상충하는 관계에 있을 수 있다.

2) 왜 업무 수행에 복잡한 문제의 해결 능력이 필요한가?

그렇다면 왜 현재와 미래의 경영과 업무 수행에서 복잡한 문제의 해결 능력이 가장 중요한 업무 역량으로 지목되고 있는 것일까? 그에 대한 해답은 기업 경영에서 해결해야 하는 의사 결정 문제는 2015년뿐만 아니라 2020년도에도 역시 '복잡한 문제'일 것으로 판단되기 때문일 것이다. 그렇다면 기업이 해결해야 할 문제는 정말로 '복잡한 문제'들일까? 얼마나 어떻게 복잡할까? 이에 대해서 논의해 보고자 한다.

기업이 해결해야 할 문제의 특성을 살펴보고자 한다. 먼저, 기업이 달성하고자 하는 목표에 영향을 미치는 변수들이 많다는 특징이 있다. 예를 들어, 기업의 목표인 이윤 극대화에 영향을 미치는 변수들을 고려하면, 원재료의 가격, 근로자의 임금, 제품의 가격, 경쟁 상품의 가격, 경쟁의 정도, 환율, 이자율, 근로자의 생산성, 제품과 서비스의 품질, 수송비를 포함한 유통 비용, 광고와 홍보 비용, 재구매율과 고객 만족도 등 소비자 행동과 관련된 변수, 관련 기관의 규제, 국제 통상 규범 등 상당히 많다. 이들은 직접적 및 간접적으로 기업이 추구하는 목표에 영향을 미칠 뿐만 아니라 변수 상호 간에 서로 관련되어 있어서 이들이 기업 경영에 미치는 영향을 간단하게 파악하기 어렵게 만든다.

또, 기업이 달성해야 하는 목표는 매우 많다. 기업은 이윤 극대화와 원만한 노사관계와 고객 만족을 달성함과 동시에 환경 문제도 고려해야 하는 등 기업의 사회적 책임도 수행해야 한다. 이외에도, 기업은 오늘의 문제뿐만 아니라 미래를 위한 신규 사업 개발과 기술 개발이라는 목표도 동시에 추구해야 한다.

이상에서 살펴본 바와 같이 기업의 문제들은 목표 달성에 영향을 미치는 변수의 수가 많으며, 이들 변수들은 자신들은 서로 관련되어 있으며, 달성하고자 하는 목표가 여러 개이고, 각각의 목표가 상충하는 구조를 가지고 있으며, 변수들에 관한 정보가 충분하지 아니하다. 따라서 기업이 풀어야 할 문제는 전형적인 '복잡한 문제'라고 할 수 있다. 기업 문제의 이와 같은 특성은 2015년도에도 인지되었고 2020년도에도 큰 변함이 없으리라고 추정되는바, 세계경제포럼의 연구보고서는 '복잡한 문제 해결 능력'을 근로자의 업무 역량 중에서 가장 중요한 것으로 보고 있는 것이다.

3) 문제의 해결 방법

문제 해법으로 소개되는 수많은 방법들이 있는데 여기에서는 널리 채택되고 있는 문제 해결 방법 한 가지를 현장 적용에 필요한 해설과 함께 소개하고자 한다. 먼저, 문제의 해결 과정은 다음과 같이 7단계로 나누어 볼 수 있다.

단계 1: 문제의 정의
단계 2: 문제의 원인을 파악하고 분류
단계 3: 단기적인 조처를 한다
단계 4: 자료 수집과 실험 계획
단계 5: 실험을 실시/자료 분석/해결 방안의 선택
단계 6: 실패하지 않을 해법을 개발하고 실시
단계 7: 측정과 평가/팀의 노력을 인정

이상에 제시한 문제 해결 순서를 이하에서 예를 들어 설명하고자 한다.

──────────────── 문제 해결 순서 적용 사례 ────────────────

단계 1: 문제의 정의

문제의 정의란 문제가 구체적으로 무엇인가를 파악한다는 말이다. 그런데 문제를 파악한다는 말은 때때로 너무나 당연하고 쉽게 들리기도 한다. 왜냐하면, 당사자들은 모든 문제를 이미 알고 있다고 생각하기 때문이다. 하지만 문제 발생의 초기에는 무언가 문제가 있기는 한데 구체적으로 무엇이 문제인지를 파악하지 못하는 경우가 있고 문제를 잘 못 파악하고 있는 경우도 있다. 문제를 정의하는 과정에서 수행해야 할 일은 보이거나 파악된 증상을 설명하고, 증상을 분석하고 무슨 조처를 해야 할 것인가를 명확하게 정의하는 일이다. 이러한 과정을 어느 제조업자의 매출 감소 문제를 해결하는 예를 들어 설명하고자 한다.

단계 1: 과제를 명확하게 정의한다.

조처	실제 행동
증상을 설명한다.	O월 매출이 감소했다
증상을 분석한다.	매출 감소의 원인이 무엇인가를 조사한다: 가격? 경쟁자 신제품? 품질 불량?
과제를 명확하게 정의한다(실제로는 어렵다).	증상을 분석한 결과 문제는 품질 불량이라는 결론이 났다. 하지만 이렇게 결론을 내리는 과정은 매우 어려운 경우가 많다. 과제의 정의: 과제는 "제품의 품질 향상"이다.

단계 2: 문제의 원인을 파악하고 분류

2번째 단계에서는 문제의 원인을 파악하고 분류한다. 이때 수행해야 할 일은 먼저 원인의 분야를 파악한다. 그리고 세부 원인을 파악하고, 가장 가능성이 높은 근본 원인을 찾아낸다.

조처	실제 행동
원인의 영역을 파악한다.	원인의 영역은 무엇인가?: 원재료? 작업자? 작업방법? 기계?
세부 원인을 파악한다.	원재료, 작업자, 작업방법, 기계에 대해서 세부 조사
가장 가능성이 높은 원인을 파악한다.	가장 가능성 높은 원인: 원재료의 불량

단계 3: 단기적인 조처를 한다

3번째로는 문제를 해결하기 전에 단기적인 조처를 하는데 이때 할 일은 원만한 고객관계 유지, 직원의 안전 도모 등이며 해법이 확실하면 임시 조치를 취한다.

조처	실제 행동
단기적인 조치를 취한다.	생산을 중단한다.
직원에 대하여 안전 조치를 취한다.	직원에 대한 안전 조치 취하고, 임시 업무를 지시한다.
임시 조치	원재료 공급자에게 통보, 개선된 원재료 주문

단계 4: 자료 수집과 실험 계획

조처	실제 행동
자료 수집	기존의 재료와 새로운 재료 준비
실험을 계획	기존의 재료와 새로운 재료로 실험 준비를 한다.

단계 5: 실험을 실시/자료 분석/해결 방안의 선택

조처	실제 행동
실험 실시	기존의 재료와 새로운 재료로 비교 실험을 실시한다.
자료 분석	실험 자료를 분석한다.
가능한 해법을 파악	해법 1: 재료 공급자 변경 해법 2: 기존 공급자 유지
해법 선택	재료 공급자 변경 결정

단계 6: 실패하지 않을 해법을 개발하고 실시

조처	실제 행동
소규모로 실시 계획	새로운 재료 공급선으로부터 소량 주문한다.
계획 실시	새로운 재료로 소량 생산 실시한다.
결과 조사	새로운 원재료 생산한 제품 평가한다.

단계 7: 측정과 평가/팀의 노력을 인정

조처	실제 행동
새로운 생산 방법 서류로 작성	새로운 재료로 생산하는 방법을 서류로 작성한다.
결과 추적	고객 불만율, 매출액 변화 추적한다.
문제 해결 팀 인정	문제를 발견하고 해결한 팀을 인정하는 조치를 한다.

──────────────── 문제 해결 순서 적용 사례 끝 ────────────────

이상과 같은 문제 해결 순서는 문제의 특성과 상황에 따라 다소 변경될 수 있을 것이다. 복잡한 문제의 해결을 위해서는 회사 전체가 동원되고 많은 시간과 자원이 소요될 수도 있다. 하지만 이상에서 설명한 바와 같은 과학적 방법을 이용하면 복잡한 문제 해결에서 상당 부분 성공할 수 있을 것이다.

4) 복잡한 문제의 해법을 찾는 방법

① 전문가에게 의뢰한다: 전문적인 지식이 필요한 문제를 해결하기 위해서는 전문가를 이용하는 것이 좋다. 해당 분야의 전문 지식이 없이는 해결하지 못하는 문제가 있다. 이런 경우에는 반드시 전문가가 필요하다고 하겠다. 예를 들면, 전문가를 고용하거나 전문가에게 문제 해결을 위한 용역을 주는 것도 고려한다.

② 경험이 많은 사람을 이용한다: 전문적인 지식보다도 풍부한 경험이 필요하다고 생각되는 경우에는 경험이 많은 사람을 이용하면 좋다.

③ 문제 해결을 위한 집단을 만든다: 예를 들면, 한국의 저출산 문제처럼 변수가 많고 복잡한 문제인 경우에는 관련 분야의 전문가로 구성된 집단을 만들어 해법을 모색할 수 있다. 소위 문제 해결을 위한 태스크 포스를 만드는 것이다. 저출산 문제에 대한 해결을 위한 태스크 포스에는 인구 문제 전문가, 사회학 전문가, 경제 전문가, 일자리 전문가, 주택 문제 전문가, 관련 공무원 등이 포함될 수 있을 것이다.

④ 혁신적 분위기를 장려한다: 기업 내에 혁신적인 분위기를 장려해야 한다. 기업의 생산 활동은 매우 복잡한 일이므로 혁신적 분위기를 유지하기는 쉽지 않다. 하지만 문제 해결을 위해서는 기업 내의 혁신적 분위기를 장려해야 한다.

⑤ 인터넷 검색을 이용하여 해법을 찾아본다: 인터넷에는 수많은 정보가 쌓이고 있다. 인터넷 검색을 통해서 복잡한 문제 해법의 실마리를 찾아볼 수도 있다.

⑥ 과거의 사례를 이용한다: 예를 들면, 선진국의 사례, 다른 기업의 사례는 문제를 해결하는 방법의 실마리가 될 수 있다. 예를 들면, 저출산 문제 등에서는 저출산을 경험한 나라들의 경험을 적용할 수 있을 것이다.

⑦ 문제를 단순화해서 근사치 해를 구한다: 근사치 해법은 최적은 아니지만 무능하게 내버려 두는 것보다는 더 좋은 결과를 줄 수 있다.

⑧ 창의력을 계발한다: 단순히 전문 분야의 지식이 많다고 해서 문제 해결 능력이 높다고는 할 수 없다. 지식뿐만 하니라 창의력을 계발하고 발휘하면 문제를 해결할 수 있다.

⑨ 전문 분야의 공부를 한다: 현대 사회에서는 특정한 사람이 모든 복잡한 문제를 풀 수 있는 능력을 갖출 수는 없다. 분야별 전문 지식을 습득하는 것은 해당 분야의 복잡한 문제를 좀 더 잘 해결할 수 있는 능력 배양을 위한 필요조건이다. 하지만 스스로 공부하는 것은 시간이 너무 많이 걸리고 비효율적일 수도 있다.

5) 문제 해결에 적용할 수 있는 경험적 방법

여기에 소개하는 문제 해결 방법은 학문적으로 입증된 방법을 아니지만, 경험적으로 유용한 접근이라고 생각되는 것들이다.

① 문제의 해법에 집중한다(문제에 집중하지 말고): 문제를 정확하게 파악하되 문제에만 너무 집중하면 어려움만 주목받고 해결은 어려워 보인다. 스스로 '어떻게 하면 이 문제를 해결할 수 있을까?'와 같은 질문을 해보면 도움이 된다.
② 문제를 명확하게 한다: 문제를 명확하게 파악하지 못하고 결과만 보고 난감해 할 수 있다. 문제 해결의 첫 단추는 문제를 명확하게 파악하는 것이다.
③ 문제를 단순화한다: 문제의 구조와 핵심 원인을 파악하려고 노력하여 문제를 단순화한다. 문제를 단순화하면 문제는 의외로 쉽게 해결될 수 있다.
④ 가능한 모든 해법을 열거한다: 모든 가능한 해결 대안을 열거하고 비교해 보는 것도 좋은 시도이다.
⑤ 수평적 사고를 한다: 한쪽으로만 생각하지 말고 다른 방향으로도 생각해 본다.
⑥ 가상의 상황을 적용해 본다: '만약 ... 한다면'과 같은 가상의 상황을 적용해 보면 의외의 해법을 발견할 수도 있다.

6) 복잡한 문제 해결을 위한 학술적 방법

제2차 세계대전 때 연합군은 독일의 잠수함을 공격하는 방법을 연구하였는데 이때 연구한 방법을 작전 연구(operations research)라고 불렀다. 전쟁이 끝난 후에는 전쟁 목적으로 연구했던 내용이 기업 경영과 복잡한 문제 해결에 도움이 된다고 판단되어 이 연구 내용을 대학에서 정식 학과목으로 가르치게 되었는데 그 과목의 영어 명칭이 오퍼레이션스 리서치(operations research, 작전 연구)였다. 한국에서는 이 과목을 대학의 경영학과와 산업공학과 등에서 주로 가르쳐왔는데 학과목을 경영과학이라고 명칭을 부여하여 가르치는 곳이 많다. 오퍼레이션스 리서치(경영과학)에서 가르치는 방법들은 다음과 같은 것들이 포함된다.

- 선형 계획법
- 비선형 계획법
- 정수 계획법
- 의사 결정론
- 네트워크 모델
- 게임이론
- 대기 행렬 모델

- 시뮬레이션
- 의사 결정 나무 모형

이 기법들을 이용하여 실제 문제를 해결하는 것은 이 책의 수준을 벗어나는 것이므로 생략한다. 상기한 방법들에 관심 있는 독자는 '경영과학' 분야의 서적을 참고하기 바란다.

3 비판적 사고

알렉스 그래이(2016)는 세계경제포럼 (2016)의 연구 보고서를 바탕으로 하여 2020년에 기업의 종사자들이 필요로 하는 업무 역량 중에서 2번째로 중요한 것은 비판적 사고(critical thinking)라고 하였다(표 4.1). 이것은 2015년도에는 순위가 4번째이었는데 왜 그 중요성이 상승한 것일까? 이러한 질문에 대한 해답의 탐색은 비판적 사고의 본질을 이해하고 그것이 경영에서 문제의 해결에 어떤 도움을 주는가를 이해하는 데서부터 출발해야 할 것이다.

1) 비판적 사고란 무엇인가?

비판적 사고는 학술적으로는 논리학에서 다루는 한 영역이다. 비판적 사고라는 주제가 중요한 학문적 영역으로 자리매김하게 된 것은 그것이 현실 문제의 해결에도 중요하기 때문일 것이다. 요즘은 비판적 사고의 중요성이 인식되어 대학에서 관련된 강좌를 개설하기도 하고 관련된 서적들도 출간되고 있다.

비판적 사고란 어떤 명제나 주장에 대해서 비난하거나 부정하기 위한 사고가 아니고, 어떤 주장이나 명제를 좀 더 깊이 있고 폭넓게 그리고 객관적 관점에서 더욱 잘 이해하려는 두뇌 활동이다. 다시 말하면 어떤 주장이나 명제를 무조건 받아들이는 것이 아니라, 그것의 진실성, 타당성, 객관성, 파급 효과 등을 따져보는 사고가 바로 비판적 사고라는 것이다. 오늘날 정보의 양은 엄청나다고 할 수 있을 정도로 증가하고 있으며 잘못된 정보도 많다. 이러한 상황에서 사실을 정확하게 파악하고 상황을 제대로 판단하고 합당한 것을 취사선택하는 것은 중요한 일일 뿐만 아니라 절실하다. 비판적 사고는 진리를 탐구하는 활동인 연구 활동에서만 필요한 능력이 아니고 비즈니스 업무 수행에서도 필수적인 업무 역량이다. 그런데 비판적 사고 능력은 업무에 대한 지식과 경험이 적은 신입 사원들에 있어서는 이 능력이 특별히 결핍되기 쉬운 업무 역량 중의 하나라는 지적이 있다.

그렇다면 비판적 사고란 무엇인가? 비판적 사고란 '의사 결정을 위하여 판단을 하는 일과 관련된 합리적인 반성의 사고'(reasonable reflective thinking)라고 말할 수 있다. 다시 말하면, 의사 결정을 하기 전에 그 의사 결정이 타당성이 있는 것인가를 파악하기 위하여 여러 가지

조사를 하고 그 조사 결과에 대하여 판단을 해야 하는데, 비판적 사고란 이와 같은 판단을 위한 사고와 분석 활동이라는 뜻이다. 설명을 위한 예로 어떤 사람이 옷을 한 가지 구매하는 경우를 생각해 보겠다. 특정한 옷을 사겠다는 결정을 하기 전에 그 사람은 그 옷을 입고 거울 앞에 서서 몸을 돌려가며 거울에 나타난 옷을 입은 자신의 몸의 앞뒤 옆의 자태를 훑어볼 것이다. 이러한 행동에서 옷을 입고 거울 앞에 서서 옷의 크기는 잘 맞는지, 옷감의 색깔은 잘 어울리는지 등을 검토하는 행위가 옷의 구매 결정과 관련된 비판적 사고에 해당하는 행동이다.

이처럼 비판적 사고란 의사 결정이 최선의 선택이 될 것인가를 미리 검토해보는 기능을 하는 것이다. 비즈니스 업무 처리에서도 의사 결정을 하기 위해서 여러 가지 미래 상황에 대하여 검토하고 판단을 하는 행위는 최선의 의사 결정을 하기 위한 비판적 사고라고 할 수 있다.

다른 업무 처리 능력처럼 비판적 사고력도 발전할 수 있다. 하지만 비판적 사고 능력을 향상시킨다는 것은 쉽지는 않다. 특히, 비판적 사고라는 개념에 대해서 부정적인 시각을 가지고 있거나 비판적 사고의 중요성을 전혀 인식하지 못하는 상황에서는 비판적 사고를 활발히 전개하고 활용하여 문제 해결을 위한 최선의 방안을 찾아내는 것이 어려울 수 있다. 한국에서는 학교 교육에서 학업 성취도 평가 시험이나 직원 채용을 위한 선발 시험에서 지식의 암기 정도를 평가하는 성향이 높다. 앞으로 4차 산업혁명 시대에 이와 같은 암기 지식 위주의 평가는 학생을 위한 교육과 직원 선발에서 적절한 방법이라고 할 수 없을 것이다.

비판적 사고에 대한 이해를 넓히기 위해 비판과 사고의 의미를 좀 더 살펴보고자 한다.

- 비판(批判)과 비난(非難)과 부정(不定): 비난(非難)은 남의 잘못이나 결점을 책잡아서 나쁘게 말한다는 뜻이다. 한편, 부정(不定)은 그렇지 아니하다고 단정하거나 옳지 아니하다고 반대한다는 뜻이다. 비판(批判)이란 현상이나 사물이 옳고 그름을 판단하여 밝히거나 잘못된 점을 지적함이라는 뜻이다. 따라서 비판이라는 말은 나쁘게 말한다는 뜻의 비난이나 반대한다는 뜻의 부정과는 다른 뜻의 말이다.
- 사고란 무엇인가?: 책을 읽고 "증기기관차는 1789년에 발명되었다"는 내용을 기억하는 행위는 머리를 이용하는 행위이지만 사고라고 할 수 없다. 그것은 단순히 사실을 기억하는 행위이다. 기억하는 행위는 어떤 사물에 대해서 그 특성이나 이유 등을 알아내기 위한 행위는 아니다. 한편, "우리 회사의 제품은 왜 잘 팔리지 않을까?" 하는 질문을 하고 대답을 찾는 행위는 사고(thinking)하는 행위이다. 사고란 사물에 대하여 특성, 원인 등을 파악하기 위하여 우리가 사용하는 의도적이고 조직화된 인지적 과정(cognitive process)이다. 사고의 중요성에 대하여 알베르트 아인슈타인은 "교육이란 사실을 학습하는 것이 아니고, 사고할 수 있도록 머리를 훈련하는 것"이라고 말한 바 있다.

사고의 종류

사고의 종류는 목적에 따라 여러 가지로 나눌 수 있겠는데, 한 가지 방법은 사고를 비판적 사고와 창의적 사고로 나누는 것이다. 이 두 가지 사고는 문제를 해결하고 의사 결정을 하는 데 필요한 2개의 기둥과 같은 필수적인 활동이다. 그림 4.3은 비판적 사고와 창의적 사고가 문제 해결과 의사 결정에서 하는 역할을 그림으로 설명하고 있다. 그림 4.3에서 왼쪽 기둥에 해당하는 비판적 사고는 여기에서 설명하고 오른쪽 기둥에 해당하는 창의적 사고에 대해서는 제4장 제4절에서 설명한다.

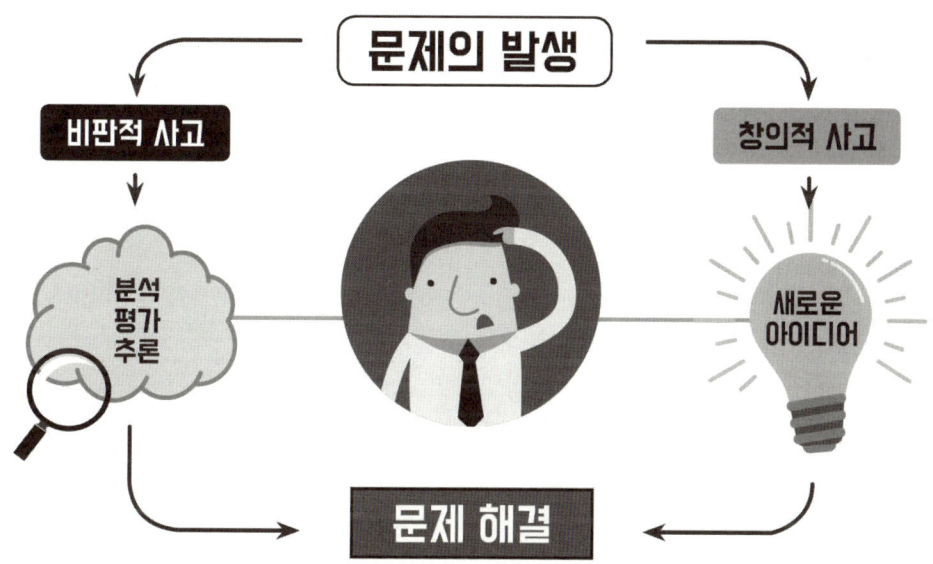

그림 4.3 문제 해결에 있어서 비판적 사고와 창의적 사고의 역할

- 비판적 사고: 비판적 사고란 무엇인가에 대하여 설명하기 위하여 앞에서 옷을 구매하기(의사 결정) 전에 옷을 입고 거울에 비춰보는 행위가 비판적 사고 행위에 해당한다고 하였다. 만약 옷을 입어보지도 않고 산다면 비판적 사고를 하지 않고 의사 결정을 하는 행위라고 할 수 있다. 그런데 비판적 사고에 대한 이와 같은 설명은 너무나 비근한 것으로 들릴 수도 있을 것이다. 하지만 비판적 사고에 대한 너무나 추상적인 정의도 이 책에서 추구하는 바에는 적합하지 않을 것이다. 여기에서는 비판적 사고에 대한 통상적인 의미를 중심으로 이야기를 전개하고자 한다. 비판적 사고란 다음과 같은 인지적 내지는 지적 활동을 지칭하는 용어라고 할 수 있다.

- 주장을 파악하고, 분석하고, 평가하는 지적 행위
- 개인적인 편견과 편의(偏倚)를 발견하고 극복하는 지적 행위

- 결론을 지지하는 설득력 있는 이유를 제시하는 행위
- 최종적인 신뢰와 행위에 대한 합리적이고 지적인 의사 결정 행위

- 비판적 사고의 기준: 비판적 사고에서 달성하고자 하는 특성들에는 다음과 같은 것들이 있다.

- 명료성
- 정확성
- 정밀성
- 적실성
- 심도(깊이)
- 넓이(폭)
- 논리
- 공정성

2) 비판적 사고의 실행 절차

비판적 사고의 과정은 문제의 정의, 문제의 명확화, 문제의 분석, 평가로 구성된다. 비판적 사고 실행 과정을 좀 더 구체적으로 설명하면 다음과 같다.

단계 1: 문제를 정의한다
비판적 사고를 통해서 명확하게 하려는 주제나 토픽 등을 설정한다. 종이나 보드에 기록하면 좋다.

단계 2: 문제를 구체적으로 설명한다
비판적 사고의 대상이 되는 사물이나 사건에 대하여 명확하게 정의하고 문제에 포함된 요소를 파악하고, 관련 장소, 시간, 환경 등을 설명한다. 예를 들면, 언급하고 있는 대상이 무엇인가, 그 대상에 관여된 것들은 무엇인가, 장소는 어디인가, 어떤 상황에 있는가를 밝힌다. 이러한 행위는 대상이나 사건을 소개하는 행위다.

이 단계에서 할 수 있는 질문들은 다음과 같다.

- 무엇(What)에 관한 질문
    - 이것은 무엇에 관한 것인가?
    - 어떤(무슨) 상황인가 또는 맥락인가?
    - 핵심 논쟁점, 문제점, 또는 주제는 무엇인가?

- 어디(Where)에 관한 질문
  - 이 문제가 일어나는 장소는 어디인가?

- 누구(Who)에 관한 질문
  - 누구에 의해서 발생하였는가?
  - 누가 관여되었는가?
  - 누가 영향을 받는가?
  - 누가 관심/이해관계를 갖는가?

- 언제(When)에 관한 질문
  - 그것이 언제 발생했는가?

단계 3: 문제를 분석한다

분석한다는 말은 대상을 검토하고, 부분들이 전체와 어떤 관계가 있는가를 밝히고, 비교하고, 차이점을 대비하고, 부분들 간의 관계를 이해하는 행위를 말한다. 문제의 분석이 심층 연구의 기초가 된다.

- 어떻게(How)에 관한 질문
  - 이 일이 어떻게 일어났는가?
  - 어떻게 작동하는가? 이론적으로, 실제로, 어떤 맥락에서
  - 하나의 요인이 다른 요인에 어떻게 영향을 미치는가?
  - 부분과 전체가 어떻게 서로 연관되어 있는가?

- 왜에 관한 질문을 해본다.
  - 왜 이 사건이 일어났는가?
  - 왜 그것이 행해졌는가?
  - 왜 이 논쟁(이론, 제안, 또는 해법)이 일어났는가?

- '만약에 ~한다면'이라는 질문을 해본다.
  - 만약 이것이 잘(또는 잘못)된 것이었다면 어떻게 되는가 또는 무엇을 의미하는가?
  - 대안은 무엇인가?
  - 만약 문제가 있다면?
  - 만약 이 요소를 더하거나/빼거나/바꾼다면 어떻게 되는가?

단계 4: 결론 또는 결과에 대하여 평가한다

단계4는 단계 3까지에서 얻은 결과 또는 결론에 대하여 그 가치나 미래의 영향 등에 대하여 판정하는 단계이다. 이와 같은 평가는 결론과 제안으로 연결된다.

- '그래서 어떻게 되는가?'에 관한 질문을 해본다.
    - 그래서 이것이 무슨 의미인가?
    - 그래서 이것은 유의미한가? 왜 그런가, 왜 그렇지 못한가?
    - 그래서 이것은 믿을 만한가? 왜 그런가, 왜 그렇지 못한가?
    - 그래서 이것의 함의는 무엇인가?
    - 그래서 이것은 성공적인가? 또는 실패인가?
    - 그래서 이것이 어떻게 기준을 만족하는가?

- '다음은(또는 앞으로) 무엇인가?'라는 질문을 해본다.
    - 이것은 앞으로 활용 또는 실행될 수 있는가?
    - 이것으로부터 배울 점은 무엇인가?
    - 지금 무슨 조처를 해야 하는가?

단계 5: 문제의 해결 방안을 탐색한다.

앞에서 살펴본 문제의 해결 방법(제4장 제2절)과 창의력(제4장 제4절)을 적용하여 실현 가능한 해결 방안을 탐색하고 도출한다.

단계 6: 의사 결정을 한다.

제5단계에서 도출한 여러 가지 해결 방안 중에서 최선의 대안을 선택한다. 의사 결정을 위해서는 제4장 제8절 판단과 의사 결정의 내용을 참고하면 도움이 될 수 있다.

3) 비판적 사고의 사례

단계 1: 문제의 정의: 비판할 대상의 문제를 정의한다

〈사례〉 **문제의 정의:** 대학수학능력시험의 공정성과 존치의 타당성: 대학수학능력시험은 고등학교 3년 동안에 모든 학생들에게 평등하게 교육을 받고 수험준비를 충분히 할 기회가 주어지며, 시험 당일 같은 조건에서 똑같은 시간에 똑같은 문제로 시험을 치르기 때문에 기회 균등의 원칙에 충실한 공정한 평가 방식이다. 따라서 그것은 존치되어야 한다.

단계 2: 문제를 설명한다

〈사례〉 **문제의 설명:** 대상이 되는 주장에 대해서 이해를 명확하게 하는 사고 활동으로 다음과 같은 질문은 할 수 있다.
무엇: 이 주장의 핵심 포인트는 무엇인가? [답] 대학수능의 공정성과 존치의 타당성
어디: 이 주장의 내용은 어디에 적용되는가? [답] 대한민국 전체
누구: 이 주장에 해당되는 사람은 누구인가? [답] 학생, 수험생, 학부모
언제: 언제 이 주장이 적용되어야 된다는 말인가? [답] 앞으로 계속

단계 3: 문제를 분석한다

〈사례〉 **분석:** 대상이 되는 주장을 분석하는 사고 활동으로 다음과 같은 질문은 할 수 있다.
어떻게: 이 주장과 같은 내용이 어떻게 해서 일어났는가? [답] 수능시험의 존치 여부에 대한 논쟁으로부터 발생하였다.
왜: 왜 이 주장의 내용이 중요한가? [답] 수능시험은 교육과 사회에 많은 영향을 미치는 것이므로 중요하다.
만약 ~이라면 무엇인가?: 만약 이 주장에 잘못된 점이 있다면 무엇인가? 타당성이 없다면 어떻게 해야 하는가? [답] 수능시험의 존치 이유를 밝히는 이 주장은 존치 이유로 공정성만을 고려한 것이다. 수능시험의 존치 여부를 판단하는 데는 공정성 이외에도 고려하여야 할 사항이 많다. 예를 들면, 수능시험이 고등학교 교육에 미치는 영향과 학생들의 미래 사회에서의 업무 수행 능력 등도 고려해야 한다. 따라서 수능의 공정성은 인정하더라도 수능에서 사용되는 객관식 평가 방식은 학생들의 미래 사회에서 필요한 창의력 등을 저해하는 요소이므로 공정성 한 가지만 적용한 수능 존치 주장은 타당성이 없다.
만약 ~이라면 무엇인가?: 만약 이 주장의 내용이 타당성 있다면 어떻게 되는가? [답] 현재의 수능시험이 공정성 기준으로는 타당성이 있다고 하더라도 그것은 평가 기준의 일부일 뿐이므로 수능시험의 존치의 타당성 근거로서는 충분하지 못하다.

단계 4: 결과를 평가한다.

> **〈사례〉 평가:** 대상이 되는 주장에 대한 설명과 분석 과정에서 얻은 답변들의 의미를 평가하는 사고 활동으로 다음과 같은 질문은 할 수 있다.
> **그렇다면 무슨 의미인가?:** 그렇다면 어떻게 해야 하는가? [답] 한 가지 평가 기준만 적용한 현재의 수능 존치 주장은 타당성이 없다.
> 그렇다면 다음에 해야 할 일은 무엇인가? [답] 수능 시험에 다양한 평가 기준을 적용하여 그것의 존치 여부와 형식 등에 대해서 다시 검토해야 한다.

단계 5: 문제 해결(방안)

> 현재로서는 문제를 완전히 해결할 수 없다.

단계 6: 의사 결정

> 앞으로 수능시험의 존치 여부, 발전적 변화 방안에 대한 논의가 필요하다.

* 여기에서 비판적 사고의 사례의 대상으로 다룬 수능시험의 존치에 관한 문제는 비판적 사고의 적용 사례로 설명하기 위하여 만든 것이며 다른 의도는 없음을 밝혀 둔다.

4) 비판적 사고의 이점과 비판적 사고력 향상

🔷 비판적 사고의 이점

- 과거를 반성하고, 자신과 타인의 의사 결정에 대하여 좀 더 깊이 이해하게 된다.
- 변화에 대해서 개방적인 입장이 된다.
- 문제 해결 과정에서 분석력이 향상된다.

🔷 비판적 사고력을 향상시키는 방법

- **평소에 문제의식을 갖는다:** 평소에도 문제의식을 가지면 비판적 사고력이 향상된다. 예를 들면, "1년 이내에 매출을 2배로 올리는 방법은 없을까?" "국민의 복지도 늘리고 경제도 성장하는 방법은 무엇인가?" 등 스스로 문제를 제기하면 비판적 사고력이 향상된다.
- **아이디어를 탐색한다:** 머릿속에 문제의식이 있으면 독서(책, 신문, 논문 등), 검색(인터넷), 방송 청취, 전시회 관람, 타인과의 대화 등에서 접하는 각종 정보가 유익하게 저장되고 비판적 사고력을 높인다.

- **자신만의 독특한 행동이나 사고에 대해서 자신감을 갖는다**: 타인과 다르다는 점을 두려워하지 않고 자신의 행동과 사고에 자신감을 가지면 비판적 사고력이 향상된다.
- **개방적이 된다**: 타인의 말을 경청하고 긍정적/비판적인 태도를 가진다. 일상생활에서 개방적인 태도로 산다.
- **융통성을 가진다**: 특정한 결과와 방법 등에 집착하지 아니하고 그와는 다른 여러 가지 대안들이 있을 수 있다는 유연한 태도를 가지면 비판적 사고력이 향상된다.
- **혁신 변화 창조에 대해서 관심을 갖는다**: 세상은 혁신과 변화의 연속이다. 관심을 가지면 변화와 혁신이 보이고 비판적 사고력이 향상된다.
- **호기심을 가지고 왜라는 질문을 한다**: 사소한 일에도 "왜"라는 질문을 한다.
- **유심히 관찰한다**: 사물과 일을 유심히 관찰하면 비판적 사고력이 향상된다.

4 창의력

창의력(creativity)은 그 중요성이 잘 인식된 능력 중의 하나이다. 알렉스 그래이(2016)에 의하면 창의력은 2016년에 직장인에게 필요한 업무 역량 순위에서 10위에서 2020년에는 3위로 중요한 것이 될 것이라고 한다(표 4.1 참조). 창의력은 과거에도 중요성이 인정되는 능력이었는데 그 중요성이 더욱 높아진 이유는 무엇일까? 그 대답은 앞으로 미래 사회(2020)에서는 새로운 제품, 새로운 기술과 새로운 작업 방식이 홍수처럼 쏟아질 것인데 이러한 변화에 적극적으로 대응하고 그것이 주는 기회를 활용하기 위해서는 근로자가 좀 더 창의적이지 않으면 안된다고 판단하기 때문이라고 본다.

1) 창의적 인재의 특징

① 언제나 모든 것에 대해서 호기심이 많고 질문이 많다.
② 문제를 해결하는 방안과 아이디어를 창출한다. 특히 평범하지 않은 독창적인 아이디어를 낸다.
③ 거리낌 없이 의견은 제시한다. 의견이 급진적이고 별난 것일 때도 많다.
④ 위험을 감수한다. 모험가라고 불릴 때도 많다.
⑤ 지적인 유희를 좋아한다.
⑥ 유머 감각이 뛰어나다.
⑦ 독립성이 강하고 자율적이다.
⑧ 일반적으로 영리하다고 평가를 받는다.
⑨ 새로운 아이디어에 대해서 개방적이다.

⑩ 지루한 것을 참지 못한다.
⑪ 도전적인 일을 좋아한다.
⑫ 상상력이 뛰어나다.
⑬ 외부 평가자의 영향을 별로 받지 않는다.
⑭ 재능이 많고 적응을 잘한다.
⑮ 솔직하고 직선적이다.

2) 창의적 인재의 발굴과 채용

한국의 기업들도 창의적인 인재의 발굴과 선발에 관심이 많다. 앞에서 창의력 있는 사람들의 특징을 간단히 소개했지만 그런 정보를 가지고 창의력 있는 인재를 발굴하는 데 적용하기란 쉽지 않을 수 있다. 그렇다면 창의력 있는 인재는 어떻게 선발할 수 있을까? 이 질문에 대한 해답을 다음에 요약한다.

① **자기소개서에 쓰게 한다**: 요즘은 초등학교 때부터 각종 대회와 발표 기회가 많아서 창의력이 있는 학생들은 상을 받을 기회가 많다. 따라서 대학이나 고등학교를 졸업하고 취업할 때 작성하게 되는 취업용 자기소개서에 창의력 관련 활동이나 수상 기록을 쓰게 하면 창의력 있는 사원을 선발할 수 있는 좋은 방법이 될 것이다. 그런데 창의력도 실제로는 매우 다양하여 자연 과학적 문제를 잘 해결하는 창의력, 기계나 전기 문제와 같은 공학적 창의력, 사회적 문제에 관한 창의력 등 매우 다양할 수 있다. 따라서 기업은 자신들이 필요한 창의력의 유형이 무엇인가를 사전에 파악하고 자기소개서를 잘 분석한다면 필요한 창의력이 있는 인재를 발견하는 데 도움이 될 것이다.

② **성격이나 행동 평가 지표를 이용한다**: 지금까지의 연구에 의하면 개인의 성격 상의 특징이나 행동은 창의력을 예측하는 유용한 지표로 많이 사용되어 왔고 예측력도 높은 것으로 알려져 왔다. 예를 들면, 개방성, 집단 참여도, 긍정적 태도, 다양성, 호기심, 도전정신, 상상력 등이 창의력에 대한 중요한 예측 지표로 사용될 수 있다.

③ **사내에 창의력인 사람이 있으면 활용한다**: 사내에 창의력이 있는 사람이 있으면, 그 사람을 인재 선발 과정에 참여시켜 창의력 있는 인재를 찾아내게 한다. 사내의 창의적인 직원이 사귀는 친구나 사회적 집단으로부터 창의력 있는 인재를 영입해 올 수도 있다.

④ **다양성과 국제적 경험**: 새로운 아이디어를 창출하려면 창안자의 머릿속에 다양한 지식과 경험이 있어야 한다. 예를 들면, 전자공학만 공부한 사람보다는 경제학과 전자공학을 모두 공부해 본 사람 또는 생물학과 전자공학을 모두 공부해본 사람이 창의적인 아이디어를 제안할 확률이 높다. 특히, 국제적인 경험은 매우 중요시된다. 중국이나 미국 유럽 남아메리카의 경험은 창의적인 아이디어를 내는 데 큰 도움이 될 수 있다.

⑤ 유머: 유머는 사물을 통상적인 시각과는 다른 관점에서 보는 것부터 시작된다. 따라서 남의 유머를 옮기는 것이 아니라 스스로 유머를 만들어 낼 수 있는 사람이라면 창의적인 재능이 있을 가능성이 높다.

⑥ 반항적인 기질: 창의적인 사람들 중에는 반항적인 기질이 있어서 경직된 조직에서 견디지 못하는 경우가 있다. 미국의 유명한 벤처 사업가 일론 머스크는 스탠퍼드대학교 물리학과 박사과정에 입학했다가 1주일만에 자퇴하고 나왔다고 한다. 이것은 대학의 입장에서 보면 매우 반항적인 행동으로 보였을 것이다. 일론 머스크를 선발하기 위해서 누군가를 탈락시키는 등 매우 심사숙고해서 선발했는데 1주일만에 자퇴를 하다니. 일론 머스크의 자퇴는 심사 교수들의 입장에서 보면 매우 반항적인 행동이다. 하지만 그는 자퇴하고 나와서 사업을 하여 대성공을 하였다.

⑦ 창의력 계발 시스템을 상설화한다: 기업 내에 창의적인 아이디어를 상시로 수집하는 시스템(제안제도)을 두면 창의적인 인재를 개발하는 데 도움이 될 수 있다. 과거에 일본의 기업들은 제안 제도를 적극적으로 활용하여 공정 개선에 큰 성과를 거두었다. 당시에는 공장의 자동화 비율이 낮고 수작업이 많아서 불량품이 발생하는 원인이 매우 많았는데 제안 제도를 통하여 공정 개선에 큰 성과를 거둘 수 있었다. 이런 제안 제도를 이용하여 창의적인 인재를 발굴하고 활용할 수 있었다.

⑧ 창의적인 아이디어에 대한 보상 제도를 시행한다: 창의적인 인재를 영입 내지는 유지하기 위해서는 사내 창의적 아이디어에 대한 보상 제도를 시행하면 좋다. 제안자의 창의적인 제안만 취하고 아무런 보상이 없다면 그 조직의 창의력은 메마를 것이다.

3) 개인과 조직의 창의력을 기르는 방법

① 관심을 갖는다: 관심은 영어로는 interest이다. interest는 통상적으로 관심이라고 번역하지만 영어로는 이자 이익이라는 뜻도 있다. 그래서 어떤 일이나 사물에 관심을 갖는다(interested in)는 말은 그 사물이나 일에서 자신에게 이익이 될 만한 것이 있는지를 생각해 본다는 뉘앙스도 있다. 관심은 창의력의 시발점이다.

② 호기심을 갖는다: 자신이 모르는 것에 대해서 알려고 하라. 관심 있는 주제에 대해서 인터넷 검색을 하고 신문이나 책을 읽는다. 관심 있는 사람과 대화를 한다.

③ 건강을 유지한다: 창의력을 발휘하기 위해서는 몸과 마음이 건강하여야 한다. 건강하지 못하고 자신이 없으면 창의적인 아이디어를 낼 수 없다.

④ 적는다: 새로운 아이디어가 떠오르면 적어라. 그래야 머리가 비고 새로운 아이디어를 창출해 낼 수 있다. 기록하는 것은 머리를 자유롭게 한다.

⑤ 환경을 바꾼다: 답답하게 느끼면 환경을 바꿔라. 산책하거나 차를 마시거나 휴식을 취하라. 창의력을 위해서는 여행을 할 수도 있다.

⑥ 토론의 기회를 갖는다: 다른 사람으로부터 비판을 받거나 토론을 하면 시간을 절약하면서 좋은 아이디어에 빨리 도달할 수 있다.
⑦ 창의력에 대해서 보상한다: 기업에서 사원들에게 창의력을 북돋우기 위해서는 작은 창의력에 대해서도 보상해야 한다. 한국에서는 창의력에 대한 보상에 비교적 인색한 편이라는 느낌이 든다. 물론 창의적인 아이디어가 성과로 나타나기 위해서는 많은 과정이 필요하다는 점도 인정하지만 창의적 분위기를 위해서는 창의력에 대한 보상이 필수적이다. 특히, 창의적 아이디어의 보상에서 속임수를 써서는 안된다.
⑧ 창의력 교육을 한다: 사원들의 창의력을 올리려면 창의력 관련 교육을 실시하면 좋다. 창의력 교육이라고 하여 강의실에 집합시켜 딱딱하게 진행하기 보다는 창의력 관련 강의 동영상 등을 준비하여 사원 개인에게 휴대폰이나 이메일로 발송할 수 있다.
⑨ 창의력 경진 대회를 실시한다: 사원들의 창의력을 올리기 위해서 사내에서 특정 문제 또는 자유 제안 형식의 창의력 관련 경진 대회를 하는 방안도 생각해볼 만하다. 이런 기회를 통해서 창의력 있는 인재가 발굴되고 보상받도록 해야 한다.
⑩ 새로운 정보를 제공한다: 사원들에게 해당 분야의 최신 정보를 제공하여 현재 사내에서 사용하고 있는 방법이나 제품이 가장 우수한 것인가를 판단하고 개선할 기회를 주면 창의력 계발에 도움이 된다.

5 인사 관리 능력

알레스 그래이(2016)는 2020년에 직장인이 갖추어야 할 업무 역량 4위를 인사 관리(people management)능력이라고 하였다(표 4.1 참조). 인사 관리는 인적 자원 관리(human resource management)라고도 하는데 그것은 사람을 선발, 관리, 업무 지원과 지시를 하는 행위를 포함한다. 인적 자원 관리는 세부적으로는 보상, 고용, 성과 관리, 조직 개발, 안전, 복지, 혜택, 동기 부여, 소통, 교육과 훈련 등을 포함한다. 사원은 기업에게는 가장 중요한 자산이다. 이들의 업무 태도와 성과가 기업의 성공과 실패의 중요한 요소이다. 그래서 기업의 관리자에게 가장 어려운 업무 중의 하나는 인사 관리이다.

4차 산업혁명이 한창 진행되고 있을 2020년에도 인사 관리의 중요성은 변함이 없을 것이다. 예를 들면, 채용에 있어서 앞에서 논의한 업무 수행 능력을 갖춘 인재로 창의력과 비판적 사고 능력을 갖추고 복잡한 문제를 해결할 수 있는 능력을 갖춘 인재를 채용한다고 하자. 이런 사람이 흔하지는 않을 것이며, 설령 있다고 해도 어떻게 발견할 것인가? 어떻게 지원하도록 유인할 것인가? 이런 문제를 생각하면 우수한 인재의 선발은 쉽지 않다는 것을 알게 된다.

1) 업무 환경의 변화

미래의 인재 선발, 교육, 보상, 관리 등과 관련하여 먼저 업무 환경의 변화를 이해하여야 한다. 이미 이 책의 제2장과 제3장에서 설명하였지만 인적 자원 관리의 관점에서 요약하면 다음과 같다.

🔷 업무 환경의 변화

① 디지털화: 이미 모든 기업은 고도로 디지털화가 진행되어 있으며 앞으로도 기업 업무의 디지털화는 계속된다.
② 글로벌화: 연구, 개발 생산, 마케팅 등 모든 활동이 글로벌화된다.
③ 사회적 연결성: 사원과 사원, 소비자와 소비자가 밀접하게 연결된다.
④ 업무의 복합성: 업무의 상호 연결성이 더 진행된다.
⑤ 창의력: 창의력의 중요성은 변함이 없다.
⑥ 인공지능화: 많은 업무들이 인공지능에 의해서 수행될 것이다.
⑦ 근무 방식의 변화: 근무 장소, 시간, 방식 등이 변한다.
⑧ 기업의 평가: 기업의 사회적 책임에 관한 소비자의 관심이 높아진다.
⑨ SNS의 중요성: 이것을 합리적으로 사용하여 연결성을 개선하되 사원들의 사생활 보호
⑩ 블로그, 홈페이지, SNS 등을 이용하여 고객과의 연결성 확대
⑪ 고객의 불만, 칭찬, 제안을 수집하는 빅데이터 수집 분석 체계 운용
⑫ 사원과 관리자가 수평적으로 연결
⑬ 유연 근무제가 활성화된다.
⑭ 사내 앱 개발을 활용하여 생산성 향상을 도모한다.

2) 유능한 인재 선발 전략

일자리 부족으로 구직자와 국가는 고민하고 있지만, 기업은 유능한 인재를 채용하기 위한 고민을 하고 있으며 유능한 인재를 선발하기 위한 기업 간의 경쟁이 치열하다. 채용자인 기업들의 고민은 두 가지로 요약할 수 있다. 한 가지는 유능한 인재를 유인하여 지원하게 하는 일이고, 다음은 이들 지원자들 중에서 유능한 인재를 선발하는 일이다.

🔷 유능한 인재를 유인할 수 있는 업무 환경

① 급여와 보상이 제대로 이루어지는 조건
② 사원의 중장기적 발전을 배려하는 업무 환경

③ 업무와 휴식이 조화되는 업무 환경
④ 자녀의 육아와 교육을 지원하는 기업
⑤ 남녀의 차별이 없는 기업
⑥ 직업의 안정성이 있는 기업
⑦ 근무의 물리적 환경이 좋은 기업
⑧ 학습이 계속되는 근무 환경
⑨ 다문화 차별이 없는 근무 환경
⑩ 투명한 채용 문화
⑪ 사회적 책임을 다하는 기업

선발

① 다양한 선발 방법: 공개 채용, 인턴제, 추천제 선발
② 평가 방법의 다원화: 학교 성적, 사회봉사, 창의력 대회, 캠프 참여
③ 다양한 재능: 과학, 공학, 경영학, 경제학, 인문학, 교육학, 문화와 예술 등 다양한 배경의 인재를 선발
④ 글로벌 인재의 선발: 외국인(예, 소프트웨어 분야에 인도인), 재 외국 한국 교민
⑤ 디지털 환경에 유능한 사람
⑥ 퇴직자에게도 기회를 부여
⑦ SNS를 이용한 선발: 페이스북, 트위터, 링크트인, 인스타그램
⑧ 조기 선발: 고등학생, 대학생, 대학원생을 미리 선발
⑨ 개인이 아니고 팀으로 선발한다.
⑩ 상시 채용 시스템 활성화
⑪ 독신자도 차별하지 않는다.

3) 교육과 훈련

인재의 역량을 지속적으로 개발하기 위해서는 다음과 같은 교육과 학습과 훈련이 필요하다.

① 지속해서 교육과 학습을 실시한다.
② 저비용 교육 시스템을 활용한다.
③ 사회적 학습 생태계를 조성한다. 개인과 회사에 모두 유익하다.
④ 사원들이 SNS와 인터넷 매체를 통하여 스스로 학습할 수 있도록 지원한다.
⑤ 신기술 분야(제3장에서 소개)를 교육한다.

⑥ 복합적이고 융합적인 능력이 함양되도록 교육과 훈련 내용을 다양화한다.
⑦ 에듀테인먼트를 활용한다.
⑧ 가상현실과 증강현실 기술을 활용한다.
⑨ 제2외국어가 필요한 사람에게는 학습할 기회를 준다. (제1외국어는 필수)

4) 평가

① 공정성이 유지되도록 노력한다.
② 성과에 대해서 적정한 보상을 한다.
③ 집단적 보상 체계를 활용하여 사내의 유기적 협력 체계를 조성하다.
④ 사원 스스로 평가하고 발전할 기회를 제공한다.
⑤ 리더를 선거로 선발하는 시스템을 도입한다.

6 타인과의 코디네이팅

1) 타인과의 코디네이팅의 개념과 기능

알레스 그래이(2016)는 2020년에 직장인이 갖추어야 할 업무 역량 4위를 타인과의 코디네이팅(coordinating with others)이라고 지적했다(표 4.1 참조). 타인과 코디네이팅한다는 말은 조직의 목표를 달성하기 위하여 조직 내의 개인이나 부서의 행위를 연결하고 조정한다는 의미이다(coordinating을 한국어로 번역하면 조정이라고 할 수 있을 것이다. 하지만 이 책에서는 조정이라는 의역 대신 코디네이팅이라는 한글 표현을 사용하겠다). 사실 조직 내에서 여러 부서와 많은 사람들이 열심히 일하지만 각자 혹은 개별 부서의 노력만으로는 조직 전체의 목표를 달성할 수 없다. 어느 정도 규모가 있는 조직에서 개인이나 한 부서의 활동은 마치 기계의 한 부품처럼 그 자체로서는 의미가 미미해 보일 수 있다. 하지만 모든 부서와 개인은 매우 중요하다. 인적 조직에서도 조직 내의 개인과 부서는 조직 전체의 목표가 달성될 수 있도록 연결되어야 하는데 그런 연결 기능을 하는 활동이 코디네이팅이다.

예를 들어, 신제품 개발이라는 업무를 생각해보자. 신제품 개발에는 제품 아이디어의 창출, 아이디어 선별, 콘셉트 개발과 테스트, 사업성 분석, 제품 디자인, 테스트, 제조, 론치 등의 모든 과정의 업무를 모두 성공적으로 수행해야 하는데 이들 중 어느 한 과정에서라도 실패하면 신제품 개발 과제는 실패하고 만다. 그런 실패의 고통은 관련 부서나 해당 사원의 실패가 아니고 회사 차원의 실패이다. 이런 업무가 모두 성공하기 위해서는 마케팅 부서, 제조 부서, 연구 개발 부서, 재무관리 부서, 품질 관리 부서, 최고 경영자 등 모든 부서와 관련된 사원들이 정보 교환, 토론, 비판, 제안 등에 있어서 모두 적극적으로 참여해야 하고 누군가는 이러한 교류와 연결하는 코디네이팅 업무를 수행해야 한다.

　코디네이팅의 일차적 활동은 소통(communication)이라고 할 수 있다. 소통을 통해서 정보와 의견 교환이 이루어지고 상호 이해가 이루어진다. 코디네이팅의 목표는 소통을 통해서 공동 작업(collaboration)과 협동(cooperation)을 이루어 내는 것이라고 할 수 있다. 여기에서 공동 작업이란 공동의 목표를 달성하기 위해서 함께(공동, co-)으로 작업을 한다(labor(노동)를 같이 한다)는 뜻이고 협동은 공동(co-)으로 운영(operation)을 함께 한다는 뜻이다. 이와 같은 코디네이팅의 기능과 목표를 그림으로 표시하면 그림 4.4와 같다. 이와 같이 4개의 요소, 코디네이팅(coordinating), 소통(communication), 공동 작업(collaboration) 그리고 협동(cooperation)을 나타내는 4개의 C는 서로 어우러져서 하나의 목적을 위해 결합하여 작동하는 시스템이 되는 것이다. 여기에서 핵심 요소가 코디네이팅인 것이다. 예를 들어, 고객 불만 처리의 경우에, 먼저 고객 센터에서 고객의 불만이 접수되면, 그것은 그 성격에 따라 제조 부서 또는 마케팅 부서로 연결하고 해당 부서에서는 적절한 조처를 하는 과정을 통해서 업무는 종료된다.

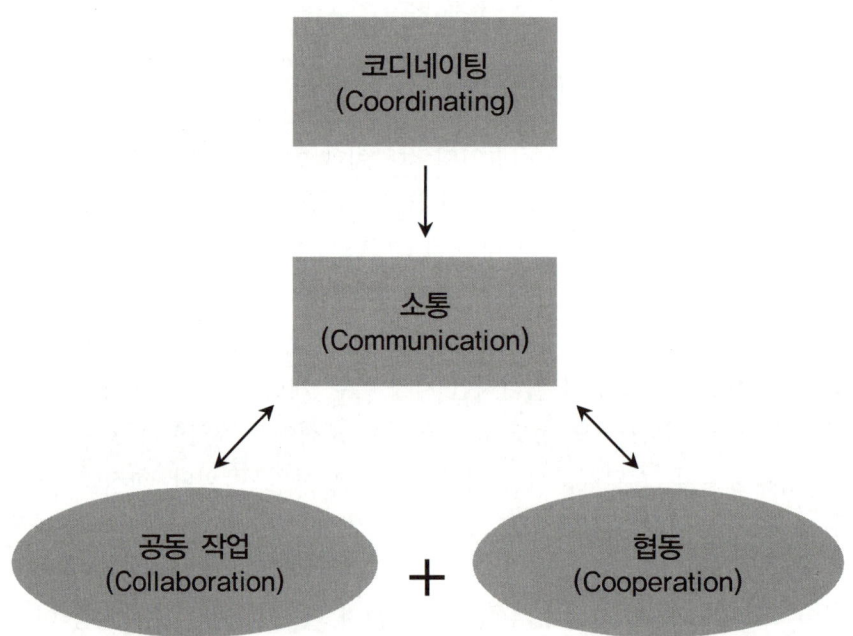

4C: Coordinating, Communication, Collaboration and Cooperation

그림 4.4 **타인과의 코디네이팅의 기능**

이와 같은 코디네이팅 기능이 중요해지는 이유는 세 가지 측면에서 설명할 수 있다. 첫째는 기업의 업무가 복잡해지기 때문이다. 기업에서 수행되는 제품 생산이나 마케팅 활동 등 어느 한 가지도 한 사원이나 한 부서의 노력만으로는 완성될 수 없다. 제품과 서비스가 관련된 모든 개인과 부서가 유기적으로 연결되고 협동해야만 목적을 달성할 수 있다.

　두 번째 이유는 조직의 규모가 커지고 있기 때문이다. 사실 규모가 큰 기업에서는 같은 회사에 근무하면서도 타 부서의 근무자인 경우에는 이름도 모르고 얼굴도 모르는 경우가 많다. 이런 경우에도 기업의 목표를 효율적으로 달성하기 위해서는 마치 한 가족처럼 소통하고 협력해야 한다. 이러한 소통과 협력을 유도하는 기능이 코디네이팅이다. 특히, 현대의 기업은 글로벌화되고 있어서 같은 회사의 직원이고 업무적으로 밀접한 관계이지만 타국에서 근무하며 언어 소통도 쉽지 않은 경우가 많이 발생한다. 이런 상황에서도 원만한 코디네이팅이 이루어져야 하기 때문에 그 중요성은 더욱 커지고 있다.

　마지막 이유는 업무를 신속하게 처리해야 하는 경쟁 환경이다. 신제품 개발, 고객 불만 처리 등에서 속도 경쟁은 치열하다. 이런 상황에서 낙오되지 않기 위해서는 기업 내부의 코디네이팅은 물론 기업 외부와도 원만하고 신속한 소통과 협력이 있어야 하기 때문에 타인과의 코디네이팅은 앞으로도 매우 중요한 업무 역량이 될 것이다.

2) 코디네이팅이 원활하지 못할 때의 증상

① **무책임**: 조직의 특정 업무에 대해서 아무도 책임지는 사람이 없다면 그것은 조직이나 코디네이팅에 문제가 있음을 나타내는 증상 중의 하나이다. 예를 들면, 고객이 상품의 사용법에 대해서 문의하고 싶어도 문의할 곳이 명시되어 있지 않다면 그것은 업무에 대한 책임 분담과 코디네이팅에 문제가 있음을 나타낸다.

② **업무 중복**: 업무 중복은 코디네이팅이 원활하지 못한 증상으로 흔히 나타나는 또 하나의 증상 중의 하나이다. 예를 들면, 제품에 대한 똑같은 품질 검사가 중복되는 것은 코디네이팅이 원활하지 못해서 낭비를 초래하는 경우이다.

③ **경직성**: 예를 들면, 생산성이 더 높은 새로운 생산 방식이 있음에도 불구하고 도입을 거부하는 경우가 있다. 이러한 상황은 부처의 이기주의, 원활하지 못한 정보 소통 등으로 인하여 발생할 수 있다. 이와 같은 경직성은 조직 경영의 여러 측면에서 나타날 수 있다.

④ **정보 교류 부재**: 기업에서 보유하고 있는 정보가 원활하게 유통되지 못하는 것도 코디네이팅이 잘되지 않고 있는 상태를 나타내는 지표가 된다. 정보 소통이 부족하면 동일한 자료를 중복해서 수집하거나 분석하는 낭비를 초래할 수 있고, 합리적인 의사 결정을 내리지 못하는 수가 있다. 예를 들면, 원자재 가격이 하락할 것이 예상되지만 이와 같은 정보가 해당 부서들에게 충분히 전달되지 못하면 잘못된 의사 결정을 할 수가 있다.

⑤ **업무 처리의 지연**: 기업 내의 부서 간에 코디네이팅이 원활하지 못하면 생산, 마케팅, 고

객 불만 처리 등에서 지연이 발생할 수 있다. 이와 같은 지연은 업무 처리가 필요 이상으로 지연된다면 그것은 코디네이팅이 원활하지 못하다는 또 하나의 증세이다. 이러한 지연을 생산성 향상을 저해하고 고객의 신뢰를 잃게 하는 중요한 원인이 된다.

3) 코디네이팅을 원활하게 하는 방안

① **개인과 부서의 권한과 책임을 명확하게 한다**: 조직의 개인과 부서의 업무상의 권한과 책임을 명확하게 하는 것은 원활한 코디네이팅의 기본이다. 업무상의 권한과 책임이 명확하게 규정되지 않으면 책임 전가와 변명이 생기고 결과적으로 생산성이 저하된다.

② **정책과 절차를 명확하게 정한다**: 조직의 정책과 업무 처리 절차가 명확하게 확립되어 있으면 개인이나 부서가 자의적으로 업무를 처리하여 발생하는 혼란과 낭비를 예방할 수 있다.

③ **상호 소통을 원활하게 한다**: 앞에서 설명한 바와 같이 코디네이팅의 기본은 소통이다. 조직 내의 개인과 부서가 소통하는 방법은 많다. 조직 내부의 정보 통신망인 인트라넷, 전화, 휴대폰, 뉴스레터, 사내 공보 등이 있어서 통신망은 잘 발달하여 있다고 할 수 있다. 최근에는 SNS도 공식 또는 비공식적으로 소통의 도구로 활용되고 있다. 필요에 따라서 조직은 스마트폰을 이용한 소통을 촉진하기 위한 앱을 사용할 수도 있다.

④ **조직의 목표에 대한 이해와 공감대를 조성한다**: 조직 내의 코디네이팅이 원활하게 이루어지기 위해서는 구성원들 간에 조직의 목표에 대한 이해와 공감대가 형성되어야 한다. 사내의 개인과 부서는 의사 결정 과정에서 조직 전체의 목표를 우선적으로 생각해야 한다.

⑤ **효과적인 리더십을 발휘한다**: 리더는 조직의 목표를 명확하게 설정하고 업무 추진의 기본 방향을 제시해야 하며 구성원들이 공감할 수 있도록 해야 한다. 또, 업무 수행 상 갈등이나 문제가 생기면 적극적으로 해결해야 한다.

⑥ **효과적인 통제 시스템을 확립한다**: 조직을 통괄하기 위한 효과적인 통제 시스템을 도입하여 모든 일이 계획대로 실행되도록 관리해야 한다. 만약에 예외적인 상황이 발생하면 바로 보정 조치를 할 수 있도록 해야 한다.

⑦ **자발적인 협력이 이루어져야 한다**: 조직을 원활하게 운영하기 위해서는 제도와 절차도 중요하지만, 조직 구성원들의 자발적인 협력이 중요하다. 이런 상황이 조성되도록 하기 위해서 조직 내의 소통과 친목 등이 효과를 발휘할 수 있다. 예를 들면, 조직 내에 음악, 스포츠 등의 취미 생활을 통해서 개인과 부서 간의 친밀도가 높아진다면 자발적인 협력이 잘 이루어질 수 있다. 이런 목적을 위해서 기업에서는 단체로 해외여행을 하거나 단체 행사를 할 수 있다.

⑧ **업무의 특성과 조직의 형태가 서로 적합하도록 한다**: 조직 내에 코디네이팅이 잘 이루어지기 위해서는 조직의 구조가 업무의 특성에 적합하게 되어 있어야 한다.

⑨ **업무 처리 매뉴얼이 있어야 한다**: 조직의 업무 처리 절차와 책임과 권한을 명시한 업무 매뉴얼이 있어야 한다. 이런 매뉴얼은 업무에 대한 이해와 신속한 처리에 도움이 된다.

⑩ **코디네이팅 담당자를 임명한다**: 업무가 명확하게 정의되지는 않지만 조직 내 부서 간에 연결과 조정이 필수적인 경우에는 연결과 조정 업무 담당자를 지정할 수 있다. 예를 들면, 정부 조직의 경우 정무 장관을 임명하여 행정부와 국회 사이의 소통과 업무 조정 역할을 하게 하는 경우이다. 기업에서도 부서 간의 협력과 이해가 절실한 경우에는 이런 역할을 하는 사람을 지정할 수 있다.

⑪ **효과적 효율적 소통을 위한 통신 시스템을 만든다**: 조직 내의 전화, 인트라넷 등은 효과적 효율적 소통의 수단이어 왔다. 조직 내의 전화번호부나 비상 연락망 등도 소통을 위한 중요한 통신의 보조 도구이었다. 요즘은 SNS를 이용하는 경우가 많을 것으로 본다.

⑫ **효과적 효율적 소통을 위한 물리적 시스템을 만든다**: 소통에 영향을 미치는 중요한 물리적 환경은 개체 간의 거리와 위치이다. 그러므로 건물 내에서 사무실의 공간 배치, 사무실 내에서 사무 책상 배치 등도 소통에 중요한 요소가 될 수 있다. 특별히 소통이 원활할 필요가 있는 부서는 인접해 있어야 할 것이다.

⑬ **코디네이팅의 핵심은 경청, 균형, 시점, 통합이다**: 코디네이팅이 원만하게 이루어지려면, 관계자들의 입장을 경청하고, 이들 간의 균형을 유지하도록 해야 하며, 적절한 시점(時點)에 소통을 통하여 다양한 이해관계와 주장이 통합되도록 해야 한다.

> ### 조직의 단체 포상 해외여행에 대한 비용/효과 분석
>
> **[문제]** 기업이 직원들에게 포상하는 의미로 단체로 해외여행을 실시하는 경우가 있다. 예를 들면, 중국의 기업들이 1,000명 이상의 사원을 동시에 한국, 일본 또는 프랑스로 포상 해외여행을 하는 경우가 있었다. 그런데 사원들의 입장에서는 해외여행 비용에 해당하는 금액을 보너스로 주고, 해외여행에 해당하는 일수의 개인 휴가를 더 선호할 수 있는데 왜 기업은 굳이 번거롭고 사고도 날 수 있는 단체 포상 해외여행을 고집하는 것일까? 단체 해외포상 휴가에는 어떤 뜻이 담겨있는 것일까? 단체 포상 해외여행과 개인별 포상 시행에 대한 효과를 분석하고 비교하라.
>
> **[분석]** [개인별 포상 시행의 효과] 만약, 사원들이 해외여행 비용에 해당하는 금액 50만 원을 현금으로 받고, 3박 4일의 개인 휴가를 받는다면, 사원들은 여행목적지, 일시 등을 마음대로 선택할 수 있어서 단체 해외여행보다 더 기쁘고 더 만족할 수 있을 것이다. 이에 따라서 현금 포상과 휴가 후에 사원들이 충성심이 고양되어 생산성이 향상될 수 있을 것이다. 하지만 확실한 결과는 기대하기 어려울 수 있다.
>
> [단체 해외여행 포상의 효과] 한편, 단체 해외여행 포상휴가를 실시하면, 조직 구성원간의 친밀감과 일체감 그리고 연대감 등이 향상되어 코디네이팅이 더 원활해질 수 있다. 특히, 사원수가 1,000명 이상이 되는 거대한 조직에서는 코디네이팅이 생산성에 미치는 영향이 매우 클 수 있다. 따라서 거대 기업이 다수의 사원을 동시에 해외여행을 하게 하는 것은 기업 내부의 코디네이팅 효과를 향상하여 기업의 전체적인 생산성이 향상할 것이라는 기대에서 시행하는 것이라고 해석할 수 있다. 기업으로서는 사원들에게 휴식도 주고 코디네이팅을 통한 생산성 향상이라는 두 마리의 토끼를 잡는 셈이 된다. 생산성이 향상되면 기업은 투입한 금액보다 더 많은 이익 효과를 얻을 수 있을 것이다.
>
> **[결론]** 따라서 기업으로서는 개인별 포상보다는 단체 해외여행 포상이 더 이익이 되는 대안일 수 있다. (이것에 대한 계량적인 분석도 가능하지만, 이 책의 범위에서 벗어나므로 생략한다.)

7 감성 지능

1) 감성 지능의 개념

알렉스 그래이(2016)는 기업의 사원들이 2020년에 갖추어야 할 6번째 업무 역량으로 감성 지능(emotional intelligence 또는 emotional quotient, EQ)을 꼽고 있다(표 4.1 참조). 감성 지능은 감정 지능이라고 표현하기도 한다. 전통적으로 인간의 능력을 결정하는 요소로써 체력과

함께 지능을 중요시해왔다. 그래서 인간의 지능을 측정하는 측도로서 지능 지수(intelligence quotient, IQ)를 인간의 능력 평가의 중요한 측도로 사용해 왔다. 이와 같은 인간의 능력에 대한 전통적인 측도에 비교하여 감성 지능은 비교적 새로운 개념의 측도이다.

감성 지능이란 자신과 타인의 감정을 파악하고, 이해하고, 통제하고, 평가하고, 활용하는 능력이라고 할 수 있다. 다시 말하면 자신과 타인의 감성을 파악하여 상황에 가장 적합한 의사 결정을 하고 행동할 수 있는 능력이라고 할 수 있다. 비유해서 설명하면, 지능 지수가 높은 사람은 수학 과학 등에서 지능 지수가 낮은 사람에 비교하여 더 우수한 능력을 발휘할 수 있는 것처럼, 감성 지능이란 그것이 우수한 사람은 대인 관계나 리더십에 있어서 더 우수한 능력을 발휘한다는 측도이다.

감성 지능에 대해서는 여러 학자들이 연구하여 왔는데, 미국의 하버드대학교 교수 대니얼 골먼(Daniel Goleman, 1995)이 「감성 지능」라는 책을 1995년에 출간하면서 많은 교육자와 경영자 그리고 언론 매체로부터 큰 관심을 끌게 되었다. 골먼(2002)은 그의 저서 「감성의 리더십」에서 '리더십의 성공은 90퍼센트가 감성 지능에 달려있다'고 주장하였다. 예를 들면, 정치에 있어서 지지율은 특정 정치가가 유권자들의 바라는 바를 잘 이해하고 반영하는 것이 가장 중요한 요인이라고 할 수 있는데, 이처럼 타인(유권자)들의 욕구를 이해하고 반영하는 능력의 바탕이 감성 지능이라는 것이다. 감성 지능에 대해서는 상반된 이론이 존재하지만 대체로 감성적 현상이 행동과 사고에 영향을 미치는 것은 인정되고 있으며, 이와 관련된 능력의 차이가 업무의 수행 능력에 영향을 미친다는 점에 대해서 의견이 일치하고 있다.

골먼에 의하면 감성 지능은 다음과 같은 5가지 요소로 이루어졌다.

① 자아 인식 능력(Self-Awareness): 자신의 감정, 강점, 단점, 추진력, 가치관, 그리고 목적을 알고, 의사 결정을 하는 과정에서 직감을 사용했을 때 그것이 타인에게 미치는 영향을 판단하는 능력
② 자기 규제 능력(self-regulation): 자신의 충동과 돌발적인 감정을 조절하고 변화하는 환경에 적응하는 능력
③ 사회적 인간관계 능력(social skills): 사람들을 필요한 방향으로 움직일 수 있도록 관계를 관리하는 능력
④ 감정 이입(empathy): 의사 결정에서 타인의 감정을 고려하는 능력
⑤ 동기 유발(motivation): 성취하기 위한 동기의 유발

상기 내용을 압축하면, 감성 지능이 높다는 말은 먼저, 자신의 감성과 강약점을 잘 파악하고 통제하며, 둘째로, 타인의 감정을 고려하고 그들과의 관계를 이용하여, 마지막으로 그들을 원하는 방향으로 행동하게 하는 능력이 높고 성취 욕구가 높은 특성을 의미한다고 할 수 있다.

🔷 이순신 장군의 리더십에 대한 감성 지능 관점에서의 단상

정치가나 군대의 지휘관 등의 업무에서처럼 리더십이 중요한 경우에는 감성 지능이 특별히 중요한 능력으로 인정되고 있다. 이러한 관점에서 세계적인 명장이신 이순신 장군의 위대한 능력을 감성 지능의 관점에서 생각해 보고자 한다. 이순신 장군의 뛰어난 리더십은 낱낱이 거론할 수 없을 정도로 많지만 한두 개의 사례를 통하여 생각해 보고자 한다. 예를 들어, 이순신 장군이 한산도 해전에서 사용하였던 학익진의 개념은 지능적 능력과 관련이 크다고 할 수 있다. 왜냐하면, 학익진을 이용해 왜군을 궤멸하기 위해서는 조선군과 왜군의 화포의 성능에 대한 판단, 또 작전 지역의 조류의 방향과 속도와 풍향에 대한 정보와 판단, 양국 병력의 수 등 매우 복잡한 요인들을 계산하여 최적의 위치와 시간을 결정해야 했었기 때문에 지능이 매우 높지 않으면 성공하기 어려운 전략이었기 때문이다(해류는 음력 날짜와 시간에 따라 흐르는 방향, 속도, 간조, 만조 수위가 달라지므로 실제로 계산이 매우 복잡하다. 오늘날 컴퓨터를 이용하여 최적의 공격 시간과 방법을 계산하여도 쉬운 일이 아니라고 생각한다).

한편, 전투는 전략이 우수하다고 반드시 승리하는 것은 아니다. 전투에서는 전략이 훌륭해야 할 뿐만 아니라 장군과 병사들이 용맹하게 싸워야 이길 수 있다. 그러므로 학익진이 아무리 훌륭한 전략이라 하더라도 장수와 병사들이 용맹스럽게 싸우지 않았다면 이길 수 없었을 것이다. 이런 시각에서 볼 때 이순신 장군은 전략에서만 훌륭했던 것이 아니고 싸움에 임하는 군사들이 용감하게 싸울 수 있게 감성적인 면을 잘 관리하였던(예를 들면, 엄한 군기와 병사들에 대한 배려 등) 것 같다. 이런 점에서 이순신 장군은 훌륭한 전략가였을 뿐만 아니라 부하들이 용맹스럽게 싸울 수 있도록 훌륭한 리더십을 발휘하였던 것으로 해석할 수 있다. 이처럼 이순신 장군의 위대한 승리에는 지적인 능력뿐만 아니라 감성 지능 면에서도 매우 훌륭한 리더십이 작용했었던 것으로 판단된다.

🔷 감성 지능이 기업의 리더에게 더욱 중요한 이유

예를 들면, 기업이 성공하기 위해서는 제품과 서비스에 관한 리더와 사원들의 '지적 능력'도 중요할 뿐만 아니라, 구성원들이 조직의 운영 방침에 승복하면서도 혁신적 조직이 되려면 서로 협력하는 동기를 유발할 수 있는 리더의 '감성적인 능력'도 매우 중요하다고 할 수 있다.

2) 감성 지능이 높은 사람이 중요한 이유

① **난관을 슬기롭게 극복할 수 있다:** 감성 지능이 높은 사람은 자신과 타인의 감정을 잘 조절할 수 있으므로 업무 수행상의 어려움을 극복하고 최종 목표를 달성하는 능력이 우수하다.

② **이해심과 협동:** 감성 지능이 높은 사람은 타인을 잘 이해하고 협동한다. 이와 같은 이해

심과 협동심은 팀워크가 중요시되는 현대 조직에서 매우 중요한 역할을 한다.
③ 경청하는 자세: 감성 지능이 높은 사람들은 타인의 말을 경청한다. 경청은 소통의 시작이다. 사람들은 이와 같이 경청하는 사람을 신뢰하고 따른다.
④ 피드백을 적극적으로 수용: 업무 처리에 있어서 구성원의 정직한 피드백은 매우 중요한 경우가 많다. 그런데 감성 지능이 높은 사람은 타인으로부터의 피드백을 진실로 환영한다. 이런 행동은 구성원들이 그 사람을 좋아하고 따르게 하는 요인이 된다.
⑤ 동정심: 감성 지능이 높은 사람은 자신의 어려움보다는 타인의 어려움에 더 많은 배려를 할 줄 안다. 이와 같이 타인의 어려움을 이해하는 능력과 태도는 업무를 성공적으로 완수하는 데 도움이 된다.
⑥ 타의 모범: 감성 지능이 높은 사람은 일이 잘 못 되어도 쉽게 좌절하지 않는다. 이들의 이와 같은 특성 때문에 사람들이 이들을 존중하고 추종한다.
⑦ 심사숙고: 감성 지능이 높은 사람은 사물을 타인의 관점에서 볼 수 있으므로 의사 결정이 타인에게 어떤 영향을 미칠 것인가를 미리 충분히 생각할 수 있다. 이러한 숙고하는 능력과 자세는 합리적인 의사 결정을 할 수 있게 할 뿐만 아니라 부정적인 결과가 나오더라도 문제를 해결하는 데 도움이 된다.

직장에서의 감성 지능의 중요성

　정규 교육을 마치고 직장에서 업무를 수행하는 과정에서는 높은 지적인 능력보다는 높은 감성 지능이 더 중요한 역할을 하는 경우는 수없이 많다. 예를 들면, 고객을 대할 때 자사 제품의 우수성을 장황하게 설명하기보다는 먼저 고객의 입장에서 금전적 또는 제품 사용과 관련된 상황을 잘 이해하고 자사 상품을 소개한다면 판매를 성사시킬 확률이 높아질 수 있다. 또, 감성 지능은 고객을 상대할 때뿐만 아니라 조직 내에서 상급자와 하급자 사이의 원만한 관계 또는 동료들 간의 협력을 유지하는 데도 중요한 역할을 하는 능력이다.
　4차 산업혁명 시기에는 전통적인 지능에 못지않게 감성 지능이 중요하게 되리라는 것이 예상된다. 왜냐하면, 인간이 지금까지 수행해온 일 중에서 단순 기능적인 업무는 상당 부분 인공지능과 로봇으로 대체될 것이다. 또, 인간이 하는 지능적(知能的)인 업무도 그 난이도가 낮은 것은 상당 부분 인공지능과 로봇에 의해서 수행될 수 있을 것이므로, 사실 인간의 역할은 고도의 지능적인 업무와 감성 지능적인 업무에서 그 비중이 커질 것이다. 따라서 미래의 직장에서 감성 지능적인 능력의 중요성은 증대할 것이다.

3) 감성 지능이 높은 사람들의 특성

① 그들은 완벽주의자는 아니다.
② 그들은 일과 휴식이 균형 잡혀 있다.

③ 그들은 변화를 두려워하지 않는다. 변화를 인정하고 수용한다.
④ 그들은 타인에게 관심을 갖는다.
⑤ 그들은 감정이입을 잘한다.
⑥ 자신을 잘 안다. 자신의 장점과 단점을 잘 안다.
⑦ 그들은 스스로 동기를 부여한다.
⑧ 그들은 과거에 얽매이지 않는다.
⑨ 그들은 긍정적인 면에 관심을 갖는다.
⑩ 그들은 화를 잘 내지 않는다.
⑪ 그들은 한계를 설정하고 유지한다.

4) 감성 지능을 향상하는 방법

① 부정적인 감정을 줄인다.
② 사물에 대해서 냉정하게 판단하고 스트레스를 관리하는 능력을 키운다.
③ 필요에 따라서는 어려운 감정도 표현하는 능력을 키운다.
④ 일과 사람에 적극적으로 임한다.
⑤ 역경에서 다시 살아나는 능력을 키운다.
⑥ 친근감을 표현하는 능력을 키운다.

8 판단과 의사 결정 능력

1) 판단과 의사 결정의 개념

경영 활동의 핵심적인 내용은 의사 결정이라고 할 수 있다. 예를 들면, 경영자는 업무를 계획하고, 예산을 편성하고, 인원을 선발하고 배치하고, 작업 시간 등에 대해서 끊임없이 판단하고 의사 결정을 해야 한다. 최고 경영자뿐만 아니라 중간 관리자도 끊임없이 판단과 의사 결정을 해야 하는 상황이 전개된다. 알렉스 그래이(2016)는 기업 사원들이 2020년에 갖추어야 할 7번째 업무 역량으로 판단과 의사 결정(judgement and decision making)을 꼽았다(표 4.1 참조).

의사 결정과 판단은 밀접하게 연관되어 있다. 판단이란 의사 결정이라는 맥락에서 다음과 같은 행동에 해당한다고 할 수 있다.

① 문제를 인식하고 상황을 판단하는 능력
② 의사 결정을 할 수 있는 능력

③ 의사 결정에 도달하는 데 사용되는 사고 과정
④ 판단으로부터 나오는 의사 결정의 결과를 활용하는 능력

이와 같이 판단은 의사 결정을 하기 위한 중간 과정이기도 하고 의사 결정 그 자체를 의미하기도 한다. 우리는 모든 상황에서 '좋은(결과를 가져오는)' 판단과 '좋은(결과를 가져오는)' 의사 결정을 할 수 있기를 바란다. 그러나 '좋은 의사 결정'이란 정의하기 어렵다. 그래서 좋은 의사 결정이라는 말 대신에 합리적 의사 결정이라는 개념을 사용한다.

합리적 의사 결정의 특징

합리적 의사 결정의 특징은 다음과 같다.
① 문제와 문제의 환경을 명확하게 인식한다.
② 목표를 달성하는 대안들을 파악하고 있다.
③ 대안의 장단점과 특성을 파악한다.
④ 목표 달성을 위한 최선의 대안을 선택한다.

2) 의사 결정 문제의 종류

전략적, 관리적, 운영상의 의사 결정

- **전략적 의사 결정**: 전략적 의사 결정이란 기업의 외부 환경과 기업 내부의 여건을 고려하여 기업에 장기적이거나 전사적인 영향을 미치는 주제에 대한 의사 결정이라고 할 수 있다. 전략적 의사 결정은 때때로 추상적이거나 구체성이 결여된 경우도 있다. 이것은 문제의 특성에서 기인하는 경우도 많다. 예를 들면, 다음과 같은 것들이 전략적 의사 결정에 해당한다.
  - 기업의 목표에 관한 의사 결정: 장기, 중기, 단기적 목표 설정
  - 경영 정책에 관한 의사 결정: 인사 정책, 재무 정책 등의 결정
  - 전략의 수립에 관한 의사 결정: 경쟁 전략(원가, 품질, 신규 사업 등)
  - 사업 영역에 관한 의사 결정: 신규 사업 개발, 신제품 개발, 해외 시장 진출, 인수 합병
  - 기업의 업무 영역에 관한 의사 결정: 예를 들면, 기업의 사회적 책임에 관한 활동을 하기로 결정
- **관리적 의사 결정**: 관리적 의사 결정이란 기업의 목표 달성에 필요한 과업을 수행하는 과정에서 만들어지는 의사 결정으로서 의사 결정의 영향이 해당 부서와 인접 부서에 영향을 미칠 수 있는 업무에 관한 의사 결정을 말한다. 관리적 의사 결정은 중간 관리자에 의해서 만들어진다. 예를 들면, 다음과 같은 것들이 있다.

- 해당 부서의 업무에 관한 의사 결정: 목표, 실행 방법, 실행 시기와 순서 등
- 기업 전체의 목표 달성을 지원하는 의사 결정: 부서의 목표 설정 등
- 인접 부서와 관련된 의사 결정: 인접 부서와 협력, 업무 분담, 책임 범위 설정
- 구성원들의 개별 목표 설정: 부서의 목표 달성을 위해서 소속 구성원의 역할 결정 등
- **운영 상의 의사 결정**: 운영 상의 의사 결정이란 담당자 또는 업무 일선의 감독자에 의해서 만들어지는 의사 결정이다. 운영 상의 의사 결정은 의사 결정이 영향을 미치는 범위가 비교적 작으며 영향을 미치는 시간이 짧다. 예를 들면, 작업 일정 계획, 소량의 제품과 서비스에 관한 판매 가격 결정, 일정 한도 이내의 비용 지출에 관한 결정, 단기간의 생산량 결정 등이다.

정형적 의사 결정과 비정형적 의사 결정

- **정형적 의사 결정**: 정형적 의사 결정이란 문자 그대로 의사 결정을 하는 규칙, 원칙, 모형 등이 있는 상황에서 만들어지는 의사 결정으로서 그 특성이 반복적이거나 일상적으로 이루어지는 의사 결정을 말한다. 예를 들면, 원자재 주문량과 주문 시기, 생산량 결정 등과 같은 문제이다. 이런 의사 결정은 반복적 업무이며 사전에 어느 정도 예상이 가능한 문제라는 특징이 있다. 이런 의사 결정 문제는 의사 결정 규칙을 미리 정할 수 있고 그것을 업무 매뉴얼 등을 통하여 전달하고 활용할 수 있다.
- **비정형적 의사 결정**: 비정형적 의사 결정 문제란 업무의 특성상 정형화하기 어려운 특징을 가진 문제에 대한 의사 결정이다. 이런 문제는 일정한 규칙으로 반복되지 않는다는 특성을 가진다. 예를 들면, 신제품 개발, 신규 사업 개발, 생산 방식의 변경, 공장 증설과 같은 문제에 관한 의사 결정이 비정형적 의사 결정이다. 이런 의사 결정 문제는 의사 결정의 영향이 크고 불확실성이 큰 경우가 많기 때문에 신중한 결정이 필요하다.

문제의 확실성과 위험성 여부에 따른 의사 결정 문제의 구분

- **확실성 하에서의 의사 결정**: 확실성 하에서의 의사 결정이란 의사 결정의 대안이 미리 알려져 있고, 각각의 대안들과 관련된 조건과 결과들이 알려진 상황에서의 의사 결정을 말한다. 예를 들면, 대안 1은 양질의 원재료를 쓰면 제품의 품질이 좋은데 원가가 높다. 한편, 대안 2는 저질의 원재료를 사용하면 제품의 품질이 낮지만 원가가 낮아진다. 이런 상황에서 대안 1과 2 중에서 하나를 선택하는 문제는 확실성 하에서의 의사 결정 문제이다. 이처럼 확실성 하에서의 의사 결정은 정확하고 믿을 수 있는 정보가 있는 상황에서의 의사 결정이다. 이러한 문제들은 인과 관계가 알려져 있고, 미래 상황도 어느 정도 예측이 가능하다. 단기적인 업무, 반복적인 업무 등에 관한 의사 결정이 확실성 하에서의 의사 결정에 속한다.

- **위험성 하에서의 의사 결정**: 의사 결정 대상에 대한 정보가 불완전하지만, 각각의 대안에 대한 확률적 정보가 있는 상황에서의 의사 결정을 위험성 하에서의 의사 결정이라고 한다. 바로 앞에서 예로 들었던 양질의 제품과 저질의 제품에 관한 문제를 위험성 하에서의 의사 결정의 문제로 다시 논의하면 다음과 같다. 대안 A는 양질의 원재료를 써서 만든 양질의 제품은 고가에 팔릴 확률이 70퍼센트이고, 안 팔릴 확률은 30퍼센트이다. 한편, 대안 B는 저질의 원재료를 써서 만든 저질의 제품이 저가에 팔릴 확률은 80퍼센트이고 안 팔릴 확률은 20퍼센트이다. 이 경우에 대안 A와 B 중에서 하나를 선택하는 의사 결정을 위험성 하에서의 의사 결정이라고 한다. 이런 경우에는 기대 수익이 최대가 될 수 있도록 의사 결정을 하는 방법이 있다. 자세한 내용은 이 책의 범위를 벗어나는 것이므로 생략한다.
- **불확실성 하에서의 의사 결정**: 미래를 예측할 수 없는 상황에서의 의사 결정을 불확실성 하에서의 의사 결정이라고 한다. 불확실이란 미래가 유동적이어서 예측할 수 없는 상황을 의미한다. 이러한 상황에서는 의사 결정자는 의사 결정의 대안을 잘 알지 못하며 각각의 대안과 관련된 위험(확률적 정보)과 각각의 대안과 관련된 미래의 결과에 대한 정보도 없다. 불확실성 하에서는 의사 결정자는 의사 결정의 틀을 만들기 위해서 어느 정도 합리적인 틀을 만들기 위한 가정을 해야 한다. 이러한 가정은 의사 결정자의 경험이나 판단에 근거를 두게 된다. 불확실성 하에서의 의사 결정에 사용되는 기법으로는 위험 분석, 의사 결정 나무 등이 있다.
- **위험 분석(risk analysis)**: 위험 분석이란 특정한 대안을 선택하게 될 때 발생하는 위험의 크기와 특성을 분석하고, 특정한 대안을 선택하게 될 때 발생할 수 있는 위험과 편익을 평가하는 활동이다. 이러한 과정을 통해서 특정한 의사 결정에 따라서 발생하는 위험과 편익을 파악한다.
- **의사 결정 나무(decision tree)**: 의사 결정 나무 방법은 일련의 의사 결정 과정을 나뭇가지처럼 표현하여 최상의 의사 결정을 할 수 있도록 하는 기법이다.
- **불확실성과 극복 방안**: 의사 결정이 어려운 이유는 의사 결정이 불확실한 미래를 향한 결정이라는 특징 때문일 것이다. 이와 같은 불확실성은 누구에게나 극복하기 어려운 문제이다. 이와 같은 불확실성을 극복하기 위한 여러 가지 기법이 개발되어 있다. 예를 들면, 통계학적인 원리를 이용한 의사 결정 규칙, 확률이론을 이용한 의사 결정 기법, 수리 계획법, 시뮬레이션, 의사 결정 나무, 전문가를 활용하는 의사 결정 기법, 최근에는 빅데이터를 이용한 기법 등이다. 불확실성을 극복하고 더욱 유익한 의사 결정을 하는 방법에 대한 세부적인 논의는 이 책의 범위를 넘는 것이라고 판단되어 생략한다.

3) 의사 결정 과정

의사 결정 과정은 다음과 같이 정리할 수 있다.

① 문제의 인식과 상황의 분석: 현재 또는 미래에 발생할 수 있는 문제를 인식하고, 문제가 발생하는 상황을 정확하게 분석한다. 상황을 분석하기 위해서는 자료를 수집해야 한다.
② 대안의 개발: 의사 결정에서 선택할 수 있는 대안을 만든다. 이것은 문제에 대한 의사 결정을 합리적으로 할 수 있도록 문제를 재구성하는 것을 의미한다.
③ 대안의 평가와 선정: 각각의 대안에 대하여 장단점, 비용과 효과, 부작용, 불확실성 등을 고려하여 대안 중 하나 또는 그 이상을 선택한다.
④ 대안의 실행: 선택한 대안을 실행한다.
⑤ 결과의 평가와 통제: 대안을 실행한 결과에 대해서 평가를 하고 관리한다.

4) 판단과 의사 결정 능력을 향상하는 방법

① 양질의 정보를 최대로 활용한다: 해결하고자 하는 문제에 대한 양질의 정보를 최대한 사용하면 최선의 결정을 할 가능성이 커진다.
② 문제를 철저히 분석한다: 문제의 특성을 분석하여 최선의 결정, 최악의 결정 회피, 평균적 결정 등을 적용한다.
③ 문제를 외부인의 관점에서 본다: 외부인의 관점에서 문제를 보면 특정 인이 가진 가치관 선입견 이해관계에서 벗어나서 객관적인 결정을 할 수 있다. 실제로 외부인이 결정하도록 하는 것도 하나의 대안이 될 수 있다.
④ 반대로 생각해 본다: 고객의 입장, 생산자의 입장, 구매자의 입장, 판매자의 입장, 수입업자의 입장, 수출업자의 입장, 야당의 입장, 여당의 입장 등으로 입장을 바꾸어서 반대로 생각해 보면 문제의 새로운 측면을 이해할 수 있다.
⑤ 개별적인 판단을 결합한다: 한 사람이 한 번에 결정하기보다는 여러 사람이 결정한 것을 평균치를 사용하거나 최대치 또는 최소치를 사용한다.
⑥ 반복적인 문제에 대해서는 의사 결정 과정을 자동화한다: 반복적인 의사 결정은 의사 결정 규칙을 만들어서 자동으로 의사 결정이 이루어지도록 하면 효율적이다.
⑦ 전문가의 견해를 참고한다: 전문가를 이용하여 문제의 분석과 의사 결정에 도움이 되도록 한다.
⑧ 의사 결정 지원 시스템을 활용한다: 전문가 시스템, 인공지능 또는 전문가의 도움을 받거나 수학적 기법 등 의사 결정 지원 시스템을 이용한다.

9　서비스 지향성

1) 서비스 지향성의 개념

알렉스 그래이(2016)는 근로자들이 2020년에 갖추어야 할 8번째 업무 역량으로 서비스 지향성(service orientation)을 꼽고 있다(표 4.1 참조). 서비스 지향성이란 무엇인가? 그것은 고객 지향성과는 어떤 관계가 있는가? 서비스 지향성은 왜 중요한가? 등을 논의하고자 한다.

- **서비스 지향성**: 서비스 지향성(service orientation)이란 조직이 고객에게 우수한 서비스를 제공하기 위하여 실시하는 조직의 정책, 서비스의 개발 준비와 실행, 그리고 서비스 절차 등을 포함하는 서비스 활동 시스템의 향상을 추구하는 철학 또는 방침이라고 할 수 있다.
- **고객 지향성**: 고객 지향성(customer orientation)이란 고객의 욕구를 만족하고자 하는 서비스 직원을 지원하는 조직과 조직 구성원들의 태도와 실천 전체를 의미한다. 고객의 입장에서 고객의 욕구 이해, 고객 업무를 우선적으로 처리하는 행동, 고객에 대한 신속한 반응, 고객에 대한 배려, 고객의 입장을 반영하려는 활동 등을 포함한다고 할 수 있다.
- **고객 지향성과 서비스 지향성의 비교**: 그렇다면 고객 지향성과 서비스 지향성의 유사점과 차이점은 무엇인가? 고객 지향성이 고객 개인의 만족을 극대화하는 데 초점이 맞추어진 점에 비하여, 서비스 지향성은 서비스의 품질 자체를 향상시키는 데에 초점이 맞추어져 있다고 할 수 있다. 고객 지향성과 서비스 지향성 모두 고객 만족을 실현하려는 점에서 궁극적인 목적은 같다고 할 수 있다. 그런데 이 목적을 달성하는 방법에 있어서 고객 지향성은 고객에게 초점이 맞추어져 있다고 할 수 있으며, 서비스 지향성은 고객 만족을 실현하기 위한 서비스를 제공하는 시스템 전체를 향상시키는 것을 명시적 목표로 설정한다는 차이 점이 있는 것이다. 서비스 지향성은 서비스 시스템을 향상하면 그 결과로 고객에게 최상의 서비스가 제공될 것이며 따라서 고객 만족이 달성될 것이라는 가정에서 채택된 접근이라고 할 수 있다.

서비스 지향성은 서비스 향상을 실현하기 위해서는 서비스를 제공하는 데 관련된 모든 요소들을 통합적으로 관리하고 개선해야 한다는 접근법이다. 따라서 서비스 지향성을 실행하기 위해서는 기업의 정책, 서비스의 내용, 서비스 절차, 조직의 구성 등이 서비스의 질적 향상을 이루도록 구성되고 실행되어야 한다. 이와 같이 비교해 볼 때 서비스 지향성은 고객 만족을 실현하기 위하여 서비스를 제공하는 시스템 전체를 강조하는 시스템적 접근이라고 하겠다.

2) 서비스 지향성의 구성 요소

라이틀(Lytle, 1998)은 서비스 지향성이 실행해야 할 활동을 4가지로 구분하였는데, 일컬으면, ① 서비스 리더십 실행, ② 서비스 접점 실행, ③ 인적 자원 관리 실행, 그리고 ④ 서비스 시스템 실행이다(그림 4.5 참조). 이들 4군의 실행에 대한 세부 내용은 다음과 같다.

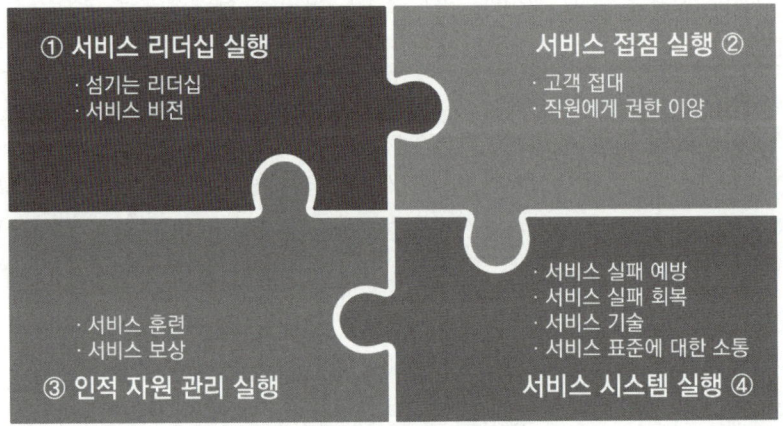

그림 4.5 **서비스 지향성의 구성 요소**[11]

① **서비스 리더십 실행**: 경영진이 해야 할 일
  - 섬기는 리더십을 실천한다: 경영진은 사원에게 항상 존중하는 언행으로 리드한다.
  - 서비스 비전: 기업이 추구하고 실천해야 할 서비스 비전을 개발하고 그것을 구체적으로 제시한다. 예를 들면, "모든 고객이 매우 만족할 때까지", 또는 우리의 목표는 "모두 매우 만족"할 때까지 등과 같다.
② **서비스 접점 실행**: 서비스 접점에서 실행해야 할 일
  - 고객 초점: 고객이 가장 중요한 대상이 되어야 한다.
  - 직원에게 권한 이양: 최선의 서비스를 할 수 있도록 권한을 직원에게 이양한다.
③ **인적 자원 관리 실행**: 서비스 인력의 관리 차원에서 실행해야 할 일
  - 서비스 훈련: 종사자들이 주기적으로 서비스 및 관련 교육을 받도록 한다.
  - 서비스 보상: 주기적으로 우수한 서비스 사원에게 포상을 시행하고 그 내용을 공유한다.
④ **서비스 시스템 실천**: 서비스 시스템의 전체에서 실행해야 할 일
  - 서비스 실패 예방: 실패를 예방할 수 있도록 교육, 훈련, 매뉴얼 활용 등을 교육한다.
  - 서비스 실패 회복: 서비스가 실패했을 경우 회복하는 노력을 한다.
  - 서비스 기술: 서비스 기술을 개발하고 활용한다.
  - 서비스 표준 소통: 사내의 모든 사원이 서비스 표준을 알 수 있도록 소통한다.

---

11) 출처: 라이틀(Lytle, R. S., P. W. Hom and M. P. Mokwa) (1998).

3) 서비스 향상 행동 지침

서비스 향상을 위한 행동 지침으로는 다음과 같은 것들이 있다.

① 인내심을 가진다.
② 경청한다.
③ 명확하게 소통한다.
④ 제품에 대한 이해가 깊다.
⑤ 긍정적인 언어를 사용한다.
⑥ 한결같이 서비스한다.
⑦ 시간 관리를 잘한다.
⑧ 고객의 마음을 읽는(욕구를 파악하는) 능력을 개발한다.
⑨ 항상 침착하게 행동한다.
⑩ 목표를 가진다.
⑪ 예상하지 못한 상황에 대처하는 능력을 기른다.
⑫ 설득하는 기술을 습득한다.
⑬ 끈기 있게 봉사한다.
⑭ 최종적으로 만족할 때까지 서비스한다.
⑮ 배우는 자세를 가진다.

10 협상력

1) 협상의 개념

협상(negotiation)은 비즈니스 활동에서 매우 빈번하게 접하게 되는 사건이다. 알렉스 그래이(2016)는 협상력을 2020년에 직장인이 갖추어야 할 9번째 업무 역량으로 자리매김하였다(표 4.1 참조). 협상이 2015년에 필수 역량 중에서 5번째이었으나 9위로 하락한 것은 그 중요성이 상대적으로 다소 낮아질 것으로 보이지만 역시 중요한 업무 역량이라는 것을 시사한다. 협상은 비즈니스에서 그것의 중요성이 인정되어 일반인들에게는 협상술이라는 형태로 소개되었고, 현재는 대학의 국제통상학과나 경영학과 등에서 협상론이라는 명칭으로 가르치는 중요한 교과목이 되어있다. 협상론에는 여러 가지 심리학적인 원리들이 응용된 협상 이론과 실제 협상 기술을 다루고 있다.

협상이란 두 명 또는 그 이상의 이해 당사자들이 그들의 공통 문제에 관하여 합의점을 찾아가는 과정이다. 협상에 참여하는 이해 당사자들을 협상자라고 한다. 협상은 다시 말하면 협상자들이 공통의 문제에 대해서 서로 다른 목적을 가지고 있을 때 대화를 통하여 모두 만족할 수 있는 결론에 도달하는 동태적 과정이다. 협상 능력이 특히 강조되는 분야는 국제 상거래를 할 때이지만 협상 기술은 국내 기업들 간의 상거래와 기업 내 노사 협상과 같은 사내의 문제에도 사용되는 기술이다.

2) 협상의 6대 요소

① **협상자들의 협상의 목표**: 협상의 목표란 협상의 결과로 확보하고자 하는 결과물을 의미한다. 예를 들면, 협상을 통하여 '수출 단가를 20퍼센트 인상'한다와 같은 구체적인 것이다. 협상의 목표는 가능하면 높게 잡는 것이 좋지만 실현 가능한(feasible) 것이어야 한다. 현실적으로 목표를 너무 높게 잡으면 문제가 생길 수도 있다. 예를 들면, 목표를 너무 높게 잡으면 목표 달성에 실패했을 경우에 불만족하게 된다. 한편, 협상 목표를 낮게 설정한다면 목표 달성이 용이하며, 그 목표를 달성했을 때 만족도가 높다. 만약 협상의 목표가 협상자들 간의 이해관계를 조정하여 협상자들이 모두 만족할 수 있는 윈윈(Win-Win)형의 합의를 도출할 수 있는 수준이라면 그것은 좋은 협상 목표라고 할 수 있다.

② **협상력**: 협상력이란 협상에서 원하는 결과를 가져올 수 있게 하는 능력을 말한다. 협상력에 영향을 미치는 요인은 협상자의 지위, 시간 제약, 내부 이해관계자의 반발, 그리고 상대방에 대한 의존도 등이다. 협상자의 지위가 높으면 협상 상대의 신뢰가 증대하게 되고, 신뢰가 증대되면 협상력이 증대된다. 예를 들면, 한국의 중소기업이 외국 기업으로부터 원자재를 구입하는 경우 한국 측의 협상자가 사장이라면 상대 협상자는 한국인 사장에 대하여 신뢰도가 높을 것이며, 이렇게 되면 한국 사장의 협상력이 증대된다는 것이다. 또, 시간이 넉넉한 협상자는 시간에 쫓기는 상대방에 대하여 상대적으로 유리한 협상력을 가진다. 내부 이해관계자의 반발이 적으면 협상력이 향상된다. 한편, 상대방에 대한 의존도가 높으면 협상력이 감소한다. 예를 들면, A사가 원자재를 B사로부터 100퍼센트 공급받는다면 A사의 B사에 대한 의존도는 100퍼센트이고 A사의 B사에 대한 협상력은 매우 낮다(반대일 수도 있다). 이외에도 협상 의제, 협상 장소, 협상 시간도 협상력에 영향을 줄 수 있는 요소이다.

③ **협상자 간의 관계**: 협상자 간의 관계란 협상자 사이의 이해관계를 의미한다. 협상자 간의 관계 유형은 3가지로 나누어 볼 수 있는데, 열거하면 호혜적 관계, 거래 관계, 그리고 적대적 관계이다. 호혜적 관계라면 적대적 관계인 경우보다 더 우호적인 상황에서 협상할 수 있을 것이다. 예를 들면, A사와 B사가 호혜적 관계라면 양사가 조금씩 양보해도 결과적으로는 양사가 도두 이익이니 협상이 용이하다. 협상자 간의 관계에 영향을 미치는 요소에는 금전, 신뢰, 공통점, 존경, 상호 관심, 우호적 감정 등이다.

④ 협상 불가능 시의 최선의 대안(Best Alternative To a Negotiated Agreement, BATNA): 보통 BATNA라는 표현을 자주 사용하는데 이것은 협상에 의한 합의가 불가능할 경우에 협상 당사자가 취하게 될 다른 대안 중 최선의 것을 의미하는 말이다. BATNA가 좋은 협상자가 BATNA가 나쁜 협상자보다 유리하다. 예를 들어, A는 '협상 불가능 시 최선의 대안이 소송을 하는 것인데 소송을 하면 3억 원을 받을 수 있다'이고, B는 '협상이 불가능할 경우 최선의 대안이 1억 원을 지불해야 한다'라고 하자, 이 경우에 A의 BATNA는 B의 BATNA보다 유리하다. 따라서 A가 B보다 협상에서 유리하다. 협상이 성립되지 않으면 취할 수 있는 대안으로는 소송, 현재의 협상을 포기하고 다른 협상 상대방으로의 전환, 파업 강행, 다른 형태의 연합이나 제휴 형성 등이 포함된다.

⑤ 정보: 모든 업무 수행에서 정보가 중요한 것처럼 협상에서도 정보의 역할은 막중하다. 사실 협상 과정은 정보의 수집과 교환 과정이라고 할 수 있다. 협상 과정에서 수집해야 할 기본적인 정보는 상대방의 협상 목적과 목표, 약점과 강점, 협상 전략과 BATNA, 상대의 내부 이해관계자 간의 갈등, 시간적 제약, 협상 대표에 대한 개인적 정보 등이다. 정보의 양은 많을수록 좋고, 질은 신뢰성이 높은 것이어야 한다. 수집된 정보는 분석하여 협상에 활용하여야 한다. 만약 수집한 정보를 활용하지 못하면 무용지물이라 하겠다.

⑥ 이해관계: 협상에 참여한 당사자뿐만 아니라 보이지 않는 사람의 이해관계도 생각해야 한다. 보이지 않는 사람이란 협상에서 표면적으로 다루어지지는 않지만, 이해관계를 가진 사람인데 예를 들면 원자재 납품업자가 될 수 있다. 보이지 않는 사람의 이해 때문에 협상이 타결될 수도 있고 결렬될 수도 있다.

3) 협상 전략과 협상자의 자세

① 목표를 확실하게 설정하고 최선책과 차선책을 준비한다.
② 협상의 진행 과정을 시뮬레이션 해본다.
③ 설득을 위한 사례를 수집한다.
④ 상대방이 이해하기 쉬운 짧고 쉬운 유머를 준비한다.
⑤ 상대방에 대한 정보를 수집한다.
⑥ 상대방과의 공통분모를 찾아서 공감대를 형성한다.
⑦ 인간적으로 상대방과 친근하도록 노력한다. 안부 인사, 생일 축하 등
⑧ 초기에 주도권을 잡는다.
⑨ 자신의 유리한 점을 활용한다.
⑩ 소탐대실이 되지 않도록 전체적인 손익을 계산한다.
⑪ 양보가 필요할 때는 양보한다.
⑫ 상대방에게 약점을 보이지 않는다.

⑬ 협상에 들어가기 전에 불확실한 점은 없는지 확인한다.
⑭ 무모한 고집을 피우지 않는다.
⑮ 상대방에게 체면과 명분을 세워준다.

4) 유능한 협상가가 되기 위한 노력

① 해당 분야에 대한 전문 지식을 확보한다.
② 최신 트렌드, 라이프스타일, 유행 등에 관심을 가진다.
③ 자사의 경영 전략을 이해한다.
④ 시장을 분석하고 상대방(공급자, 구매자 또는 소비자)의 동태를 분석한다.
⑤ 해당 분야의 구매, 제조, 유통에 있어서 최신의 방법을 학습한다.
⑥ 리더십과 프로젝트 관리자로서의 역량을 함양한다.
⑦ 해당 분야에서 인간관계를 개발한다.
⑧ 변화를 주시하고 선제적 조처를 한다.
⑨ 문제를 파악하고 해결할 수 있는 능력을 함양한다.
⑩ 인공지능, 로봇, 사물인터넷, 자율 주행차 등 첨단 기술을 이해한다.
⑪ 스마트폰과 노트북 PC, 태블릿 PC 등 디지털 기기 활용능력을 갖춘다.
⑫ 능동적인 SNS의 활용자가 된다.
⑬ 글로벌한 사고와 외국어 능력을 함양한다.

11 인지적 유연성

1) 인지적 유연성의 개념

비근한 예를 들어서 인지적 유연성에 대한 이야기를 시작하고자 한다. 어느 4살짜리 어린이가 집에서 문을 열 때 항상 밀거나 당기는 식으로 문을 열고 닫았다고 하자. 그런데 이 어린이가 유치원에 갔는데 문을 아무리 밀거나 당겨도 열리지 않게 되자 이 어린이는 엄마를 부르며 울며 문이 안 열린다고 소리치기 시작했다. 한편, 5살짜리 다른 어린이는 밀거나 당겨도 문이 열리지 않자, 문을 옆으로 밀어서 문을 열었다고 하자. 이런 경우에 5살짜리 어린이는 4살짜리보다 인지적 유연성이 크다고 한다. 이 사례에서 4살짜리는 밀고 당기는 방법에서 벗어나지 못하고 있을 때, 5살짜리는 밀고 당기는 것이 문제를 해결하지 못하자 문제를 해결하는 대안적 사고를 하여 옆으로 미는 방법을 적용하여 문제를 해결한 것이다.

인지적 유연성(cognitive flexibility)이란 두 개의 개념(앞에서 들었던 문을 여는 방법에 관한 예로 설명하면, 문을 좌우로 밀어서 여는 방법과 앞뒤로 밀어서 여는 방법)이 있을 때 하나의 개념(좌우 또는 앞뒤로 밀기 중 하나)에만 집착하지 아니하고 두 개념에 대한 사고를 전환하거나(문을 여는 두 가지 방법을 바꿔가며 시도함), 여러 개의 개념을 동시에 생각할 수 있는 지적 능력을 나타내는 말이다. 다시 말하면, 인지적 유연성은 목적과 환경의 변화에 따라 사고나 주의력을 적응시키는 능력이라고 할 수 있다. 인지적 유연성은 인지적 융통성이라고 표현하기도 한다.

알렉스 그래이(2016)는 인지적 유연성은 2020년에 직장인이 갖추어야 할 업무 역량 중에 10위로 자리매김하였다(표 4.1 참조). 이 능력은 2015년도의 직무 능력 목록에는 없었는데 2020년도의 필수 업무 역량으로 부상한 것이다. 인지적 유연성은 예기하지 않은 상황에 처했을 때 해결 방안을 도출해 내는 데 도움이 되는 능력일 뿐만 아니라 좀 더 좋은 정보에 접하게 될 때 자신의 신뢰 체계를 갱신하는 데도 도움을 주는 능력이다. 만약 어떤 사람이 흡연이 폐암의 원인이 된다는 것을 학습하고도, 그 정보를 수용하도록 사고를 바꾸지 못한다면, 그 사람은 인지적 유연성이 없다 또는 인지적으로 경직되어 있다고 한다.

인지적 유연성은 우리가 외국으로 이주를 하거나 직장에서 예기치 않은 업무가 발생하였을 때 또는 마감 시간에 계획을 변경해야 할 상황과 같이 변화에 적응하는 데 도움을 주는 능력이다. 심리학에서는 인지적 유연성을 복수의 사고들 사이를 이행(移行)하는 능력이라고 하지만 다른 상황에도 적용되는 용어이다. 예를 들면, 새로운 현상을 보고 과거의 신념을 바꾸는 행위, 다면적 사고, 전혀 관련이 없어 보이는 개념들에 대해서 공통점을 찾아내는 행위 같은 것도 인지적 유연성에 해당하는 행위들이다.

이상과 같은 인지적 유연성의 개념 설명을 통해서 독자들은 인지적 유연성이 왜 2020년에 직장이 갖추어야 할 업무 역량에 해당하는지를 짐작할 수 있을 것이다. 미래에 우리의 삶과 환경은 크게 변할 것이다. 그렇다면 그와 같이 격변하는 환경 하에서 생존하려면 진화론자 찰스 다윈이 말한 것처럼 우리는 '적응'하여야 할 것이다. 이와 같이 인간이 변화하는 환경에 적응하기 위해서는 변화를 인지하고 우리의 믿음을 바꾸고 새로운 문화적 문명적 상황에 적응하기 위해 인지적 유연성을 필요하다.

인지적 유연성이 낮은 사람은 변화하는 환경에 적응하는 데에 어려움을 겪게 될 것이다. 인지적 유연성이 낮다는 말은 한 권의 책만 계속 반복해서 읽거나 텔레비전에서 같은 프로그램만 보는 사람과 비슷하다고 할 수 있다. 변화하는 세상에 적응하기 위해서는 관점을 바꾸어 새로운 정보를 수용해야 한다. 4차 산업혁명 시대에 우리 사회는 기술과 산업만 바뀌는 것이 아니고 문화와 삶의 방식이 바뀌고 있다. 이런 상황에 적응하기 위해서는 인지적 유연성을 제고하여 필요에 따라서 자신의 신념 체계를 갱신할 수 있는 능력을 갖추어야 한다. 발전하는 문명의 이기를 수용하지 아니하고 과거에 집착하면 변화에 적응하지 못할 수도 있다.

2) 인지적 유연성의 측정

인지적 유연성을 향상하면 생활에 편리할 뿐만 아니라 뇌의 건강에도 좋다고 한다. 왜냐하면 인지적 유연성을 통해서 뇌에서 사용하지 않던 부분들을 사용하여 서로 정보를 교환하며 활동하게 하기 때문이다. 인지적 유연성이 높은 사람은 이해력, 독해력, 언어 구사력, 주변에 대한 주의력이 높다고 한다. 이와 같은 인지적 유연성은 업무 처리 능력뿐만 아니라 개인의 지적 건강을 위해서도 향상시켜야 한다. 다음에 주어진 인지적 유연성 측정 표(표 4.2)는 마틴(1995)에 발표된 내용을 소개하는 것이다. 독자들은 이 인지적 유연성 측정 표를 이용하여 자신의 인지적 유연성이 어느 정도인지를 추정해보는 것도 흥미 있는 일일 수 있다.

표 4.2 인지적 유연성 측정표

[측정 요령]: 다음에 있는 12 개의 문항은 여러분 자신의 행동에 대한 여러분의 느낌이나 믿음에 관한 것들이다. 각 문항을 읽고 동의(6) 또는 부동의(1) 정도를 1~6의 점수로 점수 란에 기록하라. (R)이라고 표시한 문항에 대해서는 반대로 표시하라(동의하면 1, 동의하지 않으면 6점). 모두 응답한 후에는 점수의 합계를 구하여라. 최고 점은 72(6×12), 최하위 점은 12(1×12), 중간 점은 42이다. 합계가 42보다 높으면 인지적 유연성이 보통보다 높음을 나타내고, 42보다 낮으면 유연성이 보통보다 낮음을 나타낸다.

강하게 동의 6	동의 5	약간 동의 4	약간 부동의 3	부동의 2	강하게 부동의 1
		평가 문항			점수
1	나는 하나의 아이디어를 여러 가지 방법으로 소통할 수 있다.				
2	나는 새롭고 통상적이 아닌 상황을 회피한다(R).				
3	나는 의사 결정을 하는 상황에 처하지 않고 싶다(R).				
4	나는 해법이 없어 보이는 문제에 대해서 적용할만한 해법을 발견한다.				
5	나는 어떻게 행동해야 할지 모를 때 어찌할 바를 모른다(R).				
6	나는 문제에 대한 창의적인 해법을 찾는 데 적극적이다.				
7	어떠한 상황에서도, 나는 적절하게 행동할 수 있다.				
8	나의 행동은 내가 결정한 의식적인 결정의 결과이다.				
9	나는 주어진 어떠한 상황에서도 여러 가지 행동 방법이 있다.				
10	나는 실제 생활에서 발생하는 주어진 문제에 대해서 나의 지식을 사용하는 데에 어려움이 있다(R).				
11	나는 문제를 처리하는 데 있어서 대안들에 대해서 듣고 고려하는 데 적극적이다.				
12	나는 여러 가지 다른 행동을 시도하는 데 필요한 자신감을 가지고 있다.				
합계 점수					
당신의 인지적 유연성 정도는 어느 정도? 상, 중, 하					

출처: 마틴(1995)

3) 인지적 유연성을 높이는 방법

- **독서:** 독서는 새로운 지식의 입력과 자극을 통해서 뇌의 활동을 촉진한다.
- **명상:** 명상도 인지 기능을 향상시킨다는 연구 결과가 발표된 바가 있다.
- **운동:** 에어로빅과 같은 유산소 운동과 건강 댄스 등은 뇌의 건강에 도움이 되는 것으로 알려져 있다.
- **게임:** 온라인 게임은 뇌의 정보 통로를 활성화해서 인지 기능을 보전하는 것으로 평가되고 있다. 한국에서는 화투놀이나, 바둑, 장기도 그런 효과를 주는 놀이로 생각되고 있다.
- **약물:** 오메가3 지방산은 나이 든 사람들에게 있어서 인지 기능을 보전하고, 노화를 방지하는 효과가 있는 것으로 알려져 있다. 호두와 같은 견과류도 인지 기능의 활성화에 도움을 주는 식품으로 알려져 있다.

12 외국어 능력

1) 외국어 능력의 필요성과 수준

4차 산업혁명이 진전되면서 국제간의 교류는 더욱 확산되고 심화될 것이다. 이러한 상황에서 부존자원이 제한적인 한국은 경제 성장과 발전을 위해서 개방적인 경제 체제를 유지해야 할 것이다. 그러한 상황에 필요한 능력 중의 하나가 외국어 능력이다. 기업이나 비영리 조직에서 일하는 근로자는 이제 실시간으로 국제적인 교류를 하고 사이버 공간을 통해서 쏟아지는 정보를 업무 수행에 활용하기 위해서는 외국어 구사 능력이 필요하다.

모든 외국어가 나름대로 중요하지만, 많은 한국인들에게 가장 공통적으로 중요시되는 외국어는 영어이다. 왜냐하면 영어는 세계의 가장 대표적인 공통어로서 활용 범위가 넓고 세계의 중요한 문화와 문명 정보가 영어로 표현되는 경우가 많기 때문이다. 이런 점이 인식되어 한국에서는 영어를 열심히 공부해왔다. 그래서 많은 발전을 이루었다.

그런데 지금까지는 한국에서 영어 능력은 '시험용'으로 필요한 측면이 많았다. 이제 미래에는 글로벌화가 더 진행될 것이며 그러한 업무 환경에서는 시험용 영어 이상의 영어 능력이 필요해질 것이다. 왜냐하면, 시시각각 사이버 공간에 쏟아지는 영어로 된 각종 정보를 업무에 활용하고 실시간으로 외국인과 교류하기 위해서는 좀 더 현장 적응력이 있는 외국어 능력이 필요할 것이다. 달리 표현하면, 수용적 목적을 위한 영어 학습에서 자신을 표현할 수 있는 능동적 목적을 위한 영어 학습을 해야 한다는 것이다. 노벨상을 받기 위해서는 그 업적이 반드시 영어로 발표되어 있어야 한다고 한다. 그래서 대학원에 다니지 않고도 노벨 화학상을 받아서 세상을 놀라게 했던 일본인 다나카 고이치가 영어로 된 논문을 발표하게 된 이야기를 다음 쪽에서 소개하였다.

영어 외에도 중국어의 중요성도 말할 나위가 없다. 중국의 산업 경제적 성장과 국제 정치에서 중국의 위상 향상을 생각할 때 중국어도 매우 중요한 외국어이다. 시장으로서의 중국의 위상과 제조업 강국으로서의 중국의 위상을 21세기 상반기 동안에 변함이 없을 것이다. 영어와 중국어 두 개를 모두 잘하면 좋겠지만 여의치 않으면 둘 중의 하나라도 잘해야 활동 영역을 확대할 수 있을 것이다.

일본어의 중요성도 잊어서는 안 될 것이다. 최근에 한국에서 일본어에 대한 관심이 줄었다고 한다. 하지만 미래에 일본의 세력과 영향력을 생각할 때 일본어도 습득해 두면 좋을 것이다. 일본은 세계 제3위의 경제 대국이며, 과학 분야의 노벨상 수상자에 있어서 미국, 영국, 독일, 프랑스와 함께 세계 5대 강국 중의 하나이다. 일본은 4차 산업혁명의 핵심 산업인 로봇 분야에서 세계 1위이다. 또, 일본은 1990년대 초부터 20년 가까이 지속하였던 경제적 슬럼프에서도 벗어나고 있는 것으로 보인다. 지금도 일본어만 잘하면 일본에 취업할 기회가 많은 것으로 알려져 있다. 한국인에게 일본어는 습득하기가 비교적 용이하여 비용 대 효용이 큰 외국어라고 생각한다.

스페인어도 유용한 외국어이다. 스페인어는 브라질을 제외한 중남미 국가의 공통어로 국제적 교류가 절실한 한국인에게는 매우 중요한 외국어라고 생각한다. 앞으로 스페인어 사용국과의 교역도 증가할 것이다. 또, 최근에는 한국과 아랍어 권 국가들과의 교류도 빠르게 성장하고 있어서 일할 기회가 많을 것이다. 아랍어는 22개 국가에서 사용되고 있으며 아랍어 사용 인구는 13억 명으로 추산되며 UN의 공식 언어이기도 하다. 저자는 사우디아라비아 대학교의 경영대학 교수로 다년간 봉직한 적이 있는데 중동 인들의 한국에 대한 우호도는 매우 높다고 생각했다. 한국은 앞으로 아랍어 권 국가들과 교류를 확대할 것이며 따라서 아랍어의 필요성도 증대할 것이다. 이외에도 프랑스어와 독일어도 한국인에게는 중요한 외국어임은 말할 것도 없다.

2) 저비용으로 영어 능력을 한 단계 더 높이는 방법

이 책의 독자라면 영어는 이미 상당한 수준이라고 가정한다. 그렇지만 저비용으로 영어 능력을 더 높이는 데 관심이 있다면 다음과 같은 영어 학습법을 참고하기 바란다.

① 영어 능력의 제고의 필요성을 인식하고 목표를 세운다: 먼저, 본인의 영어 능력을 왜 높여야 하는지를 파악한다. 예를 들면, 다음과 같은 목표를 설정할 수 있다.
  - 영어로 해당 업무 보고서 작성 능력제고, 해외 취업
  - 영어로 논문 작성 능력제고, 구두로 영어로 발표 능력제고
  - 영어 TV 방송 청취 능력제고, 영어 영화 감상
  - 영어로 국제 비즈니스 수행하기, 외국인 상대 쇼핑몰 제작하고 운영하기
  - 국제회의에 참여하여 소통하기

- 영어로 SNS 친구들과 교류하기,
- 영어로 검색하고(google, youtube 등) 자료 활용

② **본인에게 적합한 영어 학습 방법을 선택한다**: 저비용이고 생업과 동시에 영어 학습에 이용할 수 있는 자원들로는 다음과 같은 것들이 있다.
- 온라인 사전: 인터넷 포털 사이트에는 원어민 발음을 제공하는 영한사전이 있다.
- 모바일 사전: 요즘은 영한사전이 스마트폰의 웹으로 제공되고 있다(다른 외국어 사전도 있다). 스마트폰을 이용하면 학습자는 단어의 의미뿐만 아니라 원어민 발음까지 제공하는 외국어 사전을 시간과 공간의 제한 없이 사용할 수 있게 되었다.
- 케이블 TV 방송: EBS2, JEI English TV, 정철영어TV, 스마트교육방송
- 케이블 TV 외국 방송: CNN International, BBC World News, CNBC, CGTN
- www.ebs.co.kr: 영어뿐만 아니라 중국어, 일본어, 프랑스어, 독일어, 스페인어, 아랍어 등 다양한 외국어 학습 프로그램이 단계 별로 있어서 각자에 적합한 프로그램을 시청할 수 있다.
- www.youtube.com: 검색하면 영어 학습과 교육에 활용할 수 있는 자료가 많다.
- 뉴스 인터넷 사이트: www.cnn.com, www.bbc.com
- 토익이나 토플 공부: 자신의 영어 학습 목표에 해당하는 경우에는 토익이나 토플 시험 준비 영어 공부를 할 수 있다.
- 영어 스피치 클럽 참여: Toastmasters International은 커뮤니케이션과 리더십 개발을 실천하는 국제적 비영리 단체이다. 지역 클럽에 참여하면 영어로 발표하며 리더십과 커뮤니케이션 능력을 개발하는 활동을 할 수 있다(이 단체는 영어회화 클럽이 아니다). 한국 내에도 여러 개의 지역 클럽이 있다. www.toastmasters.org 를 검색하면 안내받을 수 있다.
- 영어 발표 서적: 영어로 발표하는 요령을 안내하는 서적이 많이 출간되어 있다.
- 영어 논문 작성 서적: 영어로 논문을 작성하는 요령을 안내하는 서적이 많이 출간되어 있다.
- 전문가와 공동 작업: 영어로 보고서나 논문을 작성하는 능력을 개발하기 위해서는 해당 분야의 경험자나 전문 연구원과 공동으로 작업을 하면 도움이 될 것이다.
- 전문가의 지도: 영어 논문이나 보고서 작성 경험이 있는 전문가의 도움을 받으면 좋다. 혼자 할 경우에는 외국인의 첨삭 지도를 받을 수 있는데 비용이 많이 필요할 수 있다.
- 국제 발표회에 참여: 국제학술대회 등에 참여하여 본인이 작성한 논문을 발표하고 전문가들과 교류한다.

③ **자신의 영어 학습 계획을 세우고 꾸준히 실천한다**: 앞에서 소개한 바와 같이 이제는 많은 돈을 들이지 않고도 누구나 영어를 잘 할 수 있는 환경이 조성되었다. 자신에게 적합한 영어 학습 방법을 선택하여 계획을 세우고 꾸준히 노력하면 효과가 있을 것이다.

노벨상과 영어

3 min •

    영어 표현 능력의 중요성을 보여주는 사례를 한 가지 소개하고자 한다. 많은 사람들이 영어 논문이라고 하면 대학교수나 대학원생들이나 할 일이지 기업에 다니는 직장인과는 상관이 없는 일이라고 생각할 수 있다는 점을 이해한다.

    하지만 일본의 다나카 고이치 씨는 대학원에 다닌 적이 없고 학사 학위만 가진 평범한 회사원(시마즈 제작소)이었는데 영어로 논문을 발표하여 2008년에 쿠르트 뷔트리히, 존 펜과 함께 노벨 화학상을 수상하여 세상을 놀라게 하였다. 오토미 히로야스(2003)의 저서에 의하면, 노벨상을 받기 위해서는 해당하는 과학적 업적을 설명하는 논문이 반드시 영어로 발표되어 있어야 한다고 한다.

    오토미 히로야스(2003)에 따르면 다나카 씨가 노벨상을 받게 된 공로로 인정되는 연성 레이저 이탈 기법은 그가 실험하던 중에 실수로 글리세린에 고체 분말을 혼합하는 과정에서 발견한 것이라고 한다. 이와 같은 우연한 발견을 기초로 하여 특허를 출원하였다. 그로서는 이 정도로 만족한 상태이었는데 당시에 시마즈 제작소의 자문 교수의 권유에 따라 그가 발견한 내용을 영어로 발표하여 노벨상을 받게 되었다고 한다. 다시 말하면 다나카 씨가 영어로 논문을 발표하지 않았더라면 노벨상을 받지 못했을 것이다.

    독자들은 대학원에서 논문 작성 훈련을 받은 적도 없고, 영어권에서 공부한 적도 없는 다나카 씨가 영어로 논문을 작성하는 과정에서 상당한 어려움을 겪었을 것이라는 점을 충분히 상상할 수 있을 것이다(다나카 씨가 영국에서 근무한 적은 있음). 하지만 우여곡절을 거쳐서 발표하였겠지만, 이 영어 논문 덕택에 노벨상을 수상하게 되었다는 것이다.

    이와 같은 다나카 씨의 경우를 거울삼아서 기업에서 석사나 박사 학위도 없이 기업에서 근무하면서도 세상에 알리고 싶은 것이 있으면 영어로 발표하면 좋은 기회가 찾아올 수 있을 것이다. 과거에도 그리 했던 것처럼 앞으로도 더 넓은 세상과 소통하기 위해서는 영어로 표현하는 능력을 길러야 한다.

13 컴퓨터 활용 능력과 사이버 업무 역량

컴퓨터는 20세기 중엽에 발명되었고 이것을 이용하여 인류는 정보화 사회를 창조하였다. 그런데 20세기 말에 컴퓨터를 연결하는 인터넷이 발명되자 컴퓨터와 인터넷이 서로 결합하여 사이버 공간(cyberspace)이라는 새로운 공간이 만들어졌다. 이 사이버 공간은 공기로 가득 찬 물리적 공간과는 전혀 다른 공간이다. 이 공간은 컴퓨터와 통신망과 유통되는 정보로 채워진 새로운 공간이다.

사이버공간은 이제 가상의 공간이 아니고 이메일, SNS활동, 정보검색, 학습, 휴대폰 채팅, 마케팅 활동, 상품 구매, 대금 지불이 이루어지는 생활공간이 되었다. 그래서 사이버공간에서 효율적으로 활동할 수 있는 능력은 개인적인 능력을 넘어서 직장의 업무 수행 능력과 직결되어 있다. 그래서 사이버공간에서 활동 능력은 개인적인 능력 차원을 넘어서 업무 역량이라고 할 수 있다. 그래서 사이버공간에서 업무를 수행할 수 있는 능력을 "사이버 업무 역량"이라고 부르기로 하다. 사이버 역량을 구성하는 요소들로서는 다음과 같은 것들이 있다.

- 이메일 활용 능력
- 스마트폰 활용 능력
- SNS활용 능력(개인적으로)
- SNS활용 능력(업무에서): 마케팅, 홍보 등
- 유튜브 등 플랫폼 활용 능력
- 블로그 작성과 활용 능력
- 정보 검색 능력(국내)
- 정보 검색 능력(국외 사이트)
- 사이버물리적 시스템의 이해

이들 중 중요한 것들에 대해서만 논의하고자 한다.

1) 컴퓨터 활용 능력과 사이버 업무 역량의 차이

20세기에 강조되었던 컴퓨터 활용 능력은 주로 인터넷이 발명되기 전에 컴퓨터 소프트웨어를 활용하는 능력을 중심으로 이루어졌다. 한편, 사이버 업무 역량을 인터넷이 발명된 이후에 사이버 공간이 형성되면서 사이버 공간에서 업무를 수행하는 능력을 말한다.

2) SNS의 이점과 단점

현재 직장에서 근무하는 사람들이 대부분 PC나 스마트폰을 이용하여 각자 필요에 따라 SNS 활동을 하고 있을 것이다. 그런데 이와 같은 SNS 활용 능력을 직장인에게 중요한 역량으로 제시하고 이것을 업무 역량의 일부로 고려해야 한다고 하면 이의를 제기하는 사람들이 적지 않을 수 있다. 왜냐하면 SNS는 장점도 있지만 단점도 만만하지 않기 때문이다. SNS의 이점과 단점을 요약하면 다음과 같다.

🟦 SNS의 이점

① 연결성: SNS를 이용하면 지연, 학연, 혈연을 초월하여 글로벌한 인적 연결망을 만들 수 있다. 이러한 연결성은 개인적으로 넓은 활동 영역일 뿐만 아니라 업무 수행에 필요한 도움을 발견하는 데도 중요한 역할을 할 수 있다. 취업에도 도움이 될 수 있다.
② 관심의 공동체: SNS는 관심을 공유하는 사람들끼리 소통하며 지내게 되면 개인적으로 또는 업무적으로 도움이 될 수 있다.
③ 실시간 정보 교류: SNS를 이용하면 업무 수행에 도움이 되는 정보를 실시간으로 구할 수 있다.
④ 업무상 광고와 홍보: 이제 사업가에게 SNS는 개인적 교류를 떠나서 사업상 광고와 홍보 매체로서의 기능을 하고 있다.
⑤ 빠른 뉴스 확산: 미국 대통령 트럼프가 트위터에 소식을 올리면 수 분 내에 그것이 뉴스가 되어 전 세계로 확산된다. 일찍이 이렇게 신속한 매체는 없었다. 따라서 기업도 SNS의 이과 같은 이점을 사업에 활용할 수 있다.

🟦 SNS의 단점

① 사회적 반발: 무심코 SNS에 한 줄 썼다가 사회적으로 엄청난 반발을 받을 수 있다.
② 사이버 협박과 범죄의 대상: 사이버 세계에 한 번 노출되면 협박이나 범죄의 대상이 될 수 있다.
③ 개인 정보 도난: SNS 활동을 하다 보면 개인의 전화번호, 사진 등이 공개되기 쉽다. 이로 인한 피해가 발생할 수 있다.
④ 시간 낭비: SNS에는 무의미한 채팅도 많다. 이런 경우는 시간 낭비다.
⑤ 사생활 노출: SNS 활동을 하게 되면 사생활이 노출된다. 이로 인한 피해가 있을 수 있다.

SNS의 이상과 같은 이점과 단점이 있는데 기업은 사원들의 SNS 활동을 장려할 것인가? 또는 억제할 것인가? 물론 현재의 단계에서 이것은 기업의 경영자가 판단하고 획일적으로 통제할 일은 아니다. 왜냐하면, 개인 차원의 SNS 활동은 사원 개개인의 사생활에 해당되기 때문이다. 하지만, 기업은 기업 차원의 SNS 활동이 필요하다. 이런 경우에 대비하여 사원들의 SNS 활용 능력은 기업 차원에서도 중요하다. 따라서 넓은 관점에서 기업은 사원들이 SNS 활동을 긍정적으로 보아야 한다고 생각한다. 왜냐하면, SNS는 낭비적인 측면도 있지만 여기에 참여하지 않는다면 세상을 따라가기 어려울 것이기 때문이다. 특히, 소규모 기업을 경영하는 사람이라면 SNS는 필수라고 할 수 있다. SNS를 잘 이용하면 휴대폰이나 인터넷 사용료 이외의 추가적인 돈을 들이지 않고 회사의 제품과 서비스를 널리 알릴 수 있다. 대기업도 SNS의 활용에 적극적으로 참여해야 할 것이다.

3) 사이버물리적 시스템의 개념

4차 산업혁명의 키워드 중의 하나는 사이버물리적 시스템(cyber-physical system)이다. 그렇다면 사이버물리적 시스템이란 무엇인가? 사이버물리적 시스템의 3가지 기본 요소는 연산(computation), 통제(control), 통신(communication)이다. 이와 같은 사이버물리적 시스템은 물리 화학 기계 공학적 시스템(physical system)을 자율적 지능적으로 제어하기 위해서 컴퓨터와 네트워크(cyber system)을 결합하여 이루어진 것이다.

그림 4.6을 이용하여 사이버물리적 시스템의 구성과 작동 원리를 설명해 보겠다. 그림 4.6에서 사이버물리적 시스템의 구성 요소는 물리적 시스템(physical system, 기계 등), 컴퓨터(연산과 통제, computation and control), 그리고 통신(communication)이다. 그림 4.6에 보인 사이버물리적 시스템의 작동 과정은 다음과 같다.

① 정보 전송: 기계A와 B가 통신망을 통하여 각각 컴퓨터로 정보를 보낸다.
② 통합과 판단: 컴퓨터는 기계 A와 B로부터 온 정보와 내장된 정보와 알고리즘에 따라 판단을 한다.
③ 통제: 컴퓨터는 판단한 결과에 따라 명령을 기계 A와 B로 전송한다.
④ 실행: 기계A와 B는 컴퓨터로부터 받은 통제 명령에 따라 작업을 수행한다.
⑤ 상기 ①, ②, ③, ④의 과정을 반복한다.

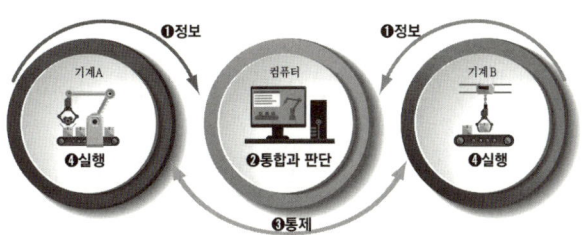

그림 4.6 사이버물리적 시스템을 설명하는 모형

이처럼 사이버물리적 시스템의 특징은 기계 A와 B가 독립적으로 작동하는 것이 아니고 통제하는 컴퓨터에 의해서 작업이 결정되는 것이다. 이와 같은 사이버물리적 시스템은 과거에 복수의 기계들이 컴퓨터의 통제를 받지 않고 독립적으로 작동하던 시스템과 완전히 구별되는 새로운 시스템인 것이다. 이와 같은 사이버물리적 시스템을 좀 더 확장하면 소비자의 맞춤형 제품의 제조가 비교적 용이하게 달성될 수 있는 것이다. 일부 제조업체에서는 이와 같은 사이버물리적 시스템이 이미 실현된 상태이다. 이러한 생산 시스템에 대해서는 제6장에서 좀 더 상세하게 다룬다. 사이버물리적 시스템이 제조공장에서 적용되는 좀 더 복잡한 상황을 이해하려면 그림 6.5를 참고하기 바란다.

4) 사이버 리터러시

사이버 문명 시대에 필요한 능력을 측정하는 지표로 사이버 리더러시(cyberliteracy 또는 cyber-literacy)라는 것이 있다. 사이버 리터러시란 사이버(cyber)와 해독 능력이라는 의미를 가진 리터러시(literacy)가 결합된 말이다. 사이버 리터러시란 사이버 공간에서 현실을 냉철하게 인식하고 이를 비판적으로 수용하면서, 올바른 사이버 시대의 질서를 창출해 나갈 수 있는 정보 해독 능력을 말한다(두산백과). 이와 같은 사이버 리터러시는 앞으로 그 중요성이 증대될 것이다. 사이버 리터러시라는 말은 미국의 미네소타대학교의 언어수사학과 교수인 구락(Laura J. Gurak)이 2001년에 처음 사용한 것으로 알려져 있다. 좀 더 구체적으로 말하자면, 사이버 리터러시는 다음과 같은 능력을 의미한다.

- 웹사이트의 적법성을 판단할 수 있는 능력
- 사이버 공간에서 바이러스나 피싱(phishing)에 걸려들지 않고 자료를 검색하거나 다운로드 할 수 있는 능력
- 게시물(단문, 사진 등)을 이용하여 산만한 대화를 추적하고 교류할 수 있는 능력
- SNS에 어떤 정보를 올릴 수 있는지 또는 올릴 수 없는지를 판단하는 능력
- 컴퓨터 리터러시뿐만 아니라 전자 리터러시 능력
- 온라인 상에서 자신이 행하고 있는 행위와 동기에 대한 의식
- 인터넷 상에서 신뢰할 수 있고 정확한 정보의 소재를 아는 능력

사이버 리터러시의 이와 같은 의미를 바탕으로 하여 사이버 리터러시의 능력은 다음에 보이는 표 4.3을 이용하여 평가해 볼 수 있다.

표 4.3 **사이버 리터러시 평가표**

사원 번호		성명		부서		일시		
번호	업무 역량	평가자						
		자신	상급자	동료	하급자	평균	비고	
1	웹사이트의 적법성을 판단하는 능력							
2	바이러스나 피싱에 걸려들지 않을 능력							
3	특정 정보를 SNS에 올려도 되는지를 판단하는 능력							
4	온라인 상의 행위와 동기에 대한 의식							
5	온라인 상에서 신뢰할 수 있는 정확한 정보를 찾아 내는 능력							
6	평균							

평가 기준: 매우 우수=5, 우수=4, 보통 =3, 낮음=2, 매우 낮음=1

5) 디지털 리터러시

디지털 시대에 개인에게 필요한 능력을 평가하는 개념으로 디지털 리터러시(digital literacy)라는 것이 있다. 디지털 리터러시란 소통, 표현, 협동 그리고 새로운 활동을 위해서 스마트폰, 태블릿 PC, 노트북 PC, 데스크탑 PC와 같은 디지털 기기를 효과적으로 사용할 수 있는 지식, 기능, 행위를 포함한다. 디지털 리터러시는 처음에는 데스크탑 PC를 사용할 수 있는 능력을 의미했으나 인터넷이 널리 사용되게 됨에 따라 사이버 공간에서 디지털 기기를 잘 사용할 수 있는 능력을 포함하게 되었다. 그러니까 디지털 리터러시는 사이버 시대의 컴퓨터 활용 능력을 의미한다고 할 수 있다.

6) 사이버 업무 역량 평가

사원들의 컴퓨터 활용 능력과 사이버 업무 역량을 평가할 필요가 있다고 생각한다. 그 당위성에 대해서는 앞에서 설명하였다. 조직의 중간 관리자들도 사이버 공간에 대해서 잘 알아야 한다. 기업의 중간 관리자의 컴퓨터와 사이버 업무 역량이 너무 낮으면 젊은 구성원들과 소통이 잘 안되어서 조직을 통솔하는 데 문제가 발생할 것이다.

사원들의 사이버 업무 역량을 평가할 수 있는 도구로서 표 4.4를 제시한다. 표 4.4의 내용은 절대적인 것은 아니다. 표 4.4에 포함된 내용 중에 일부는 기업이나 조직의 특성에 따라 삭제하거나 새로운 항을 추가할 수도 있을 것이다. 개인의 경우에는 표 4.4를 이용하여 스스로 자신의 사이버 업무 역량을 평가해 볼 수 있을 것이다. 특히, 취업 희망자는 이러한 사이버 업무 역량을 갖추는 데 유념해야 할 것이다.

표 4.4 **사이버 업무 역량 평가표**

사원 번호		성명		부서		일시			
번호	업무 역량	평가자							
		자신	상급자	동료	하급자	평균	비고		
1	이메일 활용 기술(Outlook 등)								
2	스마트폰을 효율적으로 사용한다								
3	SNS를 유용하게 사용한다(개인적으로)								
4	SNS를 유용하게 사용한다(업무에서)								
5	유튜브 등 플랫폼 활용 능력								
6	개인 블로그를 만들고 활용하는 능력								
7	정보 검색 능력(국내)								
8	정보 검색 능력(국외 사이트)								
9	사이버물리적 시스템의 이해								
10	사이버 리터러시(표 4.3의 평균값)								
11	평균								

평가 기준: 매우 우수=5, 우수=4, 보통 =3, 낮음=2, 매우 낮음=1

7) 사이버 업무 역량 향상 지원

기업 차원에서 사이버 업무 역량의 중요성이 인정되므로 기업에서는 사원들의 사이버 업무 역량을 높이기 위해서 적극적인 지원을 할 필요가 있다. 사원들의 사이버 업무 역량을 향상하기 위해서는 다음과 같은 조치를 할 것을 제안한다.

① 워드프로세서, 엑셀, 파워포인트, 그래픽 소프트웨어의 활용 능력을 향상시킨다.
② SNS의 합리적 사용법에 대한 교육을 한다.
③ 사원에게 SNS 마케팅을 교육한다.
④ 사이버 공간 활동과 관련된 법률 교육을 한다.
⑤ 사내에 건전한 사이버 활동을 위한 교류 모임을 활성화한다.

8) 컴퓨터 활용 능력 평가

컴퓨터 활용 능력 평가는 이미 20세기부터 실시해오던 것이지만 여기에서 다시 정리하면 표 4.5와 같다(표 4.5의 내용은 통상적인 컴퓨터 활용 능력 자격시험 과목과 조금 다를지 모른다. 기업과 개인은 표 4.5를 각자가 처한 상황에 맞게 활용하기 바란다.)

표 4.5 **컴퓨터 활용 능력 평가표**

사원 번호		성명		부서		일시		
번호	업무 역량	평가자						
		자신	상급자	동료	하급자	평균	비고	
1	워드프로세서 사용 능력(한글, 워드)							
2	엑셀 사용 능력							
3	파워포인트 사용 능력							
4	MS 엑세스 사용 능력							
5	그래픽 기술(포토샵 등) 사용 능력							
6	평균							

평가 기준: 매우 우수=5, 우수=4, 보통=3, 낮음=2, 매우 낮음=1

14 전문 분야의 업무 역량

지금까지 직장인들이 업무 수행에 필요한 업무 역량에 대해서 여러 가지를 논의하였지만 가장 기본적인 업무 역량은 근로자의 전문 분야의 업무 역량이라고 하겠다. 해당 전문 분야의 업무 역량에 대해서는 다음과 같은 내용을 확인하는 것이 좋을 것이다.

① 해당 업무에 대한 이론적인 지식이 충분한가?
② 해당 업무에 대한 실무적인 능력은 충분한가?
③ 해당 분야의 최근 동향에 대해서 잘 알고 있는가?
④ 해당 분야의 미래의 발전 방향에 대해서 관심이 있는가?

이러한 업무 역량과 활동을 평가하는 데 다음에 보인 표 4.6과 같은 형식을 사용하면 도움이 될 것이다.

표 4.6 전문 분야의 업무 역량 평가표

사원 번호		성명		부서		일시			
번호	업무 역량	평가자							
		자신	상급자	동료	하급자	평균	비고		
1	해당 분야에 충분한 이론적 지식								
2	해당 분야에 대한 실무적 능력								
3	해당 분야에 대한 최신 지식								
4	해당 분야의 미래의 발전에 관심도								
5	평균								

평가 기준: 매우 우수=5, 우수=4, 보통=3, 낮음=2, 매우 낮음=1

전문 분야의 역량을 강화하기 위해서는 다음과 같은 활동이 필요할 것이다.

① 해당 분야의 이론과 실무 능력 향상을 위해 지속해서 학습하도록 한다.
② 관련된 교육에 참여하도록 한다.
③ 강연회, 세미나, 학술 대회에 참석한다.
④ 자격증을 취득을 지원한다.
⑤ 해외 연수, 유학 등의 기회를 지원한다.
⑥ 대학이나 대학원 과정의 학위 취득을 지원한다.
⑦ 4차 산업혁명 관련 교육에 참여하도록 한다.

기업은 사원의 학습과 교육을 위해서 다음과 같은 지원 활동을 해주어야 할 것이다.

① 시간을 내준다.
② 금전적인 지원(수강료, 등록금, 교재 구입비, 식비, 교통비 등)을 한다.
③ 능력 우수자에 대한 포상 제도를 시행한다.

15　신기술의 이해

4차 산업혁명 시대에 직장인이 자신의 역할을 잘 수행하려면 제3장에서 소개한 첨단 기술을 잘 이해해야 한다. 사원들의 첨단 기술 이해도는 표 4.7과 같은 양식을 이용해서 평가할 수 있다. 개인의 경우에도 표 4.7을 이용하여 스스로의 첨단 기술 이해도를 평가해 볼 수 있을 것이다.

표 4.7 첨단 기술과 개념 이해도 평가

사원 번호		성명		부서		일시			
번호	업무 역량	평가자							
		자신	상급자	동료	하급자	평균	비고		
1	인공지능								
2	로봇								
3	사물인터넷								
4	웨어러블 디바이스								
5	스마트 도시								
6	유전체학								
7	신경기술								
8	체내 삽입술								
9	자율주행차								
10	전기 자동차								
11	수소연료 전지 자동차								
12	3D 프린팅								
13	빅데이터								
14	가상현실과 증강현실								
15	드론								
16	공유 경제								
17	가상 화폐								
18	핀테크								
19	평균								

평가 기준: 매우 우수=5, 우수=4, 보통 =3, 낮음=2, 매우 낮음=1

16 사원의 업무 역량 종합 평가

여기에서는 제4장에서 지금까지 논의한 사원의 업무 역량을 평가하는 데 사용할 수 있는 종합 평가표를 제시하고자 한다. 표 4.8에는 알렉스 그래이(2016)가 제시한 10가지 업무 역량과 외국어 능력, 사이버 업무 역량, 컴퓨터 활용 능력, 전문 분야의 업무 역량, 그리고 신기술에 대한 이해 등 15가지를 포함하는 평가표를 제시하였다. 개인의 경우에는 스스로 표 4.8을 이용하여 4차 산업혁명 시대의 자신의 업무 역량을 평가해 볼 수도 있다. 특히 취업 준비자들은 자신의 업무 역량을 스스로 평가하고 보완해야 분야가 무엇인가를 파악하는 데도 활용할 수 있을 것이다.

표 4.8 업무 역량 종합 평가표

사원 번호		성명		부서		일시		
번호	업무 역량	평가자						비고
		자신	상급자	동료	하급자	평균		
1	복잡한 문제 해결 능력							
2	비판적 사고							
3	창의력							
4	인사 관리							
5	타인과의 코디네이팅							
6	감성 지능							
7	판단과 의사 결정							
8	서비스 지향성							
9	협상력							
10	인지적 유연성							
11	외국어							외국어명
12	사이버 업무 역량*							
13	컴퓨터 활용 능력**							
14	전문 분야의 업무 역량***							분야
15	첨단 기술과 개념의 이해도****							
	평균							

평가 기준: 매우 우수=5, 우수=4, 보통 =3, 낮음=2, 매우 낮음=1
 * 표 4.4의 평균 점수를 여기에 기입한다.
 ** 표 4.5의 평균 점수를 여기에 기입한다.
 *** 표 4.6의 평균 점수를 여기에 기입한다.
 **** 표 4.7의 평균 점수를 여기에 기입한다.

17 교육의 혁신

　제4장에서는 지금까지 4차 산업혁명 시대에 기업에서 사원들의 업무 수행에 필요한 업무 역량에 대해서 논의하였다. 이런 논의를 바탕으로 하여 볼 때 한국의 인재 양성에는 문제가 없는가? 지금 한국의 교육은 매우 높은 수준이지만, 4차 산업혁명의 관점에서 보면 몇 가지 한계점을 가지고 있다고 지적되고 있다. 지적되는 문제점으로는 과도한 지식 중심적 교육, 개인차를 고려하지 않은 교육 내용, 과도한 서열화, 과도한 사교육비 등이다. 이러한 문제점을 극복하고 4차 산업혁명 시대에 걸맞은 교육 방향으로 다음과 같은 진로 교육이 되어야 한다고 제안한 바 있다(문승태, 2017).

- 공급자 중심 교육에서 학생 교육 중심으로 전환
- 많이 읽고 쓰고 많이 생각하는 교육 서비스 실현
- 학생이 사유하고 활동할 수 있는 장을 학교라는 공간에서 플랫폼으로 확장
- 학생들이 스스로 직업을 만들 수 있는 장을 마련해야 한다.

　한국이 실제로 교육 혁신을 결심한다 해도 실천하는 데까지는 많은 시간이 걸린다. 또, 혁신적 교육이 시행되어도 산업과 생활 현장에서 그 효과가 나올 때까지는 또다시 기다려야 한다. 이러한 점을 고려할 때 4차 산업혁명이 이미 시작되어 급속하게 진행되고 있는 이 시점에 한국에서 교육이 혁신되고 그 효과가 나타나기를 기다리는 마음은 초조하지 않을 수 없다.

CHAPTER 05 제품 혁신: 신제품 개발

1 신제품 개발에 기업의 운명이

이제 4차 산업혁명의 신제품들이 속속 등장하고 있다. 인공지능, 로봇, 사물인터넷과 같은 첨단 기술이 적용되어 성능이 향상된 신제품들이 기존의 제품들을 시장에서 몰아내고 있다. 이러한 변화 과정에서 새로운 제품을 시장에 내놓지 않는 기업은 도태되고 말 것이다.

예를 들면, 20세기 후반에 일본의 텔레비전, 세탁기, 냉장고 등 가전제품은 전 세계의 가전시장을 휩쓸었으며 그 기세는 영원히 계속될 것 같았다. 하지만 21세기에 들어오면서 한국의 삼성전자와 엘지전자의 가전제품이 미국과 유럽의 가전 시장에서 일본의 그것들을 몰아내고 시장 점유율을 크게 올렸다(미국의 가전제품 시장에서 삼성전자가 시장 점유율 17.3퍼센트로 1위, 엘지전자가 15.7 퍼센트로 3위를 차지하였다. Joongang Daily, 2017. 2. 1.). 이와 같은 변화의 중심에는 신제품 개발이 있었다는 점은 말할 것도 없다.

기업 혁신가에게

이처럼 기업의 신제품 개발이야말로 기업의 명운을 결정짓는 결정적인 요소이다. 신제품 개발은 기업 혁신의 아이콘 중의 하나이다. 그래서 많은 기업들이 신제품 개발에 성공하기 위해서 많은 노력을 한다. 하지만 신제품 개발의 성공률은 비교적 낮다고 한다. 신제품 개발의 성공률은 제품과 상황에 따라 다르므로 정확한 통계 숫자를 인용하기는 어렵지만, 대략 50퍼센트 미만이라고도 한다. 이보다 더 낮게 추정하는 경우도 있다. 그렇기 때문에 이와 같이 어려운 신제품 개발에서 성공하려면 무엇을 어떻게 해야 하는가라는 질문이 사뭇 진지해질 수밖에 없다. 이 책은 이와 같은 중요한 질문에 대해서 성실한 해답을 제시하기 위하여 신제품과 신규 사업 개발에 대하여 기초 개념부터 중간 관리를 포함하여 최종적인 상품화 과정까지를 예와 함께 상세하게 기술하였다.

🔷 창업 희망자에게

창업 희망자에게 제5장의 내용은 특별히 중요하다. 왜냐하면, 여기에서 논의되는 신제품 개발 과정은 창업자가 거쳐야 할 가장 중요한 과정에 해당되기 때문이다. 물론 창업 제품이나 서비스에 따라서 다소의 차이는 있겠으나 근본적으로는 매우 비슷하다고 할 수 있다.

🔷 취업 준비생에게

앞에서 논의한 바와 같이 신제품 개발은 기업의 운명을 결정지을 수 있는 중요한 과업이다. 그러므로 만약 신제품 개발에 특별히 재능이 있는 인재라면 기업은 즉시 채용하려 할 것이다. 그렇지만 젊은 취업 준비생이 신제품 개발에 남다른 재능을 갖추기는 어려울 것이다. 하지만 여기에서 논의되는 내용을 잘 이해하면 취업에 큰 도움이 될 수 있다.

2 신제품 개발의 이유

신제품을 개발하는 이유는 기업이 처한 상황과 경영자의 판단에 따라 다를 수 있지만 다음과 같은 이유 중 하나 또는 그 이상일 수 있을 것이다.

① **소비자 욕구의 변화**: 소비자의 욕구는 끊임없이 변한다. 소비자는 좀 더 편리한 제품, 좀 더 안전한 제품, 좀 더 맛있는 제품, 좀 더 멋있는, 좀 더 가성비가 좋은 제품 등을 원하므로 기업은 이와 같이 변화하는 소비자의 욕구에 부응하기 위해서 신제품을 개발해야 한다.

② **기술의 진보**: 업계와 직접 간접으로 관련된 기술이 발전함에 따라 기업은 새로이 발전하는 새로운 기술을 활용하는 신제품을 개발할 필요성이 있다. 만약 새로운 기술을 활용 또는 응용하는 신제품을 개발하지 않으면, 경쟁 업체들의 개량된 제품이 시장에 진입할 것이고 그 결과로 신제품을 개발하지 않는 기업은 경쟁에서 낙오할 수 있을 것이다. 따라서 기업은 이들 신기술을 활용하는 신제품 개발에 관심을 가지고 신제품 개발에 노력을 기울여야 할 것이다.

③ **제품의 다양화**: 기업이 생산 취급하고 있는 제품과 서비스를 좀 더 다양화하기 위해 신제품을 개발해야 한다. 예를 들면, 헤어드라이어 제조업체의 경우 가정용만 생산하고 있다면, 여행자를 위한 여행자 휴대용 헤어드라이어를 생산하여 제품을 다양화할 수 있을 것이다.

④ **시장 점유율 개선**: 기업은 해당 제품의 시장 점유율을 개선하기 하기 위해서는 가격, 성능, 디자인 등에서 기존 경쟁사의 제품보다 더 우수한 경쟁력 있는 신제품을 개발하여야 한다.

⑤ **보유 기술의 활용**: 기업이 보유한 기술을 활용하기 위하여 신제품을 개발할 수 있다. 예를 들면, 제약 회사가 사람의 피부의 재생에 관하여 다른 기업이 가지지 못한 기술을 보유하고 있다면 이를 화장품 개발에 활용할 수도 있다. 물론 이런 경우는 기존의 사업 영역을 벗어나는 큰 변화일 수도 있다.

⑥ **수익성 개선**: 기업은 좀 더 많은 이익을 내기 위해서는 원가를 절감하여 수익성 개선에 기여할 수 있는 개선된 신제품을 개발하여야 할 것이다.

⑦ **매출 증대**: 기업은 매출을 증대하기 위해서 기존의 제품과는 표적 소비자가 다른 제품을 생산할 수 있다.

⑧ **제품의 성능 개선**: 기존의 제품의 경쟁력이 낮아진 것을 만회하기 위해서 성능이 개선된 새로운 제품을 개발한다.

⑨ **사업을 확장**: 제품을 다양화하여 사업을 다변화 또는 사업 영역을 확대하기 위하여 신제품을 개발한다.

⑩ **경쟁자에 대응**: 경쟁자의 우수한 제품에 대응하기 위하여 신제품을 개발해야 한다.

⑪ **새로운 시장 개척**: 기업은 새로운 시장을 개척하기 위해서 새로운 제품을 개발할 수 있다.

⑫ **진부화한 제품의 퇴출**: 진부화한 제품을 대체하기 위해서 신제품을 개발할 수 있다.

⑬ **틈새시장**: 틈새시장을 공략하기 위해서 신제품을 개발할 수 있다. 예를 들면, 국내의 외국인을 표적으로 하는 제품은 틈새시장 용 제품이 될 수도 있다. 다문화 시대에 한국 내에는 이와 같은 틈새시장이 확대될 가능성이 크다.

3 신제품의 종류

우리는 지금까지 '신제품'이라는 용어를 사용하였는데 이 용어가 의미하는 내용은 상황에 따라 다를 수 있다. 신제품에 대해서 좀 더 잘 이해하기 위해서 신제품의 의미와 종류를 살펴보고자 한다.

① **세계 최초의 신제품**: 예를 들면, 미국의 애플사가 PC를 처음으로 만들었을 때 그것은 당시에 사용하던 부피가 큰 기존의 컴퓨터에 대한 혁신적인 제품으로 이 세상에 최초로 소개된 신제품이었다. 이와 같이 이 세상에 처음인 신제품을 신규성이 가장 큰 신제품이라고 할 수 있다. 하지만 이보다는 신규성이 작지만 다른 여러 가지의 신제품이 있다.

② **기업을 중심으로 한 신제품**: 예를 들어, 한국의 어느 기업이 미국에서 개발된 PC를 한국에서 처음으로 생산했다면, 그것은 세상에서 처음인 신제품은 아니지만, 그것을 생산한 한국의 기업에게는 신제품이다.

③ **혁신적인 제품**: 신제품은 혁신 정도를 기준으로 하여 신제품을 구분할 수도 있다. 혁신적인 제품이란 전에 없던 시장을 여는 새로운 정도가 높은 제품을 의미하는 경우를 말한다. 예를 들면, 세계 최초로 만들어진 PC, 자율주행자동차, 전기 자동차, 수소 전지 자동차 같은 것들이 이에 해당한다고 할 수 있다.

④ **기존 제품의 성능을 개선한 신제품**: 새로운 정도에서 '혁신적인 신제품'에는 못 미치지만, 그 성능이 향상된 제품을 '성능이 개선된 신제품'이라고 할 수 있다. 예를 들면, 새롭게 출시되는 새로운 모델의 스마트폰은 기존 스마트폰의 성능을 개선한 신제품이라고 할 수 있다.

이상과 같은 신제품을 구별하는 이 외의 다른 기준에 의해서 신제품이라고 할 수 있는 것들이 있다.

⑤ **원가가 절감된 신제품**: 원부자재를 변경하거나 공정을 개선하여 제품의 원가가 절감된 제품의 경우 소비자에게는 동일 제품으로 보일 수도 있지만, 원부자재가 바뀌고 원가가 절감되었다는 점에서 해당 기업에게는 신제품이라고 할 수 있다.

⑥ **기존 제품의 디자인을 개선한 신제품**: 예를 들면, 의자와 책상과 같은 가구의 경우 기능은 동일하지만 디자인을 바꾸어 편의성이 증대되거나 시각적인 만족감을 개선한다면 디자인을 개선한 신제품이다.

⑦ **기존의 제품이 새로운 시장에 진입하는 경우**: 기존의 제품이 새로운 시장에 진입하면, 기업에게는 새로운 제품이 아니지만, 시장의 입장에서는 신제품이다.

⑧ **기존 제품의 포지션을 변경하는 경우**: 어느 기업이 여러 제품이 중에서 한 제품의 시장에서의 포지션을 변경한다면 이 제품은 이동해 가는 특정 포지션에서는 신제품이라고 할 수 있다.

⑨ **새로운 방식으로 판매하는 기존의 제품**: 예를 들어, 오프라인에서 판매되는 제품을 온라인 시장에서 판매한다면, 그 온라인 시장에게는 이 제품은 신제품이라고 할 수 있다.

⑩ **새로운 포장으로 판매하는 기존의 제품**: 기업은 기존의 제품에 새로운 포장을 적용하여 고객의 편익을 증대시킬 수 있다. 예를 들면, 최근에 한국에서 일인 가구가 증대됨에 따라 소포장 판매가 소비자에게 편익을 주는 제품이라고 할 수 있다. 일본에서는, 예를 들어, 일인 가구에 맞도록 파도 한 뿌리씩 포장하여 판매하는 경우가 있다고 한다. 이런 경우에 제품 자체는 새로운 것이 아니지만, 파를 한 단씩 사던 소비자에게 한 뿌리씩 포장된 파는 새로운 제품과 같은 것이다.

🟦 새로운 서비스의 구분

서비스업에서도 그 신규성을 제조업의 경우처럼 분류할 수 있다. 예시하면, 다음과 같다.

① 이 세상에 처음인 신규 서비스: 예를 들면, 지금 미국에서 추진 중인 우주여행은 세상에 처음인 신규 서비스 상품이다.
② 기업을 중심으로 한 신규 서비스: 한국의 어느 여행업체가 크루즈 여행 상품을 처음으로 출시한 경우에 그것은 세상에서 처음인 신규 서비스 상품은 아니지만, 그것을 처음으로 출시한 한국의 여행업체에게는 신규 서비스 상품이 되는 것이다.
③ 혁신적인 서비스: 기존의 서비스 상품에 비하여 혁신성이 큰 서비스는 혁신적인 서비스 상품이다. 예를 들면, 5G 인터넷 서비스는 4G에 비하여 혁신적인 서비스이다.
④ 기존 서비스의 성능을 개선한 서비스: 새로운 정도에서 '혁신적인 서비스'에는 못 미치지만, 성능이 개선된 서비스를 '성능이 개선된 서비스'라고 할 수 있다.
⑤ 원가가 절감된 서비스: 예를 들면, 유럽 여행 패키지에서 동행자 수를 증가시켜 1인당 원가를 절감한다면 원가가 절감된 새로운 서비스라고 할 수 있다.
⑥ 기존의 서비스를 새로운 시장에 진입시키는 경우: 예를 들어, 영어 교육 업체가 중고생만을 대상으로 하다가 유아 영어 교육 시장에 진입한다면 기존의 서비스를 가지고 새로운 시장에 진입하는 경우라고 할 수 있다.
⑦ 기존 서비스의 포지션을 변경하는 경우: 예를 들어, 동남아 여행 상품 중에서 저가인 것을 고가의 고급 여행으로 리모델링하여 제공한다면, 기존의 서비스를 다른 포지션으로 변경시키는 경우라고 할 수 있다.
⑧ 새로운 방식으로 판매하는 기존의 서비스: 예를 들면, 영어 교육 강의를 오프라인에서 제공하던 것을 인터넷을 통하여 제공한다면, 이것은 새로운 인터넷 서비스를 제공하는 기업에게는 신제품일 뿐만 아니라 영어 교육 소비자에게도 새로운 서비스가 된다.
⑨ 새로운 포장으로 판매하는 기존의 서비스: 예를 들면, 어느 여행사에서 특정 지역에 대해서 기존의 10일 여행 프로그램에 추가하여, 같은 지역에 내용이 동일하지만 8일짜리로 명칭을 바꾼 상품을 내놓으면 새로운 포장의 신제품이라고 할 수 있다.

이상에서 살펴본 바와 같이 신제품이나 새로운 서비스의 종류는 관점에 따라서 매우 다양하게 나누어 볼 수 있다. 이 책에서 다루는 신제품은 어느 특정 종류의 신제품이나 새로운 서비스에만 적용할 수 있는 것이 아니고 일반적으로 두루 적용할 수 있는 방법과 절차를 소개하는 것이다. 앞으로 이 책에서 신제품과 새로운 서비스는 특별히 구별하지 아니하고 '신제품'이라는 용어로 통일하기로 한다.

4 신제품 개발의 특징

앞에서 살펴본 바와 같이 신제품의 종류는 많고, 경우에 따라서 그 특성이 여러 가지로 다를 수 있지만, 모든 신제품 개발에 공통적인 특성을 정리하면 다음과 같다. 이러한 특성을 먼저 이해하면, 신제품 개발에 어떤 문제가 발생할 수 있는가를 예측하고 시간과 비용을 절감할 수 있을 것이며 신제품 개발의 성공률을 높일 수 있을 것이다.

🟦 신제품 개발은 전사적 과제이다.

신제품 개발은 신제품 개발 담당자나 담당 부서만의 일이 아니다. 신제품 개발은 기업 내의 모든 부서와 최고 경영자가 관여하는 과업이다. 예를 들어, 신제품 개발에 있어서 마케팅 부서는 기존 제품의 판매 동향과 소비자의 욕구 변화 등에 관한 정보와 경쟁자의 정보를 신제품 개발팀에게 제공해야 하고, 생산 제조 팀도 신제품 개발팀에게 신제품 생산과 관련된 정보 요청에 적극적으로 협조해야 한다. 또, 재무 예산 담당 부서도 신제품 개발을 위해 투자할 자금과 관련된 정보를 제공해야 하며, 최고 경영자는 신제품 개발의 전 과정이 원만하게 이루어질 수 있도록 조정해야 한다. 이처럼 신제품 개발은 기업 내부의 모든 부서가 참여하는 전사적 활동이다.

🟦 신제품 개발은 어려운 과업이다.

신제품 개발은 신제품의 특성과 주위 환경에 따라 난이도에 다르겠지만 그것은 어려운 과업이라는 것이 일반적인 인식이다. 신제품 개발의 실패율이 80퍼센트 정도 된다는 주장도 있지만 실제로는 40퍼센트 정도 또는 그보다 높다는 주장도 있다. 신제품 개발에 관한 성공률과 실패율에 관한 정확한 숫자를 인용하기는 어렵지만 여러 가지 관련된 자료를 검색한 결과 신제품 개발의 성공률은 낮고 실패율은 높다는 것이 일반적인 인식이라고 본다. 따라서 신제품 개발에서의 성공률을 높이고 실패를 줄이기 위해서 많은 연구가 수행되었고 서적 발간 등 정보가 축적되었다. 또, 정보 통신의 발달로 인해 소비자와의 소통의 기회가 확대됨에 따라 신제품 개발에 소비자를 적극 참여시켜 신제품 개발의 성공률을 높이려고 하고 있다.

🟦 신제품 개발은 예상하지 못한 난관에 부딪힐 수 있다.

신제품 개발은 예상하지 못한 난관에 부딪힐 수 있다. 예를 들면, 자사보다 경쟁 기업이 유사한 신제품을 먼저 출시할 수도 있다. 신제품 개발이 진행되는 중간에 지적 재산권 문제가 발생할 수도 있다. 또, 신제품 개발 관련 자금이 부족할 수도 있고 환경이나 안전 관련 규제가 변경될 수도 있다. 마지막 론치(론칭) 단계에서 제품이 예상한 대로 잘 팔리지 않을 수도 있다. 따라서 신제품 개발 팀은 여러 상황에 대비하여 철저하게 준비하고 최고 경영자와 관련 부서들과 함께 최선의 노력을 하여야 한다.

5 신제품 개발 과정

신제품 개발은 앞에서 살펴본 바와 같이 회사의 모든 업무와 직접 간접적으로 관련된 전사적 활동이다. 신제품 개발 과정은 신제품의 특성과 기술적 난이도, 시장 테스트에 소요되는 시간, 생산, 주위 여건의 변화 등에 따라 조금씩 다를 수 있다. 하지만 표현과 용어가 조금씩 다르더라도 신제품 개발은 대체로 다음과 같은 과정을 거친다고 할 수 있다.

① 기업의 내부와 외부 상황 분석　② 신제품 개발 전략의 개발
③ 아이디어 창출　④ 아이디어 선별
⑤ 제품 콘셉트 테스트　⑥ 사업성 분석
⑦ 디자인　⑧ 원형 개발과 시험
⑨ 생산　⑩ 론치(상품화)

신제품 개발 10단계는 그림으로 표시하면 그림 5.1과 같이 표시할 수 있다.

번호	활동	시기									
		1	2	3	4	5	6	7	8	9	10
1	기업 내부 외부 상황 분석										
2	신제품 개발 전략 개발										
3	아이디어 창출										
4	아이디어 선별										
5	제품 콘셉트 테스트										
6	사업성 분석										
7	디자인										
8	원형 개발과 시험(반복)										
9	생산										
10	론치	론	치	준	비						

그림 5.1 **신제품 개발 과정**

6 기업 내부와 외부 상황 분석

신제품 개발에 대한 결정을 하기 위해서는 무엇보다도 신제품 개발의 필요성을 파악해야 한다. 신제품 개발의 필요성은 여러 가지 이유에서 발생할 수 있다. 예를 들면, 자사 제품의 진부화 또는 경쟁 제품의 상대적 우수성일 수도 있다. 이와 같이 기업의 내부와 외부의 상황을 분석하는 데 널리 사용되는 기업이 SWOT 분석 기법이다.

SWOT 분석은 신제품 개발과 관련하여 기업의 내부적 요인과 기업의 외부적 요인을 파악하는 데 사용할 수 있다. 기업의 내부적 요인 분석에서는 신제품 개발과 관련되는 기업의 강점(strengths)과 약점(weaknesses)을 파악한다. 내부적 요인 분석에서 고려할 사항에는 제품의 품질, 생산 능력, 연구 개발, 경영 전략, 기업 문화, 브랜드 경쟁력, 마케팅 전략, 인적 자원, 자금력 등이 포함된다.

신제품 관련 외부 요인 분석에서는 기업 외부의 상황을 기회(opportunities)와 위협(threats)의 관점에서 분석 평가한다. 이 때 고려할 항목으로는 경쟁사(경쟁사의 수, 마케팅 활동, 외국 기업의 동향 등), 경쟁 제품(품질, 가격, 포장, 디자인 등), 과학 기술의 발전 동향(예를 들면, 인공지능 기술, 로봇 기술, 사물인터넷, 유전체학 지식 등), 신제품의 동향, 소비자의 욕구 변화, 시장 구조의 변화(유통 채널의 변화 등) 등이 포함된다.

여기에서는 어느 가전제품 제조업체 A사의 사례를 중심으로 SWOT 분석의 사례를 보이고자 한다. 사례 기업 A사의 내부적 강점과 약점을 파악하여 정리하면 그림 5.2의 상측 블록의 내용과 같다. 한편, 가전업체 A사에 대한 기회와 위협은 그림 5.2의 하측 블록에 정리하였다.

기업 내부 요인	
강점(Strenths) S1 우수한 품질 S2 제품의 높은 명성 S3 공급자와 높은 바게닝 힘 S4 우수한 제품 포트폴리오 S5 유리한 시장 지배력	약점(Weaknesses) W1 제품에 첨단 기능 부족 W2 고착화된 관행 W3 연구 개발 인력 부족 W4 경영진의 안이한 태도 W5 연구 인력의 고령화
기회(Opportunities) O1 기술적 발전(인공지능) O2 새로운 시장에 진출 O3 신제품의 개발(성능 개선) O4 로봇 활용 원가 절감	위협(Threats) W1 기술적 발전(인공지능) W2 새로운 경쟁자의 진입 W3 저가 제품의 진입 W4 재래 제조 기술의 보편화
기업 외부 요인	

그림 5.2 신제품 개발을 위한 SWOT 분석 사례: 가전업체 A사의 경우

7 신제품 개발 전략의 개발

1) SWOT 매트릭스의 구조

그림 5.2에서 보인 SWOT 분석의 결과를 활용하여 신제품 개발 전략을 개발하는 분석 도구로 SWOT 매트릭스 분석(SWOT Matrix Analysis) 방법을 설명하고자 한다. 이 분석은 다음과 같은 순서를 따른다.

① 열과 행이 각각 3개이며, 4각형 블록이 모두 9개가 되는 4각형 블록을 만든다(그림 5.3 참조).
② 그림 5.2에 있는 SWOT 분석의 내부 요인인 강점과 약점을 그림 5.3의 SWOT 매트릭스의 상부 중앙과 우측 블록에 복제하여 붙인다.
③ 그림 5.2에 있는 SWOT 분석의 외부 요인인 기회와 위협을 그림 5.3의 SWOT 매트릭스의 좌측 중앙과 하측 블록에 복제하여 붙인다. 이렇게 하면 그림 5.3이 완성된다.
④ 그림 5.3에서 중앙과 우측과 하측에 있는 4개의 블록에는 각각 SO 전략, WO 전략, ST 전략, TW 전략이라고 명칭을 부여한다.

- SO 전략: 자사의 강점(S)을 활용하고 기회(O)를 활용하는 전략
- WO 전략: 자사의 약점(W)을 극복하고 기회(O)를 활용하는 전략
- ST 전략: 자사의 강점(S)을 활용하고 위협(T)을 극복하는 전략
- TW 전략: 자사의 약점(W)을 극복하고 위협(T)을 극복하는 전략

내부 요인 외부 요인	강점(Strengths) S1 우수한 품질 S2 제품의 높은 명성 S3 공급자와 높은 바게닝 힘 S4 우수한 제품 포트폴리오 S5 유리한 시장 지배력	약점(Weaknesses) W1 제품에 첨단 기능 부족 W2 고착화된 관행 W3 연구 개발 인력 부족 W4 경영진의 안이한 태도 W5 연구 인력의 고령화
기회(Opportunities) O1 기술적 발전(인공지능) O2 새로운 시장에 진출 O3 신제품의 개발(성능 개선) O4 로봇 활용 원가 절감	SO 전략	WO 전략
위협(Threats) T1 기술적 발전(인공지능) T2 새로운 경쟁자의 진입 T3 저가 제품의 진입 T4 재래 제조 기술의 보편화	ST 전략	WT 전략

그림 5.3 SWOT 매트릭스 분석 1단계

2) 전략의 개발

그림 5.3의 중앙에 있는 4개의 전략 블록에는 다음과 같은 원칙에 따라 SWOT 분석의 결과에서 얻은 정보를 바탕으로 하여 전략을 개발하여 써넣는다.

(1) 강점(S)과 기회(O)를 활용하는 전략(SO 전략)

중앙에 있는 SO 전략 블록에는 기업의 강점(Strengths)과 환경이 제공하는 기회(Opportunities)를 활용하는 전략을 개발하여 써넣는다. 사례에서는 S1 기존 제품의 우수한 제품에 기회 O1 인공지능 기술과 O3 신제품 개발을 결합하는 전략을 기입한다. 그림 5.3에서 기호 표시, S1O1O3는 S1과 O1과 O3를 결합하는 전략이라는 의미이다. 마찬가지로 S1O4 전략은 S1과 O4를 활용하여 결합하면 로봇을 활용하여 원가 절감하여 시장 지배력 강화한다는 전략을 개발한다는 것이다.

(2) 강점(S)으로 위기(T)를 극복하는 전략(ST 전략)

중앙 하측에 있는 ST 전략 블록에는 기업의 강점(Strengths)을 이용하고 기업 환경으로부터 오는 위협(Threats)을 극복하는 전략을 개발하여 기재한다.

(3) 약점을 극복하고 기회를 활용하는 전략(WO 전략)

중앙 우측에 있는 WO 전략 블록에는 기업의 약점(Weaknesses)을 극복하고 기업 환경으로부터 오는 기회(Opportunities)를 활용하는 전략을 개발하여 기재한다.

(4) 약점과 위기를 극복하는 전략(WT 전략)

우측 하단에 있는 WT 전략 블록에는 기업의 약점(Weaknesses)과 기업 환경으로부터 오는 위협(Threats)을 극복하는 전략을 개발하여 기재한다.

이상과 같이 그림 5.3에서 중앙에 있던 4개의 블록에 해당하는 전략을 개발하여 기재하면 그림 5.4와 같은 SWOT 매트릭스 분석이 완성된다.

내부 요인 외부 요인	강점(Strengths) S1 우수한 품질 S2 제품의 높은 명성 S3 공급자와 높은 바게닝 힘 S4 우수한 제품 포트폴리오 S5 유리한 시장 지배력	약점(Weaknesses) W1 제품에 첨단 기능 부족 W2 고착화된 관행 W3 연구 개발 인력 부족 W4 경영진의 안이한 태도 W5 연구 인력의 고령화
기회(Opportunities) O1 기술적 발전(인공지능) O2 새로운 시장에 진출 O3 신제품의 개발(성능 개선) O4 로봇 활용 원가 절감	SO 전략 S1O1O3: 우수한 품질에 인공지능 기술 적용한 신제품 개발 S1O4: 우수한 품질에 로봇 활용하여 원가 절감 시장 지배력 강화	WO 전략 W1O1: 기술을 활용하여 제품에 첨단 기능 부여 W3O1: 인공지능 등 첨단 연구 개발 인력 보강
위협(Threats) T1 기술적 발전(인공지능) T2 새로운 경쟁자의 진입 T3 저가 제품의 진입 T4 재래 제조 기술의 보편화	ST 전략 S5T2: 유리한 시장 지배력으로 경쟁자 진입 저지 S4T3: 우수한 제품 포트폴리오로 저가 제품 진입 저지	WT 전략 W1T1: 인공지능 활용하여 첨단 제품 개발하여 약점 보완 위협 감소 W4T1: 신기술에 대한 경영진의 안이한 태도 쇄신

그림 5.4 가전업체 A사의 SWOT 메트릭스 분석 결과

8 신제품 아이디어의 원천

신제품 개발 전략을 개발을 통해서 기업이 신제품을 개발하는 전략을 설정하면 다음 단계로 신제품 아이디어를 확보해야 한다. 신제품 아이디어의 원천을 소개한다.

기업 내부

① **신제품 개발팀**: 기업 내부에 신제품 개발팀이 있는 경우에는 신제품 아이디어를 상시적으로 수집하고 발상하고 정리한다.
② **연구 개발팀**: 사내의 연구 개발팀은 신제품 아이디어의 중요한 원천이다.
③ **마케팅 팀**: 제품의 마케팅 활동 과정에서 수집된 소비자의 불만과 욕구를 기업 내의 신제품 개발팀과 연구 개발팀에게 제보하면 신제품 아이디어가 된다.
④ **사원 제안 제도**: 신제품 아이디어 공모, 상시 운영되는 사원 제안 제도 등을 통해서도 신제품 아이디어를 얻을 수 있다.
⑤ **사원 개인**: 사원 개인이 신제품 아이디어를 수시로 제안하는 경우가 있다.

🔷 시장과 유관 기업

① **시판되고 있는 각종 제품**: 시판되고 있는 국내외 각종 제품은 신제품 아이디어의 원천이 된다.
② **소비자**: 소비자의 제안, 소비자 불만, 소비자 대상 신제품 아이디어 공모 제도 등을 통해서도 신제품 아이디어를 얻을 수 있다. 표적 그룹 토론(focus group discussion)을 활용하여 제품 아이디어를 구할 수 있다.
③ **경쟁사**: 경쟁사의 제품, 연구 결과 등은 신제품 아이디어의 중요한 원천이 될 수 있다.
④ **협력사**: 원자재 공급자, 유통업자 등은 신제품 아이디어의 중요한 원천이다.
⑤ **M&A**: 기업 합병과 인수를 통해서도 신제품 아이디어를 얻을 수 있다.

🔷 연구 교육 지원 기관

① **대학의 연구소**: 대학의 연구소는 신제품 아이디어의 중요한 원천이다. 한국의 많은 대학교에는 기술 이전 센터가 운영되고 있다. 이들 기술 이전 센터의 역할은 대학에서 개발된 기술을 기업 등에 이전하는 것이다. 따라서 이들 기술 이전 센터로부터 신제품 아이디어를 얻을 수 있다.
② **교수 개인**: 신제품 아이디어는 관련 분야의 교수로부터 직접 얻을 수도 있다.
③ **국공립 연구 기관**: 한국에도 분야별로 세계 수준의 국공립 연구 기관들이 각종 연구를 수행하고 있다. 이들은 민간과의 협력 사업 활동에도 적극적이다. 그러므로 이들은 중요한 신제품 아이디어의 원천이다.
④ **민간 연구 기관**: 기업의 연구소 등 각종 민간 연구소가 있는데 이들도 중요한 산제품 정보의 원천이다.
⑤ **시험 연구소**: 각종 제품의 시험 연구소는 신제품 아이디어의 중요한 원천이 될 수 있다.
⑥ **중소기업 지원 기관**: 중소기업진흥공단, 소상공인시장진흥공단 등도 신제품 아이디어를 얻을 수 있는 원천이 될 수 있다.
⑦ **소비자 연구소**: 소비자의 트렌드 분석을 통해 신제품 아이디어를 얻을 수 있는 곳이다.
⑧ **마케팅 연구소**: 소비자와 마케팅 활동에 대한 정보를 통해 신제품 아이디어를 얻을 수 있는 중요한 원천이다.

🔷 언론 매체, 인터넷 검색 사이트

① **인터넷**: 국내외 각종 인터넷 검색 사이트, 블로그, 카페 등에서 "신제품 아이디어" 또는 "New product ideas" 등을 치면 많은 관련 정보를 검색할 수 있다.
② **신문**: 각종 신문도 신제품 아이디어를 얻을 수 있는 중요한 매체이다.

🟦 전시회 전람회

① **산업별 전시회**: 국내외의 산업별 전시회는 신제품 트렌드를 볼 수 있는 중요한 기회이다. 예를 들면, 해마다 개최되는 CES(Consumer Electronics Show)는 세계적인 신제품 트렌드를 보여주는 중요한 행사이다. 국내에도 각종 산업별 전시회가 개최된다. 개최 기관에 미리 등록하면 전시회를 놓치지 않고 관람하고 정보를 수집할 수 있다.
② **발명품 전시회**: 국내외에서 해마다 발명품 전시회가 열린다. 예를 들면, 스위스의 제네바에서 개최되는 발명품 전시회에는 한국 기업도 많이 참가하는 유명한 발명품 전시 행사이다.

🟦 관련 단체

① **국내의 단체**: 해당 업종의 협회, 관련 업체의 협회 등
② **국외의 단체**: 해당 업종의 국제단체에서도 웹사이트와 간행물을 통해서 업계의 동향에 관한 정보를 제공한다. 이러한 정보로부터 신제품 아이디어를 얻을 수 있다.

🟦 전문 서적

① **국내의 단행본**: 국내에서도 신제품 관련 서적을 인터넷을 통해 검색할 수 있다.
② **해외의 단행본**: 요즘은 해외 서적을 이북(eBook)의 형태로 구입할 수 있어서 가격도 저렴하고 시간도 단축할 수 있다.
③ **해당 분야의 잡지**: 해당 분야의 잡지를 알고, 그 잡지의 홈페이지를 방문하면 신제품 관련 정보를 구할 수 있다.
④ **신제품 개발 전문 잡지**: 신제품 개발 전문 잡지도 있다.
⑤ **잡지**: 국내외의 각종 직종별 전문 잡지로부터도 신제품 정보를 얻을 수 있다.

🟦 특허 검색

① **국내 특허**: 특허청 홈페이지를 통해서 무료로 국내 특허(발명, 실용신안, 디자인, 상표)를 검색할 수 있다.
② **해외 특허**: 한국 내의 대학 중에는 해외의 특허를 검색할 수 있는 곳이 많다. 정해진 절차를 거쳐서 이용할 수 있을 것이다.

🟦 정부 기관

중앙 정부의 부처별 홈페이지, 지방자치단체의 홈페이지에서도 신제품 관련 정보를 얻을 수 있다. 특히, 중소벤처기업부의 홈페이지 등도 방문해 볼 수도 있다.

🔷 빅데이터 분석

최근 빅데이터 분석이 마케팅뿐만 아니라 사회적 변화를 인지하고 예측하는 도구로 많이 사용되고 있다. 빅데이터 분석 기술은 그것을 신제품 개발에도 활용될 수 있다. 마케팅 분석의 일환으로 빅데이터를 분석하여 특정 분야의 제품들에 대한 소비자의 관심, 불만, 선호도 등을 찾아내어 신제품 개발의 단서를 발견하는 데 활용될 수 있다.

🔷 아이디어의 창출 기법 활용

창의력 관련 서적을 보면 각종 아이디어 창출 기법이 소개되고 있다. 특히, 아이디어를 창출하는 우수한 기법으로 인정받고 있는 트리즈(TRIZ, Teoriya Reshenniya Izobretatelskikh Zadach 라는 러시아 말에서 앞 글자를 딴 것) 기법을 적용해 볼 만하다. 이 기법에 관한 여러 서적이 간행되어 있으며 행사도 열린 바 있다. 이 외에도 신제품 아이디어 창출과 관련된 서적이 매우 많이 출간되어 있다.

신제품 아이디어 수집 단계에서 너무 선별적이기보다는 아무 제한 없이 가능한 한 많은 아이디어를 수집하는 것이 좋다. 수집 단계에서부터 까다롭게 하면 제안자들이 제안을 꺼리게 되고 결과적으로 좋은 아이디어를 구하지 못하게 될 수도 있다.

9　아이디어 선별

신제품 아이디어 개발 단계에서 설명한 바와 같이 신제품 아이디어의 출처는 다양하다. 그 결과로 얻어진 아이디어의 수는 상당히 많을 수 있다. 이러한 신제품 아이디어 중에서 자사에 가장 적합한 아이디어를 찾아내는 활동을 아이디어 선별이라고 한다. 아이디어의 선별 과정에서는 아이디어를 비교하기에 편리하도록 정리 정돈하고, 모든 아이디어에 합리적인 비교 기준을 적용하고, 아이디어 포트폴리오를 구성하는 것에 관해서 설명하고자 한다.

1) 아이디어의 정리 정돈

아이디어의 선별 작업에서 수행해야 할 첫 번째 과업은 여러 종류의 아이디어 원천으로부터 수집된 아이디어를 정리 정돈하는 것이다. 구체적으로 말하면, 먼저 아이디어들을 일정한 형식에 맞추어 정리하여야 한다. 아이디어를 정리하는 데 사용하는 형식은 특별히 정해진 것은 없으나 포함되어야 할 항목들이 빠지지 않도록 해야 한다. 신제품 아이디어 요약서에는 대략 다음과 같은 내용들이 포함되어야 한다.

① 신제품 아이디어의 명칭: 신제품의 특징을 나타내는 간명한 명칭으로서 20 단어 이내로 하면 좋다. 예를 들면, "인공지능 기능이 탑재된 전기밥솥."

② 아이디어의 작동 원리 설명: 신제품 아이디어가 수행하는 특별한 기능이나 서비스가 수행되는 원리를 설명한다. 예를 들면, "인공지능 기능을 이용하여 가장 맛있는 밥을 짓는 전기밥솥. 사용자의 습관을 파악하여 사용자에게 최대의 만족을 주면서, 전기 사용량도 줄인다."

③ 아이디어 제품이 소비자에게 주는 가치: 제안된 아이디어 제품이 소비자에게 주는 혜택 또는 가치는 무엇인가를 설명한다. 예를 들면, "인공지능이 탑재된 전기밥솥은 취사 시간을 스스로 선택하고 보온 기능도 최적화한다. 전기료도 절감한다. 특히 신혼 가정에 좋다."

④ 이러한 신제품이 필요한 이유: 제안되는 신제품이 개발되어야 하는 이유를 든다. 예를 들면, 시장을 확대하기 위하여, 시장 점유율을 확대하기 위하여, 경쟁사를 앞서가기 위해서 등 여러 가지 이유 중 해당하는 것을 적는다.

그림 5.5에 신제품 아이디어 요약 양식을 제시하였다.

신제품 아이디어 요약

날짜: 년   월   일

신제품 아이디어의 번호: _____

신제품 아이디어의 명칭: _____
_____

아이디어 작동 원리 설명: _____
(필요하면 그림도 사용) _____

아이디어 제품이 소비자에게 주는 가치: _____
_____

아이디어 제품이 필요한 이유: _____
_____

제안자: _____

연락처
전 화: _____
이메일: _____

그림 5.5 신제품 아이디어 요약 양식

2) 아이디어의 평가

신제품 아이디어의 정리가 끝나면 이들을 평가한다. 평가 기준은 고객의 욕구를 만족하는 정도, 시장의 규모, 경쟁력, 기업에의 적합도 등을 적용하면 좋을 것이다. 기업 특유의 사정에 따라 특별한 평가 기준을 적용할 수 있다. 예를 들어, 어느 기업에 신제품 아이디어가 20가지가 제안되었다면 이들에 대한 평가 결과는 표 5.1과 같이 정리될 수 있다. 평가는 평가위원들에 의해서 시행되고 각각의 아이디어를 평가한 다음 점수에 따라 순위를 결정하고 위원회의 결정에 따라 상위의 아이디어를 선택한다.

표 5.1 신제품 아이디어 평가표

번호	아이디어의 명칭	고객 니드	시장 규모	경쟁력	회사에 적합도	합계	순위	비고
1	인공지능 전기밥솥	5	5	4	5	19		
2	oo							
3	xx							
4								
5								
6								
7								
8								
9								
10								
11								
12								
13								
14								
15								
16								
17								
18								
19								
20								

평가 기준: 매우 우수(5), 우수(4), 보통(3), 낮음(2), 매우 낮음(1)

신제품 아이디어의 선택은 아이디어 선별 단계에서 끝나는 것이 아니고 다음에 계속되는 제품 콘셉트 테스트와 사업성 분석 등의 평가 과정을 거치게 되므로 아이디어 선별 단계에서 너무 엄격하게 적용하여 너무 많은 아이디어를 탈락시키지 않는 것이 좋다. 평가 점수가 낮더라도 특별히 관심이 가는 아이디어는 표시해 두었다가 다음에 좀 더 개선하여 활용할 수 있는지를 검토하는 것이 좋다.

10 제품 콘셉트 개발과 테스트

1) 제품 콘셉트 테스트

제품 콘셉트(product concept)란 '신제품 아이디어의 가치를 나타내는 개념'을 의미하는 말인데 특히 소비자의 관점에서 본 제품의 가치를 결정하는 특성을 의미한다. 제품 콘셉트 시험(concept test)이란 제품을 양산하기 전에 제품 아이디어에 대한 소비자의 반응을 평가하기 위한 조사이다. 조사 방법은 계량적 방법과 정성적 방법을 사용한다. 이것은 제품이 개발된 다음에 실시하는 시장 시험과는 구별되는 것으로서 제품 개발의 초기의 시험이다. 그래서 콘셉트 시험에서는 주로 설문 조사(요즈음은 SNS도 이용 가능)를 이용할 수도 있다.

콘셉트 시험을 하기 위해서는 시험을 하고자 하는 제품 콘셉트를 개발해야 한다. 콘셉트란 사전적 의미로는 '개념'이라고 할 수 있지만 신제품 개발에서 제품 콘셉트란 '소비자가 중요시하는 제품의 특징'이라고 말할 수 있다. 예를 들면, 휴대폰 발전의 초기에 휴대폰은 부피가 커서 거추장스러웠다. 여기에 '소형화 경량화라는 콘셉트'를 개발하고 이 '콘셉트를 제품에 실현'하기 위해서 반도체 기술과 통신 기술을 적용하여 소형화하게 되었다. 그 결과로 휴대폰의 수요가 증대하게 되었고 결과적으로 가격도 크게 내렸다.

이처럼 제품 콘셉트란 '소비자가 중요시하는 제품의 특징'을 의미한다. 그러므로 신제품 아이디어에는 신제품 콘셉트와 그것을 구현하는 방법이 포함되어 있다. 하지만 신제품 아이디어에 제품의 핵심 콘셉트가 명확하게 구분되어 있지 않을 수 있다. 또, 제품 아이디어는 아직 소비자의 검증을 거치지 않은 상태에 있는 '제안'일 뿐이다. 신제품 아이디어에 포함되어 있는 제품의 콘셉트에 대해서 소비자에게 그 콘셉트의 가치와 유용성을 묻는 것을 '콘셉트 테스트'라고 한다.

신제품 콘셉트 테스트에서는 아이디어에 포함되어 있는 '제품 콘셉트'에 대해서만 묻는 이유는 명백하다. 그 이유를 몇 가지 예시하면, 첫째, 신제품 아이디어를 소비자에게 구체적으로 묻는다면 제품의 비밀이 노출된다. 둘째, 신제품에 대해서 모두 설명한다면 그것은 소비자에게는 '필요 이상으로 복잡'하다. 마지막으로, 판매자의 입장에서 본 제품 콘셉트에 대한 가치와 소비자의 입장에서 본 제품의 콘셉트의 가치는 다를 수 있다.

과거에 한국 제품의 경쟁력은 가격과 품질에 의존한 바가 컸다고 할 수 있다. 이제는 한국의 기업들의 제품은 중국 등 후발 산업화 국가들로부터 가격이나 품질 면에서 추격당하고 있는 처지가 되었다. 따라서 한국 제품의 경쟁력을 유지하기 위해서는 제품에 대한 독창적인 콘셉트를 개발하고 이것을 시험하고 제품화하는 능력을 개발해야 한다.

그렇다면 제품 콘셉트는 어디에서 얻는가? 제품 콘셉트의 원천은 여러 가지가 있겠는데, 그 중 특별히 4차 산업혁명 시대에 관심이 가는 콘셉트의 원천은 기술의 발전이다. 한편, 제품 콘셉트는 소비자로부터도 올 수도 있다. 예를 들면, 표적 집단 토론(focus group discussion)을 통해서 소비자의 욕구를 파악할 수 있다. 이런 경우에 표적 집단의 토론 과정을 비디오 녹화를 해두었다가 활용할 수도 있을 것이다. 제품과 서비스의 콘셉트가 설정되면 그것이 소비자가 원하는 것인가를 테스트해야 한다. 이러한 테스트에 사용할 수 있는 설문지 모형이 그림 5.6에 제시되어 있다.

제품 콘셉트 테스트 설문 사례

1. 이 제품에 관심이 있습니까?(제품 소개를 하였다고 가정하고)
   (1) ( ) 전혀 아니다. (2) ( ) 거의 관심이 없다. (3) ( ) 약간 있다. (4) ( ) 관심 있다.
   (5) ( ) 매우 관심 있다.
2. 왜 그렇습니까? _____
3. 이 제품을 얼마나 좋아 합니까?
   (1) ( ) 전혀 좋아 하지 않는다. (2) ( ) 좋아 하지 않는다. (3) ( ) 좋아하지도 싫어하지도 않는다.
   (4) ( ) 좋아 한다. (5) ( ) 매우 좋아 한다.
4. 이 제품에서 가장 좋은 점은 무엇입니까? _____
5. 이 제품에서 가장 나쁜 점은 무엇입니까? _____
6. 유사한 기능을 가진 제품을 산 적이 있습니까? 이 제품이 그 제품과 비교하면 어떻다고 생각합니까?
   (1) ( ) 훨씬 못하다. (2) ( ) 조금 못하다. (3) ( ) 거의 비슷하다. (4) ( ) 조금 좋다. (5) ( ) 매우 좋다.
7. 왜 그런가요? _____
8. 이 제품의 가격이 _____원이라고 한다면, 당신의 관심은 어느 정도인가요?
   (1) ( ) 전혀 관심 없다. (2) ( ) 관심 없다. (3) ( ) 약간 관심 있다. (4) ( ) 상당히 관심 있다.
   (5) ( ) 매우 관심 있다.
9. 이 제품이 있다면 당신은 얼마를 지불하고 사겠습니까? _____
10. 왜 그 값에 사겠습니까? _____
11. 제품의 어떤 점을 바꿨으면 좋겠다고 생각합니까? _____
12. 귀하의 성별   (1) ( ) 여자, (2) ( ) 남자
13. 나이   (1) ( ) 20대, (2) ( ) 30대, (3) ( ) 40대, (4) 50대, (5) ( ) 60대 이상
14. 직업   (1) ( ) 직장인, (2) ( ) 자영업, (3) ( ) 가사 종사

그림 5.6 콘셉트 테스트 설문 사례

2) 제품 콘셉트 요약

제품 콘셉트 테스트 조사 결과는 통계적 처리를 통하여 정리한다. 제품 콘셉트 테스트 보고서에는 다음과 같은 내용을 포함한다.

① **제품 아이디어의 명칭**: 신제품의 명칭을 적는다.
② **제품의 특징**: 제시된 신제품 아이디어가 가진 특징과 이점을 기존 제품과 비교하여 특징을 파악하고 정리한다. 예를 들어, "제품은 기존 제품과 비교하면 초기 구매 비용이 다소 비싸지만, 고장이 적어서 장기적으로는 돈을 절약하는 효과가 있다."
③ **제품의 가치**: 제품이 소비자와 기업에게 가져다줄 가치를 적는다. 달리 말하면, 고객이 이 제품을 구매하게 될 이유를 적는다.
④ **시장과 고객**: 제품의 시장과 고객에 대해서 약술한다. 시장의 규모, 미래의 트렌드, 만족하고자 하는 고객의 욕구 등을 기술한다. 제품에 대하여 고객의 반응을 조사한 결과를 적는다. 이와 관련하여 과거와 현재의 경쟁 상품에 대한 검토도 포함되어야 할 것이다. 나아가서 현재 및 미래의 가격 유통 등에 대한 내용도 포함되어야 할 것이다. 또, 고려하고 있는 신제품 아이디어에 대한 고객들의 반응을 살펴보고 표적으로 했던 고객들에 대하여 예상했던 반응과 실제 반응 사이에 어떤 차이가 있는지를 파악한다. 예상치와 실제 반응치 사이에 차이가 있다면 표적 시장을 조정할 수도 있다. 나아가서 포지셔닝 전략을 수정할 수도 있다.
⑤ **기술과 지적 재산권 문제**: 신제품의 기술성 검토에서 먼저 제시된 신제품 아이디어가 기술적으로 실현 가능한지 여부를 판단해야 한다. 기술적 문제는 세 가지 경우로 나누어 생각할 수 있다. 첫 번째 경우는 자사 내에 신제품을 만드는 데 필요한 기술을 보유하고 있는 경우이다. 두 번째는 자사에는 필요한 기술을 보유하고 있지 않지만, 국내에서 조달할 수 있는 경우이다. 세 번째는 국내에서는 필요한 기술을 조달할 수 없으나 외국으로부터 조달할 수 있는 경우이다. 자사에 기술이 없는 경우에는 조달하는 방법에 대한 설명도 포함하여야 한다. 신제품 아이디어가 다른 기업이나 개인이 보유하고 있는 지적 재산권(특허, 실용신안, 디자인, 상표, 저작권 등)과 문제는 없는지를 검토한다.
⑥ **전략적 적합도**: 다음으로 고려할 사항은 신제품의 전략적 적합도이다. 이것은 고려하는 신제품이 기업의 발전 전략에 부합하는 정도를 검토하는 것을 말한다.

제품 콘셉트 테스트 결과를 정리하는 양식을 그림 5.7에 소개하였다.

2차 선별

제품 콘셉트 요약서(그림 5.7)를 작성하여 관계자들이 제시된 신제품 아이디어에 대해 평가를 하도록 한다. 만약 평가 결과가 긍정적이라면 다음 단계인 사업성 분석을 한다.

기업의 명칭:		년 월 일	
	신제품의 명칭		
	신제품의 특징		
	신제품의 가치		
시장성	고객의 구매 의도		
	가격		
	유통		
	품질		
	시장의 규모		
	표적 시장		
	포지셔닝		
기술성	기술 확보 여부		
	기술 미확보의 경우는 대책		
전략적 적합도	기업의 중장기 목적에 부합하는가?		
	기존 제품과의 일관성		
	종합 평가		

그림 5.7 신제품 콘셉트 요약

11 사업성 분석

제품 콘셉트 테스트를 통과한 신제품 아이디어에 대해서 사업성 분석(business analysis)을 실시한다. 사업성 분석은 고려하는 신제품에 대해서 시장성, 제조와 기술성, 경제성 등에 대해서 전반적으로 검토하는 종합적 분석이다. 이 종합적 분석의 결과에 따라 최종적인 신제품 아이디어가 선정되고 다음 단계인 시제품 개발과 마켓 테스트 단계로 진행하게 된다. 사업성 분석 보고서에 포함되는 내용은 다음과 같다.

🔷 사업성 분석 보고서 내용

실행 요약문

실행 요약문은 신제품 개발 과제의 핵심적인 내용을 간략하게 정리한 것이다. 이것은 사업성 분석 보고서의 맨 앞부분에 위치한다. 실행 요약문의 길이는 2쪽 이내로 하는 것이 좋다. 실행 요약문에 포함될 내용은 계획하는 제품의 특징, 기업의 전략과의 연관성, 생산 계획, 마케팅 전략, 소요 자금, 수익성, 추진 일정 등을 포함한다. 사업성 분석의 최종 결론을 명확하게 기술하여 누가 봐도 쉽게 이해할 수 있도록 해야 한다.

1. 프로젝트의 개괄과 사업 전략

1.1 계획하는 제품의 특징: 계획하는 제품의 특징을 기존의 자사 제품과 경쟁사의 제품과 비교 관점에서 기술한다.

1.2 기업의 전략과의 연관성: 기업의 사명과 비전, 그리고 기업의 장기, 중기, 단기적 전략과 관련하여 신제품이 가지는 연관성 등을 기술한다.

1.3 소요 자원: 신제품을 생산하기 위해서 사용될 설비와 소요 자금 등에 관해서 기술한다.

2. 시장 분석과 마케팅 전략

신제품의 목표 고객, 시장 규모, 마케팅 전략 등을 기술한다. 제품의 가격, 유통 채널, 광고와 홍보를 포함한 촉진 전략 등에 대해서 기술한다. 특히, 디지털 마케팅 전략 등에 대해서 구체적으로 기술한다.

3. 기술적 과제

신제품 생산에 필요한 기술의 종류를 밝히고, 자사의 기술 보유 현황을 기술한다. 만약 필요 기술을 보유하고 있지 못한 경우에는 그것을 확보하는 방법 등을 기술한다.

4. 제조와 운용 계획

제조의 경우에 외주와 자체 생산 등에 대해서 기술한다. 새로운 설비를 도입해야 하는 경우에는 구매처와 비용 소요 기간 등에 대해서도 기술한다. 새로운 생산 인력이 필요한지도 파악하고 준비 방법을 기술한다.

5. 공급망 관리와 파트너

원자재의 공급망에 대해서도 서술한다.

6. 안전 보건 환경 영향

신제품 생산과 관련하여 안전, 보건, 환경과 관련된 영향을 파악하고 대응 방안을 기술한다.

7. 규제와 법률적 문제

정부나 관계 기관의 허가를 받아야 하는 경우에 대비하는 방법을 기술한다. 지적 재산권 문제에 대해서도 검토한다.

8. 재무 분석

소요 자금을 추정하고, 추정 손익 계산서와 추정 대차대조표, 추정 현금 흐름표를 작성한다. 최종적으로 프로젝트의 예상 수익성을 추정하고 프로젝트의 경제적 타당성을 밝힌다.

9. 위험

사업과 관련된 위험을 기술한다. 기술적 위험, 재무적 위험, 마케팅 위험 등을 기술하고 만약의 경우에 대한 대비책을 기술한다.

10. 일정 계획

프로젝트의 추진 일정 계획을 밝힌다. 확정하기 어려운 부분이 있으면 사실대로 밝힌다.

11. 가정과 시나리오

사업성 분석 보고서에 서술한 각종 추정치에 대한 가정과 시나리오를 기술하고 그 타당성을 적극적으로 기술하고 불확실성에 대해서도 밝혀서 추후에 대비할 수 있도록 한다.

12. 첨부 자료

첨부 자료가 필요하면 첨부한다. (사업성 분석 보고서 끝)

사업성 분석에 대한 좀 더 상세한 내용은 박춘엽(2013)의 『창업학』을 참고하기 바란다.

12 디자인, 원형 제작과 테스트

사업성 분석의 결과가 만족스럽다고 판단되면 실제로 제품을 개발하게 된다. 제품이 개발되는 과정은 디자인(design), 원형 만들기(prototyping), 시험(test)의 과정을 거친다. 이 3단계 과정은 제품을 개발하는 과정에서 필요에 따라 반복될 수 있다. 따라서 많은 비용과 시간이 소요될 수 있다. 하지만 제품 개발 과정을 소홀히 하여 최종 제품이 고객을 만족시키지 못하면 더 큰 손실이 발생하게 된다. 따라서 최종 제품이 실패했을 때 발생하는 비용을 고려하면, 개발 과정에서 투입되는 비용과 시간은 결코 크다고만은 말할 수 없다.

1) 제품의 디자인

제품의 디자인은 제품의 성능 사양에 표시된 내용이 실행될 수 있도록 하는 기술적 물리적 화학적 사양을 결정하는 일이다. 형태 디자인은 제품의 물리적 외양, 모양, 크기, 색상 등을 결정하는 일이다. 형태 디자인에서는 제품의 이미지, 특징 등에 관해서도 결정하게 된다. 디자인은 제품의 형태나 특성을 단순히 그림 등을 이용하여 표현하는 기능적인 일이 아니고, 해결하고자 하는 문제의 본질을 이해하고 이 문제를 해결하는 방안을 실현하는 도구를 설계하는 작업이다. 따라서 제품 디자이너는 제품이 해결하고자 하는 문제 또는 제품을 통해서 소비자에게 제공하려고 하는 소비자 이익의 본질을 이해하고 해결 방안을 확실히 이해해야 한다.

문제를 해결하는 방안은 여러 가지일 수 있다. 디자이너는 가능한 여러 가지 해결 방안 중에서 최적의 방안을 선택하는 역할도 해야 한다. 디자인의 결과는 시각적인 결과물로 표현되는 경우가 많은데 이러한 결과물은 신제품 아이디어의 창안자와 제조 담당자와 마케팅 담당자 그리고 제품의 유지 보수 관계자의 평가를 받아야 한다. 나아가서 디자인은 안전과 환경도 고려해야 한다. 이러한 관계자의 평가를 통해서 디자인 결과물이 제조 과정에서 발생할 수 있는 문제를 예방할 수가 있고, 마케팅 과정에서 소비자들의 반응에 대해서도 점검하는 효과를 얻을 수 있다.

디자인은 한 번의 노력으로 완성되지 않는 경우가 많다. 제시된 디자인에 대해서 제조 관계자나 마케팅 관계자로부터 수정 제의가 있으면 이를 디자인에 반영하여 새로운 디자인을 개발해야 한다. 이런 과정은 1회 이상 반복될 수도 있다. 또, 제품의 디자인은 제품의 원형을 만들어 시험하는 단계에서 문제점이 발견되면 디자인은 수정될 수 있다. 또, 마지막 단계인 시장 테스트 단계에서 소비자의 반응을 보고 디자인이 수정될 수도 있다.

디자인은 창의적 아이디어를 실현하는 제품을 만드는 단순한 중간 과정이 아니다. 디자인은 개발하고자 하는 제품의 기능, 미감, 안전성, 외모, 실용성, 내구성 등을 결정하는 매우 중요한 활동이다. 그래서 동일한 재료로 동일한 기능을 하는 제품일지라도 디자인에 따라 제품의 가치는 크게 다를 수 있다. 신제품이 훌륭한 창의적 아이디어에 따른 작품일지라도 디자인이 적합하지 못하면 실패할 수 있다.

디지털 기술의 발전으로 인하여 디자인 분야는 크게 변천해 왔다. 가장 큰 변화로는 컴퓨터를 이용하는 CAD(Computer-Aided Design)를 들 수 있다. CAD 기술은 이미 널리 보편화된 기술로서 고등학교와 대학에서도 매우 중요시하며 정규과목으로 가르치고 있으며 실습 환경도 매우 양호하다고 하겠다. 따라서 CAD 기술 능력을 갖춘 인력은 어렵지 않게 확보할 수 있고 관련 소프트웨어도 널리 보급되어 있는 실정이다.

2) 원형 만들기

원형(prototype) 만들기는 제품의 디자인에 따라서 실제 제품을 만드는 과정으로써 디자인이 문제가 없음을 확인하는 과정이다. 원형 만들기는 그림, 영상, 가상 모형 형태로 작성된 디자인을 물리적으로 구현하는 과정이다. 원형을 만드는 방법은 다음과 같은 형태를 취할 수 있다.

- 접착제나 끈으로 연결하여 제품이 실제로 작동하는 원리는 보여주는 원형
- 신제품의 기능을 보여주는 원형. 하지만 부서지기 쉬운 모형
- 제품의 외모를 보여주는 원형. 하지만 외형은 불완전함.
- 최종 제품과 일치하는 원형

원형을 만드는 목적은 여러 가지가 있을 수 있다. 예를 들면, 다음과 같다.

- 신제품이 의도한 기능을 실제로 하는지를 확인하기 위한 것
- 신제품의 외양을 확인하기 위한 것
- 신제품의 성질, 맛, 촉감, 색깔 등을 확인하기 위한 것
- 신제품의 원가를 추정하는 자료를 수집하기 위한 것
- 고객의 반응을 수집하기 위한 시험용 원형
- 안전 또는 환경 관련 규격에 맞는지를 시험하기 위한 원형

원형을 만들기 전에 다음과 같은 질문을 하여 원형 제작이 꼭 필요한 것인가를 점검할 필요가 있다.

- 원형 제작이 필요한가?
- 디자인을 확인할 필요가 있는가?
- 디자인을 개선하기 위해서 원형을 만들어 실험해 볼 필요가 있는가?
- 어떤 원형이 원형을 만드는 이유에 가장 적합한가?

원형 제작과 동시에 수행해야 할 일은 생산 견적(production quotation)이라는 것이다. 이 과정은 실제 제품의 생산에 소요되는 비용과 싸고 빠른 생산 방법에 관하여 제조업자 또는 제조 담당자로부터 정보를 인용하는 것을 말한다. 이러한 과정을 통하여 제품의 디자인이나 원형을 개선하여 최종 제품의 가격을 낮추고 성능을 개선할 수 있다.

3) 제품 시험

원형이 제작되면 고려하는 신제품이 의도한 기능을 하는가를 확인하기 위하여 시험하게 된다. 이 때 고객의 관점에서 만족스러운 기능을 가지는지를 확인해야 한다. 시험 단계에서 고려할 사항이 있는데 예를 들면 다음과 같다.

- 무엇을 시험할 것인가?
- 어떤 시험을 해야 하는가?
- 얼마나 많은 시험을 할 것인가?

시험하는 방법은 다음과 같다.

- 실제 모형을 가지고 실험을 해보는 방법
- 시뮬레이션 방법을 이용한 시험
- 가상현실을 이용한 시험
- 고객을 직접 참여시켜 시험을 해보기
- 고장 모드와 효과 분석(Failure Mode and Effects Analysis)을 이용한 확인 실험

4) 가상현실 제품 개발

가상현실 제품 개발(virtual product development, VDP)은 디지털 기술을 이용한 2차원/3차원 환경(2D/3D Environment)에서 제품을 개발하는 활동을 말한다. 가상현실 제품 개발은 4가지 구성 요소로 되어 있다.

- 가상현실 제품 디자인(virtual product design): 디지털 기술을 이용하여 3차원 모양을 만들거나 2차원 그래프를 이용하는 기술
- 가상현실 제품 시뮬레이션(virtual product simulation): 가상현실 기술을 이용하여 제품에 대해서 낙하 시험, 충돌 시험 등을 행하는 기술
- 가상현실 제품 연출(virtual product staging): 가상현실 기술을 이용하여 소매 공간의 계획, 소비자 연구를 하고, 소비자 행동을 연구하는 기술
- 디지털 제조(digital manufacturing): 디지털 기술을 이용하여 공정 계획을 하고, 조립과 제조를 가상현실로 구현하고, 공장 설계 등을 하는 기술

이상과 같은 가상현실 제품 개발 기술은 인터넷을 기반으로 하여 아이디어 제안자와 디자이너와 제조업자 소비자 그리고 유통 관계자까지 연결하여 제품 개발에 활용된다. 이렇게

함으로써 전 세계에 분산되어 있는 제안자, 디자인실(예를 들어 한국에 위치), 제조공장(예를 들어 동남아시아에 있는 공장), 소비자(예를 들어 유럽과 미국), 유통시스템(전 세계에 분산되어 있음)이 실시간으로 연결되어 마치 하나의 공간에서 활동하는 것처럼 효율적이고 신속한 제품 개발 활동이 실현되고 있다. 이와 같은 인터넷 기반 가상현실 제품개발 기술을 이용하여 제품 개발의 속도와 원가가 획기적으로 단축되고 있다.

13 생산

사업 타당성 분석의 결과가 긍정적이고, 디자인 → 원형 제작 → 시험 과정이 만족스럽게 완료되고, 마케팅 계획이 완성되었으면 제품은 생산을 시작할 준비를 마쳤다고 할 수 있다. 생산 활동은 많은 돈이 실제로 투입되기 때문에 실패하면 큰 손실이 발생하게 된다. 따라서 생산 결정을 하기 전에 사업 타당성 분석, 제품의 디자인과 시험, 마케팅 계획이 모두 완벽하게 준비되었는지를 거듭 확인해야 한다.

생산에 들어가기 전에 제품 디자인을 완벽하게 완성해야 하는데 제품에 대한 완성된 디자인은 다음과 같은 서식들 전부 또는 일부를 포함한다.

- 부품에 대한 세부 도면
- 부품 규격: 크기, 재질, 처리, 색상, 질감 등
- 조립 도면
- 조립 공정 도면
- 조립 지침
- 제품 제원: 재료, 조립 기술, 부품, 포장 등
- 제조 사양
- 최종 CAD 모형

최종 생산 공정은 대체로 다음과 같은 단계를 포함한다.

- 디자인 부서로부터 최종 디자인 입수
- 최종 생산 견적 확보
- 부품 공급자 선정
- 특별한 장치와 도구의 설계
- 첫 제품의 부품 승인

- 첫 조립 제품 승인
- 본격적인 생산 시작

생산은 자사 내에서 할 수도 있고, 외부에서 가공을 할 수도 있다. 신제품의 생산을 위해서 생산 설비를 갖추는 데 많은 자원이 소요되는 경우에는 초기에 수요가 적을 것이 예상되는 경우에는 제품의 생산을 외부 업체에게 의뢰할 수도 있다. 이 경우에 제품에 대한 정보가 유출되어 경쟁자의 추격이 빨라질 수 있다. 이에 대한 보완적인 방법은 핵심적인 부품은 자가 생산을 하고 일반적인 부분은 외주로 주어서 제품에 대한 기밀을 유지하며 수요 추이를 보며 생산 설비를 확보할 수도 있다.

예를 들어, 영어 교육 분야의 기업이 신제품으로 '영어로 말하는 로봇'을 생산하는 경우를 생각해보겠다. 이 경우에 외형은 로봇이지만 그것은 핵심 기술(부분)이 아니다. 핵심 기술은 영어를 이해하고 영어로 말하는 소프트웨어이다. 물리적 외형을 가진 로봇은 이 제품에서 핵심 부분이 아니므로 희망하는 로봇의 형태를 정하여 합성수지를 이용하여 로봇을 생산하는 기업에게 생산을 의뢰할 수 있다. 또, 스피커도 용도에 따라 주문하거나 이미 시장에 나와 있는 것 중에서 선택할 수 있다. 그러나 영어 음성을 인식하고 영어로 응대하는 인터액티브한 기능을 가진 소프트웨어는 핵심기술로서 외부에 유출할 수 없는 부분일 것이다. 그러므로 이 핵심 기술 부분은 자사에서 직접 개발하고 관리해야 한다. 이처럼 신제품 개발에 있어서 기존의 기술과 제품을 활용하는 부분이 많고 새로운 부분은 적을 수 있다. 그러므로 신제품을 개발한다고 해도 많은 설비와 공간을 추가로 준비하지 않고도 제품 개발에 성공할 수 있다.

14 론치

신제품을 시장에 출시하는 것을 론치(launch) 또는 론칭(launching)이라고 한다. 신제품 개발 과정에서 론치 단계를 상품화(commercialization)라고도 한다(필자에 따라서 론치와 상품화를 구분하기도 하는데 이 책에서는 이들을 구분하지 아니하고 론치로 단순화하기로 한다). 신제품 개발의 과정을 순서대로 정리하면, 기업 내외부의 상황 분석, 아이디어의 창출과 선별, 신제품 콘셉트 개발, 사업성 분석, 디자인, 원형 개발, 확인, 생산 그리고 론치라고 해왔다. 물론 신제품 개발은 대체로 이 순서대로 진행하는 것이 사실이지만 론치 준비는 좀 일찍부터 시작하는 것이 좋다. 왜냐하면, 론치는 신제품 개발의 최종적인 활동으로 순서 상으로는 최후에 전개되지만 기업 내외의 많은 상황과 관련이 있고 준비해야 할 내용이 많아서 미리부터 관심을 가지고 준비해야 한다(그림 5.1 참조).

🟦 론치 리더의 선임

신제품 개발의 팀 리더가 론치 리더를 겸할 수도 있지만, 필요하다고 판단되면 제품 개발 팀 리더는 팀원 중에서 론치를 담당한 론치 리더를 임명할 수 있다. 론치 업무는 마케팅 활동을 많이 포함하고 있으므로 이 분야에 유능한 사람으로 선정하는 것이 좋다. 이와 같은 론치 리더는 최종 단계에서 선임하는 것보다는 최종 단계에 오기 수주일 또는 수개월 전에 임명하면 좋다. 예를 들어, 신제품이 계절상품인 경우를 생각해보자. 예를 들어, 인공지능형 에어컨의 경우를 생각해 보겠다. 이런 계절상품은 적기를 놓치면 다음 기회가 올 때까지 1년을 기다려야 한다. 또, 에어컨 신제품이라면, 여름에 론치하면 너무 늦다고 할 수 있다. 적어도 늦은 봄에는 론치가 시작되어야 한다. 따라서 에어컨 신제품의 론치 리더는 늦어도 3, 4월경에는 임명되어야 신제품 론치 계획을 수립하고 진행할 수 있다. 그림 5.1에 신제품 개발 업무 추진 일정 계획표에서 론치 일정을 신제품 아이디어 수집 단계부터 시작한 것은 신제품 론치 계획은 신제품 개발 초기부터 개발해야 한다는 점을 표현하고 있다.

🟦 론치 리더의 업무

- **시장 조사 실시**: 아이디어 창출 단계부터 론치 단계까지 시장 조사를 실시한다.
- **시장 분할**: 시장 분할하는 일을 한다.
- **제품 시험**: 제품 시험 단계에 참여하여 소비자의 반응을 파악한다.
- **예측**: 시장 조사 결과를 바탕으로 하여 수요 예측을 실시한다.
- **론치 목표 설정**: 여기에 포함되는 내용은 다음과 같다.
    - 시장 점유율(언제까지, 얼마나, 어떻게 등)
    - 매출과 이윤(언제까지, 얼마나, 어떻게 등)
    - 높은 품질 유지와 고객 만족(언제까지, 얼마나, 어떻게 등)
- **출시 전략**
    - 유통 채널 전략
    - 판매원 교육 계획
    - 고객 서비스 계획
    - 시험 마케팅
    - 가격 전략
    - 프로모션(광고와 홍보 등)
    - 경쟁 전략(타사의 공격에 대비)
- **론치 이후 전략**: 론치 이후의 성과를 평가한다. 시장의 반응이 예상과 다른 경우에 대한 대비를 한다.
- **진부화 대책**: 제품의 진부화에 대한 대책을 수립한다.

🟦 출시 전략

- **전면적 론치**: 전면적 론치는 제품을 일시에 시장에 출시하는 전략을 말하는데 모든 표적 시장에서 일시에 출시하는 전략이다. 전면적 출시는 광고, 홍보, 판매 촉진 등 활동을 전면적으로 전개하여 일시에 큰 효과를 얻을 수 있다는 장점이 있다. 하지만 만약 제품의 마케팅 전략이 적절하지 않을 경우에는 촉진 활동의 효과를 보지 못할 수 있다.
- **점증적 론치**: 점증적 론치는 여러 시장에 대하여 하나씩 순차적으로 출시하는 전략을 말한다. 이와 같은 점증적 론치에서는 고객의 반응을 보면서 제품과 마케팅 전략을 보완해 나갈 수 있다는 장점이 있다. 하지만 정보 통신이 고도로 발달하여 정보의 확산 속도가 매우 빠른 시대에는 점증적 론치는 적합하지 않다고 해야 할 것이다. 왜냐하면, 신제품 정보가 사이버 공간에 공개되면 많은 고객이 관심을 가질 수 있는데 일부 지역에서만 판매한다면 구매하지 못하는 고객들은 불만을 표시할 수도 있기 때문이다.

15 신제품 개발이 실패하는 이유

신제품 프로젝트는 다음에 열거하는 여러 가지 실패 이유 중 하나 또는 그 이상의 이유로 인하여 실패할 수 있다.

① **신규성의 부족**: 시장에 이미 출시된 제품이거나 서비스인 경우에는 실패할 가능성이 높다. 신규성이 부족한 것이라면 신규성 이외의 요소 예를 들면, 가격, 구매의 용이성(예를 들면, 신속한 배달), 애프터서비스, 판촉물의 제공 등 고객에게 추가적인 가치를 제공하여야 고객의 선택을 받을 수 있다.

② **제품의 차별성 부족**: 제품의 차별성 부족은 신규성 부족과 유사한 상황이다. 신제품이 기존 제품과의 차별성이 충분히 크지 않고 미미하다면 소비자들은 여러 가지로 편리한 점 때문에 과거로부터 사용하던 제품으로부터 이탈하지 않을 수 있다. 그렇게 되면 신제품을 실패하게 된다.

③ **포지셔닝이 부적합**: 포지션(position)이란 제품이 소비자에게 지각되고 있는 위치를 의미하며, 포지셔닝(positioning)이란 소비자의 머릿속에 제품의 위치를 설정하는 활동을 의미한다. 예를 들어, 어느 신제품이 디자인도 우수하고 가격이 저렴한 경우에 판매자가 이 신제품을 저가의 제품으로 포지셔닝한다면(예를 들면, 가격이 저렴하다고 반복해서 광고하기), 이 제품은 디자인이 우수함에도 불구하고 소비자에게는 우수한 디자인 제품이라고 인식되지 못하고 저가의 제품으로만 인식되어 소비자의 선택을 받지 못하게 된다는 것이다. 포지셔닝을 잘하기 위해서는 다음과 같은 단계를 거치면 좋다.

- 소비자 욕구 파악: 먼저 기존의 제품이 만족시키지 못하고 있는 소비자의 욕구를 정확하게 파악한다.
- 경쟁사 연구: 경쟁사의 제품을 파악한다. 완전히 혁신적인 제품을 제외하고는 대부분 기본의 제품이 있다. 이들 제품이 고객의 욕구 중 무엇을 만족시키지 못하는가를 정확하게 분석한다.
- 자사 제품 평가: 자사 제품의 특성이 소비자의 욕구를 경쟁 제품에 비하여 우월하게 만족시킬 수 있는지를 확인한다.
- 소비자 인식: 자사 제품의 포지션을 결정하면, 자사 제품의 특징이 소비자에게 인식되도록 노력한다.

④ 고객의 선호도 변화: 제품 개발 초기에 목표로 했던 고객의 욕구가 제품이 완성될 시점에는 바뀌어서 신제품이 실패할 수도 있다. 특히 요즘처럼 정보의 유통 속도가 빠르고, 제품의 수명이 짧은 시대에는 소비자의 욕구도 빠르게 변할 수 있다.

⑤ 판매 후 애프터서비스의 부족: 신제품을 성공적으로 개발하여 출시를 하였더라도 제품에 대한 애프터서비스가 부족하면 실패하게 된다. 특히, 요즘은 소비자들이 중요시하는 애프터서비스에는 반품, 환불과 같은 것들이 포함된다. 또, 출시 초기에는 제품의 성능이나 작동에 문제가 발생할 수 있는데 이에 대한 신속한 애프터서비스와 제조과정에서의 개선이 필수적이다. 한국의 가전 신제품이 미국과 유럽 시장에서 성공할 수 있었던 배경에는 한국의 '빨리빨리' 애프터서비스가 중요한 역할을 했다고 한다.

⑥ 유통 채널의 부적합: 제품의 특성과 소비자의 구매 형태 등을 고려한 최적의 유통 채널을 선정하여야 한다. 예를 들면, 건강 음료의 경우에 약품 유통 채널을 이용할 수도 있고 일반 청량음료의 유통 채널을 이용할 수가 있을 것이다. 이런 경우에 소비자의 소비 행태 제품의 포지셔닝 등을 고려하여 최적의 유통 채널을 선정하여야 한다.

⑦ 경쟁 업체의 반격: 신제품을 개발할 때에는 경쟁사의 약점을 공격하는 상황에 비유할 수 있다. 따라서 경쟁사도 타사의 신제품이 나오면 잠자코 있는 것이 아니라 반격할 것이다. 이때 반격이 너무 세어 신제품에 대한 반격 제품이 소비자에게 더 큰 만족을 줄 수 있는 제품이라면 신제품 개발자는 실패하는 상황에 부닥치게 된다.

⑧ 관련 부서들 간의 협력 부족: 신제품 개발 과정에서 사내의 관련 부서들 간의 협력을 필수적이다. 앞에서 이미 지적한 바와 같이 신제품 개발은 전사적 활동이므로 관련 부서가 서로 협력하지 않으면 성공하지 못한다. 따라서 관련 부서들 간의 협력이 원활하게 이루어지게 하기 위해서는 최고 경영자의 신제품 개발에 대한 확고한 지원과 신제품 개발 리더와 관련 부서들 간의 의사소통이 중요하다.

⑨ 경영진의 지원 부족: 신제품 개발은 전사적 활동이며 많은 자원과 노력이 투입되는 활동이므로 신제품 개발에 필요한 유기적인 지원이 이루어지기 위해서는 경영진의 지원이 절대적으로 필요하다.

⑩ **높은 연구 개발비:** 신제품 개발에 연구 개발비가 과도하면 제품의 가격을 상승시키거나 수익성을 악화시켜 신제품 개발이 실패로 끝날 수 있다. 따라서 기술적 타당성 조사 단계에서 전문가의 의견을 경청하여 이러한 실패를 예방하여야 한다.

⑪ **수익성 악화:** 제품이 기술적으로 성공적이고, 매출이 어느 정도 올라가도 제품에 대한 전체적인 수익성이 부진하면 제품은 실패하게 된다. 따라서 사업성 분석 단계에서 면밀한 검토가 수행되어야 한다.

⑫ **예측 오류:** 신제품 개발은 미래에 대한 예측을 기반으로 하여 진행되는 활동이다. 따라서 신제품 개발을 위한 미래 예측이 정확하여야 한다. 하지만 미래에 대한 예측에는 오차가 불가피하게 발생할 수 있다. 미래에 대한 예측 오차를 극복하는 방안은 복수의 예측 기법을 사용하기(예를 들면, 통계적 예측, 전문가 예측, 인과적 예측, 시나리오를 이용한 예측 등)도 적용해 볼 수 있겠다. 예측 오차가 발생했을 경우에 대응하는 계획을 미리 마련해 두는 방안도 있다.

⑬ **소비자 교육:** 신제품을 만족스럽게 사용하기 위해서는 소비자가 신제품에 대해서 학습할 필요가 있는 경우가 있다. 이때 학습 과정이 너무 복잡하거나 학습이 제대로 이루어지지 않으면 소비자는 실망하고 신제품은 확산되지 못할 수가 있다. 예를 들면, 스마트폰은 매우 다양한 기능을 가지고 있는데 이 기능을 활용하는 방법을 모두 학습하기란 매우 어렵다고 할 것이다. 그런데도 불구하고 대부분의 스마트폰 사용자들은 제품이 가지고 있는 모든 기능을 다 활용하지 않아도 나름대로 사용법을 익히고 만족해 한다고 할 수 있다. 이렇게 고객이 만족하기까지에는 스마트폰의 수많은 대리점의 고객 서비스, 지역별 고객 서비스 센터, 전화를 통한 상담원의 상담 서비스 등이 중요한 역할을 하고 있다고 해야 할 것이다. 또, 휴대폰 사용자의 여러 상황에 대한 개발자의 숨은 배려도 중요한 역할을 한다고 봐야 할 것이다.

16 신규 사업 개발

신제품 개발과 신규 사업 개발은 실제로 매우 비슷하면서도 다른 점이 있는 활동이다. 신제품 개발은 기존의 제품과 다른 제품을 개발하는 것인데 기업의 기존의 제품과 유사한 계열의 제품을 생산하면서 기업의 조직을 크게 변동하지 않고 전개하는 활동을 의미한다. 한편, 신규 사업은 기존의 사업과는 제품과 서비스의 내용이 크게 다른 사업을 하는 경우를 의미한다. 그러나 신제품과 신규 사업을 구별하는 절대적인 기준을 설정하기란 쉽지 않다. 신규 사업의 개발 과정과 수행해야 할 과업은 다음과 같다.

🔷 신규 사업의 목적 설정

신규 사업을 하려고 하는 경우에는 먼저 왜 또는 무엇을 위하여 신규 사업을 하려고 하는가라는 질문에 대하여 대답을 하여야 한다. 이 질문에 대한 대답이 신규 사업을 하는 이유와 목적이 된다. 신규 사업의 이유와 목적에는 다음과 같은 것들이 있다.

- 성장 전략으로서의 신규 사업: 기존의 사업 분야가 포화되었을 경우
- 본업을 진흥시키기 위한 신규 사업: 본업의 이미지 개선
- 환경 변화에 적응하기 위한 신규 사업: 4차 산업혁명과 같은 변화에 대응
- 사업 구조 재편성을 위한 신규 사업: 구조 재편성을 통한 수익 증대, 경쟁력 강화
- 위험을 분산시키기 위한 신규 사업: 수출과 수입을 병행하여 환율 변동의 위험을 분산
- 기업의 보유 자원을 활용하기 위한 신규 사업: 부동산, 인력, 기술 등을 활용하기 위한 신규 사업
- 조직 활성화를 위한 신규 사업: 조직이 너무나 안정적이어서 활기가 필요한 경우
- 그룹의 힘을 강화하기 위한 신규 사업: 그룹의 크기를 증대하기 위하여
- 노무 대책을 위한 신규 사업: 잉여 인력을 해고하기 어려운 경우
- 이외의 목적을 위한 신규 사업: 사회적 공헌을 위한 사업 등
- 상기 이유들의 복합적인 이유 때문에 하는 신규 사업

🔷 신규 사업 분야의 탐색

신규 사업 분야의 탐색은 제5장의 제8절에서 다룬 신제품 아이디어의 원천과 유사하므로 생략한다.

🔷 후보 사업의 평가와 선별

신규 사업이 다음과 같은 사항에 대해서 긍정적인 대답을 할 수 있는지 검토한다.

- 신규 사업은 기존 사업의 경영 목표와 방침과 일치하는가?
- 신규 사업의 내용이 신규 사업의 목표와 이유와 부합하는가?
- 최고 경영자는 신규 사업을 충분히 이해하고 관심이 있는가?
- 사업의 매력도는 어느 정도인가? (수익성, 성장 가능성, 위험성)
- 소요자금은 과다하지 않은가?
- 기술적으로 타당성이 있는가?
- 예상 수익성은 만족스러운가?

🔷 사업성 분석과 사업 계획 수립

이 책의 제5장 11절의 사업성 분석을 참고하기 바란다. 사업성 분석에 대한 사례를 통한 구체적인 설명이 필요하면 박춘엽(2013)의 창업학을 참고하면 도움이 될 것이다.

🔷 사업 계획 실행

사업 계획의 실행과 관련된 업무는 신규 사업의 목표 설정, 신규 사업 분야의 탐색, 분야 결정, 추진 계획, 계획 실시 등으로 구분할 수 있다. 이러한 과업을 수행하는 주체는 그림 5.8에 보인 바와 같다.

업무 내용	실행 주체		
	임원	전략 기획실	실무 부서
신규 사업의 목표 설정	임원회의		
신규 사업 분야 탐색		전략 기획실	연구부서, 관련 부서
분야 결정	임원회의		
추진 계획		전략 기획실	세부 계획
계획 실시			실무 부서, 신규 부서
평가와 조치	임원회의	전략 기획실	

그림 5.8 **신규 사업 과업과 실행 주체**

🔷 결과의 평가와 후속 조치

전략 기획실에서 평가 보고서 작성하고 임원회의에서 최종 평가와 후속 조치를 한다.

본 절(제16절) 신규 사업 개발의 내용은 저자가 저술했던 「신규 사업 개발의 이론과 실무」를 참고로 하였음을 밝혀둔다(박춘엽, 김성희(1992)). 신규 사업 개발에 관한 좀 더 상세한 내용은 본인의 공저서를 참조하기 바란다.

CHAPTER 06 제조 혁신과 스마트 팩토리[12) 13)]

1 제조 혁신의 배경과 중요성

산업혁명이라는 말에서 '산업'이라는 말은 농어업 임업 등 1차 산업과, 제조업을 포함하는 2차 산업, 각종 서비스 산업을 포함하는 3차 산업을 의미하는 말이다. 이와 같이 볼 때 산업 혁명이란 1, 2, 3차 산업을 포함하는 모든 산업 분야의 생산 활동이 크게 바뀐다는 뜻이다. 물론 현대의 산업 구조에서 1, 2, 3차 중 어느 산업이 더 중요하다고 단정할 수는 없지만, 한국은 제조업을 기반으로 한 수출 중심형 경제이므로 2차 산업으로 구분되는 제조업의 중요성이 크다. 따라서 4차 산업혁명과 관련하여 제조 분야의 혁신(즉, 제조 혁신)은 특별한 중요성을 가진다고 하겠다.

제조 혁신이 한국 경제에서 차지하는 중요성에 대한 이러한 이해를 바탕으로 하여 제조 혁신에 대한 기술적 배경에 대해서 설명하고자 한다. 결국 제조 혁신이라는 것은 '제조 기술의 혁신'을 의미하므로 제조 혁신의 본질을 이해하기 위해서는 제조 혁신의 기술적 배경을 이해하여야 한다.

4차 산업혁명과 관련한 제조 혁신은 인더스트리 4.0(또는 제조 혁신 4.0)과 밀접하게 연관되어 있다. 인더스트리 4.0은 자동화와 정보 교환을 바탕으로 한 제조 기술의 최신 트렌드를 지칭하는 말이다. 그러므로 인더스트리 4.0이 바로 제조 혁신이다. 인더스트리 4.0의 핵심 기술에는 사이버물리적 시스템, 사물인터넷 그리고 인지적 기술이 포함된다. 인더스트리 4.0은 스마트 팩토리와 밀접하게 관련되어 있는데, 인더스트리 4.0의 기술이 적용되어 만들어 진 제조 공장을 스마트 팩토리라고 한다(스마트 팩토리에 관한 논의는 6.4에서 다시 좀 더

---

12) 오점술이 저술하였음.
11) 여기 제6장에서는 첨단 제조 기술에 대해서 설명하고 있는데 외래어를 많이 사용하고 있다. 이들 외래어는 이 분야의 전문가들이 사용하는 수준이어서 일반 독자들에게는 다소 생소할 수 있다. 앞으로 시간이 경과하면 이들 외래어는 한국어로 정착되거나 번역어가 사용되게 될 것이다. 독자들의 양해를 바란다.

상세하게 한다). 요약하면, 인더스트리 4.0은 제조 시스템의 혁신을 의미하는 말이다.

"인더스트리 4.0"(Industry 4.0)이라는 말은 제조업 강국으로 알려진 독일 정부가 자국의 제조 기술을 더욱 발전시키기 위하여 제조 활동의 컴퓨터화를 추진했던 첨단 기술 전략에 포함되었던 과제(project)의 명칭에서 유래되었다. 그 후 인더스트리 4.0이라는 말은 2011년 독일의 하노버에서 개최되었던 산업박람회에서 사용되었고 이후에 점점 확산되어 사용되고 있다.

앞에서 제조 혁신은 한국 경제에 특별히 중요성이 크다고 하였는데 그 중요성을 요약하면 다음과 같다.

① 제조 기술은 핵심 경쟁력: 이미 지적한 바와 같이 제조업의 경쟁력은 한 국가의 산업 경쟁력을 결정하는 핵심 요인이다. 예를 들면, 미국이 현재와 같은 세계 제1의 산업 경쟁력을 갖게 된 배경에는 미국의 제조업 경쟁력이 있었고, 독일의 산업 경쟁력 또한 제조업 경쟁력이 바탕이고, 일본도 그렇다. 또, 중국이 경제 대국으로 성장하게 된 것도 제조업 경쟁력 향상의 결과이며, 한국의 수출 경쟁력도 제조업에 바탕을 두고 있다. 이처럼 제조업의 기술은 국가 경쟁력을 결정하는 핵심 요소 중의 하나이다.

② 제조 기술은 첨단 기술의 집합: 제조 기술은 어느 때나 당시의 첨단기술을 활용한다. 4차 산업혁명에서도 제조업은 인공지능, 로봇, 사물인터넷, 그리고 각종 컴퓨터 기술 등 첨단 기술의 집합체이다. 제조 기술과 첨단 기술은 불가분의 관계이어서 첨단 기술이 잘 활용되어야 제조 기술이 발전하고, 제조 분야에서 첨단 기술을 잘 활용하면 첨단 기술이 더욱 발전하게 된다.

③ 수출 경쟁력의 원천: 한국은 제조업을 기반으로 한 수출 경제를 추구하고 있으므로 제조 기술의 경쟁력은 한국의 수출 경쟁력과 직결되어 있다. 그러므로 한국이 4차 산업혁명에서 제조 기술의 혁신을 이루지 못한다면 한국의 수출 경쟁력을 장담할 수 없게 된다. 따라서 제조 기술은 한국의 수출 경쟁력의 원천이다.

1) 제조 혁신에 의한 제조 현장의 변화

제조 현장에 첨단 기술을 적용하는 활동을 제조 혁신이라고 하겠다. 제조 현장에 적용되는 기술에는 빅데이터, 로봇, 자율 주행 기술, 시뮬레이션, 공급망 관리 기술, 보전 기술, 자율 조직 생산, 적층식 제조 기술, 증강현실 기술 등이다. 그래서 이러한 기술들이 제조 공장에 적용되어 제조 혁신이 이루어졌을 경우에 제조 현장은 다음과 같이 변화할 것으로 예상된다(출처: 중소기업진흥공단, 스마트공장 구축 및 추진실무, p. 14.).

① 빅데이터 기반 품질관리(Big Data-driven Quality Control): 빅데이터에 기초한 알고리즘이 품질 문제를 확인하고 불량을 예방함
② 로봇 지원 생산 활동(Robot-Assisted Production): 지능화된 로봇이 인간을 대신해서 가공, 조립, 포장 등 제조 작업을 수행함
③ 자율 운행 물류 장비(Self-Driving Logistics Vehicles): 완전 자동화된 운송장비가 공장 내외의 물류를 담당함
④ 생산 라인 시뮬레이션(Production Line Simulation): 시뮬레이션을 통해서 제조 작업이 최적화됨
⑤ 스마트 공급망(Smart Supply Network): 전체 공급 망의 모니터링을 통해 더 나은 SCM 의사 결정이 가능해짐
⑥ 예측 보전(Predictive Maintenance): 설비 데이터 분석을 통해 예지 보전이 가능해 짐
⑦ 유지보수까지 제공하는 기계(Machines As a Service): 제조사가 설비뿐만 아니라 유지보수를 포함한 서비스를 제공함
⑧ 자율 조직 생산(Self-Organizing Production): 제품의 특성에 따라 설비와 제조공정이 편집되어 맞춤형 제조를 함
⑨ 복잡한 부품의 적층식 제조(Additive Manufacturing of Complex Parts): 3D프린터를 통해 조립작업 없이 바로 복잡한 제품을 생산함
⑩ 증강 현실 응용한 작업과 유지보수 및 서비스(Augmented Work, Maintenance and Service): 증강현실을 이용하여 작업, 설비 유지보수, 서비스 등을 실시함

2) 소비와 유통 채널의 변화

제조 혁신이 이루어지면 앞으로는 급속한 수요의 개인화 현상에 따라 맞춤형 제조의 기회가 더욱 많아질 것으로 예상한다. 기업들은 대량 맞춤화나 대량 개인화를 통해 고객들에게 더욱 넓은 선택의 폭을 제공해야 할 것이다. 제품과 서비스의 글로벌 제조가 일반화되고, 고비용 국가나 저비용 국가나 차별적 우위성에 따라 분업화함으로써 각 국가와 기업에 새로운 비즈니스 기회가 만들어질 것이다. 따라서 특정 고객을 대상으로 하는 틈새시장(niche market)이 성장할 가능성이 커지고, 기업들은 특정 영역에서 전문화를 추구해야 할 것이다. 더불어 제조업자는 더욱 높아진 환경의식으로 인해 지속 가능성을 추구해야 함으로 원자재의 재활용도 일반화될 것이다. 4차 산업혁명으로 촉발된 스마트 제조 혁신의 영향으로 제조 현장과 소비 유통에서 예상되는 변화 내용을 요약해 보면 그림 6.1과 같다.

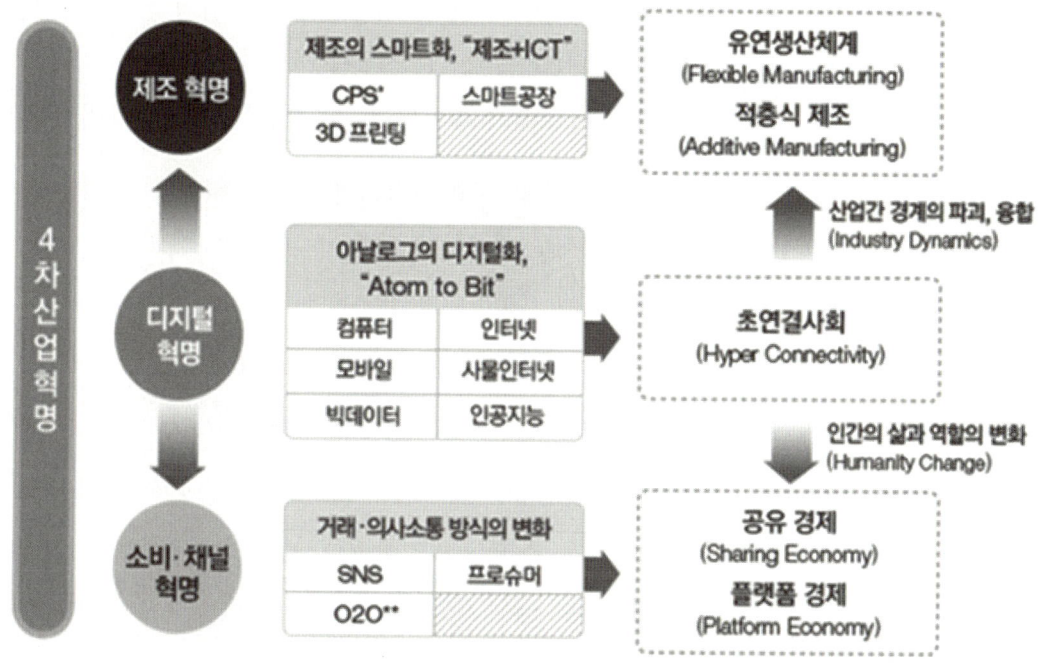

그림 6.1 4차 산업혁명의 진화 과정[14]

2 제조 혁신을 촉진하는 요소 기술과 변화

1) 사용되는 요소 기술

제조 기술의 혁신의 바탕이 되는 요소 기술로는 다음과 같은 것들이 있다(중소기업진흥공단, 스마트공장 구축 및 추진실무, p. 20. 8대 스마트 제조 기술).

① **스마트 센서**: 제조 현장에서 발생하는 다양한 정보를 감지하여 스마트한 제조 환경을 가능하게 하는 똑똑한 센서를 의미
② **사이버물리적 시스템(CPS)**: 제조기업의 정보, 컴퓨터 시스템을 네트워크로 사람, 공정, 설비와 같은 물리적 시스템과 연계 통합하여 안전하고 신뢰성 있게 분산 제어하는 제조시스템 구축 기술
③ **3D 프린팅**: 3차원 디자인 기술 기반의 디지털 정보를 제조 장비에 입력하여 소재를 적층식(additive)으로 쌓아 제품을 생산하는 기술과 이를 활용한 서비스

---

14) 출처: 중소기업진흥공단, 스마트공장 구축 및 추진실무, p. 47.

④ 에너지 절감: 정보 통신기술과 에너지 제어 기술을 결합하여 제조업 전 주기에서 소요되는 에너지의 합리적 이용을 도모하는 혁신적인 기술과 서비스
⑤ 사물인터넷: 인터넷을 기반으로 모든 사물을 연결하여 사람과 사물, 사물과 사물 간의 정보를 상호 소통하게 하는 기술
⑥ 빅데이터: 스마트 제조에 요구되는 컴퓨팅 자원, 스토리지, 소프트웨어 등 모든 필요 IT 자원을 클라우드를 통해 서비스 형태로 제공하는 기술
⑦ 클라우드(Cloud): 제조과정에서 발생하는 데이터와 시장, 환경, 정책, 기술동향 등의 외부 데이터 수집과 분석을 통한 지능화 서비스 기술
⑧ 홀로그램: 실제 사물을 보는 것과 동일한 입체감과 현실감을 제공해 주는 인간 친화형 실감 영상으로서 아날로그 기술과 디지털 기술로 구분됨

2) 제조 공장의 변화

① 제조 기술의 지능화: 첨단 요소 기술들이 제조 공정에 적용되면서 생산 자동화는 고도화되고 적용 범위도 확대되고 있다. 앞으로는 기계가 단순한 육체노동을 대체하는 수준을 넘어 의사 결정, 운영의 최적화, 커뮤니케이션 등의 지식 노동도 수행하고, 개인의 맞춤형 소비까지 지원하게 된다. 그 중심에는 지능형 로봇 기술과 3D 프린팅으로 대표되는 개인화 제조 기술이 발전하고 있기 때문이다. 또한, 인공지능 기술은 인간의 지적 인식력, 사고능력, 학습능력 등과 같은 지적 능력을 디지털로 구현하여 판단력과 문제해결력을 크게 높여 준다. 3D 프린팅 기술의 발전에 힘입어 제품 설계에서부터 실제의 제품을 한 장소에서 자동으로 제작할 수 있게 되었다. 미래에는 3D 프린팅 기술이 더욱더 확산되어 산업과 생활의 핵심 기술로 정착할 것으로 예상한다.

3D 프린팅 기술이 일반화되어 가정이나 동호 단체, 사무실 공간에서도 필요한 제품을 바로 만들어 쓰게 되며, 기계 설비나 부품의 조달 없이도 제품을 만드는 1인 제조업이나 마이크로 팩토리(Micro Factory) 등이 많이 늘어나고 활성화될 것으로 보인다. 나아가 3D 프린팅 기술의 발전으로 앞으로 초정밀 가공도 가능해 지고, 대형의 복합 가공 제품도 제작하는 시대가 올 것으로 전망된다.

② 제조와 소비 행위에 대한 데이터 축적: 사물에 대한 모든 정보가 점점 디지털 데이터화하면서 데이터는 제조와 소비에 있어서도 중요한 자원으로 발전하고 있다. 데이터가 많이 생성되더라도 제때 분석하여 필요한 정보를 추출하여 가치 있는 정보로 만들 수 없으면 무용지물이 된다. 기존에 있던 데이터 가공 기술로는 자료를 생성하는데도 많은 시간이 걸렸지만, 이제는 컴퓨팅 기술의 발전으로 방대한 데이터라 하더라도 실시간으로 처리하여 바로 활용할 수 있게 되었다.

이러한 빅데이터 분석 기술이 실용되고 확대되면서 전체 데이터에서 활용 가능한 데이터의 비중도 크게 높아지고 있다. 이용 가능한 데이터의 증가와 신속한 분석은 다양한 제품과 서비스를 소비자 맞춤형으로 제공할 수 있게 해준다. 즉, 제조와 소비 행위가 데이터화됨에 따라 급증하는 데이터 분석을 활용하여 이전에는 미처 몰랐던 새로운 사업 기회도 찾을 수 있고, 소비자 분석을 통하여 다양한 소비자의 개별적 수요를 찾아낼 수 있게 되었다. 또한, 제조에서도 제조 관련 데이터가 분석되면서 제조 공정 자체가 지능화되고, 유연화 함으로써 개개인의 수요에 대응하는 맞춤형 제품의 제조가 가능해졌다. 이를 통해 제조와 소비의 정확성을 높이고 맞춤형 처방을 제시할 수 있게 된다. 또한, 사물인터넷으로 새로운 유형의 데이터를 축적할 수 있게 되어 그림 6.2와 같은 신규 비즈니스를 실현할 수 있게 하고 있다.

	비즈니스 분야		비즈니스 분야
제조혁신 지원	• IOT를 지원하는 센서, 클라우드, 산업 플랫폼, 솔루션, 인공지능 • 차세대 로봇, 3D프린터, 공장 운용서비스	의료 지원	• 인터넷 의료 서비스화로 의료비 절감, 맞춤형 의료서비스 • 의료기관 업무 효율화, 스마트폰 등 원격 의료
신에너지 솔루션	• 전력의 스마트화로 주파수 조정 서비스, 예비 에너지 저장. 공급 • HEMS, BEMS 관련 시장	차세대 농업	• 센서, 데이터 기반 고효율 농업, 수송 물류 효율화 및 안전 재고 • 드론, 식물 공장, 농업용 로봇 등으로 생산 효율화
차세대 교통	• 자동차와 도로의 네트워크화, 정체 없는 교통, 무인자동차 기반 수송 인프라 • 자동차, 해운, 항공 등 연계수송의 IT 연계	O2O 서비스	• 주문형 유통시스템, M2M을 통한 자동 주문 • 각종 서비스의 온라인. 오프라인 융합화

그림 6.2 **사물인터넷에 의한 신 비즈니스 예상 분야**[15]

③ **사물 간의 연결성 증대**: 그 동안 정보 통신기술의 발달로 모든 개체와 개체, 사물과 사물 간의 연결성은 비약적으로 증대되어 왔다. 이에 따라 새로 나타난 디지털 플랫폼은 수많은 제조자와 소비자를 산업의 중심이 되도록 패러다임의 변화를 가져오고 있다. 소규모 사업자나 개인도 디지털 플랫폼을 통해 큰 비즈니스를 할 수 있는 기회를 만들 수 있게 되었다.

앞으로는 사람과 사물 간의 연결, 사물과 사물 간의 연결도 증가할 것이다. 이러한 연결은 부품, 반제품, 제품 등에 부착된 센서와 이들을 연결하는 무선인터넷, 근거리 통신기술 등이 비약적으로 발전함으로써 가능하게 되었다. 또한, 사물에서 수집한 다양한 데이터를 가상공

---

15) 출처: LG경제연구원, 일본제조업의 IOT전략, p. 9.

간에서 축적하고 분석하고 활용할 수 있게 됨에 따라 이들 사이를 매개하고 통합하는 사이버 물리 시스템이 중요한 역할을 한다. 이때 빅데이터, 인공지능 등의 지능정보기술이 직·간접적으로 사이버 물리 시스템의 기능에 기여하게 된다.

또한, 연결성이 비약적으로 증가하면서 제조와 소비의 과정도 최적화될 수 있다. 제조 시스템이 지역적으로 분산되더라도 사이버 물리 시스템을 활용하면 한 곳에서 부품 하나, 제품 하나의 상태까지 통합적으로 관리할 수 있게 된다. 또한, 제품을 판매한 후에도 계속해서 제품 상태를 모니터링하고 계속해서 최적 성능으로 유지·관리하는 등의 서비스도 다양하게 활성화될 것이다. 나아가 소비자는 제품을 통해 제조자와 소통하며 제조에 참여할 뿐만 아니라, 소비자 간 정보 공유를 통해서 제조자에 대한 영향력을 높여갈 수 있다.

④ 예상 되는 제조업 사이버물리적 시스템: 제조 혁신을 하는 데 있어서 핵심적인 역할을 하는 것이 사이버 물리 시스템이라고 할 수 있다. 이 시스템은 제조 활동에 관련된 모든 요소들을 센서, 액추에이터, 제조 운영 애플리케이션, 사물인터넷 등에 기반 한 컴퓨팅 시스템으로 상호 유기적으로 결합해 각종 제조 사물 데이터를 수집. 축적. 해석하여 제조활동을 최적으로 제어하는 기술이라고 할 수 있다. 제조 공장이 스마트화되어 사이버 물리 시스템을 중심으로 실제 공장과 디지털 공장이 결합되어 스마트 팩토리가 완성되면 그림 6.3와 같은 구조와 기능을 갖게 된다.

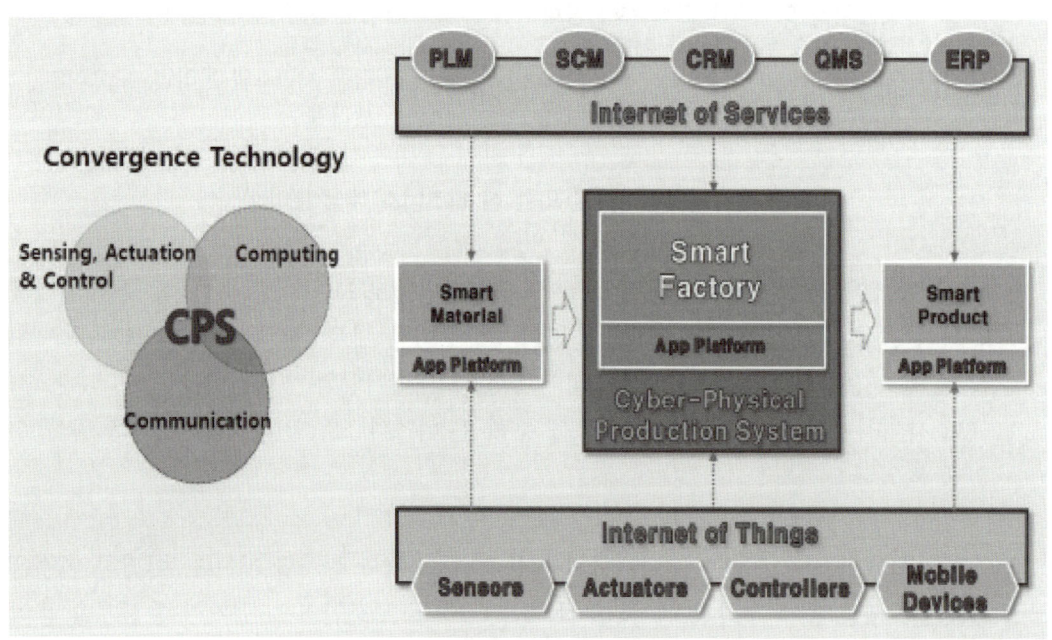

그림 6.3 **사이버물리 제조 시스템 구조**[16]

---

16) 출처: DFKI, Cyber Physical System in Factory, p. 9.

용어 해설:

Convergence Technology(컨버전스 기술)

Sensing, Actuation & Control(센싱, 구동, 컨트롤)

Communication(통신)

PLM(Product Life Cycle Management, 제품개발 관리 시스템)

SCM(Supply Chain Management, 공급망 관리)

CRM(Customer Relations Management, 고객관계 관리)

QMS(Quality Management System, 품질관리 시스템)

ERP(Enterprise Resource Management, 전사적 자원관리)

Internet of Services(서비스 인터넷)

Smart Factory(스마트 공장)

Cyber-Physical Production System(사이버물리 제조 시스템)

Smart Material(스마트 원자재)

Smart Product(스마트 제품)

3 스마트 혁신에 의한 제조 패턴의 변화

4차 산업혁명에는 빅데이터, 인공지능 등 과학기술의 진보로 인해 가상공간과 실제 공간을 결합해 주는 사이버 물리 시스템이라는 새로운 플랫폼이 만들어져 중요한 역할을 한다고 위에서 설명하였다. 이 플랫폼에서는 이전에 생각지도 못하던 새로운 사업 모델들이 생겨나기 때문에 제조와 소비가 함께 변화한다. 이를 통해 소비자들도 직접 제품의 제조에 참여할 수 있으며, 수요와 공급 간의 상호 작용도 더욱 활발해질 것으로 예상한다.

그 결과 제조와 소비의 모습이 다양하게 진화할 것으로 전망된다. 앞으로는 개인마다 수요 패턴이 더욱 다양화되고 전문화되기 때문에 시장의 소비 트렌드도 급격하게 변화할 것이며, 이에 맞추어 제조 활동은 신속하고 유연하게 제품과 서비스를 만들어내는 방향으로 발전해야 한다. 더불어, 제조와 소비의 영역 간 융합도 가속화될 전망이다. 특히, 제품과 서비스의 융합이 더욱 활발해지고, 인간과 기계의 협업으로 제조와 소비가 스마트하게 이루어지며, 전체적인 네트워크로 확대되어 글로벌 융합도 이루어질 것으로 전망된다. 따라서 이러한 현상이 가져올 제조 패턴의 변화를 살펴보면 다음과 같다.

1) 개인 맞춤형 제조의 확대

설계와 제조 시스템이 디지털화되고 빅데이터, 사이버 물리 시스템, 3D 프린팅 기술이 발달함으로써 제조를 유연하게 만든다. 또한, 제조와 소비를 긴밀하게 연결하여 제품의 구조나 제조 방식을 쉽게 변경할 수 있게 되어 소비자의 다양한 요구를 수용하는 개인 맞춤형 제조가 크게 확대된다. 따라서 기술 발전에 힘입어 지금까지의 소품종 다량생산 위주의 제조에서 다양한 수요를 폭넓게 수용하고, 개인별 수요에 최적화된 제품과 서비스의 제조가 더욱 확대되는 개인 맞춤형으로 패러다임 전환이 일어난다. 또한, 네트워크 발달로 제조자와 소비자의 연결성이 크게 높아지면서, 소비자는 더욱 다양한 제품을 접하고 폭넓은 선택을 할 수 있게 된다.

따라서 제조자와 소비자가 상시로 연결되어 작은 수요도 충족할 수 있게 되는 개별 수요 기반 거래가 확대된다. 빅데이터 분석을 통해 개인별 선호 제품이 자동 분석되기 때문에 제조자는 계획 생산에 따른 과잉 생산이나 재고 부담을 줄이고 소비자들은 선택의 혼란 없이 쉽고 편하게 소비 활동을 할 수 있을 것이다.

또한, 소비 수요의 초세분화로 인해 평범한 대량생산 제품에 대한 선호는 더욱 낮아지고, 개인이나 소규모 단체가 3D 프린터나 제조 플랫폼을 활용해서 직접 제품을 제조해서 비즈니스를 할 수 있는 마이크로 메이커(Micro Maker) 활동도 증가한다.

예를 들어 오픈 이노베이션(Open Innovation)의 대표 주자인 로컬모터스(Local Motors)는 3D 프린터로 그림 6.4와 같이 개인 맞춤형 전기자동차를 만들어주는 세계 최초의 기업으로, 고객의 주문을 받아 일주일 내에 차량을 새로 디자인하고 제작하여 공급한다.

그림 6.4 3D 프린터로 만든 12인승 전기 차[17]

---

17) 출처: http://localmotors.com/

NEC는 의류 업체와 공동으로 스마트 의류를 개발하고 있다. 이 의류는 전도성 섬유를 활용해서 의류에 미세한 배선이 포함되고 있으나 세탁이 가능하고, 소비자의 체형과 자세를 스캐닝해서 소비 칼로리를 측정할 수 있고, 심박 수 등의 신체 모니터링도 해서 착용자의 자세 교정 등을 제안하는 서비스를 실시하고 있다.

또한, 제조 기술과 지능형 정보 기술이 결합하여 기술 혁신이 빨라지면서 소비 패턴에서도 급격한 변화가 일어나고 있다. 개인 맞춤형 제조와 제품이 늘어나면서 제품과 서비스의 수명 주기도 급격히 짧아지고 있다. 소비자들은 새 제품이 나오면 기존 제품이 충분히 쓸 만한데도 바로 교체하는 경향이 더욱 커지고 있다. 예를 들어 스마트폰의 교체 주기가 얼마 전까지만 해도 2~3년이었지만, 최근에는 1년 미만으로 급격히 짧아지고 있다. 따라서 급변하는 소비 트렌드와 기술 트렌드에 기민하게 대응해서 제조 혁신을 가속하는 기업들에 더 많은 비즈니스 기회가 주어질 것으로 기대된다.

2) 제조 기술의 지능화

정보 통신기술의 접목은 기존 제품과는 다른 구성 요소와 작동 원리를 지닌 스마트 기술과 제품을 등장시켰다. 스마트 제품은 유, 무선 접속을 가능하게 하는 고기능 센서, 안테나, 프로토콜 등으로 연결된 운영 체계가 내장되어 있고 사용자 인터페이스를 이용하여 제품 스스로 작동하고 문제점을 개선하는 기능을 한다. 이러한 스마트 제품은 센서와 데이터를 통해 제품에 대한 데이터가 측정되고, 내장되어 있는 소프트웨어와 사물인터넷을 이용해 제품의 조정과 사용자 경험을 모니터링 할 수 있으며, 이를 통해 제품의 기능과 작동을 최적화한다. 제품을 제조하는 제조 시스템과도 기능 조율이 이루어지며, 자가 진단을 제품 스스로 수행하여 기능을 업그레이드시킨다.

또한, 제조 방식에서도 지능화가 가속화된다. 스마트 제조 공정에서는 증강현실, 센서, 제어장치, 웨어러블, 사물인터넷 등의 실물로부터 디지털로의 전환 기술을 이용해 그림 6.5와 같이 소비자 맞춤형 제품의 신속한 설계와 검증, 제조와 품질의 실시간 모니터링, 툴 교체의 주기관리 등이 최적화되어 실행된다. 또한, 제조 프로세스에 대한 자동화와 정보화를 통해 가치 사슬 전체가 하나로 통합되며 공정 자체가 지능적으로 발전한다. 제조방식이 지능화되기 위해서는 제품과 시스템, 공정과 공정 간의 유기적 연결이 핵심적 요소이며, 이는 제조 시스템, 제조 설비 등이 사물인터넷, 빅데이터, 클라우드 컴퓨팅 등과 결합하여 지능화되어야 가능하다.

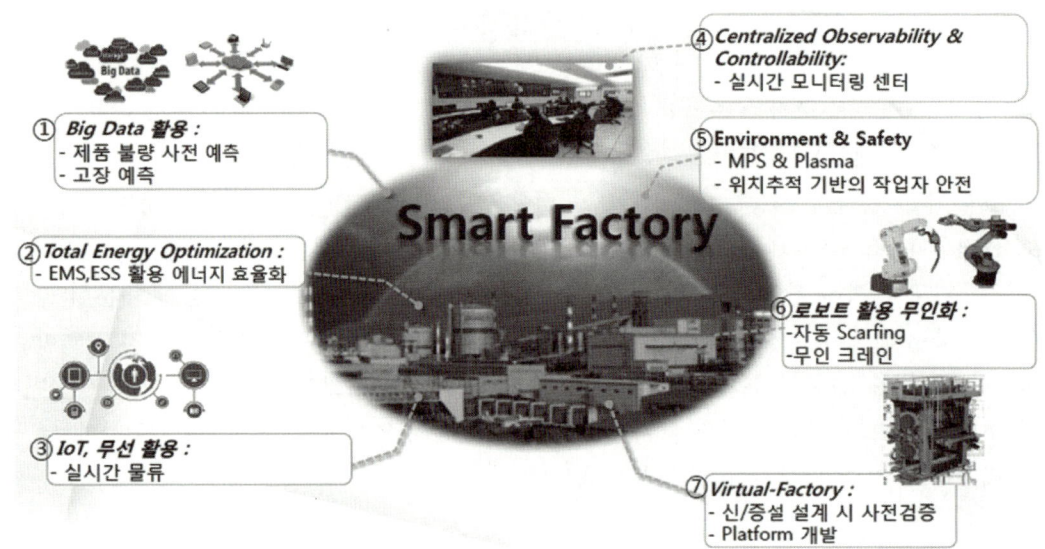

그림 6.5 스마트 제조공장 모습[18]

제조 기술과 제조 방식이 지능화되어 가는 양상을 몇 가지로 요약해서 살펴보면 다음과 같다.

첫째, 가공 기계가 증강현실과 결합해서 제조 시뮬레이터화 되어 가고 있다. 제품과 제조 공정이 똑똑해지면 질수록 산업 간, 기업 간 경쟁은 치열해지고 제품 불량이나 제조에서의 낭비는 허용되지 않는다. 따라서 시장에서의 점유율을 높이기 위해서 제조 공정의 단축과 비용 절감은 피할 수 없는 경쟁 요인이 되고 있다. 이에 따라 제조 시스템에서는 디지털 툴을 이용하여 작업 수행의 효율성과 품질 측면에서 제조 공정의 최적화를 추구한다.

제조 혁신의 시작과 더불어 최근 제조 설비도 증강 기술을 접목하여 지능화해 가고 있다. 제조 설비의 능력과 효율성은 구조적인 기계특성과 CNC 시스템의 특성에 의해 결정된다. 그러므로 이를 결합하기 위해서는 기계의 운동 특성, 구동부의 제어 특성, 가공 공정에서의 작업 결과에 대한 상관관계 해석이 필수적이며, 이러한 기반 위에서 증강 현상 기술을 통합해 증강현실 제조시스템 (AR production system)이 만들어지고 있다. 이에 따라 가공 공정, 장비의 구동과 NC 제어 특성이 시뮬레이션 되며, 이 시뮬레이션 시스템을 응용하여 공정의 최적화와 가공 품질의 자체 평가가 이루어진 다음 작업함으로써 생산성과 품질의 극대화를 달성한다. 예를 들어, 보시(Bosch)는 터보엔진을 만드는 과정에서 가상제품 개발방식을 채택하여 가상공간에서 초기 개발 터보엔진 제품의 내구성을 창출하는 메커니즘을 분석한다. 그리고 내구성 측면에서 각 부품, 부품 간의 연결에 관한 시뮬레이션 모델을 설계하여 실제로는 있을 수 없는 가혹한 환경 인자를 제품에 가해 터보가 고장이 발생하는 무수한 과정을 관찰

---

18) 출처: POSCO ICT 컨설팅그룹, 철강 산업의 스마트 팩토리 사례, p. 16.

함으로써 치명적인 약점을 찾아내 개선하고 있다.

둘째, 제조 기술이 하이브리드 되고 있다. 스마트 제조에서는 고객의 요구가 다양해지고 제품의 수명주기가 짧아지므로 다품종 극소량, 변종 변량 제조를 위하여 공작 기계의 생산성과 민첩한 대응력이 매우 중요해 지고 있다. 즉, CNC 공작기계의 고속화, 고기능화, 다기능화, 지능화가 요구되는 것이다. 이에 따라 유연화, 효율화와 생산성 측면에서 증가하는 요구 사항들을 수용하기 위해서는 제조 시스템이 가장 합리적으로 진화해야 한다. 다품종 극소량 제조가 점차 확대되는 추세에서 제품 가공을 위해 각 공정별로 공작 기계를 각각 보유하기보다는 복합적인 가공 기능을 갖춘 공작 기계를 갖추는 것이 더욱더 경제적이다. 이를 위해서 복합 제조 공정(Hybrid Production Process) 방식이 대세가 되고 있다. 즉 다양한 가공 방법들이 하나의 장비 안에서 복합적으로 통합되고 있다. 한 번의 셋업으로 서로 다른 가공 방법인 선삭, 밀링, 절단 절곡, 레이저 가공 등이 동시에 진행될 수 있는 다기능 복합 가공기가 대세를 이루고 있으며, 절삭 가공에 연삭이나 연마 가공을 조합하거나 가공 후에 열처리와 용접 작업, 절단 작업을 할 수 있는 레이저 기능을 부가한 것과 가공과 조립을 동시에 실시할 수 있는 것 등으로 제조 기술이 융·복합화하고 있다.

셋째, 제조 시스템이 유연화, 자율화하고 있다. 제조 시스템에서 최근의 딜레마는 제품의 다양한 종류와 물량의 변화에 대한 유연성, 다기능 복합 제조설비의 교체, 복잡한 시스템에 대한 융통성 등에 의해 영향을 받는 제조 프로세스를 어떻게 안정적으로 유지하면서 품질과 생산성을 향상할 방안을 찾을 것인가 하는 것이다. 이런 요구를 충족시키기 위해 자율 제조 시스템이라는 개념의 제조 시스템이 등장하였고, 이를 실현할 수 있는 것이 시스템 네트워킹, 시스템 정보의 동기화, 사이버 물리 시스템, 데이터를 처리하는 제조 운영 시스템(MES) 등으로 구현된 스마트 제조 시스템이다. 이 시스템은 민첩한 제조와 까다로운 품질 요구에 대한 동적 대응, 공정 변화에 대한 실시간 대응, 자율 최적화 등을 가능하게 하는 첨단 지능화, 인지기술 등의 기능을 갖고 있다. 정보 통신기술의 발전에 따라 제조공정 상태를 모니터링 하여 상태 변화에 따라 실시간으로 자율 대응할 수 있는 자율 공정 최적화 시스템(Self Optimizing System)으로 발전하고 있다.

예를 들어 알프스 전기는 제조 설비를 공정이나 기능별로 표준화하여 생산제품에 따라 필요한 공정 기계를 배치하는 편집형 제조 기계 설치 시스템을 도입하였다. 이에 따라 표준 기계의 편집을 가상공간에서 실현하여 운전 과정을 모의 실험해 전기 제어 기술자, 기계 기술자 등이 함께 개발 초기 단계부터 각종 문제점이나 개선점을 확인하여 개선 방안을 마련하고 있다. 스마트 제조 혁신 시대를 맞아 앞으로 유연 자율 제조시스템은 홀론(Holon)이라는 단위 기능 조직으로 구성되어 자율적으로 의사 결정과 협업을 하고, 시스템 자체가 생물체처럼 자기 인식과 복제를 함으로써 스스로 학습을 하고 통제하고 성장하여 발전하는 지능형 시스템으로 진화할 것으로 전망된다.

넷째, 3D 프린팅 기술이 보편적인 설계. 제조 기술로 자리 잡아가고 있다. 3D 프린팅 기술은 기업의 제조 공정 자체를 근본적으로 바꿔놓을 수 있는 핵심 기술이 되었다. 현재는 아직 보급 초기 단계이지만 적용 분야의 확대와 가격 하락 추세에 따라 향후 급격히 성장할 것으로 전망된다. 소재도 초기에는 플라스틱에 국한되었지만, 현재는 나일론, 금속 등으로 다양하게 확장되고, 적층식 제조의 특성을 살려 복잡한 형태의 제품도 정교한 출력이 가능해졌다. 3D 프린팅 기술의 보급에 따른 제조업 변화의 핵심은 공급자와 소비자의 구분이 모호해지는 데 있다. 이는 3D 프린팅을 통해 제품을 제조하는 회사에 자신들의 기호와 요구에 맞는 맞춤형 제품을 주문할 수 있고, 또 3D 프린팅을 활용하여 소비자가 직접 제조, 생산에 참여할 수 있다는 점이다.

예를 들어 UCLA대학 구조화 소재 부의 연구원들은 항상 부상의 위험에 노출되어 있는 풋볼 선수의 머리를 3D 스캔으로 촬영해 개인 측정치에 맞는 헬멧을 제작해 풋볼 헬멧의 보호 기능을 개선하는 기술을 개발하고 있다. 또한, 이 기술을 이용해 개인에게 정확하게 맞춘 인체 장기도 제조하고 있다. 제조업을 업그레이드할 수 있는 주도적 기술로 각국에서 심혈을 기울여 추진하고 있는 3D 프린팅 기술은 적층 가공을 위한 소재 특성화, 가공 중 측정과 모니터링의 최적화, 가공 제품의 성능 검증, 디지털화 등을 통하여 신속 설계와 신속 제품화하는 것을 전략적인 방향으로 잡고 있으며, 이는 신속하게 소비자의 요구 사항을 만족하게 하려는 스마트 팩토리의 핵심 기술 중 하나로 확실히 자리매김하고 있다.

3) 플랫폼 제조의 확대

정보 통신기술을 기반으로 제품과 서비스를 결합해 높은 부가가치를 창출하여 제공하는 트렌드는 앞으로 더욱 심화할 것이다. 스마트 제조 혁신 시대에는 플랫폼을 이용한 제조도 중요한 제조 방식으로 자리 잡아가고 있다. 플랫폼이란 제품 또는 서비스를 다수의 공급자와 수요자가 정해진 규칙과 매뉴얼에 따라 안정적으로 거래할 수 있도록 구축된 시스템을 말한다. 제품, 부품, 서비스, 기술, 자산, 인프라, 노하우 등 무엇이든, 정보 통신기술로 연결된 가상공간에서 제조 활동이나 비즈니스가 이루어진다.

예를 들어 최근에 애플이나 샤오미 같은 플랫폼 기업들이 급격히 성장하고 있으며, 이는 이 기업들이 최근 기업의 창업과 성장 방법이 다양해지고 네트워크 구조로 급속히 변화해 가고 있는 흐름을 잘 이용하고 있기 때문이다. 이러한 변화는 사물인터넷, 지능화 컴퓨팅 기술, 사이버 물리 시스템 등을 통한 스마트 기능이 모든 대상을 연결할 수 있게 되면서, 다수의 기업이 협력하고 다양한 효용을 이용자에게 제공할 수 있게 되었기 때문이다. 플랫폼은 개인이 제조 활동을 수행하는데 필요한 다양한 자원을 연결하고 제공해 제조 활동에 들어가는 거래 비용을 크게 줄여줌으로써 개인도 쉽게 사업을 시작하고 운영할 수 있도록 만들어 준다.

이러한 제조 플랫폼은 커뮤니티의 구성원들을 연결하고 쉽게 이용할 수 있는 제조 환경을 제공함으로써 자원 활용도를 극대화하고 3D 컴퓨팅 기술 등 전문지식에 대한 접근성을 높여 비즈니스 기회를 확대할 수 있도록 도와준다.

또한, 제조 플랫폼은 그림 6.6과 같이 제품 디자이너, 부품 구매자, 3D 프린터 제조자, 자재 공급자, 전문 서비스 제공자, 마이크로 팩토리 등 다양한 회원들로 구성된 온라인 제조 생태계를 구축한다. 각각의 분야에서 전문 영역과 고유 기술을 가진 회원들은 다른 회원들과 실시간으로 연락하여 아이디어를 교환하거나 업그레이드하며 제조용 최신 소프트웨어를 이용해 제조 작업에서도 공동 혁신을 시작할 수 있다.

예컨대 부품 구매자는 이 플랫폼을 통해 원하는 장소에서 자격을 갖춘 제조업자로부터 좋은 부품과 서비스를 신속하게 찾고, 전체 작업 계획을 신속하게 스케줄링할 수 있으며, 최종 부품의 제조 수량을 확보하는 시간을 단축할 수 있다. 동시에, 제조 서비스 제공 업체는 차기 설계를 위한 작업 주문서를 안정적으로 확보할 수 있고, 기계 활용도를 극대화하며 비즈니스를 확장할 수 있다. 그리고 3D 프린터 제조자는 최신 시스템, 산업용 부품의 반복 제조와 수량에 대한 기술과 전문 지식을 커뮤니티를 통하여 공유하고 새로운 일감도 찾을 수 있다.

그림 6.6 제조 플랫폼의 구성[19]

---

19) 출처: http://search.siemens.com/

또한, 기업은 제품의 판매 후에도 제품 관리, 고장 수리, 업그레이드 등의 서비스를 제공하며, 가치사슬 전반을 지능적으로 관리할 수 있다. 제품 판매 후에도 고객과 지속해서 소통하며 서비스를 제공함으로써 제품과 서비스의 결합이 일반화되고, 제조자는 고객과 지속적인 관계를 유지할 수 있다.

예를 들어, Nest Labs는 온도 조절기(와이파이, 센서, 사물인터넷 등 내장)를 중심으로 사용자 정보를 실시간으로 수집·분석하여 에너지 업체, 가전 업체, SW 업체, 서비스 업체 등 다수의 업체가 플랫폼으로 연결되어 소비자에게 스마트 홈이라는 새로운 효용과 경험을 제공한다. 또한, 미국의 GE사는 외부에서 아이디어를 모집해 이를 실제 상품화하는 비즈니스 플랫폼인 'First Build'를 설립하였다. 플랫폼에 제출된 아이디어는 외부의 프리랜서 디자이너, 엔지니어, 일반인 등이 참여하는 커뮤니티 그룹에 의해 보완되며, 이 아이디어의 시장성이 확인되면 본격적인 제품화 과정을 진행한다. 또한, 제품화가 완료될 경우 크라우드 펀딩(Kick Starter, Indie gogo 등)을 통해 선주문을 받아 시장수요를 확인하고 수요가 높을 경우 본격적인 양산에 들어간다.

다른 한편으로 실리콘밸리 등 혁신 크러스트에는 팹랩(Fab-Lab), 테크샾(Tech-Shop) 형태의 공용 제조 플랫폼들이 활성화되고 있으며, 아이디어와 일부 기술만 가지고 있으면 제품의 제작과 창업을 쉽게 할 수 있는 환경이 조성되고 있다. 테크샾은 거의 모든 종류의 제조 관련 설비와 장비 등의 시설을 갖추고 있으며, 이를 개인이 멤버십 형태로 자유로이 이용하여 제품을 제조하거나 창업을 위한 각종 서비스를 제공받을 수 있다.

4) 가치사슬(Value Chain)의 초 연결화

미래의 제조는 단순히 생산 요소를 투입하여 제품을 가공하는 방법에서 벗어나 설비, 자재, 시스템 간, 원자재, 반제품, 제품 간 연결성이 증대되어 제조의 각 단계가 유기적으로 연계되고 상황에 따라 유연하게 조정됨으로써 제조 효율을 높인다. 또한, 제조 관련 데이터와 시장의 수요 데이터를 측정하여 제조에 활용함으로써 제조 프로세스를 탄력적으로 조정할 수 있다. 스마트 제조 라인은 기계장치 간의 연결을 통해 상호 의사소통과 자율적 통제에 의해 사람의 개입을 최소화하는 지능형 네트워크를 구성한다. 스마트 제조 라인에서는 기계장치들의 고장을 사전에 예측하여 자동으로 유지 보수를 요청하고, 원자재 부족과 같은 제조 과정에서의 예상치 못한 돌발 변수에 자율적으로 대응하고 있다.

이러한 연결은 바코드, 센서, RFID, 게이트웨이, PLC 등의 스마트 디바이스에 의해 제조 가치사슬 전반에 걸쳐 양방향 커뮤니케이션을 통해 이루어지며, 모든 부서와 지역에 걸쳐 그림 6.7과 같이 제조 라인을 연결하고, 실시간으로 상황에 맞게 정보를 제공함으로써 제조 라인을 보다 유연하게 만든다.

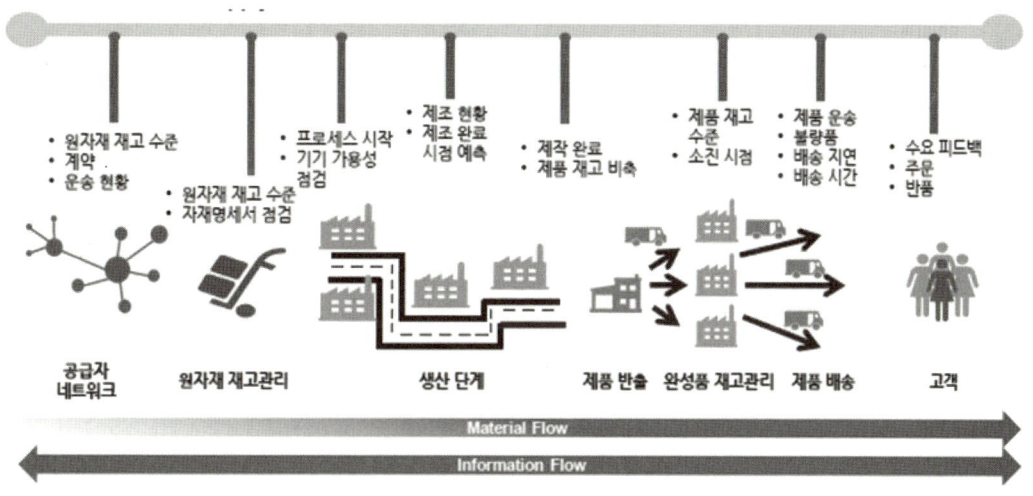

그림 6.7 **가치사슬의 초연결 개념도**[20]

지금까지 스테이션별로 관리되던 제조 라인이 정보 통신기술과 결합하여 초 연결화 됨으로써 기대되는 효과는 다음과 같다.

첫째, 인간과 기계의 지능형 협업이 가능해져 제품과 프로세스의 기획과 설계 단계부터 제조 현장까지 사물인터넷, 사이버 물리 시스템 등으로 연결되고 센서와 빅데이터의 활용으로 지능화된 제조 현장은 속도 향상과 코스트 절감 효과를 추구한다. 센서, 데이터 분석을 활용하면서 설비의 가공 정밀도, 제조계획 이행의 신속성이 향상되고 있다. 또한, 과거에는 할 수 없었던 세밀한 작업도 정밀 로봇을 활용하여 가능해 지고 있다. 이와 함께 작업할 수 없는 심야에도 무인 공장에서 로봇이 부품을 정리하고 제품을 가공하여 아침에 작업자가 출근하면 곧바로 제조에 들어갈 수 있게 작업 시스템의 개선도 이루어지고 있다.

또한, 사물인터넷을 이용해서 지금까지 숙련 기술자에게 의존해 왔던 복잡한 조립 공정을 로봇으로 대체하고 있다. 예를 들어 일본의 메이덴샤는 사물인터넷을 활용해 오지나 원격지에 있는 보수 작업이 어려운 전력 발전소의 설비를 원격으로 감시하고, 가동률을 높일 수 있는 고장 진단 클라우드 서비스 시스템을 개발해 현장에 적용하고 있다. 설비에 센서나 카메라를 설치하고 데이터를 모아서 분석함으로써 누수 등의 고장 징후를 사전에 파악하여 작업자에게 고장이 예상되는 정확한 시간에 통보해 고장을 사전에 방지하고 가동률을 향상하면서 유지관리 코스트를 줄이는 효과를 추구하고 있다.

둘째는 가상설계를 통해 제품개발 일정의 단축, 시행착오의 축소 등 R&D의 효율성을 크게 올린다. 스마트 제조에서는 가상설계를 통해 개발 중인 제품의 문제점을 미리 파악하고 신속하게 해결할 수 있다. 또한, 가상설계에 의한 제품개발 과정에서 획득된 고객 정보나 시뮬레이션 결과를 내부 지식 데이터로 체계적으로 축적하여 제품의 개발력도 강화한다. 시제

---

20) 출처: Deloitte Consulting, 사물인터넷을 활용한 제조업의 스마트화, p. 5.

품을 만들지 않고 가상설계 시스템을 이용하여 가상공간에서 자유롭게 제품 아이디어를 구체화하고 다양한 시험을 실시해 개발품의 완성도를 제고한다. 또한, 가상공간에서 충분히 실험, 테스트를 거친 설계로 시제품을 제작해 제품화에 소요되는 시간을 단축하는 효과를 얻고 있다. 예를 들어 제조 설비를 개발하는 과정에서 3D CAD를 기초로 한 가상 개발환경을 구축함으로써 기계, 전기제어 등의 각 담당자가 동시 작업이 가능해져 개발 기간을 단축한다든지, 편집형 제조설비 시스템을 도입해 제품에 따라 가상공간에서 제조 설비나 공정을 편집해 운전 과정을 모의 실험해 보고 초기부터 각종 문제점이나 개선점을 확인하여 개선방안을 마련할 수 있게 한다.

셋째, 제조라인이 연결되고 정보가 공유됨으로써 투입되는 원자재와 에너지 등의 낭비를 획기적으로 줄일 수 있다. 공장에너지 관리시스템(Factory Energy Management System)을 도입하여 친환경 에너지의 사용 비중을 높이고 가공 시뮬레이션으로 각종 재료의 낭비를 억제하는 것도 모색하고 있다. 스마트 기반의 공장 에너지 관리시스템은 공장의 제조 설비의 가동 상황을 실시간으로 파악해 효율을 높인다. 또한, 각종 설비와 제조라인 곳곳에 설치된 센서로 설비 가동상황을 검토해서 에너지 사용효율을 높이는 한편 에너지 사정을 고려해 제품 출하 계획에 차질이 없는 범위 내에서 제조 계획을 조절할 수 있는 시스템의 구축도 가능하다. 재료의 낭비를 억제하는 데도 데이터가 활용되고 있다. 시뮬레이션 공간에서 미리 가공 실험을 해봄으로써 재료 낭비를 줄일 수 있다. 완성품 공정과 연계된 시뮬레이션을 통해 적합한 재료 성능을 실험하고 재료의 과다 사용도 억제할 수 있다.

넷째, 기계 설비나 소재·부품에 센서와 메모리가 부착되어 제조 과정을 스스로 모니터링하고 진단함으로써 공장과 기계 설비에 대한 보수의 효율을 제고한다. 가상공간에서 모의실험을 통해 공정 설계, 작업 방식 등을 탐색하면서 효율을 높여 원가를 절감하는 시도들도 많아지고 있다. 가상실험을 통해 효율적인 공간과 설비 레이아웃을 결정할 수 있고, 이를 통해 작업이나 운반의 효율을 높이고 창고 등 각종 공간의 낭비를 억제하는 효과도 추구되고 있다. 또한, 설비 위치, 라인 편성, 공정 흐름 등을 고려한 최적의 레이아웃을 탐색하는 데 있어서 작업자나 설비에 센서를 부착하여 제조 흐름을 사전에 관찰하고 시뮬레이션으로 검토하여 실제 현장에서 시행착오를 줄여가고 있다.

다섯째, 공장 내의 각종 기계와 설비의 가동 현황, 트러블 발생 정보를 파악하고, 데이터 분석을 통해 예상되는 고장과 문제 발생 시기 등을 파악하고 있다. 최적의 부품 교체 시기, 적기의 수리 일정도 관리해 나간다. 또한, 설비의 고장 징후를 사전에 파악해 방지하고 가동률을 향상시켜 원가를 줄이고 있다. 결과적으로, 가치사슬의 초 연결화는 사물인터넷 등을 이용해 전 제조 라인에서 실시간으로 이뤄지는 자동 피드백 과정을 구현할 수 있게 하여 인력의 적극적인 개입과 이에 따른 업무 지연을 없애 준다. 또한, 제조 상황의 자동 모니터링으로 제조 문제 해결을 자동으로 실행할 수 있다.

5) 제조 자원 조달의 오픈 소싱 혁신

오픈 소싱(Open Sourcing) 혁신은 불특정 다수의 사람을 대상으로 자원을 조달하는 것을 의미한다. 즉, 제품 개발에 대한 아이디어와 서비스 또는 제품 제조에 필요한 자원을 거래 관계에 있는 계약자 또는 공급자에게서만 공급받는 것이 아니라 대규모의 협력 그룹을 이루는 외부로부터 얻는 것을 말한다. 이것은 기업의 제조, 서비스, 문제 해결 등에 대중의 아이디어나 기술을 활용하여 저비용 고효율의 제품과 서비스를 만들고 발생한 수익을 상호 공유하는 비즈니스 모델이다. 즉, 거래 관계 또는 계약 관계에 있는 제한된 외부 업체에만 기업이 수행하는 기능의 일부를 위임하는 과거의 아웃소싱과 달리 불특정한 다수의 사람들의 참여를 통해 기업이 필요로 하는 아이디어를 얻고 문제를 해결하는 방식이다.

오픈 소싱이 새로운 스마트 제조방법으로 떠오르는 것은 소비 트렌드의 변화와 함께 고객의 욕구가 다양해지고 온라인 커뮤니티를 중심으로 소비자들의 목소리가 증폭되면서 제조자 중심의 제품개발에서 소비자 중심으로, 소비자들은 단순 소비에서 개발 과정에 참여하는 방식으로 패러다임이 변화하고 있기 때문이다.

그림 6.8에서와 같이 제조를 하기 위해 고객이나 제품 개발자가 오픈 소싱 사이트에서 기술자의 채용, 엔지니어링 자원의 조달, 부품과 설비의 공유, 공동 제조, 공동 구매와 같은 주문 조건들을 공개한다. 이에 대해서 오픈 소싱 플랫폼에 접속한 대중(Crowd)과 구성원이 견적을 포함한 주문 이행 계획을 제안하고, 해당 계획을 고객 또는 제품 개발자가 만족하면 채택이 이뤄진다.

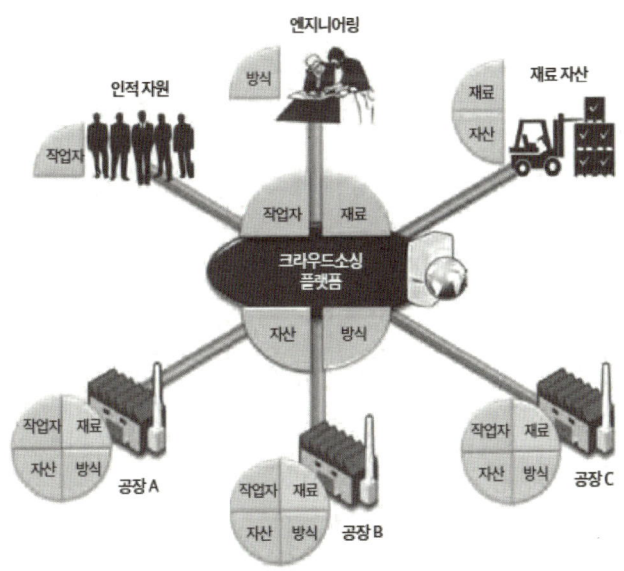

그림 6.8 오픈 소싱 개념도[21]

---

21) 출처: IEC, 미래공장, p. 239.

예를 들어, 전기자동차를 제조하는 로컬 모터스(Local Motors)는 고객과 열렬한 팬들로부터 오픈 소싱을 통해 디자인을 공모하고, 디자인 경연대회를 열고, 고객들이 자동차 디자인에 깊게 관여할 수 있도록 한다. 일반적으로 자동차 제조사는 경쟁사에 정보가 노출되지 않도록 보안에 공을 들인다. 하지만 로컬 모터스는 개발의 전 과정을 공개하고 있다. 차량 개발 아이디어를 온라인에 공개하고 누구나 제안하고 아이디어를 자유롭게 변형하거나 재배포할 수 있도록 한다. 분야별로 다수의 의견이 받아들여지고 개발 과정에 문제가 발생할 경우 즉시 수정을 한다. 따라서 온라인에서 차체, 새시, 인테리어 디자인 등 제조 공정이 다중의 참여로 상당 부분이 해결된다. 전문 자동차 디자이너가 아니더라도 의견을 제시하고 비평을 할 수 있다. 마음에 드는 디자인에 투표하거나, 스스로 그려본 디자인을 커뮤니티 사이트에 올리기도 한다.

오픈 소싱을 활용한 제조 프로세스는 아이디어의 제출, 대중의 아이디어 평가, 제품기획 과정에 소비자 참여, 제품의 클라우드 제조, 제품 출시의 순으로 이뤄진다. 그 순서를 보면, 첫째, 아이디어를 제출하는 것으로부터 시작한다. 소비자 또는 플랫폼의 접속자가 간단한 스케치 또는 기구 공식 등으로 표현된 아이디어를 사이트에 등록하고 타인과 공유한다. 그것이 가치가 있는 아이디어라면 어떻게든 소비자와 구성원의 관심을 얻고 더 발전적인 아이디어도 덧붙여진다.

둘째, 제시된 아이디어에 대해서 소비자들과 구성원들이 플랫폼 상에서 투표를 실시한다. 소비자들과 회원들은 플랫폼에 등록된 새로운 아이디어들을 검토하고 마음에 드는 아이디어에 투표할 수 있다. 투표에서 선택을 많이 받은 아이디어는 다음 단계로 넘어간다.

셋째, 오프라인에서 아이디어 평가 회의를 개최한다. 투표를 통해 많은 선택을 받은 아이디어에 대하여 전문가, 소비자, 커뮤니티 멤버 등이 모여 아이디어 평가 회의를 개최하고, 좋은 평가를 받은 아이디어들에 대해 의견을 나누고 논쟁을 하며, 다음에 제조할 제품을 결정하게 된다.

넷째, 개발할 제품이 선정되면 소비자와 커뮤니티 구성원이 참가하여 본격적인 제품기획에 들어간다. 소비자와 커뮤니티 구성원은 제품의 디자인, 기능, 색상, 스타일, 브랜드명, 가격 등 전 과정에 참여할 수 있다. 특히 엔지니어링 문제가 발생했을 때 해결책을 제시할 수도 있다. 제품기획에 참여한 소비자는 제품의 성공 정도에 따라 다음에 보상을 받을 수도 있다.

다섯째, 기획을 마친 제품은 실제 제품으로 만들어진다. 이때 플랫폼 운영자는 기술자, 전문 설비, 제조 공정과 3D프린터, 하이브리드 복합 제조기 등 시설과 자원을 확보하고 제조에 바로 들어가며, 이를 전부 또는 일부를 아웃 소싱할 수도 있다. 제품이 완성되고 나서 마지막 단계는 제품의 시장 출시다. 즉, 기업은 운영하고 있는 온라인 사이트 또는 거래망을 통해 제품의 판매를 개시한다. 최근 이런 추세를 반영하여 한국에서도 마이크로 팩토리(Micro Factory)같은 오픈 소싱 기업이 증가하고 있다.

결론적으로 오픈 소싱의 확대는 폭넓은 아이디어 소싱과 소비자의 참여를 통한 시장 기반

기술의 발굴과 제품개발 전 시장 검증으로 자원과 비용을 절감하고, 상용화를 위한 물적 인적 지원을 통해 발 빠르게 제품을 제작할 수 있고 완성도를 높이는 것이다. 그리고 다양한 온라인, 오프라인 유통기업들과의 제휴해 유통 네트워크를 구축하고, 제품 판로를 연계함으로써 제품의 시장 경쟁력을 높이도록 한다.

4 스마트 팩토리

1) 스마트 팩토리의 정의

스마트 팩토리는 기존의 정보 통신기술과 생산제조 기술이 결합하고, 여기에 사물인터넷, 빅데이터, 클라우드 컴퓨팅, 사이버 물리적 시스템(CPS) 등의 기술을 융합해서 공장 내의 설비, 장치 등이 서로 연결되고 모든 제조 정보가 실시간으로 공유되어 최적화된 고객 맞춤형 제품을 제조하는 진화된 형태의 공장을 말한다. 즉, 스마트 팩토리는 그림 6.9와 같이 제조 설비와 제조의 가치사슬이 정보 통신기술을 기반으로 상호 연결되고 통합되어 최적의 합리적 제조 활동을 수행하는 지능형 공장이라 할 수 있다.

제조 설비의 통합은 제조의 효율화를 목표로 제품이 제조되는 다양한 설비에서 센서와 디바이스 등을 통하여 정보를 획득하고, PLC와 HMI 등의 제어기술을 활용해 제조 설비를 제어하며, 제조 프로세스를 관리하기 위한 제조 운영 시스템(MES), 제품개발 관리를 위한 제품개발 시스템(PLM)을 거쳐 전사적 자원관리 시스템(ERP)까지 유기적으로 결합하는 것이다.

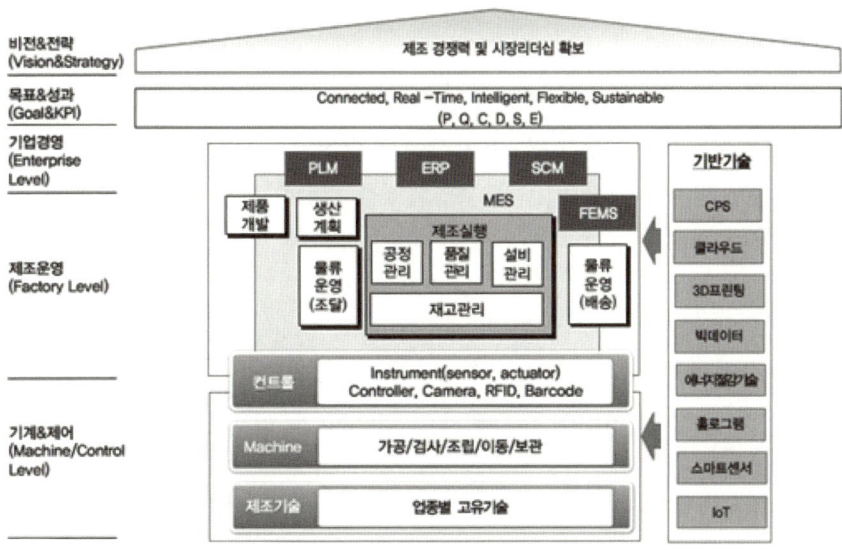

그림 6.9 스마트 팩토리 이미지[22]

또한, 가치사슬의 통합은 그림 6.10과 같이 제품을 사용하는 모든 고객이 원하는 요구사항을 도출하기 위한 시장조사로부터 시작하여 제품의 기획을 거쳐 고객의 요구사항을 충족시키기 위한 제품 R&D (개념 설계-상세 설계)와 공정을 설계한 다음 제품을 제조하여 고객에게 전달하는 유통과정까지를 포함하여 통합하는 것이다. 궁극적으로는 제조 시스템을 최적화·효율화하여 생산성 향상과 제조비용 절감을 달성하고 빠르게 변하는 외부환경과 고급화하는 고객 요구에 능동적으로 대응할 수 있는 제조 기업을 구현하는 것을 목적으로 한다.

제조 단계	단계별 통합 내용
기획 → 설계	• 가상공간에서 제품 성능을 제조하기 전에 시뮬레이션 함으로써 제작 기간 단축과 소비자 요구 맞춤형 제품개발
제조	• 설비-자재-관리 시스템 간 실시간 정보교환으로 단일 공장에서 다양한 제품 제조와 에너지, 설비효율 제고
유통 → 판매	• 생산 상황에 맞춤 실시간 자동 수주 및 발주로 재고비용이 획기적으로 감소하고 품질, 물류 등 전 분야에서 협력 가능

그림 6.10 스마트 팩토리의 제조 단계별 통합

따라서 이러한 스마트 팩토리에서는 디지털화된 과정을 거쳐 제조되는 제품의 모든 가치체인 단계(제품기획-설계-구매-제조-유통-판매)마다 데이터가 측정되고 만들어져야 하며, 측정된 데이터는 분석되어 스마트하고 효율적인 의사 결정과 부가적인 서비스를 제공할 수 있는 다양한 비즈니스의 구현이 가능하도록 지원되어야 한다. 또한, 이런 활동과 정보는 고객이 원하는 요구사항과 함께 제품의 주문정보 등 관련 정보가 제조업체나 제조업체의 공동 플랫폼에 실시간으로 전달되어야 하고, 전달된 정보에 따라 시스템이 자동으로 제조 계획을 수립하고 공정을 배치하며, 제품을 제조해 배송까지 이루어진다. 이러한 개념이 확장되어 모기업과 협력사가 실시간으로 연결되어 협업적 제조체계가 더욱 강화된다.

이렇게 스마트 팩토리가 구현되면 각 공장에서 수집된 수많은 데이터를 기반으로 분석하고, 의사 결정하는 데이터 기반의 공장 운영체계를 갖춤으로써 제조 현장에서 발생하는 다양한 현상과 문제들의 상관관계를 파악할 수 있기 때문에 그동안 원인을 알 수 없었던 돌발 장애나 고질적인 품질 문제 등의 근본 원인을 알아내고 해결할 수 있게 된다. 그뿐만 아니라 그동안 숙련공들의 경험에 머물러 있던 기술과 경영 노하우를 체계화하고 축적할 수 있어 누구나 쉽게 데이터베이스화되어 있는 경영, 기술 노하우를 이용할 수 있고, 현장에서 발생하는 돌발 상황들이 모니터링되어 비숙련자도 대응할 수 있는 솔루션을 가이드해 줄 수 있게 된다.

---

22) 출처: 스마트공장 추진단, 스마트공장 진단인증 모델, p. 8.

2) 필요성

경쟁력 향상의 도구: 현재의 스마트 제조 혁신은 제조업의 성장이 정체되고 중국, 인도 등 신흥국과의 경쟁에서 위기감을 느낀 독일, 미국, 일본 등 산업 선진국에서 먼저 시작되었다. 산업화를 한창 추진 중인 신흥국들은 풍부한 자원과 저임금을 바탕으로 빠르게 산업화를 진행해 가고 있으나, 일부 선진국들은 노동 인력의 고령화, 고비용화, 노동력 부족 등의 영향으로 산업 경쟁력이 점차 쇠퇴하고 있다. 따라서 선진국들은 이런 위기 상황을 타개하고자 비교우위에 있는 정보 통신기술과 제조 기술을 이용하여 제조와 소비의 패러다임을 바꾸고자 노력하고 있다.

한국의 경우: 비슷한 상황에 부닥쳐 제조 산업의 침체를 경험하고 있는 우리도 선진국들의 이런 노력을 주목하고 서둘러 준비해 나갈 필요가 있다. 최근 우리의 제조업은 제품에 대한 소비자의 요구조건이 더욱 까다로워지고 높아짐에 따라 경쟁력을 갖춘 제품을 만드는 데 있어 기술적, 경제적 부담이 증가해 심각한 침체국면에 빠져있다. 또한, 우리 제조업은 국내외 시장에서 앞서가는 선진국과 새로 추격해 오는 신흥국 사이에서 새로운 넛크래커(Nut-Cracker)국면에 직면해 있고, 그동안 우리 산업의 견인차 역할을 했던 수출 주도형 빠른 추격자(Fast Follower) 전략도 점차 힘을 잃어가고 있는 상황이다. 또한 지금까지 우리 산업은 빠른 추격자 전략을 잘 활용해 자동차, 조선, 반도체, 디스플레이, 모바일 등의 분야에서 글로벌 산업구조로 성장해 왔으나, 어느 순간부터 성공의 함정에 빠져 미래를 대비하는 노력이 부족했던 것이 사실이다.

결국, 선진국의 기술 장벽을 넘지 못하고, 신흥국과의 경쟁 심화 속에서 고객들의 변화하는 요구에 효율적으로 대응하는 것이 점차 어려워지고 있다. 따라서 우리의 제조업도 그림 6.11과 같이 성장의 정체, 기술 인력의 고령화, 시장의 과열과 경쟁 심화 등으로 인해 전반적으로 어려운 처지에 놓여있다.

이러한 위기 상황을 타개하고 우리 제조 기술이 다시 한 번 제조업을 부흥하는 데 있어 선도적인 역할을 하고 글로벌 경쟁력을 회복할 수 있도록 생산제조 기술 분야에 대한 창조적 발전 전략을 수립해 나갈 필요성이 크다. 즉, 현재의 기술 장벽을 뛰어넘는 제조 기술의 확보와 더불어 한국의 강점인 IT와 정보 통신기술의 융합으로 제조업에 새로운 부가가치를 불어넣어야 한다.

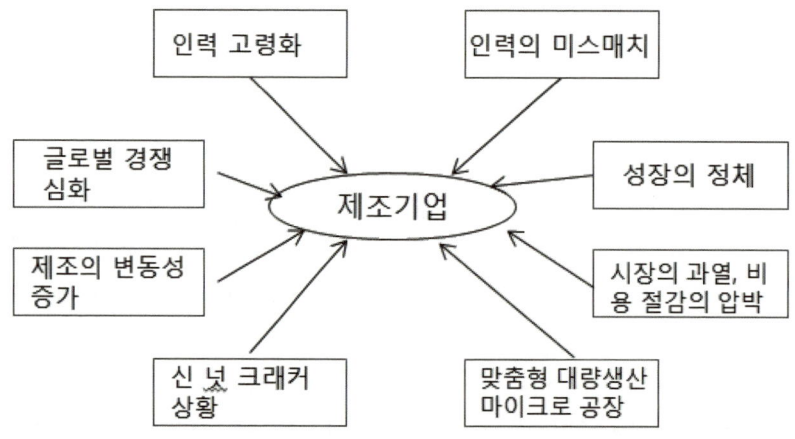

그림 6.11 기업을 둘러싼 제조 환경

또한, 초고속으로 변하고 있는 제조와 소비 트렌드를 따라잡을 수 있도록 다음과 같이 제조업의 경쟁 요인들을 갖출 수 있도록 노력해야 한다.

- 시장의 요구에 따라 새로운 디자인을 빨리 창조할 것
- 새로운 디자인은 자사 또는 공유 제조 설비로 빨리 제조할 것
- 필요하다면 적은 비용으로 제조 설비를 바로 변경할 수 있을 것
- 개발과정에서 잘못된 문제점을 빨리 찾아낼 수 있는 시스템을 갖출 것
- 한 제조 설비에서 다양한 제품을 동시에 제조할 수 있을 것
- 모든 의사 결정은 바로 할 수 있을 것

위와 같은 조건들이 갖추어진다면, 우리의 제조 기술도 그동안의 빠른 추격자형에서 벗어나 미래를 위한 선도자(First Mover)형으로 성공적인 변화가 이루어 질 것이다. 이를 위해서 이미 앞선 제조 선진국들이 추진하고 있는 스마트 팩토리 관련 기술을 개발해서 기술과 산업이 융복합하는 기반을 구축함으로써 글로벌 경쟁력을 회복하고 세계시장을 선점하는 미래전략을 세워야 한다.

5 스마트 팩토리 추진 방법

1) 추진 방향

6.4장의 스마트 팩토리의 필요성에서 살펴본 바와 같이 우리 기업이 현재의 위기 상황을 돌파하고 다시 한 번 우리 산업을 이끄는 선도적인 역할을 하고 글로벌 경쟁력을 회복할 수 있도록 제조 기술 분야에 대한 창조적 발전전략으로 스마트 팩토리를 추진하여야 한다. 이 절에서는 '민관합동 스마트공장 추진단'이 규정한 스마트공장 참조모델을 기준으로 설명한다. 스마트공장 추진단이 우리 산업계에 본격적으로 스마트 팩토리를 도입하기 위하여 지난 '15년 10월부터 '16년 1월까지 기계 가공 및 조립기업, 전자산업, 뿌리 산업 등의 업종에 소속되어 있는 전국의 중소기업을 대상으로 스마트 팩토리에 대한 이해 정도와 업종별로 스마트 팩토리의 진행 수준이 어느 정도인지를 알아보고자 조사를 실시한 바 있다.

업종별 조사결과를 보면 자동차 업종에서만 9.8% 정도로 스마트 팩토리의 일부분이 진행되고 있는 것으로 나타났고, 나머지 대부분의 업종에서는 1.4% 정도만 보급된 것으로 분석되었다. 따라서 아직까지 우리나라 대부분 중소기업은 그림 6.12와 같이 일부 공정 자동화 정도의 수준에 머물고 있고, 선도적인 일부 중소기업과 중견기업에서 이제 막 IT 기반 제조 관리를 하고 있는 것으로 나타나 아직까지 스마트 팩토리와는 거리가 먼 수준에 머물고 있음을 알 수 있다.

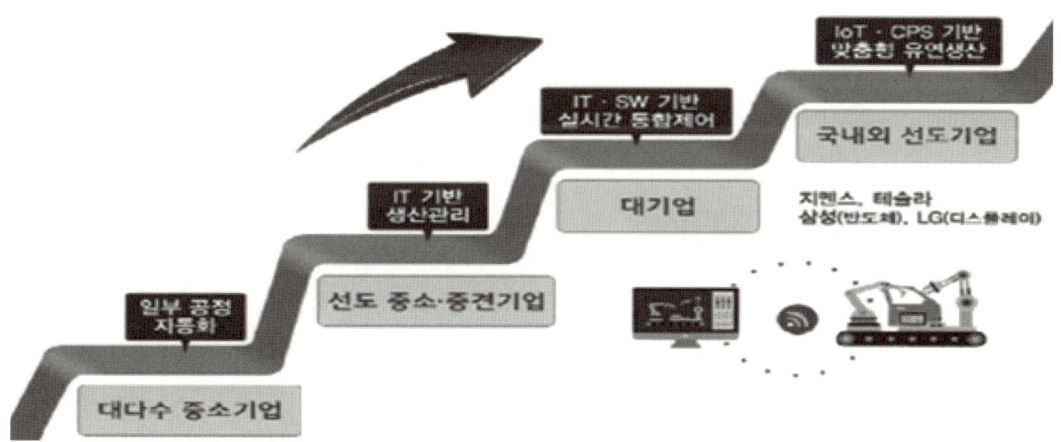

그림 6.12 **한국의 스마트공장 수준 및 고도화 방향**[23]

또한, 업종별로 스마트 팩토리를 추진하는 데 있어 스마트 팩토리를 구현하기 위한 다양한 솔루션 중에서 어떤 것에 관심이 있는지를 살펴본 결과, 그림 6.13의 영역별 관심 분야에 나타난 것과 같이 뿌리 산업에서는 생산계획을 시뮬레이션해 보는 기능을 필요로 하였고,

---

23) 출처: 스마트공장 추진단, 스마트공장 사업소개, p. 7.

다른 업종에서는 바코드, 센서 등을 사용하여 작업 실적, 품질 데이터 등을 시스템에 직접 입력하여 공정관리와 품질관리를 효율적으로 하고자 하였다. 또한, 실시간으로 공정의 작업 진행 상황과 품질 상태를 모니터링 하는 것이 필요하다고 하는 수요가 많았다.

설비관리를 위해서는 설비 이력 관리, 보전계획의 수립, 금형 관리 등을 정보시스템으로 관리하고, 공장운영을 위한 제조 운영 시스템(MES)은 생산계획의 수립과 공정 및 품질관리, 설비관리를 체계적이고 통합적으로 관리하기 위해 도입이 필요하다. 중소기업 분야에서는 OEM 생산과 대기업 납품업체가 많아서 제품개발 시스템(PLM)의 수요가 많지 않은 것으로 나타나고 있다. 따라서 중소기업이 처음부터 완성된 형태의 스마트 팩토리를 구축하기는 어려우므로 기업의 규모와 능력에 따라서 점진적으로 추진할 수 있도록 추진단에서는 스마트 팩토리의 수준을 기초수준, 중간수준, 상위수준, 고도화 수준으로 규정해 놓고 초기 단계부터 고도화 단계까지 점진적으로 진행할 것을 권장하고 있다.

구 분		기계 가공 및 조립	전자조립	뿌리 산업 (도장/주물/사출성형)
제품개발		Auto CAD 수준	OEM: 필요성 작음 독자 사업: 필요성 큼	현재 거의 필요 없음 중장기적 개발역량 강화 시급
생산계획		고객 주문정보 → 단기 생산계획 기능 (수주-생산-재고 Balance 기능)		생산계획 시뮬레이션 필요
공정관리		작업 실적 시스템 직접 입력 - 바코드 필요		실시간 공정 모니터링 (센서 Data 필요)
품질관리		불량 Data/품질정보 시스템 관리 필요		실시간 품질조건관리 필요 (기준치-측정치 Gap)
설비관리		설비관리 기능 필요 (이력/보전 등)	대부분 필요 적음 (SMT 예외)	설비관리 기능 중요 (이력/상태/금형/보전)
자동화&컨트롤		단독 장비 또는 일부 장비 I/F	대부분 필요성 적음	MES + 설비 I/F
물류운영		필요성 적음	MRP, 입출고 실시간 필요	필요성 적음
시 스 템	ERP/SCM	중소기업: MES와 통합형, 대기업: ERP 별도 필요		
	MES	생산계획/공정/품질/설비 관리 중심	생산계획/공정/품질관리 중심	생산계획/공정/ 품질관리 중심(설비제어 포함)
	PLM	필요 없거나, 단순 수작업 가능	규모 및 사업형태에 따라 필요	
	스마트 디바이스	키오스크, 센서, 바코드	키오스크, 바코드	키오스크, 센서, 바코드

그림 6.13 **영역별 관심 분야(음영표시 부분)**[24]

---

24) 출처: 중소기업진흥공단, 스마트공장 구축 및 추진실무, p. 35.

기초수준은 제조 설비와 물류 등에 대한 정보를 바코드 등 기초 정보 통신기술을 사용하여 수집하고 이것을 제조의 운영과 관리에 이용하는 정도이며, 중간 수준과 상위 수준은 센서 등 정보 통신기술과 사물인터넷, 빅데이터, 자동화 설비 등을 이용하여 실시간으로 최적화된 제조관리 시스템을 운영하며, 협력사와는 실시간으로 온라인 커뮤니케이션이 가능한 상태이다. 실질적인 의미에서 스마트 팩토리라 할 수 있는 고도화 수준에서는 실제와 가상이 결합한 고도화된 정보 통신기술과 자동화 설비를 활용하여 지능화되고 완전 자동화된 제조 체계를 갖춘 단계이다. 기초부터 상위 수준까지는 현재의 정보 통신기술만 접목하여도 충분히 스마트 팩토리의 추진이 가능하고, 고도화 수준은 사이버 물리 시스템, 사물인터넷, 인공지능, 증강현실 등 현재 한창 개발 중인 기술과 결합하여야 가능함으로 시간이 필요하다.

2) 추진 방법

스마트 팩토리 시스템의 추진 범위는 그림 6.14와 같이 제품 개발에서부터 양산까지, 시장의 수요 예측과 모기업의 주문에서부터 완제품이 출하될 때까지의 모든 제조과정을 포함한다. 따라서 스마트 팩토리는 공장의 제조설비를 기반으로 제조 운영 시스템(MES), 기업자원 관리 시스템(ERP) 등의 제조관리 시스템이 유기적으로 결합하고, 고객의 요구사항을 찾는 것으로부터 시작해서 제품 개발에서부터 제조와 유통에 이르기까지의 전체 가치사슬(Value Chain)이 정보 통신기술과 제품개발 시스템(PLM), 공급사슬 관리시스템(SCM) 등의 지원으로 통합되는 공장을 의미한다.

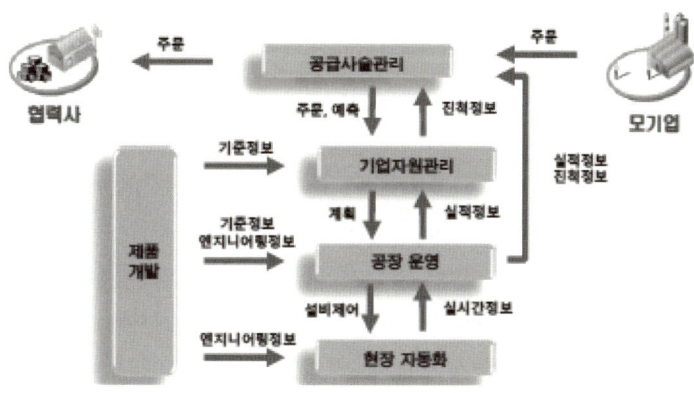

그림 6.14 스마트 팩토리의 범위[25]

또한, 스마트 팩토리가 실질적으로 운영되기 위해서는 먼저 제조와 관련된 환경에 대한 정보와 데이터를 감지하여 취득하여야 하고, 이 취득한 정보를 분석하고 판단해야 하며, 그

---

[25] 출처: 스마트공장 추진단, 스마트공장 업종별 참조 모델, p. 5.

리고 마지막으로 판단된 결과를 제조 현장에 반영하고 실행하는 3단계 즉, 감지, 판단, 실행의 단계를 거쳐야 한다.

스마트 팩토리의 운영 시스템은 그림 6.15와 같이 크게 애플리케이션, 플랫폼, 디바이스로 구성되는데, 제조 현장에서 데이터를 감지하고 취득하는 역할은 디바이스가 하며, 이를 분석하고 판단하는 것은 플랫폼의 역할이다. 그리고 판단의 결과를 제조 업무로 실행하는 것은 애플리케이션의 몫이다. 즉, 디바이스를 통해서 사물이나 기계설비, 제조공정에서 데이터를 취득하고 플랫폼이 이를 빅데이터, 사이버 물리 시스템 등을 통하여 분석하고 가공하여 유용한 제조 정보로 재창조한다. 새롭게 창조된 데이터는 애플리케이션으로 전달되며, 애플리케이션에서는 이를 이용하여 각종 유용한 제조 활동을 실행하는 것이다.

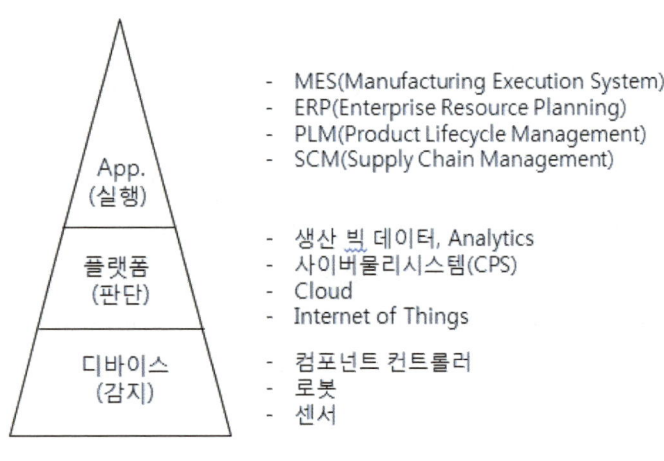

그림 6.15 스마트 제조시스템 구성

이를 좀 더 구체적으로 정리해 보면, 애플리케이션은 스마트 팩토리 구성에 있어서 최상위 시스템의 솔루션으로 제조 운영 시스템, 제품개발 시스템, 공급사슬 관리시스템 등의 플랫폼 상에서 각종 제조 활동을 실행하며, 디바이스에 의해 수집된 데이터를 가시화하고 분석하여 공정설계, 제조실행분석, 품질분석, 설비보전, 고객대응 등의 제조 활동을 수행한다.

플랫폼은 스마트 팩토리 솔루션의 하위에 있는 디바이스에서 입수한 데이터를 최상위 애플리케이션에 전달하는 중간 소프트 시스템으로서 디바이스에서 수집된 자료를 분석하고, 모델링과 사이버물리적 시스템(CPS)을 통해 최적화된 정보를 제공하며, 각종 제조 프로세스를 제어하고 관리하는 상위 애플리케이션과 연계하는 역할을 한다.

또한, 디바이스는 스마트 팩토리의 최하위에 있는 하드웨어로 공장의 모든 기초 데이터를 감지하고 제어하는 단계로 컨트롤 기술, 네트워크 기술, 센싱 기술 등이 필요하다. 즉, 스마트 센서로 위치, 환경, 에너지 등을 감지하고 로봇을 통해 작업자와 작업 중인 제품의 위치 등을 인식하여 이 데이터를 플랫폼으로 전송하는 역할을 한다.

3) 스마트 팩토리 수준별 정의

위에서 살펴본 바와 같이 스마트 팩토리는 제조 설비를 기반으로 한 제조 시스템이 유기적으로 결합하고, 제품의 가치사슬(Value Chain)이 정보 통신기술의 지원으로 통합될 때 추진될 수 있다. 따라서 이러한 결합과 통합에 핵심적인 기능을 하는 것이 현장 자동화, 제조 운영 시스템(MES), 공급사슬 관리시스템(SCM), 제품개발 시스템(PLM), 기업자원 관리시스템(ERP) 등이기 때문에 이를 스마트 공장 추진단의 정의에 따라 기초 수준, 중간 수준, 상위 수준, 고도화 수준 등 4단계로 구분하여 정리해 보고, 스마트 팩토리를 추진하려는 기업이 현재 어느 수준에 해당하는지 파악하고 나서 진행하는 것이 바람직한 전략일 것이다.

(1) 기초 수준

스마트 팩토리의 기초수준은 그림 6.16과 같이 기초적인 정보 통신기술을 활용하여 제조 활동의 일부 분야에서 정보를 수집하여 제조 관리에 활용하고, 모기업과 연결된 정보 인프라를 공용으로 사용하여 최소의 비용으로 자사의 정보시스템을 구축하는 정도의 수준이다.

구 분	수준의 정의
현장 자동화	• 생산실적 정보를 집계할 수 있는 자동화 수준 - 로트별로 생산 시작과 종료 시점의 기초적인 실적 정보를 집계하는 수준으로 바코드, 카운터, 타이머 등의 기초센서가 이용될 수 있음
공장 운영 (MES)	• 공정 물류관리(POP) 수준 - 자재와 제품의 생산 이력이 관리되어지고 역추적 가능(Lot-Tracking) - 생산실적 관리 및 작업지시
공급사슬관리 (SCM)	• 모기업의 IT 인프라를 활용하여 정보 공유 - 자사는 자체 정보 시스템을 보유하지 않으며 모기업이 보유하고 있는 시스템을 사용하여 모든 정보를 처리함
제품 개발 (PLM)	• 서버를 통한 기술개발 정보 및 납기가 관리되는 수준 - 2D, 3D CAD로 단순 제품 설계 - 프로젝트 납기 일정 및 설계도면, 문서, 기술정보가 분류되어 공유
기업자원관리 (ERP)	• 수불 및 재고관리의 정밀도 향상(자재관리, 구매 관리)

그림 6.16 **스마트공장 기초수준 요약**[26]

---

26) 출처: 스마트공장 추진단, 스마트공장 업종별 참조모델, p. 6.

(2) 중간 수준

중간수준은 그림 6.17와 같이 기초수준에 덧붙여서 각종 제조 설비와 작업공정에 부착된 센서, RFID, 게이트웨이 등을 이용하여 제조 활동에 대한 데이터를 최대한 자동으로 취득하여 제조 관리에 이용하며, 협력사가 독자적으로 정보시스템을 운영함으로써 모기업과 서로 신뢰성이 높은 다양한 정보를 공유하여 기업 운영의 자동화를 지향하는 수준이다.

구 분	수준의 정의
현장 자동화	• 생산실적 정보를 집계할 수 있는 자동화 수준 • 품질에 대한 계측 정보의 집계 자동화 - 측정 센서(인장강도, 정밀도, 온습도, 압력, 화학측정 등) 고도화

공장 운영
(MES)
	• 실시간 공장 운영 현황을 분석하고 의사 결정에 반영
	   - 공장운영 실태의 실시간 모니터링
	   - 실시간 공정품질을 분석하고 경고

공급사슬관리 (SCM)	• 모기업과 영업, 생산, 품질 정보 등을 공유하되, 독자적으로 정보시스템을 운영하는 독립형 협업

제품 개발
(PLM)
	• 제품개발을 위한 기준정보와 엔지니어링 정보의 생성을 자동화하고 협업하는 수준
	   - 3D CAD/CAM/CAE 등을 응용하고 자동화 설계 프로그램 생성
	   - 개발 일정의 WBS화, 3D Model, BOM, 설계변경, ERP 연계 및 협력업체와 설계도면 호환

기업자원관리 (ERP)	• 제조 운영시스템(MES)과 자동 생산계획의 연계(생산계획, 생산실적관리) • 계획과 원가의 정밀도 향상 (원가관리)

그림 6.17 스마트공장 중간수준 요약[27]

(3) 상위 수준

상위 수준은 그림 6.18과 같이 모기업과 공급사슬(SCM) 관련 정보와 엔지니어링 정보 등을 서로 공유하며, 자사가 독자적으로 정보시스템을 운영하면서 협업을 하는 수준이다. 또한, 제어 자동화를 기반으로 실시간으로 공장운영과 제조시스템이 관리되며, 제품개발은 시뮬레이션 중심으로 이루어지고, 모든 산출물이 시스템에서 실시간으로 관리되는 기업을 달성하는 수준이다.

---

[27] 출처: 스마트공장 추진단, 스마트공장 업종별 참조모델, p. 7.

구 분	수준의 정의

현장 자동화	• 생산실적 및 계측정보의 집계 자동화
	• 설비 제어 자동화
	  - CAD(컴퓨터 지원설계), CAE(컴퓨터 지원 엔지니어링), CAM(컴퓨터 지원 생산) 운영
	  - 레시피 생성 및 PLC 제어

공장 운영 (MES)	• 제어 기반의 공장운영 최적화 • 실시간 스케줄링과 의사 결정 • 주기적 분석과 피드백을 통한 가치 창출형 공정 운영
공급사슬관리 (SCM)	• 모기업과 영업, 생산, 품질정보와 제품개발 정보를 공유하되 독자적으로 정보시스템을 운영하는 형태의 협업

제품 개발
(PLM)
	• 시뮬레이션, 복수 프로젝트 관리, 현장 설비의 자동 연동으로 일괄 프로세스 화
	  - 시뮬레이션 중심, 3D 프린팅, 디지털(Mock up, Prototyping, Manufacturing) 구현
	  - 프로젝트 포트폴리오, 개발 유형별 프로세스 등 모든 산출물이 시스템에서 관리

기업자원관리 (ERP)	• 제품개발 시스템(PLM)과 연계 • KPI의 개발과 관리 운영(부서별, 개인별 업무성과 관리) • 대시보드를 이용한 눈으로 보는 관리(전사 모니터링 시스템 구현)

그림 6.18 **스마트공장 상위 수준 요약**[28]

(4) 고도화 수준

고도화 수준은 그림 6.19와 같이 사물과 서비스를 사물인터넷과 서비스인터넷 등으로 연결하여 사물, 서비스, 비즈니스 모듈이 사이버 물리 시스템을 통하여 실시간 커뮤니케이션 체제를 구축하고 사이버공간 상에서 지능형 비즈니스 관리체계를 실현하는 이상적인 스마트 팩토리를 완성하는 단계이다.

구 분	수준의 정의
현장 자동화	• 설비, 자재 등의 사물에 고유 식별코드를 부여하고 이들의 활동을 식별함(무인화 공장) • 인터넷(IP)을 이용한 사물 식별과 사물 간의 커뮤니케이션을 통해 자동화 구현

공장 운영
(MES)
	• 가상 물리 시스템 공장 구현
	  - 공장의 모듈화 및 IOT 화
	  - IOT화 된 설비, 자재, 공정, 제조 활동, 공장의 식별과 IP를 이용한 사물 간 커뮤니케이션 실현
	  - IP를 이용한 가상 환경 아래서 공장 운영
	• 빅데이터를 이용한 기업진단과 운영의 최적화
	• 빅데이터를 이용한 시장 동향 분석과 신제품 개발 활용
	• 전체 공장의 단일 관리가 실현된 기업경영시스템

---

28) 출처: 스마트공장 추진단, 스마트공장 업종별 참조 모델, p. 8.

구 분	수준의 정의
공급사슬관리 (SCM)	• 모기업과 영업, 생산, 품질정보와 제품개발 정보를 공유하되 독자적으로 정보시스템을 운영하는 형태의 협업

제품 개발
(PLM)
	• 시뮬레이션, 복수 프로젝트 관리, 현장 설비의 자동 연동으로 일괄 프로세스 화
	  - 시뮬레이션 중심, 3D 프린팅, 디지털(Mock up, Prototyping, Manufacturing) 구현
	  - 프로젝트 포트폴리오, 개발 유형별 프로세스 등 모든 산출물이 시스템에서 관리

기업자원관리 (ERP)	• 사이버 물리 시스템(CPS) 기반의 협업 - IOT와 IOS를 통한 설비, 공정, 공장 등의 자유로운 선택과 비즈니스 활동 • 제품개발부터 완제품까지, 자재구매에서부터 유통까지, 생산에서부터 폐기까지 인터넷 공간에서 경영

그림 6.19 **스마트공장 고도화 수준 요약**[29]

6 스마트 팩토리 추진 모델

우리가 궁극적으로 달성하고자 하는 스마트 팩토리는 정보 통신기술을 기반으로 제조설비 운영 시스템이 결합하고 가치사슬(Value Chain)이 상호 통합함으로써 모든 정보가 실시간으로 흐르고 이를 기반으로 작업자의 개입 없이 지능적인 의사 결정과 제조 활동이 이루어지는 공장이라 할 수 있다. 그러나 아직까지 이 정도 수준의 공장은 글로벌 기업 일부를 제외하고는 많지 않다. 일반적으로 스마트 팩토리를 추진하는 방법으로는 기존의 시스템을 점진적으로 개선하는 방법과 완전히 새로운 기술을 도입하는 방법이 있지만, 중소기업의 경우 현재 사용 중인 정보화 시스템을 스마트 팩토리의 일부 기술과 결합하여 점진적으로 개선하는 것이 현명한 방법일 것이다.

앞의 그림 6.17에서 보았듯이 스마트 팩토리는 애플리케이션, 플랫폼, 디바이스로 운영체계를 구성한다. 그중에서 현재 개발 중인 플랫폼의 일부 기술(CPS, 빅데이터, 애널리틱스 등)을 제외하고는 대부분 제조 정보화에 부분적으로 사용되는 기술이기 때문에 이를 잘 연결하고 결합하면 스마트 팩토리의 진행에는 문제가 없을 것이다. 따라서 여기서는 제조 실행에 있어 가장 중요한 역할을 하는 몇 개의 애플리케이션을 중심으로 단계별 추진내용과 방법을 알아본다.

---

29) 출처: 스마트공장 추진단, 스마트공장 업종별 참조모델, p. 9.

1) 제조 운영 시스템

(1) 개요

　제조 운영 시스템(MES)은 제품 주문 시점에서부터 제조 작업을 거쳐 완성품의 품질검사까지 전체 제조 활동을 관리하는 시스템으로 공장에서의 생산실적, 작업 능률, 설비 가동률, 제품 품질정보 등 각종 정보를 실시간으로 수집하여 분석하고 모니터링하여 제조공정을 제어함으로써 고객이 원하는 고품질의 제품을 만들어 내는 부가가치 지향적 통합 제조관리 시스템이라 할 수 있다. 따라서 제조 운영 시스템은 제조 현장에서 제조 계획의 운영 상태를 실시간으로 관리함으로써 생산성을 향상시켜야 하고, 고객의 요구를 정확하게 반영한 제품을 만들기 위해 제품의 종류, 설비의 특성, 제조 상황 등을 고려한 관리 요소들을 반영하여 구축되어야 한다.

　일반적으로 제조 공정은 원재료나 부품을 가공하여 조립하고 검사하여 고객에게 납품하는 순서로 진행되고 있으며, 원자재의 조달 방식은 고객사의 제품 스펙에 따라 공급자(제조자)가 원자재를 조달해 제품을 제작하고 공급하는 도급 형태와 원자재를 고객사가 구매하여 공급자에게 공급하고 제품을 제작하여 납품하는 사급 형태로 구분된다. 제조 공정에서는 원자재를 가공하여 부착. 조립하고 검사하는 일이 중요하며, 가공과 조립을 할 때 발생하는 공정 데이터와 검사 시 수집되는 검사 데이터를 연계하여 품질 분석을 실시해야 한다. 또한, 제품의 불량이 발생했을 때는 불량 원인을 찾아내 불량 원인별로 개선을 실시한다. 스마트 제조 공정은 이러한 일련의 작업을 지능정보기술의 지원을 받아 자동으로 실행하는 것을 목적으로 한다.

　스마트 제조공정에서는 전체적인 제조 공정을 통제하고 관리하는 제조 운영 시스템(MES)이 중요한 역할을 차지한다. 현재의 제조 운영 시스템은 유연성이 작은 대량생산 시스템을 중심으로 구축이 되어 있는 실정이다. 예를 들어 반도체, LCD, 전자 제품과 같은 대량생산 시스템을 관리하기 위한 체제로 구현되어 있다. 그러나 앞으로는 소비와 제조 패턴이 스마트하게 바뀜으로써 제품의 흐름이 수시로 변할 수 있는 유연체제가 되어야 하며, 제조 운영 시스템은 상황 변화에 따라 제조의 통제를 능동적으로 변화시킬 수 있는 지능형 제조 운영 시스템으로 발전해야 한다. 지능형 제조 운영 시스템은 유연성을 갖춘 제조 시스템의 두뇌 역할을 할 것이며, 이 시스템은 제품 수명주기 전체를 관장하는 설계 시스템인 제품개발 시스템, 공급사슬 전반에 걸쳐 제조 관리를 추구하는 공급사슬 관리시스템 등과 결합하여 통합 제조관리 시스템이 될 것이다.

　이를 위해서 기존에는 제품 추적을 위해 바코드를 많이 사용하였으나, 스마트 공정에서는 그림 6.20과 같이 RFID, 고성능 센서 등을 이용하여 제조를 포함한 제품의 전 수명주기에 걸친 정보를 관리하는 것이 보편화할 것이다.

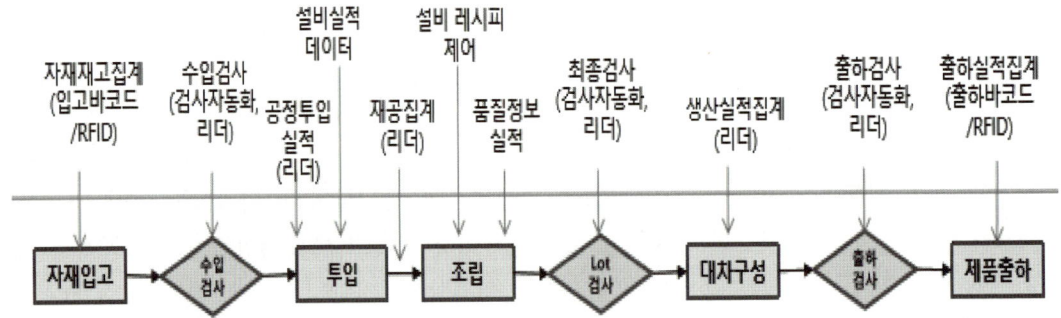

그림 6.20 스마트 조립 공정의 구성

스마트 제조공정은 각 공정과 작업자가 사물인터넷, 정보 통신기술, 사이버 물리 시스템 등과 연계되어야 하므로 아직 초기 수준에도 미치지 못하고 있는 기업에서 이를 한꺼번에 일괄적으로 진행하기는 불가능하고, 기초 수준부터 차례로 상위 수준까지 단계별로 진행해 나가야 한다.

(2) 수준별 요구사항

스마트 제조라인 구축에 있어 핵심 역할을 하는 지능형 제조 운영 시스템을 만들기 위해 스마트공장 추진단이 규정한 제조 운영 시스템의 수준별 요구사항을 정리해 보면 그림 6.21 과 같다. 이 요구사항은 우리 중소기업이 점진적으로 스마트 공장을 추진하기 위하여 단계별 목표를 정하여 진행해 가는데 좋은 가이드라인이 될 것이다.

항 목	1단계: 기초수준	2단계: 중간수준	3단계: 상위수준
일반관리	• 작업지시, 자재로트의 물류 추적 • 품질 및 납기관리	• 기초수준 포함 • 실시간 품질정보 모니터링 • 고객과 품질정보 공유	• 자동제어를 통한 노무 인력 절감 • 실시간 데이터 분석과 제어를 통한 공장운영 최적화와 원가절감
품 질	N/A	• 공정품질관리를 위해 관리도, 공정능력지수 자동 계산 • 출하검사 성적서의 고객시스템 입력 • 주요설비의 품질요소 데이터를 설비 인터페이스를 이용하여 자동 수집, 관리도 모니터링 • 라인별, 제품별 불량 자동 집계 및 분석 • 품질 이력 및 추이 관리 • 고객별 클레임 발생 원인분석	• 중간수준 요구사항 포함 • 레시피에 의한 설비의 설정 자동화 또는 설정값 체크 • 품질 데이터 자동 집계와 관리 기준 체크에 의한 자동 알람 • 불량유형 분석 • 고객별 클레임 발생원인 분석

항 목	1단계: 기초수준	2단계: 중간수준	3단계: 상위수준
생 산	• 공정별 작업지시 바코드 관리 • 일별, 라인별, 작업조별 생산실적 관리 • 생산실적과 현황 모니터링 • 자재의 입고, 사용량, 잔량 관리	• 수주에 따른 생산계획과 작업계획 연동 • 라인별, 작업조별 작업지시서 전산관리 • 이상 발생 통보기능(품질 이상, 설비 이상, 라인스톱 등) • 생산현황 모니터링(라인 비가동 현황, 생산실적 현황) • 자재의 입고, 공정별 사용량, 잔량 집계 • 원자재 불량품의 반품관리	• 중간수준의 요구사항 포함 • 자동스케줄러와 설비제어 자동화를 연계하여 생산계획 수립 • 자동스케줄러와 연동한 작업변경 사전 준비 • 공정 재공 량을 이용한 전자간반 시스템에 의한 선행라인 연계 • 제품 일련번호 별로 4M 기준 제조이력 관리
설 비	N/A	• 예방보전 계획, 작업 이력, 고장신고, 예비품 교체 이력 시스템관리 • 라인 정지 시스템관리: 정지시간, 보전작업 시간, 재가동 시간 • 예비품 입출관리 및 재고관리 • 공구의 입출관리와 재고관리, 이력관리	• 중간수준의 요구사항 포함 • 품질관련 설비 데이터 수집 자동화를 위하여 설비개선 • 예지보전에 의한 최적설비 관리(부품수명 최대화, 설비 정지 최소화) • 설비상태 자동 모니터링
재고, 물류	• 자재 입출고 관리와 이력 관리 • 공정에 투입된 자재로트와 작업지시와의 관계관리 • 원자재 불량품의 반품관리	• 자재 입출고 관리와 자재이력 관리 • 공정에 투입된 자재로트와 작업지시와의 관계 관리 • 원자재 불량품의 반품관리 • VMI 자재관리와 재고정보의 공급사 공유	• 중간수준의 요구사항 포함 • 공정상에서 바코드/RFID를 연동하여 ID 자동식별 • 제품 일련번호 별로 실적 관리와 재공관리 • 원자재 현장 적치장의 위치와 재고관리 • 원자재 재고량을 공급사에 통지 기능

그림 6.21 **제조 운영 시스템 요구 사항**

그림 6.22는 지능형 제조 운영 시스템의 구성 체계를 나타내고 있다. 즉, 제조 현장에서 스마트 디바이스로 수집되는 각종 데이터(수치, 음향, 영상 등)는 제조 빅데이터와 결합하여 다양한 데이터 분석 방법을 통해 생산성 모니터링, 돌발 품질문제 관리, 설비 이상 감지 등의 유용한 정보로 변환되어 제조 라인을 지능적으로 셀프 관리가 되도록 한다. 그러면 요구 사항을 참고하여 단계별 제조 운영 시스템의 추진 내용을 살펴본다.

먼저, 제조 운영 시스템의 기초 수준에서는 작업 지시서를 바코드를 이용하여 시스템에 입력하고 관리하며, 작업 실적은 라인별, 워크센터 별로 관리가 되어야 한다. 또한 작업 진행률과 제조 현황은 바로 모니터링 되어야 한다. 작업에 투입된 원자재들은 작업 지시서 별로 추적을 할 수 있어야 하며, 불량 원자재는 반품 처리한다. 각 공정에 투입된 원자재의 사용량, 재고 잔량 등을 확인할 수 있어야 한다. 관리자는 제조실적 정보를 실시간으로 모니터링하고 이 정보를 이용하여 제반 관리에 대한 의사 결정을 할 수 있어야 한다. 또한, 작업지시서 별로 공정에 투입된 원자재는 각각 로트 ID를 부여하여 언제라도 추적할 수 있어야 하며, 특정 자재 로트에 대하여 입출력 이력과 물류 추적이 가능해야 한다.

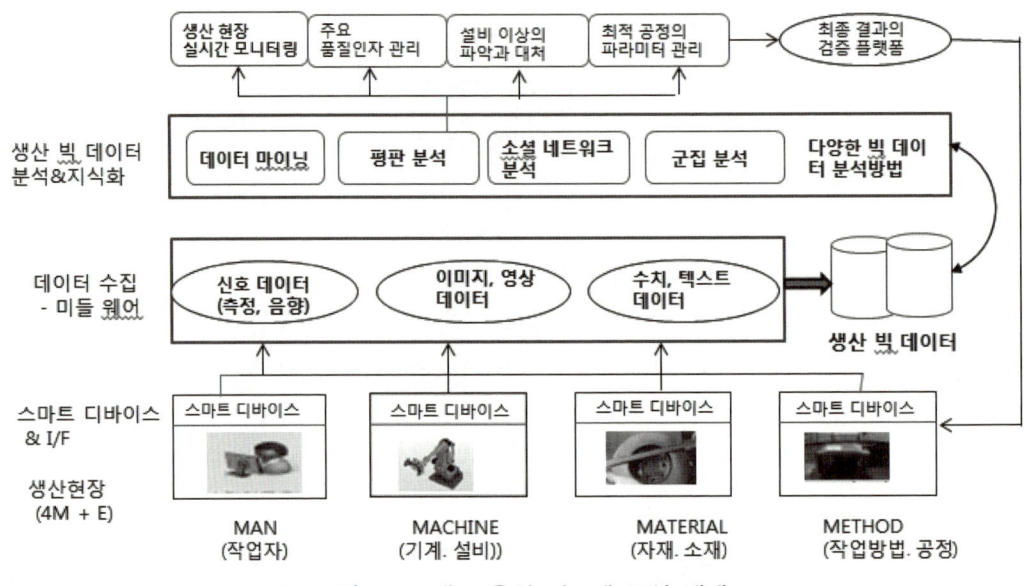

그림 6.22 제조 운영 시스템 구성 체계

다음으로 중간 수준을 살펴보면, 공정에서의 사급 자재는 실시간으로 재고 관리가 되어야 한다. 검사기기, 계측기 등 검사 설비로 측정한 데이터(온도, 높이, 두께, 압력 등)는 설비 인터페이스, 게이트웨이에 의하여 실시간으로 시스템에 입력되고 통계적 공정관리(SPC)와 연계될 수 있도록 한다. 또한, 라인별, 제품별 품질 정보(공정능력지수, 품질 관리도 등)가 자동으로 집계되고 분석되어야 하며, 고객사가 요구하는 보고서가 자동으로 작성되어 고객이 요구할 때 즉시 제공할 수 있어야 한다.

설비, 공정, 자재, 인력 등에 대한 제조 관련 데이터를 자동으로 집계하고 실시간 분석하여 관리함으로써 작업 공정은 고품질을 유지하고 낭비(Loss)가 없는 상태가 되어야 한다. 제조 실적은 바로바로 집계되어 모니터링 할 수 있어야 하고, 제품은 로트번호를 이용하여 제조 이력과 사용된 자재 로트가 추적될 수 있어야 한다. 설비보전 계획에 의하여 설비를 주기적으로 점검하고 교체하며, 라인 정지 시스템을 부착하여 돌발 고장이나 제품 불량을 예방하여야 한다. 또한, 설비보전 이력과 설비 데이터로부터 고장 발생주기나 고장 발생 원인의 분석이 가능해야 한다.

마지막으로 상위 수준의 제조 운영 시스템에서는 작업지시서 별로 자재 로트가 자동으로 추적되어야 하며, 제품은 일련번호를 이용하여 제품별로 제조 이력이 관리되어야 한다. 또한, 자재 로트를 관리하여 고객 클레임에 대응해야 한다. 검사설비로부터 생성되는 검사 데이터

(온도, 높이, 두께, 압력, 진동 등)는 실시간으로 자동 집계되고 분석되어 불량유형 분석에 의해 사전에 불량이 예측될 수 있어야 한다. 또한, 품질 관련 정보(공정능력지수, 품질 관리도 등)가 자동으로 생성되고 집계되어 고객별 클레임 발생 원인도 파악되어야 하고, 고객사가 요구하는 보고서는 자동으로 출력되어 고객이 요구할 때는 항상 제공될 수 있어야 한다.

또한, 4M+1E(Man, Machine, Method, Material, Environment)의 데이터를 자동으로 집계하고 분석하여 생산 계획을 수립하며 작업의 변경을 사전에 준비할 수 있어야 한다. 제품 일련번호 별로 4M 기준 작업 이력이 관리되어 설비가동을 최적화하고 고품질의 제품을 유지하도록 하여야 한다. 자동 스케줄러와 설비제어를 연동하여 공장운영을 최적화하며, 작업변경 시간 단축과 에너지 절감을 비롯한 전사적 원가절감을 실현할 수 있어야 한다.

2) 제품개발 시스템

(1) 개요

제품개발 시스템(PLM)은 그림 6.23과 같이 제품의 기획 단계에서부터 설계, 시제품의 제조와 양산에 이르기까지의 제품 수명의 전 기간에 걸쳐 개발 설계와 엔지니어링 정보의 해석, 설계 자료 등을 관리하기 위한 시스템을 의미한다.

제품의 기획 단계에서 개념 설계, 상세 설계, 제조, 서비스에 이르기까지 전체 수명 주기에 걸쳐 제품 정보를 관리하고 이 정보를 고객과 협력사에게 협업 프로세스로 지원하는 제품의 연구개발 지원 시스템이다. 제품 개발 과정의 효율성을 높이고 기업 내에서 제품 관련 정보를 활용할 수 있는 능력을 향상함으로써 더 좋은 의사 결정을 가능하게 하며, 고객에게 더 큰 가치를 제공하는 역할을 한다.

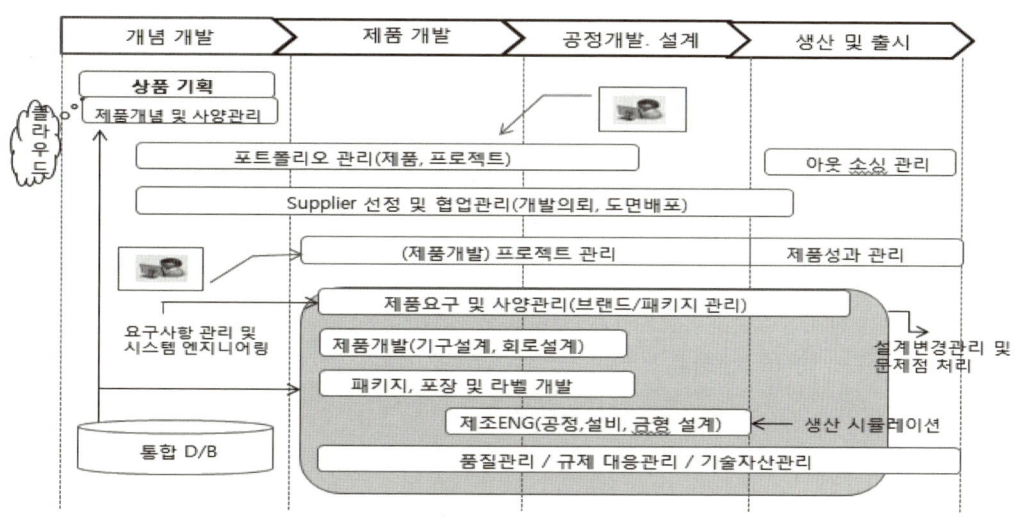

그림 6.23 **제품개발 시스템 구성 체계**

제품개발 시스템의 주요 기능을 보면 제품 포트폴리오 관리(Portfolio Management), 제품설계 개발(Design by CAD/CAM/CAE), 제조 엔지니어링 관리, 기술자산 관리 등으로 크게 구분해 볼 수 있다.

스마트 팩토리의 초기 단계에서의 제품개발 시스템은 신제품 개발 과정을 지원하고 개발 프로젝트의 정보와 일정 등을 관리한다. 또한, 점진적으로 제품 관련 전사적 기준 정보와 공장에서의 자동화와 제조 업무를 지원하는 엔지니어링 정보를 생산하고 공급한다. 중간 단계에 가면 기술의 발전과 더불어 관련 애플리케이션의 기능 확장과 연계. 통합을 통하여 전사적으로 공용화된 플랫폼을 활용함으로써 제품의 기획에서부터 모든 단계의 라이프 사이클의 전체 프로세스를 관리할 수 있도록 발전한다.

또한, 가까운 장래에 제품개발 시스템은 고객 관계관리 시스템, 공급사슬 관리시스템, 기업자원관리 시스템 등 기업의 각종 관리 솔루션들과의 통합을 가속하고 관련 프로세스를 협업적으로 운영하는 형태로 발전할 것이며, 프로세스와 제조 정보의 표준화 이외에도 서비스 지원 앱(ASP) 등과 같이 확장성. 통합성. 접근성을 고려한 새로운 정보 시스템으로 진화할 것으로 전망된다.

(2) 수준별 요구 사항

스마트 팩토리의 주요 애플리케이션 중 하나로 전사적인 스마트 팩토리 추진순서에 따라 진행해야 할 제품개발 시스템의 요구사항을 살펴보면 그림 6.24와 같다.

항 목	1단계: 기초수준	2단계: 중간수준	3단계: 상위수준
일반 관리	• 제안관리 • 고객 요구사항 관리 • 외주 생산, 구매부품 정보 관리	• 모기업과의 협업업무 이외 자사를 위한 개발정보 관리 • 규제사항 관리 및 준수 • 개발안 변경관리	• 개발제품 포트폴리오 관리 • 복수의 개발 프로젝트 관리
개발 관리	• 모기업 또는 자체 제품 개발에 대한 프로젝트 정보 관리 • 개발 프로젝트에 대한 일정 관리 • 착수 일자, 투입시간, 투입인원 등 세부업무 실적 관리 • 표준 템플릿을 관리하여 프로젝트 개발절차, 기간 및 공수에 대한 기준을 제시 • 개발 회의를 등록하고 관리	• 제품개발 프로젝트 관리 • 제품개발 정보를 생성하고 정보를 구성(도면, BOM 구성 등 제품정보 입력) • 샘플 제작을 위한 자재코드를 결정하고 코드 번호 생성 • 샘플 제작 완료 후 개발자료를 최종 확인 • 개발, 양산 검증 후 개발을 완료 • 개발제품의 품질 및 신뢰성 테스트	• 제품개발 프로젝트 관리 • 제품개발 정보를 생성하고 제품정보를 구성 • 샘플제작 진행을 위해 협력사에 자재 발주 요청을 등록하고 도면을 배포 • 샘플제작 완료 후 개발 자료를 최종 확인 • 샘플제작 시 품질정보와 시험정보를 관리 • 개발, 양산 검증 후 개발을 완료 • 개발 시뮬레이션 및 엔지니어링 관리

그림 6.24 제품개발 시스템 요구 사항

기초 수준에서 제품개발 시스템은 모기업으로부터의 제품개발 의뢰 정보나 자체 개발을 위한 프로젝트 정보 등을 등록하고 관리한다. 즉, 연구소는 제품 개발에 대한 구체적인 정보는 관리하지 않으며, 전체적인 프로젝트의 일정에 대한 정보를 관리하고 프로젝트 일정의 조회와 대시보드 기능을 통해서 개발 프로젝트 진행 상황(일정, 투입 인원, 실적 등)에 대한 정보를 조회할 수 있다. 협력업체에 대해서는 제품 개발에 필요한 도면을 전산으로 배포하고 제품의 개발을 의뢰한다. 또한, 연구소는 사내 제안 내용, 고객 요구사항 등을 관리하며, 외주 제작이나 개발 관련 구매 정보 등을 관리한다.

중간 수준에서는 모기업의 제품 개발 의뢰 정보나 자체 개발을 위한 프로젝트 정보를 관리 시스템에 등록하여 관리하며, 연구소는 제품 개발 정보를 생성하여 소요 자재 양(BOM)을 산출하고, 도면을 설계하는 등 제품 정보를 구체화하고 최종적으로 확인한다. 또한, 제품 개발에 필요한 자재를 발주하기 위해 자재 샘플 코드를 생성하며, 완성된 개발 제품의 샘플을 바탕으로 품질검사와 신뢰성 테스트 등을 실시하여 개발 자료를 확인하고 개발과 양산을 위한 타당성에 대해 검증을 진행한다. 그리고 검증이 끝나면 설계 도면은 시스템을 통해 협력업체에게 자동 배포되어 제품의 개발을 의뢰한다. 기초 수준에서는 모기업에서 의뢰한 개발 프로젝트만을 관리하였다면, 이 단계에서는 자체 개발을 위한 개발 정보와 법적 규제사항을 관리해야 한다.

상위 수준에서의 업무 범위는 전 단계와 마찬가지로 모기업의 제품 개발 의뢰정보나 자체 개발을 위한 프로젝트 정보를 관리시스템에 등록하고 관리하며, 연구소는 제품 정보를 생성하고 제품의 구체적 개발 정보를 구성한다. 그리고 샘플 제작 시 시험정보와 품질정보를 시스템에 등록하고 관리하며, 개발은 시뮬레이션 시스템과 개발 엔지니어링 소프트웨어 등을 이용하여 진행한다. 개발 완료 후에는 기업자원 관리시스템과 스마트 제조현장으로 데이터를 관리 시스템을 이용하여 자동으로 전송한다. 또한, 개발 자료는 완성된 샘플을 바탕으로 확인하여 개발과 양산에 대한 검증을 진행하며, 제품 도면은 협력업체에 관리 시스템을 이용하여 배포하고 자재 발주와 제품 개발을 의뢰한다.

결국, 제품 개발 시스템이 완료되면 프로젝트에 대한 정보, 진척 상황에 대한 세부 정보 등을 통하여 기업 전략의 추진과 경영 혁신, 운영 관리를 체계적으로 할 수 있고, 제품 개발에 대하여 눈으로 보는 관리가 되며 신속한 의사 결정이 가능해 업무 효율을 높일 수 있다. 또한, 기업 자원과 스마트 공장 시스템의 연계로 생산 효율성의 증가를 기대할 수 있다. 개발업무 프로세스와 정보 흐름의 표준화를 통해 개발 제품에 대한 품질 개선과 협력업체와의 실시간 정보 교환을 통해 협력업체의 품질 개선뿐만 아니라 전체 개발 기간의 감소도 기대할 수 있다. 또한, 표준화된 제품 개발 프로세스를 적용함으로써 기술 자산의 재활용 가능성도 커져 전체적으로 기업의 기술 개발력이 배가된다.

3) 공급사슬 관리시스템

(1) 개요

공급사슬 관리시스템(SCM)은 수요와 공급을 일치하도록 관리하는 시스템이라고 볼 수 있다. 이것은 제품과 서비스의 수요 예측을 기반으로 구매, 제조, 물류 영역에서 매출과 이익을 내기 위한 기업의 핵심 경영 활동이다. 이것이 일치하지 않으면 재고가 생기거나 반대로 시장이 요구하는 만큼 제품을 공급할 수 없게 된다. 제조, 재무, 구매, 유통, 고객에 이르기까지 제조업의 모든 단계에서 가격과 서비스를 적절하게 최적화하는 과정이다. 따라서 공급사슬 관리시스템은 그림 6.25와 같이 시장에서의 환경 변화와 고객 요구를 조기에 파악하고, 모기업과 협력사 간의 합리적 협업을 도모하는 시스템이다.

수요 예측, 계획 수립, 개발, 제조 실행 등의 기업 내부적 활동들을 모기업과 협력사 간의 협업 시스템으로 상호 공유하기 위해 시장, 고객, 제조 활동 등에 있어서의 광범위한 실시간 정보와 데이터 분석 내용을 바탕으로 기업 간에 업무를 실시간으로 조율하며 매출과 수익의 최적화를 도모한다.

또한, 협력사는 다양한 사업 분야에서 협력해야 할 모기업과 정보를 공유할 수 있도록 공급사슬 관리시스템을 추진하며, 사물인터넷과 연계하여 수주 예측과 납기 지연 등의 돌발 문제를 해결할 수 있도록 한다. 스마트 팩토리의 공급사슬 관리시스템은 관리 옵션에 있어서 선택의 편리성을 높이고 실시간 정보를 공유할 수 있는 방법을 제시할 수 있도록 설계되어야 한다.

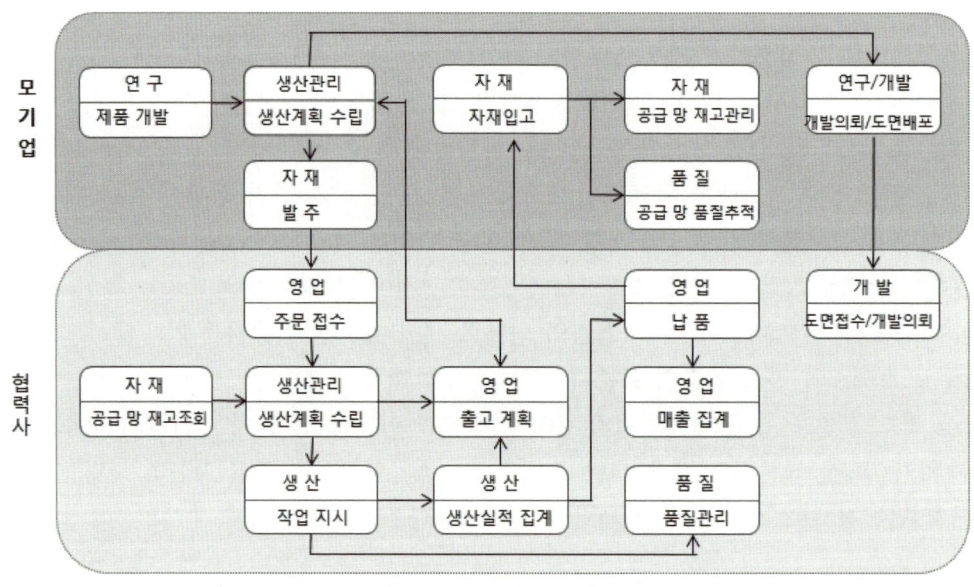

그림 6.25 공급사슬 관리시스템의 구성 체계

(2) 수준별 요구사항

공급사슬 관리시스템은 그동안 기업자원 관리시스템과 연계하여 활동 정보를 공유하여 왔으나, 고객 요구, 개발, 제조, 물류, 품질, 비용 등의 실시간으로 발생하는 정보의 중요성이 주목받고, 스마트 팩토리가 진행되면서 영업, 개발, 제조, 물류 등의 실행 정보가 직접 공유되어지고 있다. 따라서 스마트 팩토리를 진행하는 데 있어 핵심 애플리케이션 중의 하나가 되었다. 공급사슬 관리시스템의 각 수준별 요구사항을 살펴보면 그림 6.26과 같다.

항 목	1단계: 기초수준	2단계: 중간수준	3단계: 상위수준
협업 관점	• 모기업과 기본적인 협업 업무 수행	• 모기업과의 협업업무 이외에 자사를 위한 생산, 품질, 영업 정보를 관리	• 모기업과의 협업업무 이외에 자사를 위한 생산, 품질, 영업, 제품개발 정보 관리
시스템	• 자사에 설치되는 시스템은 없으며, 모기업의 포털 시스템에 접속하여 협업을 진행	• 모기업과 협력사(자사)가 각각 독자적인 시스템을 구축하고 서로 약속된 정보 규약에 의거하여 대화하고 협업	• APS 시스템을 이용한 생산계획 수립과 관리 • 시장상황을 고려한 What-if 분석을 통하여 제품의 자동배부와 자동 발주
적용 기능	• 발주, 주문관리, 납품관리 등을 실시	• 발주, 주문관리, 납품, 공급망 실적관리, 공급망 품질추적 관리를 실시	• 발주, 주문관리, 납품, 공급망 실적관리, 공급망 품질추적, 협력사 개발관리 실시

그림 6.26 **공급사슬 관리시스템 요구사항**

기초 수준에서 모기업은 자사의 제조 계획을 바탕으로 공급사슬 관리시스템의 협업 시스템을 이용하여 구매 발주에 대한 정보를 입력하고 협력사에 자재 주문을 낸다. 협력사는 모기업의 시스템에 접속하여 구매 발주된 내용을 협업 시스템을 통해 확인하고 자사의 주문으로 처리한 다음 제조 계획을 수립한다. 이때 협력사에서의 제조계획 수립과 실적 관리는 수작업으로 진행하며, 제조가 완료된 후에는 납품을 위한 출하 정보를 협업 시스템에 입력한다. 협력사는 자체 관리시스템을 이용하여 모기업의 발주 정보, 외주업체에 대한 주문 정보, 납기 및 납품 현황 등을 관리한다. 또한, 협력사는 구매 발주 정보와 납품 정보 등을 바탕으로 매출 예상액과 매출 실적을 관리하고 예상 매출 정보를 바탕으로 금융거래 등에 있어서 신용의 근거 자료로도 사용한다.

중간 수준에서는 모기업은 제조 계획을 기본으로 발주 내용을 협업시스템에 입력하여 실시간으로 협력사에 자재 주문을 하고 제품의 입고 상황을 관리한다. 협력사는 모기업에서 통보된 제조 계획을 바탕으로 자사의 주문으로 접수 처리한 다음 제조 계획을 수립하며, 협력사는 수립한 제조 계획을 바탕으로 발주 품의 제조를 시작한다. 그리고 협력사는 제조 진행 상황을 모니터링하고, 실적 집계, 출고 계획 등에 대한 정보를 실시간으로 관리시스템을 이용하여 관리하며, 이를 바탕으로 납품 정보를 모기업에 자동으로 통보한다. 또한, 관리시스템을 이용하여 모기업과의 협업업무뿐만 아니라 자사의 생산, 품질, 영업 정보를 관리하고, 납품한 제품의 식별코드를 이용하여 불량품에 대한 추적 관리도 실시한다. 납품 정보를 기준으로 예상되는 매출액과 매출실적에 대한 정보를 관리하며, 예상 매출 정보를 이용하여 신용 근거자료로도 사용한다.

상위 수준의 경우 모기업은 주문과 제조 계획의 수립, 분배, 물류 관리, 제품 개발에 대한 협력 요청을 협업 시스템으로 관리하고 처리한다. 또한, 협력사는 모기업의 제조 계획 내용을 기본으로 구매 발주 내역을 자사의 협업시스템으로 처리하며, 협력사는 모기업의 발주 물량을 자사의 주문으로 전환하여 제조 계획을 수립한다. 이때 제조 계획은 APS(Advanced Planning & Scheduling)를 이용하여 더욱 신속하고 정확하게 수립하고 관리하며, 제조는 조건-결과(What-If)분석을 통해 시장의 수요 상황과 설비 가동상태 등을 연계하여 시뮬레이션해 본 다음 제조의 진행과 외주 업체에 대한 자동 발주가 이루어진다. 제조 실적과 재고 정보는 인터페이스 모듈을 사용하여 시스템에 자동으로 입력을 할 수 있으며, 제조 실적과 구매발주 정보 등을 기준으로 납품 정보를 관리하며, 납품 정보로부터 예상 매출액과 매출 실적에 대한 정보를 예측할 수 있다. 또한, 모기업과 개발 정보를 공유하기 위하여 개발 의뢰한 R&D 정보와 도면의 배포 현황도 관리한다.

4) 설비관리 시스템

(1) 개요

설비관리 시스템(TPM)은 그림 6.27와 같이 설비의 설치에서부터 폐기에 이르기까지 기계 설비의 생애를 최적으로 관리하여 기업의 생산성을 높이고 작업 안전을 도모하며, 설비의 운영에 필요한 업무를 체계적으로 관리하는 활동이다. 따라서 설비 가동률을 높이고 관리 비용을 최소화하는 것이 목적이다.

장치 또는 라인으로 구성된 제조업에서는 제조 활동에서 설비보전의 비중이 매우 크다. 그 이유는 제조의 자동화가 진행될수록 생산성 하락의 주요한 원인 중의 하나가 설비의 고장에 의한 생산 중단이기 때문이다. 설비 고장에 의한 생산성 저하를 방지하기 위해 설비 예방보전(PM), 고장 정지시간 단축, 고장의 조기 발견을 위한 방안 등이 필요하며, 예방보전에는 정기 점검과 수리 등 정기 보전과 예지 보전 활동 등이 포함된다. 고장 정지시간을 단축하려면 설비의 수리에 소요되는 인력, 수리에 필요한 부품 또는 치공구 등의 신속한 조달이 용이해야 한다. 또한, 설비관리의 최상위 단계에서는 설비의 수명을 예측할 수 있는 시스템을 설치하고 고장이 나기 전에 예방보전을 하거나 예비품을 미리 교체하여 보전 비용을 최소화하여야 한다. 특히 스마트 팩토리에서는 설비의 의존도가 매우 높기 때문에 고품질 센서, 고성능 컴퓨터, 사물인터넷 등을 이용하여 설비 상태를 자가 진단을 하거나 설비 이상을 미리 체크하고 자주 또는 주기적으로 발생하는 고장 패턴을 읽어 미리미리 대비해야 한다.

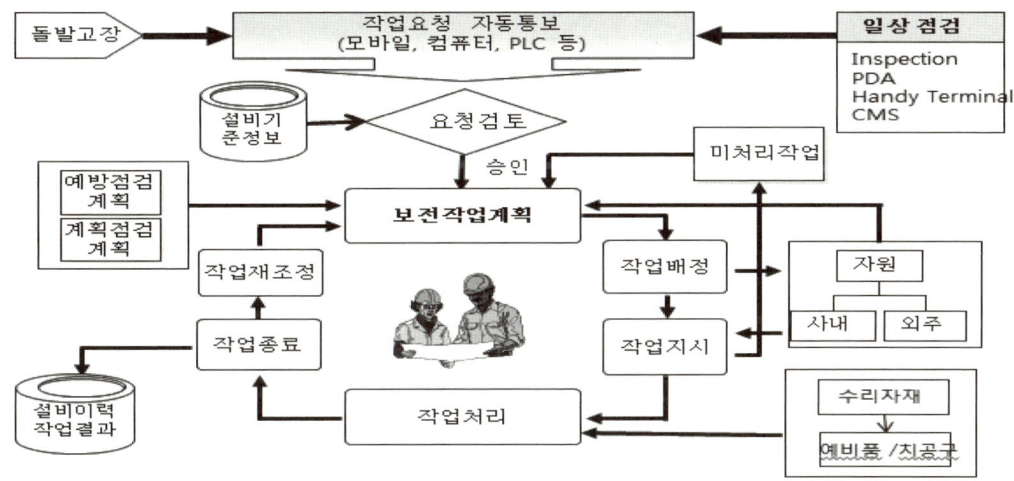

그림 6.27 설비관리 시스템 구성 체계

(2) 수준별 요구사항

스마트 팩토리에서의 설비관리 시스템은 공장 내 설비와 로봇에 설치된 센서 등을 통해 설비 상태와 측정 정보를 실시간으로 수집하고, 빅데이터 분석으로 설비의 수명과 고장예측 모델을 정의한다. 실시간으로 생성되는 설비 데이터를 비교 분석하여 이상과 고장을 분석함으로써 전 공장의 모든 설비 상태를 상시 모니터링하고 이상 징후 포착 시 즉각적인 예지보전 활동을 수행하는 것을 목적으로 한다. 스마트 팩토리 추진을 위한 설비관리 시스템의 단계별 요구사항을 보면 그림 6.28과 같다.

항목	1단계: 기초수준	2단계: 중간수준	3단계: 상위수준
자주 보전	• 설비별 보전 일자 관리, 점검 이력 관리 • 설비별 부품 교체주기 관리 • 보전작업 이력(예비품 교체, 작업공수 등) 등록	• 설비별 점검 일자 관리, 점검 이력 관리 • 설비별 부품 교체주기 관리 • 보전작업 계획 및 작업지시 • 보전작업 이력(예비품 교체, 작업공수 등) 등록 • 모바일 관리 구현	• 설비별 점검 일자 관리, 점검 이력 관리 • 설비별 부품 교체주기 관리 • 보전작업 계획 및 작업지시 • 보전작업 이력(예비품 교체, 작업공수 등) 등록 • 모바일 장비 구현
사후 보전	• 사후보전작업 이력(예비품 교체, 작업공수 등) 등록	• 사후보전작업 이력(예비품 교체, 작업공수 등) 등록	• 사후보전작업 이력(예비품 교체, 작업공수 등) 등록
예비품 관리	• 예비품 마스터 관리 • 설비별 예비품 리스트 관리	• 예비품 창고 입출고 관리 (예비품 바코드 적용) • 예비품 위치관리 • 치공구 재고관리(치공구 바코드 적용) • 치공구 수리이력 관리	• 예비품 창고 입출고 관리 (예비품 바코드 적용) • 예비품 위치관리 • 치공구 재고관리(치공구 바코드 적용) • 치공구 수리이력 관리 • RFID 도입

항목	1단계: 기초수준	2단계: 중간수준	3단계: 상위수준
예지 보전	N/A	• 설비별 예지보전항목 설정과 점검계획 시행 • 점검이상 판단에 의한 보전작업 또는 수리계획 요청 • 설비/F로 설비상태 파악 • 설비 사용량에 따른 교체 시기 판단기능 구현(I/F 필요)	• 설비별 예지 보전항목 설정과 점검계획 시행 • 점검 이상 판단에 의한 보전작업 또는 수리계획 요청 • 설비/F로 설비상태 파악 • 설비 사용량에 따른 교체 시기 판단기능 구현(I/F 필요) • 진동관리 시스템을 도입하여 설비의 고장징후 예지 • 윤활관리로 베어링계통의 문제를 사전 감지

그림 6.28 **설비관리 시스템 요구 사항**

  설비관리 시스템의 기초 수준에서는 자주 보전과 사후보전을 실시하며, 자주 보전을 위해 설비 관리자는 설비의 기초 정보와 보전(PM)항목을 등록하여 기준정보를 준비하고, 설비별로 보전작업 계획을 수립하여 관리시스템에 등록하고 설비별 부품 교체주기, 예비품 재고량, 작업공수 등을 관리한다. 등록된 정보를 반영한 보전작업 계획에 따라 작업 일정이 도래하면 보전작업 지시가 시스템에 생성되고, 설비 담당자는 보전작업을 실시한 다음 작업 내용과 설비 상태를 관리시스템에 입력하여 점검 이력을 관리한다.

  다음으로 시스템에 입력된 보전작업과 점검 이력에 대한 데이터를 설비 기준 정보와 비교 분석하여 설비 고장의 원인을 분석한 다음 개별 개선을 실시하여야 한다. 사후보전 계획으로는 돌발적인 고장이 발생하면 시스템을 이용하여 필요한 예비품이 있는지 파악될 수 있어야 하며, 설비별 예비품 리스트가 시스템에 의해 관리되고 있어야 한다. 돌발 고장에 대해서는 수리 작업을 먼저 수행한 다음 작업 내용을 관리시스템에 입력한다. 수리 이력은 설비 고장의 원인 분석에 활용된다.

  중간 수준의 스마트 설비관리 시스템을 구축하기 위해서는 먼저, 자주 보전을 위해 기초 정보와 보전 항목을 등록하여 설비 기준 정보를 준비한다. 또한, 설비 별로 보전작업 계획을 수립하여 관리시스템에 등록하고, 계획에 따른 자주 보전 시점이 도래하면 보전작업 지시가 자동으로 관리 시스템에 생성되어야 한다. 생성된 작업 지시에 따라 보전작업을 실시하고 작업 내용은 현장에서 모바일 기기를 이용하여 자동으로 입력한다.

  다음으로 사후 보전을 위해 매 순간 돌발적인 고장이 발생하면 관리시스템을 이용하여 필요한 자재가 있는지 실시간으로 파악되고, 바로 수리 작업에 들어갈 수 있도록 시스템이 갖추어져 있어야 한다. 수리 작업 실시 결과는 현장에서 바로 관리시스템에 입력한다. 중간 수준에서는 기초 수준과 달리 예지 보전을 추가하여 실시해야 한다. 예지 보전을 위해서는 설비별로 예지 보전 항목을 정하고 주기적으로 관리 항목에 대한 데이터를 측정하여 시스템에 입력한다. 입력된 관리 데이터에 의하여 시스템이 자동으로 관리 상태를 체크하여 이상 여부를 실시간으로 관리자와 작업자에게 알려주고, 대시보드에 의해 설비의 통제 데이터가 모니터링되어야 한다. 또한, 예비품에 대하여는 자재 별로 ID 코드를 부여하고 입. 출고 관리와 재고관리를 실시한다.

상위 수준에서의 자주 보전 기준으로는 먼저 설비 기준정보를 준비한다. 다음으로는 스케줄러를 이용하여 설비별 보전작업 계획을 수립하여 관리시스템에 등록한다. 등록된 계획에 따라 보전 시점이 도래하면 자동으로 작업 지시가 생성되고, 모바일 환경을 갖춘 작업자에 의해 보전작업을 실시하며 작업 내용은 현장에서 바로 자동으로 입력된다. 사후보전을 위해서는 돌발적인 고장이 발생할 경우 시스템을 이용하여 필요한 자재가 즉각 파악될 수 있어야 하고, 수리에 필요한 도면, 작업매뉴얼 등 관련 정보를 모바일을 통하여 수리 담당자가 현장에서 제공 받을 수 있어야 한다.

수리 작업의 내용도 현장에서 모바일 장비를 이용하여 바로 입력된다. 예지 보전을 위해서는 설비별로 예지 보전 항목을 설정하고 설비 인터페이스(I/F)를 이용하여 항상 설비 상태가 파악되고, 부품의 교체 시기가 관리되어야 한다.

또한, 현장에는 설비의 진동 체크와 윤활 분석 시스템을 도입하여 시스템에서 실시간으로 생성되는 데이터와 항목별 기준값을 비교하여 설비의 이상 여부가 바로 감지되고 이상 발생 시 경고 시그널이 생성될 수 있어야 한다. 설비의 각 부위에 설치된 각종 센서로 측정되는 데이터는 상세 분석을 통해 설비의 고장 부위와 고장 예상 정보가 모바일로 통보된다. 그러면 고장 예측 부위의 점검과 수리를 위한 예비품을 준비하고 즉각적인 보전계획에 따라 바로 보수작업에 착수할 수 있어야 한다.

7 스마트 제조의 미래

스마트 제조 혁신으로 시작된 제조 방식과 정보 통신기술의 발전은 경쟁의 패턴과 가치 창출의 방법을 근본적으로 변화시키고 있다. 그러므로 기업은 부가가치를 창출하고 제품을 제조하는 방식을 근본적으로 바꾸어야 할 필요가 있다. 기업은 초 경쟁 관계에서 고객에게 제공해야 할 가치가 무엇이며, 어떻게 제조하고, 어떻게 전달할 것인지를 고민하고 이러한 변화에 부합하는 제조 방식으로 혁신해야 한다. 제조 방식에 따라 고객의 정의, 제품 개발, 부품 조달과 제조 활동, 영업 마케팅의 방법 등이 달라지기 때문이다.

이것은 기업의 경쟁력을 강화하게 하고, 수익을 창출하는 새로운 방법을 제공해 준다. 그러므로 기업의 입장에서는 제조 방식이 시대에 뒤떨어지지 않게 발전시키고 혁신해 가는 노력이 무엇보다도 필요하다. 또한, 기업은 시장에서의 기술과 소비 트렌드를 읽어가면서 자신의 경쟁력을 키워 갈 제조 방식을 모든 역량을 집중해서 발전시켜 나가야 한다. 따라서 스마트 제조 혁신의 물결 속에 우리 기업들도 정보 통신기술을 기반으로 실제 공간과 가상공간이 통합되는 기업 환경에 최대한 적응하기 위하여 제조 프로세스를 혁신할 필요가 있다. 정보 통신기술을 중심으로 제조와 소비가 융합되는 미래에 특히 더 중요해진다.

초 경쟁 환경 아래서 기업들은 고객의 숨겨진 수요를 파악하고, 산업 패러다임의 변화를 최대한 활용해서 제조 프로세스를 융합하고 혁신하며 저비용 제조 체계를 구축하고 있다. 그 결과 혁신에 앞선 기업들은 기존 기업들이 지배하던 시장의 경쟁 구도를 재편하거나 새로운 시장을 창출하며 빠르게 성장하고 있다. 이러한 제조와 소비 프로세스의 혁신은 가까운 미래에 모든 기업들에게 피할 수 없는 중요한 과제가 될 것으로 전망된다.

앞에서는 스마트 팩토리를 추진하는 데 있어 기초 수준에서부터 상위 수준까지 스마트공장 추진사업단이 정의한 요구조건을 기준으로 각 단계별 스마트 팩토리의 모습을 살펴보았다면, 여기서는 고도화 수준까지 혁신하였을 때의 기업 모습을 제조 프로세스를 중심으로 해서 살펴보고자 한다. 우선, 스마트 제조 혁신의 환경에서는 전통적으로 제품기획, R&D, 제조 활동, 마케팅이 순서대로 이루어지던 업무 프로세스가 신속하고 유기적으로 변형하고 융합하는 구조로 전환되고 있다. 따라서 제조와 소비 트렌드가 변화하고 융합하는 추세 속에서 제조 프로세스를 어떻게 혁신할 것인가 미래의 변화 방향과 필요 역량을 알아본다.

1) 사이버 물리적 시스템에 의한 소비자 맞춤형 제품 구상

기존에는 제품 아이디어를 기획하고 구상하는 데 있어서 경영진의 판단과 엔지니어의 경험이 중요한 역할을 했다면, 환경이 빠르게 변하고 변동성이 커진 상황에서는 새로운 방식으로 제품 아이디어를 구상해야 한다. 따라서 스마트 제조환경에서는 사이버 물리 시스템 기술과 빅데이터 등을 이용하여 최신의 제품 아이디어를 분석하고, 오픈 소스를 통해 소비자가 직접 참여하여 최적의 제품 아이디어를 찾아낸다. 또한, 정보 통신기술을 이용해 고객, 경쟁사, 시장, 제조 활동 등에 대한 데이터를 취합해서 최적의 의사 결정을 할 수 있다.

이처럼 빅데이터와 사이버 물리 시스템을 유용하게 사용하는 데이터 분석기법, 제품개발 시스템, 플랫폼 등을 활용하면 상시적으로 소비자의 요구에 최적화된 제품 아이디어가 찾아진다. 또한, 제조와 소비 전반에 걸쳐 생성되는 빅데이터를 실시간으로 분석함으로써 수요와 환경의 변화를 연속적으로 파악하여 돌발 수요나 즉각적인 제조에 대응할 수 있게 된다. 소비자 요구를 신속하게 심층적으로 파악함으로써 개발 전략을 더욱 고객 지향적으로 구사할 수 있게 한다. 제품과 아이디어의 기획 단계부터 소비자의 참여를 늘리고, 소비자가 진정으로 원하는 것이 무엇인지 파악하여 제품 개발로 연결하는 소비자 맞춤형 개발방식이 일반화될 것이다. 예를 들어 지멘스의 경우 제품, 부품이 고객에게 판매된 이후에도 클라우드 등을 통해 자사 네트워크와 연계를 하고 고객과의 접점을 이용해 제품의 유지관리, 소프트웨어 업그레이드 등을 하고 있다. 또한, 고객의 주문에 따라 제조하는 생산 라인을 개발해 고객의 요구, 사용 습관, 사회 현상 등을 분석해 제품개발에 이용한다. 이 과정에서 시제품을 대중에게 공개함으로써 제품 개발에 소비자의 아이디어를 반영해 제품의 완성도를 높이기도 한다.

한편, 존 디어(John Deere) 사는 증강현실을 이용해 고객이 초기 디자인 콘셉트를 테스트하고 피드백을 제공하도록 함으로써 디자인을 수정하거나 다시 개발할 수 있도록 하고 있다. 이 회사의 엔지니어들은 JD 7760 목화 추수기 내의 공조시스템 설계에 가상현실 시뮬레이션을 사용하여 디자인 주기를 27개월에서 9개월로 단축하였고, 디자인 비용을 10만 달러 이상 절감하였다.

2) 구성적 혁신을 이용한 개방형 제품 개발

지금까지 기업은 제품 개발에 있어 최고의 기능, 최초의 기술, 최고의 서비스 등 경쟁 우위를 확보하도록 해주는 첨단 기술 위주로 개발을 진행하였다. 그러나 스마트 환경에서는 시장과 소비자의 요구를 정확히 파악하고 이를 충족시키기 위한 제품 개발이 되어야 한다. 기술의 진보에 따라 시간과 비용을 최대한 절감하면서도 상황에 맞도록 유연하게 대응하는 연구개발 방법이 필요하다. 또한, 기술이 고도화되면서 기술적 한계를 돌파하기 위하여 개발에 막대한 비용이 소요된다. 그리고 정작 개발에 성공한다 해도 소비자가 필요로 하는 수준에 못 미치거나 오버 스펙 등으로 외면받는 경우도 많아지고 있다. 따라서 기술 중심이 아닌 고객 중심으로 제품 개발의 방향을 전환해야 한다.

최근의 연구개발 동향은 신기술도 중요하지만, 기존에 나와 있는 기술의 융합을 이용하는 '구성적 혁신'을 더 중요하게 여긴다. 이것은 다른 산업에서 이미 충분히 검증된 부품이나 기구, 소프트웨어, 개발 방법 등을 결합해 새로운 제품을 개발하는 작업이다. 예를 들어, 스마트폰의 경우도 기존에 이미 상용화되고 기술적. 기능적으로 이미 검증된 부품들을 조합해 완전히 새로운 혁신 제품으로 탄생한 것이라 해도 과언이 아니다. 또한, 연구개발의 기민성을 높이기 위한 린 스타트업(Lean Startup), 마이크로 팩토리(Micro Factory), 팹랩(Fab-Lab) 같은 기업도 주목할 필요가 있다. 이들은 최소 기능만 갖추고 시제품을 빨리 만들고, 고객들의 의견을 수시로 수렴하며 수정과 보완을 반복해 최종 제품을 완성하는 방법을 사용한다.

나아가 연구개발의 개방성도 확대하고 있다. 예를 들어 로컬 모터스(Local Motors)는 고객과 열렬한 팬들로부터 오픈 소스를 통해 디자인을 공모하고, 디자인 경연대회를 열고, 고객들이 자동차 디자인에 깊게 관여할 수 있도록 하고 있다. 이 기업은 지적 자산에 대하여 매우 열린 태도를 취하고, 혁신과 협업을 촉진할 수 있도록 개방적인 접근법을 유지한다.

3) 기술 간 융합을 통한 제조 유연성 확대

스마트 제조 기술의 확산으로 제품의 가치를 높이는 데 있어 소프트 자산이 중요한 역할을 하면서 제조 활동에서도 기존의 제조 관점이 바뀌고 있다. 전통적으로 제조업은 4M(Man, Machine, Method, Material)을 기반으로 하는 하드웨어 중심의 활동이었다면, 스마트 제조 시대에는 제조 과정에서 소프트웨어의 역할이 커지고 있다. 제조 과정 자체가 전부 연결되고 소프트화함으로써 플랫폼을 통한 오픈 소싱으로 제품을 제조하며, 판매 후에도 고객과 지속적으로 소통하며 새로운 부가가치를 만들어 낸다.

예를 들어, 테슬라는 고객이 구입한 차량에 오토파일럿(autopilot), 파워 부스터 (power booster) 등의 업그레이드된 기능을 인터넷으로 추가할 수 있도록 하고 있다. 업그레이드 기능을 일단 무료로 사용하게 해보고, 계속해서 구매토록 유도함으로써 지속적으로 수익을 창출하고 있다. 또한, 후지제록스는 제품과 서비스에 대한 연간 수만 건에 달하는 고객의 의견을 전사적으로 공유해서 활용하는 시스템을 개발하였다. 다양한 고객 데이터, 고객의 불평과 칭찬을 여러 부서와 공유하면서 영업 부문 이외에 개발 부문도 적극적으로 활용한다. 제품 개발자는 자신의 제품 개발가설을 이 고객 목소리 시스템을 통해서 확인할 수 있다.

또한, 개인 맞춤형 제조를 위한 기술 혁신도 관심을 가져야 한다. 제조 운영 시스템이나 사물인터넷, 사이버 물리 시스템 등을 이용해 제조 공정을 실시간으로 모니터링하고 최적화하며, 로봇이나 3D 프린팅 기술 등을 접목해 제조의 유연성을 높이고 있다. 금형 제작업체인 미스미는 일반적으로 20~30번의 수정 작업을 거쳐 완성되는 제품을 1개씩 주문받는 시스템으로 바꾸고 있다. 이를 위해 이 회사는 고객과의 거래 기반을 클라우드 컴퓨팅 베이스로 전환하고 빅 데이트 분석을 통해 고객의 주문을 미리 예상하면서 표준화된 반제품을 미리 제조하여 고객의 제품 요구사양에 대응하여 제작 기간과 원가를 줄이고 있다.

제품의 수명 주기가 단축되고 수요의 변동성이 커지면서, 대량 생산의 이점은 줄어들고 있는 상황에서 대규모 고정비 투자를 회피하고, 제조의 유연성을 높이는 제조 아웃소싱을 확대하는 추세도 증가하고 있다. 실제 새로운 제품을 개발하는 스타트업 기업들은 제조위탁 전문업체 등에 아웃 소싱하는 것을 적극적으로 활용하는 추세다.

제품을 제조하는 데 있어 창의적인 소비자들과 협력하는 방안도 적극적으로 모색해야 한다. 최근 3D 프린트 등을 이용해서 개인의 제조 활동이 가능해지면서 상상력과 창의력을 바탕으로 개인이나 소기업이 제품을 구상하고 조립. 개발하는 비즈니스 활동이 크게 확산되고 있다. 기존 기업들이 이를 잘 활용하면 소비자들의 목소리를 수용해 맞춤형 제조와 혁신 활동을 강화하는 데 있어서 큰 도움이 될 수 있을 것이다.

4) 제조와 마케팅 융합에 의한 틈새시장의 확대

과거에는 영업과 마케팅이 제조 이후에 제품과 서비스를 고객에게 단순히 판매하는 데 만족했다. 그러나 이제는 고객에게 제조업자가 구상한 제품이나 가치를 먼저 제안하고, 이에 대한 고객의 요구사항을 적극적으로 수용해서 제품 개발 아이디어를 창출하고 스마트 제품을 만드는 중요한 역할을 한다. 이를 위해 영업과 마케팅의 방식도 다양한 온. 오프라인 매체를 활용하고 고객과의 양방향 커뮤니케이션도 적극적으로 해야 한다. 예를 들어, 미국의 드론 기업인 3D 로보틱스(3D Robotics)는 원래 드론 커뮤니티에서 출발했는데, 드론 마니아들의 아이디어를 적극적으로 반영한 제품들을 만들어내고 있다. 또한, 소비와 제조의 경계가 무너지고 제조와 마케팅이 융합함으로써 다양한 소비자의 기호와 요구를 제품에 반영할 수 있는 대량 맞춤(Mass Customization) 형태의 제조업이 급성장함으로써 틈새시장이 확대될 것으로 전망된다. 이와 같이 스마트 제조시대에는 고객을 단순한 판매 대상이 아니라, 자사 제품을 개발하고 혁신하는데 필요한 중요한 개발자, 협력자로 활용하며 기민하게 대응하는 것이 필요해진다.

따라서 앞에서 살펴본 바와 같이 현재 산업선진국 중심으로 확산되고 있는 스마트 제조혁신 트렌드 변화를 적극적으로 받아들여야 하며, 이를 전 산업으로 추진하기 위해서는 데이터 분석기술, 앱 등 핵심기술 개발과 스마트 공장 표준모델 개발, 전문 인력의 양성과 확보, 모기업과 협력사 간 협력체계 구축 등 인프라 구축이 선행되어야 한다. 결론적으로 그 동안 한국이 반열에 올려놓았던 생산제조 강국으로서의 지위를 회복하고 탄탄히 발전하기 위해서는 현재 세계적으로 확산되고 있는 제4차 산업혁명에 선도적으로 동참해서 제조 혁신의 선도 주자가 되어야 한다.

CHAPTER 07 마케팅 혁신: 마케팅 전략 4.1[30]

1 데이터 중심의 마케팅

20세기 종반에 인터넷이 발명됨에 따라 마케팅에 정보 통신의 영향력은 매우 커졌다. 그런데 2007년에 스마트폰이 발명됨에 따라 마케팅의 디지털화는 가속적으로 진행하고 있다. 이러한 트렌드에 따라 마케팅 커뮤니케이션은 끊임없이 새로운 방향으로 발전하고 있다. 최근 들어 급속히 진행하고 있는 마케팅 트렌드의 하나는 '데이터 중심의 마케팅'이다. 이러한 변화를 이해하고 앞으로 마케팅이 전개될 방향을 가늠하기 위해서는 마케팅의 발전 과정을 정리하는 것도 의의가 있는 일이다고 하겠다. 이런 관점에서 코틀러와 공저자(2017)들은 마케팅의 발전 과정을 다음과 같이 정리하였다.

- 마켓 1.0 시대: 제품위주의 마케팅 커뮤니케이션 시대
- 마켓 2.0 시대: 소비자 중심의 마케팅 커뮤니케이션 시대
- 마켓 3.0 시대: 인간 중심의 마케팅 커뮤니케이션 시대
- 마켓 4.0 시대: 하이테크와 하이터치의 융복합 전략
- 마켓 4.1 시대: 데이터 중심의 마케팅 커뮤니케이션 시대

필자는 이들과는 달리 최근에 발전하고 있는 데이터 분석을 기반으로 하는 마케팅 커뮤니케이션을 여기에서 다루려고 한다. 변화하고 있는 마케팅 커뮤니케이션을 마케터의 마케팅 활동 중심으로 보고자 한다. 마케터가 고객과 제품의 데이터를 분석하고 이를 마케팅 활동에 활용하고 있는 것을 '마켓 4.1 데이터 중심의 마케팅 커뮤니케이션'이라고 지칭하고자 한다.

마켓 1.0시대에서 마켓 4.0시대까지는 주로 마케팅을 수행하는 대상 중심으로 연구되었다. 그러나 디지털 시대에 들어서면 마케팅 활동 목적이 '고객 감동'인 고객 중심으로 수렴하

---

[30] 박병연이 저술하였음.

고 있다. 고객 감동을 줄 수 있는 제품 서비스를 생산하고 고객 감동을 줄 수 있는 유통 채널을 가져야 하고 고객 감동을 줄 수 있는 제품을 제공해야 한다. 마케팅 활동을 직접 수행하는 마케터의 입장에서는 고객 감동을 어떻게 제공할 수 있는가가 매우 중요한 이슈로 대두되게 되었다. 그러면 마케터는 고객 감동을 어떻게 알고 어떻게 측정할 수 있으며 어떻게 예측할 수 있을까. 디지털 시대에서 고객 감동을 아는 수단은 고객의 '디지털 흔적(데이터)'를 수집하고 분석하는 것이다. 마케터는 의미 있는 고객 경험을 디지털 데이터를 통하여 관찰하고 분석하고 예측하면서 마케팅 활동을 수행하여야 한다. 이런 의미에서 디지털 시대에서 마케팅을 '데이터 중심의 마케팅 커뮤니케이션'으로 정의하고자한다.

- 마케팅 커뮤니케이션: 마케팅 커뮤니케이션이란 마케팅이 추구하는 목표를 효과적으로 달성하기 위하여, 마케터가 마케팅 활동(Marketing Activity)에 사용할 수 있는 기업의 내·외부의 자원을 균형 있게 사용할 수 있도록 계획하고 집행하고 분석하고 관리하는 경영 활동이다.

1) 데이터 중심의 마케팅 이점

- 새로운 고객의 발견: 소셜 미디어에 포함된 자료에는 고객의 관심과 행동에 관한 자세한 정보가 들어 있다. 이들 자료는 과거에 사용하던 인구 통계학적인 자료와는 비교할 수 없을 정도로 자세하다. 과거의 인구 통계학적 자료는 인구의 수, 나이, 성별, 결혼 여부 등의 정보가 있었다. 그러나 소셜 미디어의 데이터는 많은 세밀한 정보와 자료가 있어서 새로운 고객을 발견하는 데 매우 유용하다.
- 새로운 마케팅 기회의 발견: 데이터는 기존의 제품과 서비스를 개선하고 새로운 제품과 서비스를 개발하는 데 유용한 자료를 제공한다.
- 기존의 고객에게 좋은 제품과 서비스를 제공: 예를 들면, 인터넷 서점 아마존은 고객이 구매한 제품을 낱낱이 기억해 두었다가 관심이 갈 만한 신제품이 나오면 고객에게 알려준다. 이에 고객은 고맙게 생각하여 구매하게 된다.
- 좀 더 효과적인 광고: SNS 등에서 얻은 자료를 이용하면 더 효과적인 광고 활동을 할 수 있다.

데이터 중심의 마케팅 커뮤니케이션은 변화하고 있는 마케팅 환경을 세밀하게 분석하는 데 주안점이 있다. 마케팅 환경이 고객과 시장의 변화를 반영하고 있기 때문이다. 고객의 욕구에 대응하기 위해서는 마케팅 커뮤니케이션 활동에도 많은 변화가 필요하다. 마케터의 마케팅 활동도 변화된 마케팅 환경에 맞게 변화가 필요하다. 고객 환경에 많은 변화가 발생하였고 그 변화의 추세는 매우 빠르고 다양한 형태로 나타나고 있다. 마켓 4.1에서 고객과 제품의 변화를 정리하면 다음과 같다.

① 고객 참여가 매우 적극적으로 활성화하고 있다.
② 모든 사물이 사물 인터넷을 통하여 연결되는 상황이 되었다.
③ 제품에 대한 디지털 정보가 동시에 전 세계적으로 적은 비용으로 유통하고 있다.
④ 고객의 구매 행위에 소셜 네트워크 그룹의 의견들이 결정적으로 영향을 미치고 있다.
⑤ 제조 서비스가 병합된 제품이 생산 유통하고 있다. 어떤 제품은 이미 제조 서비스 마케팅이 병합되어 생산 유통하고 있는 현상이 나타나고 있다.
⑥ 제품과 고객의 빅데이터를 수집 분석하는 데이터 과학 지식과 소프트웨어 기술이 필요하게 되었다.

마켓 3.0 이전에는, 기업의 연구개발 목표는 제품의 품질 개선이나 원가 절감 등과 같은 내부 혁신에 목표를 두었다. 그러나 마켓 4.1에는 기업의 연구개발 혁신 목표는 고객 중심이다.

① 고객이 경험했던 사회 문화 환경에서 고객 욕구를 이해하고,
② 고객이 필요로 하는 제품 개발에 목표를 두어야 한다.

제품이나 서비스의 개발 과정은, 과거에는 제조업체가 시장 조사를 통해 고객의 욕구를 파악하여 제품을 개발하였으나, 마켓 4.1에서는 고객의 입장에서 제품 이해하고 고객이 필요로 하는 제품을 개발하여 공급하여야 한다. 고객은 시장에서 여러 제품 중에서 자신에게 가장 적합한 제품을 선택하여 사용하므로, 마케터는 '의미 있는 고객 경험'을 찾는 것이 매우 중요하다. 고객의 의미 있는 경험은, 고객이 제품을 선택하는 기준이기 때문이다.

마켓 4.1의 또 다른 특징은 마케팅 기술이 너무 급격하게 변화하고 있으며, 마케팅 관련 기술이 다양한 응용 분야로 발전하고 있다는 점이다. 기업의 마케팅 경쟁력이 기존의 전문적인 마케터의 마케팅 수행 능력보다는, 오히려 데이터 전문가나 마케팅 소프트웨어 기술에 능숙한 테크놀로지 전문가에 의해 좌우하고 있다. 마케팅 테크놀로지와 소프트웨어 기술이 중요하게 되었다. 이러한 변화는 시간이 지날수록, 시장의 경쟁이 치열할수록 뚜렷하게 나타나고 있는 현상이다.

2) 데이터 중심의 마케팅 특징

마켓 4.1의 데이터 중심의 마케팅은, 기존의 마케팅 환경에서 볼 수 없었던 여러 가지 특징이 나타나고 있다.

① 신속한 의사 결정을 지원할 수 있는 소프트웨어 기술 필요: 고객의 디지털 흔적(데이터)의 변화를 알기 위해서는, 고객 및 시장 변화에 빠르고 신속하게 대응할 수 있는 소프트웨

어 기술이 필요하게 되었다.
- 유튜브의 5초 광고 방송: 빠른 기회 노출(관심) → 빠른 결정(구매) → 자기만족 등 소비자의 의사 결정이 매우 민첩하게 진행하는 추세이다.
- ABC 결정: 관심(Attention by Searching) → 구매(Buy) → 만족/불만족(Complacence)의 고객의 구매행위가 빨라졌다.

② 개별화된 콘텐츠 제공 가능: 디지털 데이터 분석을 통하여 정확하고 차별화된 목표 고객층을 값싸고 신속하게 파악할 수 있고 손쉽게 접근할 수 있게 되었다. 목표 고객에 대한 고객 개별화가 가능하게 되었다. 개별화 고객별로 개인화된 마케팅 콘텐츠를 제공하는 일이 가능하게 되었다. 고객 추천, 고객 감동, 개인화 기술, 감성 마케팅, 빅데이터 등으로 개별화된 디지털 콘텐츠가 제품과 고객과의 접점이 되는 상호 관계성이 되었다.

③ 자동화 소프트웨어 기술 필요: 빅데이터를 과학적으로 분석하여 마케팅 활동에 활용할 수 있어, 디지털 데이터 중심의 마케팅 활동은 자동화된 마케팅 소프트웨어 기술을 필수적으로 활용하게 되었다.

④ 마케팅 커뮤니케이션 융합화: 다양한 디지털 기기 간의 융합, 온·오프라인 간의 융합, 데이터와 수집 센서 간의 융합, 디지털 콘텐츠 제작 도구와 광고 기술 간의 융합, 마케팅 채널 간의 융합 등 융합화로 인하여, 마케팅 활동은 마케팅 자원 간의 경계가 무의미하게 되었다. 마케팅 커뮤니케이션이 전체적이고 통합적으로 수행하고 있다.

⑤ 예측 시뮬레이션을 통한 마케팅 활동이 가능: 마켓 3.0의 마케팅 조사는 고객과 제품에 대한 소비자 행동 분석 측면에서 '구매 이력'과 '구매 행위'를 분석하는 데에 중점을 두었다. 그러나, 마켓 4.1의 디지털 마케팅은 방대한 빅데이터를 수집 분석 비교·대조 예측 시뮬레이션을 할 수 있는 알고리즘 개발을 통해 데이터 활용에 중점을 두고 있다. 즉, 과학적인 알고리즘은 마케팅 활동 결과를 예측할 수 있는 마케팅 계획 수립을 가능하게 한다.

⑥ 초연결성: 사물 인터넷 센서, 측정 센서, 데이터 디스플레이, 미디어 채널, 인공지능과의 융합 등 초연결성의 특징을 나타내고 있다.

따라서, 마켓 4.1에는 마케터의 마케팅 활동 구조를 새롭게 만들어야 한다. 마케팅 활동 구조인 마케팅 커뮤니케이션 모델을 데이터 중심의 마케팅 모델로 새롭게 만들어 사용하여야 한다. 마케터는 데이터를 기반으로 '어떻게 마케팅 활동을 할 것인가'에 대한 '마케팅 활동 구조(Marketing Activity Structure)'를 만들어서 고객 환경 변화에 대응해야 한다.

3) 데이터 중심의 마케팅 활동

마케터가 기업의 내부에서 '마케팅 활동으로 어떤 활동을 할 것인가'의 눈으로 마케팅 활동 대상을 바라보면, 마케터가 마케팅 활동을 할 수 있는 대상(What)은 다음과 같은 4개의 영역으로 나누어 볼 수 있다.

① 제품 서비스 영역
② 디지털화 영역
③ 데이터 과학 영역
④ 빅데이터 영역

마케팅 활동을 할 수 있는 4개의 큰 영역 중에서, 마케터들이 고객과 시장, 제품의 데이터를 수집하여 분석할 수 있는 분야가 있다. 마케터가 연구하여야 할 외부의 마케팅 커뮤니케이션 분야(Which)는, ① 제품, ② 가격, ③ 유통, ④ 촉진, ⑤ 실물적 근거, ⑥ 프로세스, ⑦ PR, ⑧ 사람, ⑨ 개인화 등일 것이다. 목표 시장에서 고객 행위를 분석할 수 있는 모든 항목을 포함하는 것들이다. 4P(Product, Price, Place, Promotion) 또는 3P(People, Process, Physical Evidence), STP(STP: Segmentation, Targeting, Positioning)를 포함한 마케팅 커뮤니케이션을 수행할 수 있는 대상이다.

마케터가 마케팅 커뮤니케이션 전략을 수행할 수 있는 환경은, 고객과 제품이 속해있는 1. 경영 환경, 2. 시장 환경, 3. 산업 환경, 4. 사회·정치·문화 환경이다. 이러한 마케팅 환경에서, 어떻게 데이터를 수집하고 분석하고 비교·대조의 프로세스를 거치면서 데이터를 가치화하는 것은 중요하다. 또한, 이러한 마케팅 환경에서 마케팅 활동을 예측 시뮬레이션을 하여 볼 수 있다는 것 역시 데이터를 가치화하는 중요한 과정이다. 마케팅 활동을 계획하고 그 결과를 예측 시뮬레이션하여봄으로, 효율적이며 성과를 낼 수 있는 데이터 중심의 마케팅 활동을 할 수 있다. 마케팅 계획에 대하여 예측 시뮬레이션을 할 수 있으므로, 마케터는 시장과 고객에게 일어나고 있는 변화와 제품의 정보 변화가 마케팅 활동 결과에 무엇을 의미하는지를 쉽게 파악할 수 있다.

'데이터 중심의 마케팅' 구조를 그림 7.1과 같이 표현할 수 있다. 이 모델의 구조적 특징은, 마케터가 누구를 대상으로, 무엇을 가지고, 왜, 어떻게 마케팅 활동을 할 것인가에 초점을 맞추고 있다. 디지털 시대에 마케터의 마케팅 활동을 할 수 있는 구조적 모델이다. 그림 7.1 마켓 4.1 시대의 데이터 마케팅 커뮤니케이션의 구조를 상세히 설명하고자 한다.

- **마케터의 마케팅 활동 대상:** 기업 내부에서 마케터가 마케팅 활동을 할 수 있는 4개의 마케팅 활동 대상 영역으로, [1. 제품·서비스, 2. 디지털화, 3. 데이터 과학, 4. 빅데이터] 영역이다.

- 마케팅 커뮤니케이션 연구 대상: 마케터가 분석하고 연구할 마케팅 커뮤니케이션인, [① 제품, ② 가격, ③ 유통, ④ 촉진, ⑤ 실 물적 근거, ⑥ 프로세스, ⑦ PR, ⑧ 사람, ⑨ 개인화] 등이다.
- 마케팅 데이터 연구 과정: 마케터가 고객과 시장, 제품의 데이터를 [수집하고 분석하고 비교·대조하고 예측 시뮬레이션]을 하는 과정이다.
- 마케팅 환경 영역: 마케팅 활동이 이루어지고 있는, [1. 경영 환경, 2. 시장 환경, 3. 산업 환경, 4. 사회·정치·문화 환경]인 마케팅 활동이 속해있는 환경이다.

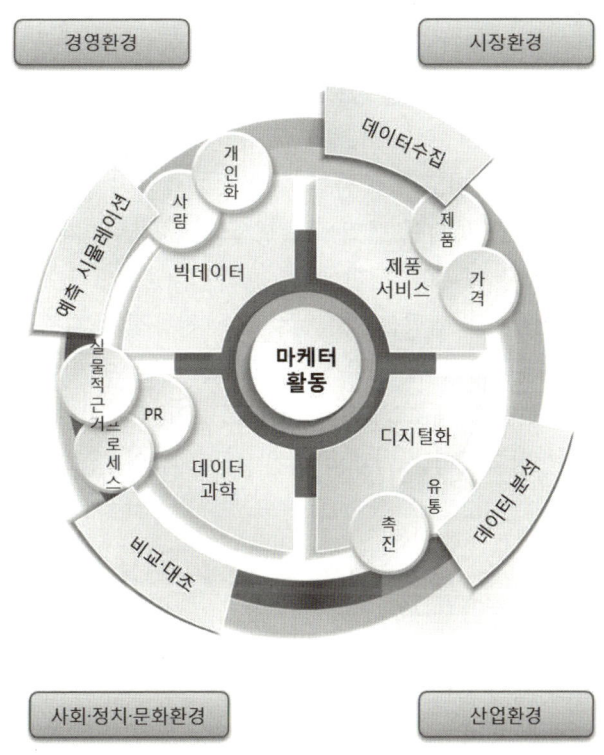

그림 7.1 마켓 4.1 시대의 데이터 마케팅 커뮤니케이션의 구조

2 제품 서비스

기업 내부에서 마케터의 마케팅 활동의 출발은, '제품 서비스를 어떻게 개발할 것인가'이다. '제품 서비스'의 개발은, 마케터가 고객과 만날 수 있는 고객 접점을 향해 출발하는 출발점이다. 그림 7.2 제품 서비스는, 마케터가 어떤 '제품 서비스'를 가지고 마케팅 활동을 수행할 것인가를 보여 준다.

그림 7.2 제품 서비스

마켓 4.1에서는 전통적인 제조업도, 4차 산업 혁명의 기술들이 융합되면 경쟁력을 지닐 수 있는 제품을 생산할 수 있다. 전통적인 산업에서 생산되는 대부분 제품은, 우리 생활에서 필수적으로 필요한 것이다. 이러한 우리 생활에 필수적인 제품도 4차 산업의 기술로 만들 경우, 첨단 산업 제품에 못지않은 경쟁력을 가질 수 있다. 전통적인 제조업이 변화한 고객들의 욕구를 충족시킬 수 있는 제품을 만들 경우에, 경쟁력을 지닐 수 있다는 것을 의미한다. 그러므로, 경쟁력을 가지려면 전통 제조업도 4차 산업혁명의 기술이 융합된 제품을 만들어야 한다. 제품 서비스 마케팅 영역에서는 아래와 같은 4차 산업의 특징을 보여 주고 있는 기술 제품을 상세히 설명하고자 한다.

① 제품과 서비스가 융합된 제품
② 고객 아이디어 제품화
③ 사물 인터넷 환경의 생산서비스
④ 빅데이터 기반의 예측 생산
⑤ 융합화 제품
⑥ 3D 프린팅 제품
⑦ 고객 수요 창출력을 분석할 수 있는 제품 포지션 전략

1) 제품과 서비스가 융합된 제품

데이터 중심의 마켓 4.1에서는 생산 서비스하는 전 과정에, 데이터를 수집하고 분석할 수 있는 과정을 포함하여야 한다. 그리고 데이터 분석 결과에 따라 제품을 생산 서비스할 수 있어야 한다. 단순히 좋은 제품을 생산하여 값싸게 팔던 제조 방식을 버리고, 데이터를 실시간으로 수집, 분석, 비교·대조, 예측 시뮬레이션을 하여 고객의 니즈에 만족할 수 있는 제품을

생산하여야 한다. 고객의 데이터를 활용하여 제품을 만드는 것은 생산 과정에 고객 참여를 끄는 방법이다. 감동적으로 고객 만족을 경험할 수 있도록, 고객의 데이터와 연결을 할 수 있는 사물 인터넷(IoT)에서 제품기획·제품개발·서비스가 가능한 제품을 생산한다.

2) 고객 아이디어 제품화

마켓 4.1 이전에는 기업의 연구 개발 목표는, 품질 향상이나 생산성 향상 등 기업 내부 혁신의 목표가 있었다. 그러나 마켓 4.1에는 고객이 필요로 하고 감동을 할 수 있는 제품을 개발하는데 혁신 목표가 있다. 혁신이 수평적이고 개방적이어서, 고객의 아이디어가 내부 연구화되는 혁신 목표가 되어야 한다. 마켓 4.1에서는 소비자인 고객과의 공동 창조로 제품을 개발할 수 있어야 한다. 참여형 소비자(Prosumer)와의 협업을 통한 제품 개발이 필요하다. 신제품 기획 단계에서부터 고객의 혁신적이고 의미 있는 아이디어를 내부화시킬 수 있는 생산방식으로 제품을 개발하여야 한다. 고객의 아이디어를 공유하여 공동으로 창조적인 생산을 하므로, 신제품이 쉽게 시장에 성공적으로 진입할 수 있다. 제품 서비스를 고객의 필요성인 니즈에 맞게 맞춤화와 개인화를 할 수 있어, 고객이 가치 제안한 제품 생산은 새로운 시장에 성공적으로 진입할 수 있다.

- **패러다임의 전환**: 마켓 4.1에 적응하려면, 지역이나 국경개념을 초월(Beyond Nation)하여, 인터넷상에서 '제품 관심(Attention by searching) 도달 영역이 어디까지'이며, '제품 관심 영향력이 어느 정도인가' 아는 것이 필요하다. 즉, 제품과 제품 정보가 유통하는 제품 데이터(Product Data) 영역으로 의식 전환이 필요하다. 제품 데이터 정보가 미칠 수 있는 영역을 생각하면서, 서비스를 가미한 제품을 생산하는 것이다. 마켓 4.1에서는 제품 서비스의 영역을 지리적 영역으로 보지 말고, 제품 서비스의 디지털 데이터인 디지털 콘텐츠가 네트워크 연계가 가능한 디지털 영역으로 봄이 필요하다.

마켓 4.1에서 나타나고 있는 현상 중의 하나는, 제조업이 생산하는 제품이 '서비스화'되므로 최종 제품과 중간 제품의 수요가 급격히 줄어들고 있다. 수요 감소로 성장이 급격하게 저하하고 경쟁이 치열해지는 시장에서, 품질만 좋다는 것은 경쟁 우위 요인이 될 수는 없다. 좋은 품질과 낮은 가격만으로는 우월적 경쟁우위 지위를 유지할 수 없다.

가장 전통적인 제조업인 조선·철강·기계 업종까지도, 주력으로 생산하는 제품에 고객 참여를 통하여 고객이 필요로 하는 유지관리 서비스를 지원할 수 있는 제품을 생산하고 있다. 전통적인 제조 산업도 유지관리 서비스를 통합하여 제조할 뿐만 아니라, 오히려 서비스 영역을 더 고도화할 수 있는 제품을 생산하고 있다. 서비스 영역을 네트워크화하여 새로운 수익원을 만들고 제품 구매의 매력을 높이는 동기 요인을 만들어 가고 있다.

고객이 상상하고 바라는 콘텐츠가 아이디어로 하여 제품이 개발하고 서비스화된다는 것은, 고객과 함께 공동으로 제품을 생산하는 것이다. 고객과 함께 공동 창조로 제품을 개발할 경우에는, 고객에게 의미 있는 고객 경험을 줄 수 있는 제품을 제품화하는 것을 의미한다. 결국에는 고객은 자기와 함께한 제품만을 시장에서 선택하고, 이러한 제품을 생산할 수 있는 기업만이 생존할 수 있다.

마켓 4.1에서는 고객이 필요로 하는 제품 구매도, ①개인 동기적 구매, ②집단 동기적 구매, ③사회·문화적 동기 구매에 따라 구매 결정을 내리고 있다. 디지털 시대에서 다양한 디지털 미디어 디바이스를 통하여, 고객은 소셜 네트워크 사회관계망 또는 사회 문화적 의견에 더 귀를 기울이면서 제품 정보를 찾으며 제품을 구매하고 있다. 그러므로 사회 관계망 속에서 고객들의 경험을 세밀히 관찰하고 디지털 데이터를 분석하여, 고객 경험의 데이터를 기반으로 제품과 서비스를 창출할 수 있는 생산방식을 갖추어야 한다.

3) 사물 인터넷 환경의 생산 서비스

마켓 4.1에서는 초연결성이 초 지능화되는 생산 방식으로 기술, 제품, 서비스가 개발하고 있다. 측정 센서와 연결되어 초연결성의 특징을 지닌 사물 인터넷에서 제품을 생산하는 기업만이 저성장 속에서도 지속해서 성장할 수 있다. 사물 인터넷 기술을 통해 센서와 측정 기기들이 연결하고, 이들로부터 수집된 생산 빅데이터를 인공지능 기술을 통해 품질을 분석하고 예측하다. 사물 인터넷에서 '고객 경험'을 줄 수 있는 제품을 개발할 수 있다.

마켓 4.1에는 기업이 만드는 제품 정보뿐만 아니라, 고객이 생산하는 '고객 참여'의 데이터는 거의 비용이 들지 않고 어느 곳에서나 쉽게 찾아볼 수 있고 서로 의견을 나눌 수 있다. 고객은 관심 있는 제품의 마케팅 정보를 디지털 미디어를 통하여 능동적으로 찾아보고 선택하여 비교해 볼 수 있게 되었다. 그러므로 마케터는 단순히 제품의 기능이나 디자인뿐만 아니라 고객의 경험과 가치까지 디지털 콘텐츠에 반영할 수 있어야 한다. 마켓 4.1에서 제품이나 서비스 시스템을 만든다는 것은, 고객이 자신의 경험이 의미 있게 반영된 디지털 콘텐츠를 인터넷상에서 쉽게 볼 수 있다는 것을 의미한다. 여러 디지털 미디어 디바이스에는 고객의 디지털 흔적이 수를 헤아릴 수 없을 정도로 많이 있다. 고객의 디지털 데이터를 수집하고 분석에는 자동화된 툴을 사용하여야 한다. 자동화된 소프트웨어 시스템을 갖추고 데이터를 관리하면서 제품과 서비스 시스템을 개발하여야 한다.

디지털 데이터를 실시간으로 수집 분석할 수 있는 자동화된 소프트웨어만이 사물 인터넷(IoT: Internet of Thing)에서 생산할 수 있다. 고객에게 단순히 좋은 가격·좋은 품질의 제품을 공급 제공할 수 있을 뿐만 아니라, 고객이 희망하고 기대하는 것을 충분히 만족하게 해줄 수 있는 '토털 솔루션' 방식으로 제품을 생산할 수 있다. 혁신적인 하드웨어와 소프트웨어로 고객 맞춤형 서비스를 결합한 고품격 융합 제품의 개발이 가능하다. 이미 제품 서비스 마케팅이 융합된 제품이 출시하고 있다. 제품 기획부터 설계 마케팅 서비스를 제공하고 있으며, 고객 참여를 극대화할 수 있으며, 이를 관리할 수 있는 소프트웨어를 탑재한 융합된 제품과 서비스가 출시하고 있다. 마케터의 마케팅 활동 영역이 제품 개발부터 서비스 마케팅 영역까지 확장하고 있다.

4) 빅데이터 기반의 예측 생산

마켓 4.1 이전의 기업들은, 제품 개발 능력과 생산 능력을 향상해 높은 품질의 제품을 대량 생산할 수 있었다. 그 결과 대량 생산된 제품을 파는 것보다 제품을 필요로 하는 수요자, 즉 고객이 절대적으로 부족함을 절실히 느끼고 있었다. 새로운 고객을 찾는 것이 제품을 생산하기보다 더 어렵고 비용도 더 많이 발생하였다. 그렇지만 대부분 기업이 경영혁신을 통한 생산원가를 낮추고 자동화 생산방식을 도입하여 생산량을 증가시켰다. 다음의 사례에서 왜 빅데이터 기반의 예측 생산이 중요 하는가를 보여 주고자 한다. 예를 들면, 총생산량이 10% 이상 증가하고 전체 시장의 성장이 7% 이내로 그친다면, 그 차이인 3%는 과잉생산이다. 과잉 생산으로 인한 과잉재고를 해결하고자 가격 하락, 품질 향상, 높은 광고비 지급 등 다양한 방식의 경쟁우위 마케팅 전략을 수행하고자 할 것이다. 제품 가격을 내리고 품질을 향상하기 위한 비용을 지급하고 막대한 비용을 들여가면서 광고를 하고 판매촉진 활동을 할 것이다. 판매 촉진 과정에 주변의 여러 참여자에게 비용들이 많이 들어가게 되므로, 결국 고객에게 돌아갈 수 있는 혜택들이 점점 줄어들 것이다. 이런 마케팅 전략은 결국 이윤을 떨어뜨리고 수익성의 악화를 초래하여, 장기적으로는 제품을 시장에서 퇴출하고 기업을 도산에 이를 수 있게 하는 중요한 요인이 된다. 마켓 4.1의 마케터는, 기존의 생산 방식과 다른 데이터 분석을 통하여 창의적이고 혁신적인 생산 판매 방식을 개발하여야 한다.

마켓 4.1시대에 고객 즉 사용자들은 획기적으로 변화하였다. 사용자들은 여러 가지 다양한 디지털 데이터를 디지털 공간에 남기고 있으며 또한 새롭고 다양한 디지털 미디어를 사용하고 있어, 기업들의 마케팅도 고객 환경에 따라 변화되어야 한다. 마케터도 변화되어가고 있는 디지털 환경에 따라 변화되어야 한다. 고객 또는 사용자들의 구매 패턴과 소비 행태뿐만 아니라 감성과 사회 관계망의 변화까지도 알아야만 효율적인 마케팅 활동을 할 수 있다. 마켓 4.1에서 고객을 알기 위해서는, 마케팅 기술을 활용하여 디지털 데이터를 수집하고 분석할 줄 알아야 한다. 마케터의 마케팅 활동이 데이터를 과학적으로 분석할 수 있는 영역까지 확대 진보하고 있다.

마켓 4.1에는 빅데이터를 생산 활동에 직접 활용할 수 있다. 현재 발생하고 있는 빅데이터와 앞으로 발생할 수 있는 빅데이터까지 생산 활동에 직접 활용할 수 있다. 빅데이터를 과학적으로 분석하여 마케팅 수행 결과를 예측할 수도 있다. 따라서 빅데이터를 마케팅 활동에 응용할 수 있는 데이터 중심의 마케팅 모델 개발이 필요하다. 빅데이터를 수집하고 분석하고 비교·대조하여 새로운 마케팅 활동을 만들고, 이를 마케팅 활동 단계에 활용할 수 있어야 한다. 마케팅 결과를 예측할 수 있는 마케팅 활동 모델이 필요하다.

마켓 4.1에서 마케터의 마케팅 역량 강화 능력은 무엇일까. 고객과 제품에 대한 정형·비정형의 빅데이터를 전문적으로 관리할 수 있는 데이터 전문가의 능력일 것이다. 데이터 전문가의 능력이 정보통신 기술(IT)을 응용하여 마케팅 소프트웨어 시스템을 개발할 수 있다. 제품 특성에 맞는 마케팅 모델을 개발하기 위해서는, 마케터는 빅데이터를 과학적으로 수집하고 분석할 수 있는 기술이 필요하다. 시장의 변화를 예측 시뮬레이션하기 위해서는 정보통신기술과 빅데이터를 과학적으로 분석할 수 있는 역량이 필요하다. 마케터는 IT 기술과 빅데이터를 과학적으로 분석할 수 있는 지식을 갖추어야 한다. 빅데이터를 과학적으로 분석할 수 있는 지식만이 제품 특성에 적합한 데이터 중심의 마케팅 모델을 개발할 수 있다.

빅데이터 예측 생산 모델은 빠르게 도입하고 있다. 빅데이터 예측 생산 모델을 도입하지 않은 기업은 점차로 수익성이 약해지고 경쟁력이 약해져서, 시장에서 퇴출당하고 있다. 예를 들면, 국내 패션의류 및 액세서리 시장규모는 연간 약 60조 원(2014년 기준) 이상의 시장규모이지만, 패션의류 제조 기업은 매년 약 14조 원에서 약 24조 원(판매가격 기준)의 재고가 발생하고 있다. 즉, 생산량의 약 20% 이상에 해당하는 의류 및 액세서리 제품은 책정된 가격으로 팔 수 없어 누적 재고로 남게 된다. 이로 인하여 과중한 재무 부담이 발생하고 있다. 과중한 재무 부담으로 인하여, 창업 후 10년 이내에 매출이 증가하는 좋은 실적의 경영환경에서도 수익성의 악화로 쉽게 도산을 초래할 수도 있다. 빅데이터는 실시간으로 변화하고 있는 고객가치와 제품 포지션의 현실을 반영하고 있다. 빅데이터를 통하여 변화하고 있는 고객을 볼 수 있으므로, 고객의 구매 소비 스타일을 예측할 수 있어 디자인, 생산량, 가격, 유통채널, 미디어 채널 등을 시장에 맞게 결정할 수 있다. 시장에 맞는 마케팅 활동을 할 경우에, 재고가 "0"에 수렴할 수 있을 것이다.

5) 융합화 제품

하드웨어와 소프트웨어가 융합된 제품 서비스를 말한다. 인공지능과 로봇기술 등 생산기반의 하드웨어가 자동화 소프트웨어, 빅데이터 등과 결합하여, 생산 물류 서비스가 융합된 제품 서비스를 제공한다.

- 아마존 GO: 〈인공지능+로봇기술+빅데이터/주문정보〉의 융합 = '물류자동화'를 통한 유통 판매를 혁신화
- 아마존: 〈인공지능+빅데이터/주문정보+드론기술〉의 융합 = 전자상거래 주문 프로세스를 혁신할 수 있는 예측진단 서비스를 할 수 있어, 전자상거래의 독점적인 기업으로 성장

6) 3D 프린팅 제품

고객 자신이나 다른 고객들이 소유하고 있는 아이디어를 제품화할 수 있다. '개별적이고 차별적인 제품'인 고객들의 아이디어를 제품화시킬 수 있다. 몇 종류의 제품을 대량 생산하여 공급하는 대량 생산관리 시스템에서 일대일(P2P: Peer-to-Peer)로 불리는 개인 간의 생산 유통 서비스로 바뀌고 있다. 3D 프린터는 디지털 정보를 직접 생산 서비스를 할 수 있어, 전통적인 제조 상품도 3D 프린팅 기술을 이용하여 첨단 산업의 제품 생산이 가능하다. 디자인을 고도화하여 첨단 제품으로 만들 수 있으며, 생산설비 없이 생산할 수 있고 특수한 형태의 제품 생산도 가능하다.

7) 고객 수요 창출력을 분석할 수 있는 제품 포지션 전략

신제품을 개발하여 시장에 진입하기 위해서는, 개발하고자 하는 제품과 이미 시장에서 판매하고 있는 제품과 비교 분석하는 과정이 필요하다. 제품의 특성을 비교 분석하여, 새로운 시장에 어떻게 마케팅 활동을 할 것인가를 결정할 수 있다. 이러한 마케팅 활동에는 새로운 시장에 진입할 수 있는 경쟁우위를 가진 제품을 생산하는 것을 포함한다. 제품 포지션을 비교 분석하여 진입 계획을 상세히 작성할 수 있다. 신제품의 시장 진입을 분석하는 방법의 하나로 신제품이 '시장에서 얼마나 신규 고객을 확보할 수 있는가'를 예측하여 보는 것이다. 진입할 시장에서 '신규 고객 수요 창출력'이 어느 정도 크기이며, '신규 고객을 창출하는 제품의 요인'이 무엇인가를 알아야 한다. 진입하고자 하는 각각의 시장별로 '핵심적 경쟁우위 요인'이 무엇이며 경쟁우위 요인별로 어느 정도 신규 고객을 창출할 수 있는지, 즉 시장의 크기를 예측하여 시장 진입을 세밀하게 하여야 한다. 이러한 '고객 수요 창출력'의 데이터를 분석하여 예측 시뮬레이션을 할 경우에, 신제품의 기능, 디자인, 가격, 생산량, 유통 시기, 미디어 채널 등을 시장별로 차별적으로 결정할 수 있다. 차별적인 마케팅 활동 계획을 세울 수 있다는 것은, 매우 효율적이며 효과적인 마케팅 활동 결과를 가져올 수 있다. 예를 들면, 총 생산량을 결정할 때, 진입할 시장별로 제품 포지션을 정확히 측정하고 시장별로 생산량을 결정하면, 악성 재고량을 '0'에 가깝게 수렴시킬 수 있다.

- **고객 수요 창출 항목 개발:** 신제품을 시장에 진입할 시에는, 신제품이 어느 정도의 '고개 수요를 창출할 수 있는가'를 알아야 한다. '고객 수요 창출 항목'은 시장에서의 제품의 위치(Product Position)가 어느 정도인가를 볼 수 있는 한 가지 방법이다. '고객 수요 창출' 요인은 제품의 특성이나 서비스 사양과 서비스 수준별로 다르겠지만, 목표시장 및 목표 고객에 대한 새로운 '고객 수요 창출'을 할 수 있는 항목이다. 마케터가 시장별로 제품 서비스의 특성에 맞게 개발하여 사용할 수 있다. 예를 들면, 아래의 고객 수요 창출 항목은, 일반 산업 소비재 제품이 시장에서 새로운 수요를 만들 수 있는 항목이 무엇인가를

보여 준다. 항목별로 별개의 시장에서 기존 제품과의 경쟁우위 정도를 파악할 수도 있고 수요 창출 영향력의 크기도 예측할 수 있다.

① 아이디어
② 디자인
③ 기능과 기술
④ 품질
⑤ 가격
⑥ 유사성(예, 복제약)

그림 7.3 제품 포지션에서, '고객 수요 창출' 크기를 목표 시장에서 기존 제품과 비교하여 매력도에 따라 9등급으로 구분한다. 9등급으로 세밀하게 나누는 목적은, 신제품의 가격전략, 홍보, 미디어 채널 전략 등 마케팅 커뮤니케이션을 효율적으로 수행하고자 함에 있다. 광고 소구력, SNS 콘텐츠 개발 및 전파 경로, 시장 점유율 향상방안, 개별 고객에 대한 접근방안 등 시장별로 별도의 마케팅 자원을 사용할 수 있다. 마케팅 수행 결과도 시장별로 측정할 수 있다. 각각의 고객 수요 창출 항목은 마케팅 활동 지표 항목으로 유용하게 사용할 수 있다. 또한 '고객 수요 창출 항목'은, 마케터가 새로운 시장에서 제품의 포지션을 강화하기 위해 커뮤니티를 확대할 수 전략을 찾는 데 도움을 줄 수 있다. 마케터는 각각의 별개의 제품 시장에서 '고객 수요 창출 항목' 분석을 통하여, 마케팅 자원을 최대한 효율적으로 활용할 수 있는 방안을 찾을 수 있을 것이다. 마케터는 제품 포지션 전략에서 시장별로 '고객 수요 창출 항목'이 무엇이며 얼마나 중요한지 알아야 한다.

그림 7.3 제품 포지션은 고객 수요 창출을 이용하여 제품 포지션 전략의 사례이다.

- 그림 7.3 제품 포지션의 가장 오른쪽 칸인 '시장매력도(1~N)'는 자연 물리적 시장(예, 서울시장, 지방 시장, 해외시장: 미국, 일본 등)과 사회 기능 집단 시장(유아 시장, 아동 시장, 성인시장 등)으로 나눌 수 있다. '시장매력도(1~N)'는 구분할 수 있는 시장 수를 의미한다. 시장을 최대한 구분이 가능한 작은 그룹의 시장으로 나누어 분석하고자 함이다.
- 그림 7.3 제품 포지션의 위쪽 가운뎃줄의 '창의적 수직적 혁신(왼쪽으로 갈수록: 고객 수요 창출력이 큰 항목), 점진적 수평적 혁신(왼쪽으로 갈수록: 고객 수요 창출력이 낮아지는 항목)'으로 구분하는 목적은, 시장별로 신제품의 어떤 혁신이 고객 수요를 어느 정도 창출하고 있는가를 보기 위한 것이다.
- 그림 7.3 제품 포지션의 가장 왼쪽 칸인 '출시제품'은 비교 분석할 신제품과 기존 제품을 표시한다. '시장진입제품(1~N)'은 시장에 진입한 총 제품 수를 의미한다. 시장별로 시장을 주도하고 있는 제품의 시장 매력도를 상세히 비교 분석을 할 수 있다. 세분시장은 통상 8개 ~ 12개로 분류하여 분석한다.

- 그림 7.3 제품 포지션의 아래 '순위도' 기호는 경쟁우위가 높고 낮은 정도를 9등급으로 구분하는 기호이다. 제품 포지션을 분석하는 분석가는 계량이 가능한 숫자, 기호, 문자, 그림으로 대체하여 표시할 수 있다.

혁신성 / 출시제품	창의적 수직적 혁신	←	시장 창출력		→	점진적 수평적 혁신	시장매력도 (1~N)
	아이디어	디자인	기능, 기술	품질	가격	유사성	
신제품							
⋮							
시장진입제품 (1~N)							

< 순위도 : ● ◔ ◎ ● ○ ◐ ◡ ◠ ─ >

그림 7.3 제품 포지션

3 디지털화

   기업 내부에서 두 번째 마케팅 활동 대상 영역은, 제품 서비스의 자료와 정보를 디지털 시장 환경에 맞게 디지털 콘텐츠로 만드는 것이다. 디지털 콘텐츠를 가지고 마케팅 활동을 할 수 있고 디지털 미디어 기기에서 실물의 제품을 대신한 사이버 디지털 제품으로 마케팅 활동을 할 수 있다. 시장에 진입할 수 있도록 제품 정보를 디지털화하는 마케팅 활동이다. 그림 7.4 디지털화는, 생산된 제품 서비스를 디지털화하는 마케팅 활동이다.

그림 7.4 디지털화

1) 왜 디지털 마케팅을 하는가.

- 전 세계 인구의 70% 이상 스마트폰을 소유할 것이다(2020년).
- 모바일 데이터 트래픽의 80%가 스마트폰을 통해 유통될 것이다(2020년).
- 미국 소비자는 일일 약 46회 휴대폰을 보고 있다(2015년).
- 노트북, 스마트폰, 터치스크린, 인터넷 탐색 등 디지털 기기를 이용해 디지털 매체를 손쉽게 옮겨 다니고 있다.
- 인터넷 인구가 30억 명으로 급속히 늘어났다.
- 소셜 미디어 계정을 가진 사용자 수가 20억 명이 되었다(2015년).
- 전 세계 이메일 사용자 수는 약 25억 명 추정하고 증가 추세이다(2015년).
- 모바일 이메일 사용자 수가 기하급수적으로 증가 추세이다.
- 현재 인간과 미디어의 상호 작용 중 90%는 디지털 스크린(스마트폰, 태블릿, TV, ATM, 데이터 디스플레이 기기 등)을 이용하고 있다(구글 조사).
- 110억 개가 넘는 모바일 기기가 연결될 것이다(2019년, 시스코)

고객의 미디어 채널 사용이 디지털화하고 구매행위가 온라인 채널과 모바일 채널로 이동하였다. 마케터는 고객의 라이프 스타일(Life Style) 변화에 맞추어 제품의 모든 정보를 디지털로 변형을 하여야 한다. 제품 정보와 자료를 디지털 데이터로 만드는 것은, 디지털 고객을 디지털 네트워크상에서 고객 경험 관계로 만나는 것이다. 고객은 전통 미디어인 TV, 신문, 라디오, 잡지 등과 같은 매체와의 접촉시간이 급격히 줄어들고, 새로운 디지털 미디어로 급속도로 옮겨 갔다. 지금 우리 주변의 대부분 사람이 스마트폰을 들여 다 보고 있고, 우리 주변의 대부분 고객은 이미 디지털 미디어 기기를 통한 정보 유통이 일상이 된 지 오래되었다. 2010년을 지나면서 각종 스마트폰과 디지털 디스플레이 미디어 채널들이 출시되어 모바일 시대를 열어가고 있다. 모바일 기기의 확산으로 이미 많은 고정 사용자들이 모바일 기기에 의존하게 되었다. 적극적인 소셜 미디어 사용그룹들은 대규모로 사회 관계망의 네트워크를 형성하였다. 그들만의 독특한 문화를 인터넷이나 모바일 네트워크에서 만들고 즐기고 있다. 많은 디지털 기업들이 인터넷이나 모바일에서 소셜 미디어 사용자들의 라이프 스타일을 지원하는 서비스를 하고 있으며, 이러한 서비스를 통하여 디지털 세상에서 산업별로 독점적 시장을 형성하고 있다.

고객이 디지털 공간에 남긴 수많은 데이터가 있으며, 이러한 디지털 데이터를 담고 있는 디지털 미디어들이 고객과의 소통 채널로 되었다. 우리는 이미 디지털 데이터 커뮤니케이션의 한가운데에 있고 많은 디지털 마케팅 채널 속에 있다. 기존의 방식으로는 마케팅 전략을 효과적으로 수행할 수는 없을 것이다. 디지털 데이터 시대에서는, 제품 선택의 권력이 이미 소비자에게 넘어갔기 때문이다. 고객의 생각이 디지털 데이터 커뮤니케이션을 통하여 신속하게 공유를 할 수 있고 구매행태도 개인적 구매에서 그룹 집단(커뮤니티)적 구매인 소셜 네트워크 사회망에서 이루어지고 있다.

마켓 4.1 이전의 마케팅 활동은, 마케팅 의사 결정을 프로세스 상에서 어떤 의사 결정을 하느냐에 중점을 두어, 프로세스별로 의사결정 기준에 맞추어 마케팅 활동을 하였다. 그러나 마켓 4.1에서 마케팅 의사결정은, 고객이 남긴 디지털 데이터인 빅데이터에서, 인공지능 기술과 소프트웨어 기술, 과학적 데이터 분석 기술을 활용하여 결정한다. 빅데이터를 수집하고 분석하고 비교·대조 과정을 거친 후, 향후 진행할 마케팅 전략에 대한 예측 시뮬레이션을 한다. 예측 시뮬레이션을 통한 마케팅 의사결정을 할 수 있으므로, 마케터가 효율적인 마케팅 활동의 전략을 수립할 수 있다.

- **디지털 마케팅 영역**: 디지털 환경에서 고객의 데이터를 수집하고 분석하고 이를 활용하므로, 마케팅 활동도 디지털 데이터 환경에서 이루어져야 한다. 고객의 의사결정 행위가 디지털 문화 영역에서 이루어지기 때문에, 마켓 4.1의 마케팅 활동도 디지털 문화 영역에서 이루어져야 한다. 마켓 4.1의 마케팅 영역도 디지털 소비자의 문화 영역에 있다. 상위의 매우 크고 수시로 변화하고 있는 소비자의 문화영역(Culture Domain)이 있다. 소비자의 문화영역에서 다양한 형태의 비즈니스 활동을 할 수 있는 비즈니스 영역(Business Domain)이 있다. 비즈니스 영역 안에 매우 적은 마케팅 영역(Marketing Domain)이 있으며, 마케팅 활동은 비즈니스 영역과 문화영역 간의 마케팅 경영 활동이라고 할 수 있다.

그림 7.5 마케팅 영역은, 소비자가 속한 문화 영역과 제품이 속한 비즈니스 영역에서 마케팅 영역의 위치를 보여 주고 있다. 원의 크기는 비즈니스 활동의 크기를 의미한다.

그림 7.5 **마케팅 영역**

마케팅 기술이, 인터넷과 컴퓨터, 소프트웨어를 이용하여 데이터를 과학적으로 분석하고 있으며, 마케팅 의사 결정도 직접하고 있다. 마케팅 기술 발전이 마케터의 마케팅 활동 영역을 디지털 과학 영역으로까지 넓혀가고 있다. 기업의 마케팅 능력을 결정하는 것은 디지털 기술을 어느 정도 이용하느냐에 의해 결정된다. 아마존이 디지털 데이터 마케팅 활동이 오프라인 서점의 비즈니스 영역을 순식간에 먹어 삼켰다. 페이스북, 구글, 트위터, 링크드 인 등은 디지털 네트워크상에서 독점적인 디지털 플랫폼을 만들어, 고유한 디지털 비즈니스 영역을 만들었다. 창의적이고 혁신적인 방법으로 새로운 디지털 산업 시장을 만들었고 독점적인 디지털 플랫폼의 비즈니스 영역을 만들었다. 컴퓨터와 소프트웨어 기술을 이용한 마케팅 기술을 활용하는 비즈니스 모델로, 디지털 비즈니스 시장에 성공적으로 진입할 수 있었다. 세계적인 제조업체들도 이미 디지털 마케팅 기술을 도입하였다. 소셜 미디어를 포함한 디지털 미디어에서, 디지털화를 하는 데에 큰 비용과 많은 마케팅 자원을 쓰고 성공적으로 시장에 진입하였다.

2) 소셜 미디어와 모바일 마케팅

디지털 시대에 마케터는, ①고객들 간의 대화인 디지털 데이터, ②구매 활동이 누구의 영향력을 받으며 언제 어디에서 발생하고, ③라이프 스타일이 어떻게 변하며 앞으로 어떻게 변화될 것인가에 관심을 가져야 한다. 특히 고객들의 소셜 미디어를 관심 깊게 관찰하면서 고객 가치를 발굴할 줄 알아야 한다. 이미 발 빠른 기업들은 조직 내에 소셜 미디어를 관리하는 조직을 만들었고 고객들과 커뮤니케이션하며 소셜 셀링(Social Selling)을 활성화하고 있다. 앞서가고 있는 세계적 기업들은 디지털 마케팅을 직접 수행하면서, 디지털 환경에 대응할 수 있도록 기존의 마케팅 조직을 새로운 디지털 환경에 맞추어 변화시키고 있다.

디지털 데이터를 관리할 수 있는 고객 관계 관리(Customer Relationship Management, CRM) 시스템은, 빅데이터 분석을 통하여 소셜 미디어와 디지털 마케팅을 융합할 수 있는 매우 좋은 고객 관계 관리 시스템이다. 기존의 일대일 관계의 CRM이, 소셜 미디어에 개별화(개인화)된 소셜 CRM의 마케팅 활동을 지원할 수 있으므로, 매우 유용한 고객 관계 관리로 변할 수 있다. 사물 인터넷, 소프트웨어, 데이터 과학 등 새로운 기술의 도움을 받아 기업의 고객 관계 관리가 마케팅의 핵심이 될 수 있다.

그림 7.6 소셜 미디어상의 고객 관계는 소셜 미디어에 고객 태도를 나타내고 있다. 사용자 고객, 옹호 고객, 무관심 고객, 잠재적 사용자 등이 소셜 네트워크에 서로 섞여 있다. 고객은 여러 소셜 미디어에 속할 수도 있다. 마케터는 고객이 속해있는 소셜 미디어에 고객 감동을 줄 수 있는 고객 관계 채널을 선택하여 마케팅 활동을 할 수 있다.

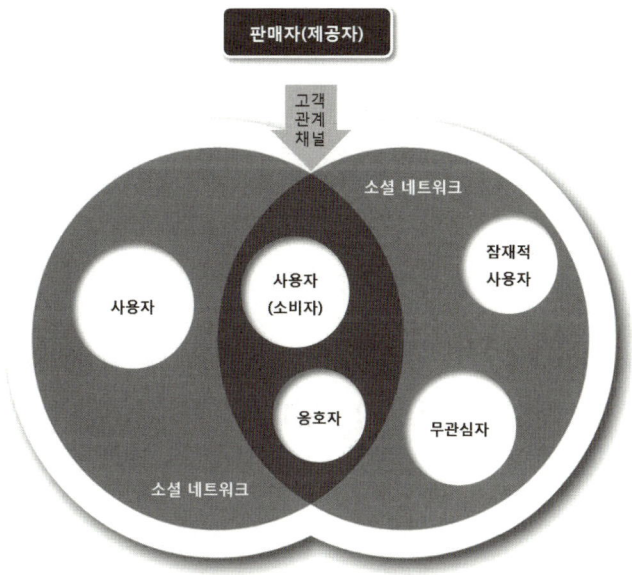

그림 7.6 소셜 미디어상의 고객 관계

3) 고객 감동 경험 디지털화

디지털 미디어로 고객과 커뮤니케이션하고 고객이 원하는 '고객 감동 경험'을 디지털 경험으로 제공하는 것이 매우 중요하다. 디지털 데이터 마케팅에서는 고객과의 접점인 '고객 경험'이 매우 중요하다. 마케터는 언제, 어느 미디어에서, 어떻게 고객에게 감동적인 경험을 제공할 수 있는가를 알아야 한다. 어떻게 '고객의 감동적인 경험'을 만들 수 있으며, 확대 강화할 수 있는가를 알아야 한다. 또한, 고객에게 최고의 감동을 줄 수 있는 미디어 채널을 선택하여 마케팅 활동을 할 줄 알아야 한다. 고객에게 감동을 줄 수 있는 미디어 채널을 가지고 있는 제품만이 시장에서 생존할 수 있다.

고객 관계 관리 마케팅 활동은 고객에게 새로운 감동적인 고객 경험을 주어야 하는 커뮤니케이션 문화로 바뀌었다. 아마존의 '원 클릭' 구매 프로세스, 자포스의 콜 센터, 스타벅스의 고객보상 프로그램은 새로운 방식으로 미디어 채널에서 고객에게 감동적인 경험을 주고 있다. 이렇게 디지털 미디어 채널에서 고객 감동 마케팅 커뮤니케이션 활동을 하는 기업이 혁신적으로 기업을 성장시키고 있다.

인터넷과 모바일 네트워크에서는 고객은 언제, 어디서나, 무엇이든지 스마트폰 등 디지털 미디어를 통해 정보를 검색할 수 있으며, 소셜네트워크 관계망에서 사용 후기 등을 보고 구매 의사 결정을 하고 있다. 마켓 4.1에서 구매의사 결정은, 디지털 데이터와 소셜네트워크 관계망의 고객 관계에서 영향과 공감을 받아 구매 의사 결정을 하고 있다. 제품에 대한 이미지나 광고보다 디지털 데이터에 더 많은 영향을 받고 있으므로, 마케터는 고객 감동을 줄 수 있는 디지털 콘텐츠를 제공하여야 한다. 제품 서비스의 데이터를 디지털화하는데 많은 마케팅 자원을 할당하여야 한다. 디지털 미디어와 마케팅 기술을 이용하여 고객 감동을 줄 수 있는 디지털 콘텐츠의 제품 서비스를 제공하는 기업만이, 마켓 4.1에 살아남을 수 있는 기업이 될 것이다. 마케터는 마켓 4.1에 살아남기 위하여 왜 데이터 중심의 마케팅 활동을 하는 이유를 알 수 있을 것이다.

4) 디지털 미디어 채널

마켓 4.1에서 디지털 미디어의 활성화, 모바일 기기 보급 확산, 디지털 데이터 디스플레이의 다양화로, B2B와 B2C의 마케팅 활동 경계가 없어지고 있다. B2B, B2C 기업들이 직접 온라인 커뮤니티를 만들고 소셜 미디어 플랫폼에 참여하므로, 고객 관계 형성에 큰 비용을 들이지 않고 디지털 마케팅 활동을 할 수 있게 되었다. 마케터는 소셜 미디어에서 고객 관계 형성을 손쉽게 할 수 있고 제품의 커뮤니케이션 활동을 디지털 미디어 채널을 통하여 할 수 있게 되었다.

디지털 미디어 채널에 사용되는 디지털 기기가 많이 출현 하고 있다. e-book, 유튜브, 웹 세미나, 솔루션 데모, 제품 사용 데모, 디지털 플랫폼, 자료 공유 사이트, 인터넷 포탈, 소셜 네트워크 사회망 등 매우 다양한 디지털 미디어들이 출현하였다. 마켓 4.1 데이터 중심 마케팅 시대에 다양한 디지털 기기와 디지털 미디어들이, 디지털 마케팅 도구로 유용하게 사용하고 있다. 이러한 디지털 마케팅 도구를 통한 마케팅 활동이 더욱 많아질 것으로 보이므로, 마케터는 마케팅 활동에 쓰이고 있는 디지털 기기의 특성, 사용자 및 사용이유 등 디지털 기기에 대한 상세한 정보를 갖고 디지털 미디어 채널 마케팅 활동을 하여야 한다.

5) 디지털 마케팅

디지털 미디어 채널의 마케팅 커뮤니케이션 활동은, 디지털 콘텐츠를 어느 디지털 미디어 채널에 노출해 고객 감동 관계를 형성하는가에 따라 달라진다. 마케터는 마케팅 자원, 디지털 미디어 기기의 특성, 디지털 미디어 채널, 디지털 콘텐츠, 제품의 특성, 목표 고객 등을 분석한 후, 마케팅 활동 계획을 작성한다. 아래의 디지털 마케팅은 디지털 미디어 채널과 마케팅 방법, 마케팅 목적에 따라 구분하고 있다.

- 콘텐츠 마케팅
- 옴니채널 마케팅
- 참여 마케팅

6) 인 바운드 마케팅

인 바운드 마케팅은 마켓 4.1에 매우 유용한 마케팅 활동이다. 고객이 스스로 관심을 끌게 하는 미디어 커뮤니케이션을 하는 것이다. 심리적 결핍(?)을 자극할 수 있는 것을 소구로, 구매 필요성을 고객 스스로 느낄 수 있는 디지털 콘텐츠를 만들어서 제공하는 것이다. 구매함으로 스스로 충족함을 느낄 수 있을 정도로 구매 필요성을 심리적으로 자극하는 것이다. 즉 고객이 심리적으로 결핍함을 느낄 수 있는 이미지나 감정 상태와 관련이 높은 디지털 콘텐츠를 개발하여, 고객들이 자주 찾는 디지털 미디어 채널에 노출하는 것이다. 고객이 스스로 적극적이고 자발적으로 구매하고 입소문을 하는 마케팅 기법이라고 할 수 있다. 인 바운드 마케팅은 고객의 심리상태를 단계적으로 분석하여 마케팅 활동을 하는 프로세스 마케팅이라고도 할 수 있다.

마케터는 항상 고객 중심으로 생각하고 고객에게 감동을 줄 수 있는 디지털 콘텐츠를 개발하여야 한다. 다음은 고객을 위한 디지털 콘텐츠 개발 방향이다.

① 디지털 콘텐츠의 매력도를 높여라.
② 고객 태도 변화를 추구하라(인지/정보탐색 → 흥미→ 구매→ 옹호).
③ 제품 충성도를 높여라.
④ 고객과 친밀도를 지속해서 유지할 수 있도록 커뮤니케이션을 활성화하라.
⑤ 친밀도를 유지하라.
⑥ 고객에게 의도적으로 즐거움을 줄 수 있고 고객 경험의 접촉이 감동적으로 될 수 있는 디지털 콘텐츠를 제공하라.
⑦ 고객이 적극적으로 더 많은 감정적 개입과 참여를 할 수 있도록 유도하라.

7) 고객 감성별 시장 세분화

고객 감성을 기준으로 하는 시장 세분화는, 고객과 어느 시점에서 어떤 감정을 가지고 어떻게 연결성을 가지는 가가 중요하다. 고객 경로에서 연결성의 접점을 찾고 디지털 기기에 적합한 디지털 콘텐츠를 개발하면, 고객과의 커뮤니케이션은 자연스럽게 할 수 있기 때문이다. 고객의 연결성을 높일 수 있는 커뮤니케이션의 활성화는 제품의 인지도를 높이는 좋은 기회이다. 제품을 알지 못했던 고객이 디지털 미디어의 디지털 콘텐츠를 접하고 제품을 이해할 수 있는 접점을 찾을 수 있기 때문이다.

마케터는 디지털 콘텐츠를 통하여 고객의 관심을 구매행위로 전환하여야 한다. 고객이 디지털 콘텐츠를 접할 때 제품을 알 수 있게 하고 관심을 가질 수 있도록 하여야 한다. 그리고 5초 이내에 관심을 구매로 전환해야 한다. 고객이 제품의 디지털 콘텐츠를 더 알고 싶어서, 스스로 관심과 흥미를 느끼면서 관련 정보를 찾고 구매할 수 있도록 한다. 고객 중심의 디지털 콘텐츠는 고객의 관심을 구매로 쉽게 전환을 이룰 수 있다. 디지털 미디어 채널에 맞게 개별화된 디지털 콘텐츠를 제공하므로, 고객의 관심을 구매로 손쉽게 전환을 이룰 수 있다.

마케팅 콘텐츠를 개발하는 또 다른 한 가지 방법은, 고객에게 감성적으로 접근할 수 있고 고객의 심리 상태를 자극할 수 있는 디지털 콘텐츠를 개발하는 것이다. 고객 가치(Value Proposition)에 맞추어 개발하는 것이다. 어떤 경우에는 제품 구매를 통하여 얻을 수 있는 수단적 가치(Instrumental Value)보다는, 고객이 추구하고자 하는 최종 가치(Terminal Value)에 의존하는 디지털 콘텐츠가 효과적으로 고객에게 접근할 수 있다.

고객 감성의 시장 세분화는 고객 감성에 대한 마케팅 활동이다. 고객 감성과 제품 태도의 상호 연관을 분석하는 것이다. 제품 태도를 ABC[ABC: 관심(Attention by Searching → 구매(Buy) → 만족/후회(Complacence)] 단계로 구분하여, 단계별 마케팅 활동을 수행할 수 있다. 마케터는 각 단계에 속한 고객을 어떻게 다음 단계로 손쉽게 짧은 시간에 이동시킬 수 있는가에 대한 마케팅 커뮤니케이션 활동을 할 수 있다. 아웃바운드 캠페인 등 마케팅 활동을 할 수 있다. 고객 감성 단계에 맞추어 마케팅 자원을 보다 효율적으로 써서 마케팅 활동을 할 수 있다.

그림 7.7 고객 감성 시장 세분은, 제품에 고객의 태도를 관심, 흥미, 구매, 옹호의 4단계로 구분할 수 있다. 제품에 대한 고객 감성 단계를 단순 참여, 호감, 감동, 감동확대의 4단계로 구분할 수 있다. 고객 감성 시장 세분화 전략은 시장을 4*4=16개의 세분화하여, 각각의 시장에 맞는 마케팅 활동을 할 수 있다. 마케터는 제품에 대한 고객 감성과 고객 태도에 따른 마케팅 활동을 차별화할 수 있다. 고객은 고객 감성 형성 단계별로 제품에 대한 태도도 차별적인 행동을 할 것이라는 가설에 따른 시장 세분화 전략이다. 또한, 제품에 대한 태도도 단순 참여 → 호감 → 감동 → 감동 확대를 거치면서 고객 가치가 형성한다는 생각이다.

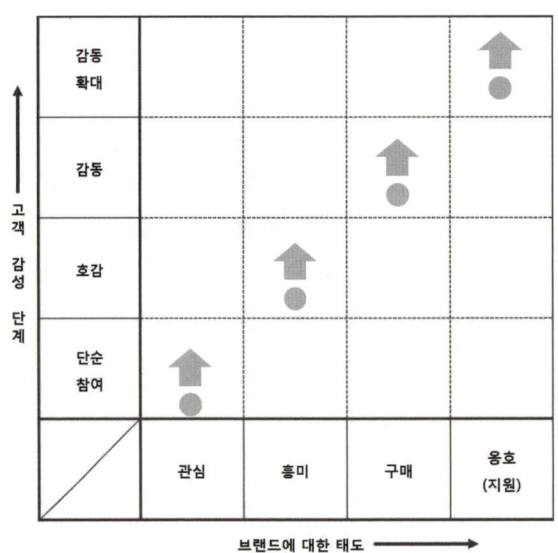

그림 7.7 고객 감성 시장 세분

그림 7.8 고객 감성별 마케팅 활동은, 제품에 대한 고객 감성과 태도를 참여, 호감, 감동, 감동 확대, 고객가치 형성의 5단계로 구분하여, 마케팅 활동을 어디에 중점을 두고 할 것인가의 사례를 보여 준다.

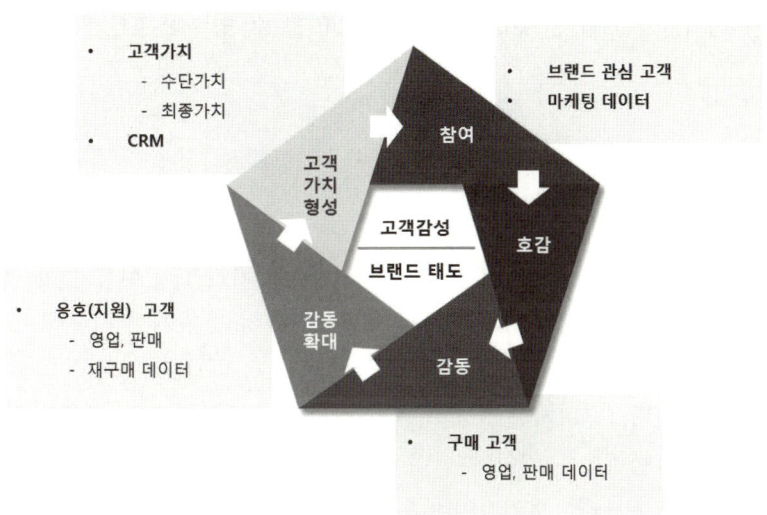

그림 7.8 **고객 감성별 마케팅 활동**

8) 마케팅 소프트웨어

마켓 4.1에서는 다양한 형태의 정형 비정형 디지털 데이터를 수집하고 분석하여 마케팅 활동에 이용하기 때문에, 디지털 데이터를 자동으로 처리할 수 있는 소프트웨어 기술이 필요하다. 디지털 데이터를 다양한 용도로 이용할 수 있는 마케팅 소프트웨어 시스템이 있다. 기존의 정보관리 소프트웨어 시스템인 고객 관계 관리(CRM: Customer Relationship Management), 데이터 마이닝 기술 등이, 마켓 4.1 데이터 중심의 마케팅에서 세밀하게 재개발되어 이용하고 있다. 마케터는 디지털 데이터를 수집하고 분석하고 마케팅 활동에 이용할 수 있는 마케팅 소프트웨어 시스템을 찾아야 한다. 마케팅 활동에 소프트웨어 기술을 적극적으로 이용할 수 있어야 한다.

마케팅 소프트웨어는, 디지털 콘텐츠 제작에서부터 디지털 데이터 수집 분석 예측 시뮬레이션 프로세스, 디지털 미디어 채널관리, 고객 관계 관리까지 광범위하게 마케팅 활동 전 영역에 이용할 수 있다. 마케팅 활동에 이용되는 소프트웨어의 특징과 활용을 나열해 보고자 한다.

- 디지털 콘텐츠는 마케팅 소프트웨어를 활용하여 제작 유통할 수 있다.
- 데이터를 수집하고 분석하고 비교·대조하여 예측 시뮬레이션하는 전 과정을 소프트웨어를 활용한 자동화 관리 솔루션을 사용할 수 있다.

- 마케팅 광고 미디어 채널에 인공지능, 빅데이터 분석 예측 소프트웨어 기술을 활용할 수 있다.
- 다양한 미디어 채널에 맞추어 개별화된 콘텐츠를 제공할 수 있는 소프트웨어를 사용하여야 한다.
- 빅데이터를 자동으로 수집하고 추출하여 변환할 수 있는 빅데이터 소프트웨어 솔루션을 이용한다.
- 디지털 미디어와 센서, 사물 인터넷, 데이터 처리 소프트웨어, 하드웨어 네트워크 간, 디지털 마케팅 채널 등 디지털 기기와 연계하여 데이터를 처리할 수 있는 소프트웨어를 사용한다.

4 데이터 과학

　기업 내부에서 마케팅 활동의 세 번째 대상 영역은, 디지털 데이터를 고객 중심으로 분석하는 것이다. 데이터 분석을 통하여 고객 감동을 알아야 하고 고객의 니즈에 맞게 제품 개선을 할 줄 알아야 한다. 구매 이력 데이터를 분석하여 고객의 태도 변화를 알아야 하고 구매 행위를 예측하여야 한다. 변화하는 고객의 니즈에 맞추어 신제품을 개발할지 아니면 광고 미디어 채널을 바꿀지를 알 수 있어야 한다. 데이터 과학은 데이터를 과학적으로 분석하여 어떻게 마케팅 활동에 이용할 것인가이다.

　그림 7.9 데이터 과학은, 데이터를 과학적으로 분석하는 알고리즘을 개발하여 마케팅 활동에 어떻게 지원할 수 있는가를 보여 준다. 또한, 데이터를 과학적으로 처리하는 소프트웨어 시스템을 제시하고자 한다.

그림 7.9 데이터 과학

　마켓 4.1에서 디지털 데이터를 어떻게 과학적으로 분석하여 마케팅 활동을 수립하고 기업의 마케팅 환경을 바꾸어 나갈 수 있을까. 마케팅 데이터 과학이란, 마케팅 관련 빅데이터를 가공하여 마케팅 활동에 유용하게 활용하는 것이다. 데이터가 의미하는 바를 찾아내고 이를 시각화하여 효과적으로 전달하는 일련의 과정을 말한다. 데이터를 수집하고 통합하고 추출하고 변환하면서, 데이터 분석 모델을 개발하고 데이터 속에 숨어있는 마케팅 의미의 상관관계를 찾아내어 이를 시각화하여 전달하는 것을 의미한다.

빅데이터를 어떻게 전략적으로 활용(Data Strategic View)할 것인가. 빅데이터를 분석하여 어떻게 경영전략에 유용하게 활용할 것인가. 마케팅 활동 계획에, 빅데이터를 과학적으로 어떻게 이용할 것인가. 마케터는 빅데이터를 분석과 예측 시뮬레이션하여 전략으로 마케팅 의사 결정을 할 수 있어야 한다. 이전에 하지 않았던 마케팅 데이터 분석과 예측 시뮬레이션으로 빅데이터란 데이터 마트에서 황금 모래알을 찾아야 한다.

데이터 과학은 사물 인터넷 및 인공지능 학습형 소프트웨어와 결합하여 데이터를 수집하고 분석 예측하는 것이다. 실시간으로 고객과 제품의 변화를 반영하고 있는 데이터를 분석할 수 있으므로, 마케팅 정보의 가치를 극대화 시킬 수 있다. 데이터의 가치화는 고객 감동을 창출할 수 있는 혁신적인 제품과 서비스를 개발할 수 있어, 맑은 물이 끓임 없이 솟는 샘물과 같은 것이다. 데이터 가치화는 이전에는 전혀 기대할 수 없었던 혁신적인 방법으로 마케팅 경영 의사 결정을 지원할 수 있어, 기업의 성장에 이바지할 수 있다. 그러므로 마케터는 빅데이터 마트에서 마케팅 활동에 필요한 알고리즘(데이터를 전략적으로 보는 눈: Data Strategic View)을 개발하여, 빅데이터를 마케팅 활동에 전략적으로 사용할 줄 알아야 한다. 빅데이터는 방대하고 수시로 발생하고 소멸하기 때문에, 빅데이터를 전략적으로 마케팅 활동에 이용하기 위해서는 소프트웨어 도구를 사용하여야 한다. 빅데이터 분석을 마케팅 활동에 전략적으로 이용할 수 있으면, 마케터는 알고리즘이란 조그만 창을 통해 고객의 마음을 볼 수 있다는 것을 의미한다.

빅데이터 운영센터는, 고객 관계 관리데이터, 웹 로그 데이터, 고객 마케팅 이력관리 데이터, 모바일 웹 데이터, 사용자 클릭 스트리밍, 소셜 네트워크 활동, 카드, 제품구매 등 제품과 고객의 모든 데이터를 관리한다. 제품과 고객의 모든 데이터를 포함하고 발생 가능성이 예상되는 미래 데이터도 포함한다. 마케팅 활동에 이용할 수 있으면, 데이터 간의 상관성을 분석할 수 있는 데이터 마이닝(Data Mining) 기술까지 포함할 수 있다.

① 과거 데이터
② 현재 발생하고 있는 데이터
③ 발생이 예상되는 미래 데이터
④ 데이터 간의 상관성을 지닌 지수 데이터
⑤ 데이터 마이닝 기술

그림 7.10 데이터를 전략적으로 보는 눈(Data Strategic View)은, 고객인 소비자로부터 발생하는 데이터는 빅데이터 마트에 수집하고 빅데이터 마트의 데이터를, 마케터가 데이터 분석 알고리즘의 눈으로 고객의 마음을 들여다보는 것을 표현한다.

그림 7.10 데이터를 전략적으로 보는 눈(Data Strategic View)

1) 데이터 마이닝

데이터 마이닝이란, 광부가 유용한 광물을 얻기 위해 큰 덩어리의 광석을 이리저리 잘게 부수면서 유용한 광물 조각들을 찾아가는 분석 기술이다. 대량의 데이터 집합인 빅데이터 마트에서, 발견할 수 없거나 인식되지 못한 데이터, 의사 결정에 전략적으로 이용할 수 있는 데이터, 의미 있는 상관성을 지닌 데이터를 찾는 기술이다. 마케팅 경영 의사 결정에 필요한 데이터를 찾는 것이다. 경영목표 달성에 전략적으로 활용이 가능한 데이터를 발견하는 분석의 프로세스이다. 데이터 마이닝 기술은, 고객과 제품, A 제품과 B 제품, 제품과 지역, 고객과 시간 등 고객, 제품, 시간, 지역 등 마케팅 활동 대상 간의 관계 의미를 파악하는, 데이터 분석 기술이다. 다음은 데이터 마이닝에서 데이터 간의 의미를 분석하는 분야이다. 데이터 마이닝은 마케팅 활동 결과를 인과요인별로 분석할 수 있어, 마케팅 의사 결정에 전략적으로 활용할 수 있다. 다음은 데이터 마이닝에서 주로 찾는 인과요인 항목이다.

① 정보, 지식, 아이디어, 식견, 의미
② 데이터 간의 인과 관계
③ 데이터와 발생결과의 인과
④ 패턴 발생
⑤ 연관규칙

데이터 마이닝 기술을 이용하여 상품 디스플레이를 개선한 사례를 들어 보고자 한다. 예를 들면, A Co.사란 유통 판매 회사가 B 매장에서 우편 카드가 급진적으로 매출이 향상되었다는 것을 알았다. 다른 매장보다 10배 이상 우편 카드 매출이 향상되었다. 우편 카드 수익률은 평균 40% 이상이라 A Co.사의 효자 상품이다. 데이터 마이닝 기술이, 전국의 약 300여

개 대형 매점에 대하여 전시한 모든 상품의 판매량을 시간별, 지역별, 상품별, 판매 순서별 등 여러 각도로 매출 현상을 분석하였다. 그러나 왜 B 매장의 우편 카드 매출이 10배 이상 향상된 이유를 발견하지 못했다. A Co.사의 데이터 분석가가 현장에서 일주일간 B 매장의 판매 행태를 관찰하였다. 그 결과 B 매장의 아기 기저귀가 잘 못 배치된 것을 알았다. 기저귀는 아이를 가진 집의 필수품이므로, 매장의 제일 뒤편에 반드시 배치하는 제품이다. 기저귀를 사려면 매장에 어느 위치에 놓여 있더라도 일부러 찾아가서 사야 하는 가정의 필수품이다. 아기 기저귀를 사기 위해서는 고객은 반드시 매장의 제일 뒤편까지 가서 사야 하므로, A Co.사의 마케터는 기저귀를 매장 제일 뒤편에 배치하였다. 기저귀를 사러 가는 동선에 다른 상품을 배치하여 매출을 높이고자 의도적으로 기저귀를 제일 뒤편에 배치하였다. B 매장은 아기 기저귀가 우편 카드 옆에 잘못 배치된 사실을 데이터 분석가가 발견하였다. B 매장에서 아기 기저귀가 우편 카드 옆에 배치된 이유는, 매니저의 단순한 실수로서 잘못 배치된 것이었다. 고객이 아기 기저귀를 살 때 옆에 있는 우편 카드를 보고 친구들, 가족들에게 아기가 생겨서 잘 키우고 있다는 소식을 알리고 싶어서, 우편 카드를 한꺼번에 5장, 10장씩 사고 있는 고객의 구매 행태를 발견하였다. 그 후 A Co.사는 전국 300여 개 매장에 아기 기저귀를 우편 카드 옆으로 배치하여 전혀 기대하지 못했던 매출 증가를 이루었다.

그림 7.11 데이터 마이닝은, 데이터 마이닝 시스템의 소프트웨어 구성도이다. 데이터 마이닝 기술은 데이터 웨어하우스 시스템, 데이터 알고리즘 분석기법, 시각화 분석보고서이다. 데이터 마이닝은 마케터에게 마케팅 활동에 필요한 유용한 정보를 어디서 어떻게 얻을 수 있는가를 보여 준다. 마케터도 빅데이터를 과학적으로 분석할 수 있는 알고리즘을 개발하는 지식이 필요하다.

분석 알고리즘을 통해 데이터 웨어하우스에 저장된 데이터를 분석하므로, 고객의 마음을 볼 수 있다.

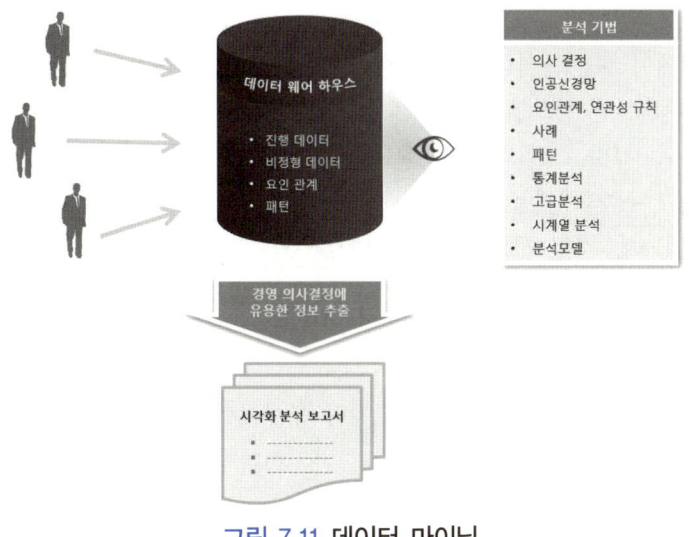

그림 7.11 데이터 마이닝

2) 분석기술

분석 기술은 데이터 분석의 알고리즘 모델을 개발하는 것이다. 분석 모델은 데이터를 어떻게 활용하느냐에 따라 크게 3가지로 나눌 수 있다.

- 분석모델
- 식별모델
- 예측모델

3) 데이터 과학 마케팅

- **소셜 리스닝**: 소셜 리스닝은 인터넷과 디지털 미디어의 소셜 네트워크 활동인 온라인 커뮤니티에서, 디지털 데이터를 마케팅 측면에서 탐색하고 관찰하고 관리하고 이용하는 과정이다. 디지털 데이터가 방대하고 여러 형태로 발생하기 때문에, 데이터를 자동으로 수집 분석할 수 있는 소프트웨어를 활용하여야 한다. 소셜 리스닝은 고객의 디지털 데이터를 분석하므로, 소비자나 제품의 시장조사에 유용한 과학적 분석 방법이다.
- **소셜 셀링**: 소셜 미디어에서 고객 태도 변화나 고객 감성 변화의 디지털 데이터를 찾아내는 것이다. 유망고객이나 잠재 고객의 디지털 경로를 파악하고 디지털 데이터를 찾는데 필요한 소셜 네트워크 고객 관계 관리이다. 제품과 고객의 상호관계를 파악하고 상호 관계를 마케팅에 이용하는 것이다. 고객과의 커뮤니티 관계를 유지하기 위하여 소셜 미디어를 활용한다.

4) 인공지능

인공지능은 빅데이터를 분석하여 마케팅 활동에 쓰는 인공지능(AI: Artificial Intelligence) 기술이다. 인공지능 지원 시스템은, 고객과 소통하면서 고객 개개인의 개별화된 요구사항을 이해하고 파악할 수 있다. 고객의 마음을 고객보다 더 정확하게 읽을 수 있으며, 고객의 재무상황을 판단하고 구매할 제품과 구매 시기, 구매 가격, 구매처를 선정하여 가르쳐 줄 수 있다. 인공지능 마케팅 지원 시스템은 마케팅 활동을 직접 수행할 수도 있다.

5) 데이터 가치화

마켓 4.1 데이터 중심의 마케팅에서는, 디지털 데이터의 분석을 통하여 고객의 마음을 읽을 수 있고 마케팅 활동을 할 수 있다. 데이터 가치화란 데이터를 어느 정도 가치화하여 마케팅 활동과 마케팅의 의사 결정에 활용하는 것이다. 데이터를 가치화할 수 있는 능력이 곧 마케팅 경영 역량이다. 그러므로 마케터는 데이터를 가치화하여 마케팅 활동에 이용할 방안을 생각하여야 한다. 기업이 혁신적인 경쟁력을 갖고 있느냐는 데이터를 얼마나 마케팅 활동에 가치화시킬 수 있느냐에 따라 좌우된다.

마케터는, 기업의 원천 데이터를 수집하고 가치화 방안을 연구하여, '데이터 가치 모델'로 구조화(Frame)시켜야 한다. 데이터 가치 모델은 데이터 웨어하우스, 분석 모델 보고서, 데이터 마이닝, 데이터 전략화의 4단계로 구성할 수 있다.

제1단계: 데이터 웨어하우스
- 정제
- 표준화
- 변환

제2단계: 분석 모델 보고서
- 통계화
- 차별화
- 그룹화
- 회귀분석
- 요인 관계, 연관성 규칙
- 신경망 분석
- 시계열 분석
- 변량분석
- 고급분석

제3단계: 데이터 마이닝
- BI(BI: Business Intelligence)
- 경영 의사 결정 지원

제4단계: 데이터 전략화
- 데이터 가치 전략화
- 분석 데이터와 비교·대조 데이터 간의 융합
- 신제품, 시장, 고객 변화 예측 시뮬레이션

그림 7.12 데이터 가치혁신에서 데이터 가치화 단계를 설명하고자 한다.

- **데이터 가치화 1단계**: 데이터를 수집하여 정제, 표준화, 변환을 통해 데이터를 가치화할 수 있게 데이터화하는 과정이다.
- **데이터 가치화 2단계**: 데이터화된 데이터를 분석하는 단계이다. 분석 결과는 분석 모델 보고서를 통해서 시각화되어 마케팅 의사 결정을 관리하는 경영자에게 전달된다.
- **데이터 가치화 3단계**: 분석 모델 보고서의 정보와 자료를 데이터 마이닝 기술, BI(BI: Business Intelligence) 도구를 이용하여, 경영 의사 결정을 지원할 수 있도록 데이터를 가치화하는 단계이다. 경쟁 정보, 예상 자료와 비교·대조하는 과정이다.
- **데이터 가치화 4단계**: 데이터를 예측 시뮬레이션하는 단계이다. 데이터를 예측 시뮬레이션하므로, 데이터 가치를 전략화 단계까지 높일 수 있다. 데이터를 신제품 개발 등 전략적인 경영 의사 결정에 이용할 수 있다.

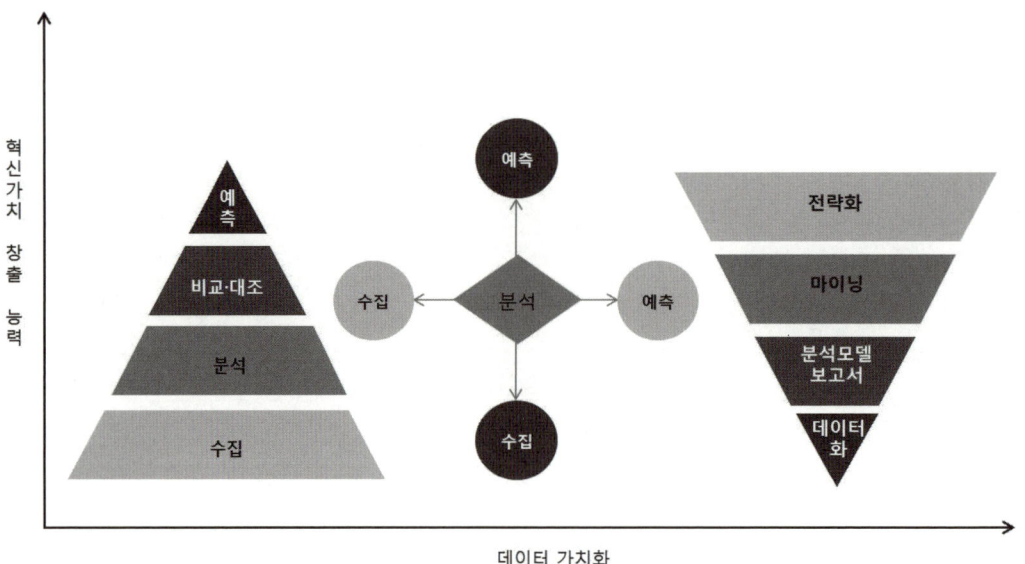

그림 7.12 **데이터 가치 혁신**

5 빅데이터

기업 내부에서 마케팅 활동의 네 번째 대상 영역은, 디지털 미디어의 빅데이터 마케팅 활동이다. 빅데이터는 제품 서비스를 고객에게 알리고 판매 홍보하는 마케팅 활동을 하는 큰 바다이다. 디지털 데이터를 분석하여 마케팅 활동의 성과를 평가하고 추가적인 마케팅 활동을 하는 영역이다. 마케터가 디지털 미디어, 사회 네트워크 관계망의 데이터를 분석하고 디지털 콘텐츠를 관리하는 큰 바다이다. 그림 7.13 빅데이터는, 제품 서비스, 고객, 시장, 디지털 콘텐츠의 빅데이터 영역을 나타낸다. 제품 서비스, 고객, 시장, 제품, 디지털 콘텐츠의 변화를 관찰하고 분석한다.

그림 7.13 **빅데이터**

빅데이터 마케팅을 왜 하는가. 빅데이터 마케팅을 하는 이유는 수없이 많이 있다. 마케터가 이를 심각하게 인식하지 못하고 있을 뿐이다. 빅데이터 마케팅을 하는 큰 이유 중의 하나는, 너무 빠르게 고객과 시장이 디지털화하고 있기 때문이다. 마케팅 환경이 디지털화되므로, 갑자기 너무 많은 마케팅 데이터가 발생하고, 너무 다양하게 데이터가 발생하고 있으며, 너무나도 광범위하게 데이터가 발생하고 있다. 또한, 그전에는 전혀 생각하지도 않았던 다양한 디지털 미디어와 사회 네트워크 관계망에서 디지털 데이터가 수시로 발생하고 있다.

마케터는 아래와 같은 경영 환경의 징후가 발생하거나 가까운 시기에 발생할 것으로 예상하면, 지금까지와는 다른 무언가 새로운 방식으로 마케팅하여야 한다. 빅데이터 마케팅을 하여야 한다.

- 제품 판매가 예측한 대로 되지 않는다.
- 어디에 누구에게 신제품을 팔아야 하는가.
- 악성 재고가 쌓이기 시작하다.
- 매출이 저조하고 떨어지는 추세이다.
- 수익성이 정체하고 있다.
- 경쟁업체가 예상보다 빠르게 성장하고 있다.
- 광고·홍보 효과에 의심이 든다.
- 시장조사를 어떻게 하여야 할지 모르겠다.
- 목표 고객이 누구인지 모르겠다.
- 혁신적인 아이디어가 생각나지 않는다.
- 무엇인가 새롭게 마케팅 활동을 하여야 한다.

빅데이터 마케팅을 하는 이유는 수를 헤아릴 수 없을 정도로 많이 발생하고 있다. 다만 용기 있게 발을 앞으로 디디지 못하고 있을 뿐이다. 마케터는 제품별로 '마케팅 위기관리 지표'를 만들어 좀 더 세밀하고 빠르게 시장변화를 읽고 대처할 수 있어야 한다.

빅데이터는 데이터를 통하여 무엇(What)만을 보여 준다. 왜(Why) 그런가에 대한 설명이나 원인은 마케터가 찾아야 한다. '왜'를 찾는 것은 데이터를 가치화하여 데이터를 황금 모래알로 바꾸는 활동이다. '왜'는 제품의 구매나 사용(수단적 가치, Instrumental Value)을 통해서 고객이 무엇(최종가치, Terminal Value)을 최종적으로 추구하는가를 아는 것이다. 빅데이터 마케팅은 고객과 소통하면서 기업 가치뿐만 아니라 고객가치까지 창출하는 마케팅 활동이다.

빅데이터는 모든 마케팅 데이터를 의미한다. 마케팅 데이터가 발생하는 원천(Source)을 포함한다. 다음은 기존의 전통적인 마케팅 데이터와 디지털 마케팅 데이터의 몇 가지 예를 들어 본다.

- **전통적인 마케팅 데이터**: 제품거래정보, 재무기록, 콜센터 기록, POS, ATM, 은행, 구매 이력, 메일, 전화, 우편, 홍보물
- **디지털 마케팅 데이터**: 웹 활동, SNS, 메타 데이터, 트위터 트윗, 소셜 미디어 포스트, 모바일

1) 빅데이터 정의

마켓 4.1에서 빅데이터는, 창조적인 마케팅 아이디어를 줄 수 있고 마케팅 활동을 가치화할 수 있다. 고객과 제품의 빅데이터는 마켓, SNS, 인터넷, 모바일, 우편, 전화 등 수 많은 데이터 원천으로부터 발생하고 있다. 마케팅 활동에 효율적으로 사용할 수 있는 중요한 자산이다. 수시로 발생하고 소멸하는 빅데이터는, 디지털 기기와 센서 등을 통해 인식과 측정을 할 수 있다. 빅데이터는 인식과 측정을 할 수 있는 정형 데이터와 인식은 가능하나 구조화가 다소 어려운 비정형 데이터로 분류할 수 있다. 다음은 정형 데이터와 비정형 데이터의 사례이다.

- **정형 데이터**: 숫자, 문자, 기호 등으로 구조화가 구분이 가능한 데이터
- **비정형 데이터**: 텍스트, 이미지, 동영상, 음악, 음성 등 구조화가 어려운 데이터

빅데이터는 크게 3가지의 특징을 지니고 있는 데이터로 정의할 수 있다. 일반적으로 빅데이터를 데이터양, 데이터의 속도, 데이터 형태의 다양성을 기준으로 구분하고 있다. 마케팅에서의 빅데이터는 고객, 시장, 제품, 디지털 콘텐츠 등 마케팅 활동의 모든 데이터이다.

(1) 양: Volume

데이터의 "양"을 의미한다. 페타바이트 이상을 말하고 있다. 전통적인 데이터 발생 원천과

디지털 데이터 발생 원천으로부터 생성되는 모든 데이터를 포함하고 있다. 데이터에 대한 정보 범위의 확대를 의미한다.

(2) 속도: Velocity

정보를 생성하는 속도, 데이터의 흐름 속도, 데이터를 처리하는 속도를 의미한다. 빅데이터는 기하급수적으로 생성하고 거의 비용이 없이 순식간에 복제, 전파, 이동이 가능하다. 실시간으로 정보와 데이터를 처리하는 속도에 새로운 기술 등이 도입하고 있음을 의미한다.

(3) 다양성: Variety

센서, SNS, 웹, 사물 인터넷 데이터 등을 말할 수 있다. 소셜 미디어, 로그 파일, 스트리밍, 동영상 등 비정형 데이터를 포함한다. 데이터의 형태가 매우 다양하고 급격하게 증가하고 복잡해지고 있음을 의미한다.

2) 빅데이터 마케팅

마케터는 빅데이터 분석을 통하여 360도 관점에서, 과거, 현재, 미래의 고객을 어느 정도 볼 수 있다. 빅데이터 분석 소프트웨어 기술을 통하여 고객이 무의식적으로 인지한 제품과 디지털 미디어 채널에서 상호 공감하고 있는 고객 경험의 내면까지도 볼 수 있다.

다음은 마케팅에 사용하는 데이터를 보여 준다. 마케팅 활동에 필요한 데이터이다. 제품 거래정보 등 전통적인 데이터와 SNS 등 디지털 데이터를 포함한다.

- 모바일, 소셜 미디어, 소셜네트워크 사회관계망
- 홍보, 광고, 전단, 현수막, 마케팅 행사
- 이벤트 행사, 판매 촉진 활동
- Off Line 상점
- 전화, 콜센터
- 고지서, 통지서
- 영업, 생산, 유통
- 메일, POS(Point Of Sale), ATM(Automatic Transaction Machine), 오프라인 구매, 카드
- 웹, 인터넷, 이메일, 모바일 앱
- 사물 인터넷 기기, 센싱

그림 7.14 마케팅 데이터 관리는, 고객 접점에서 발생하고 있는 마케팅 데이터를 통합적으로 관리하는 것을 보여 준다.

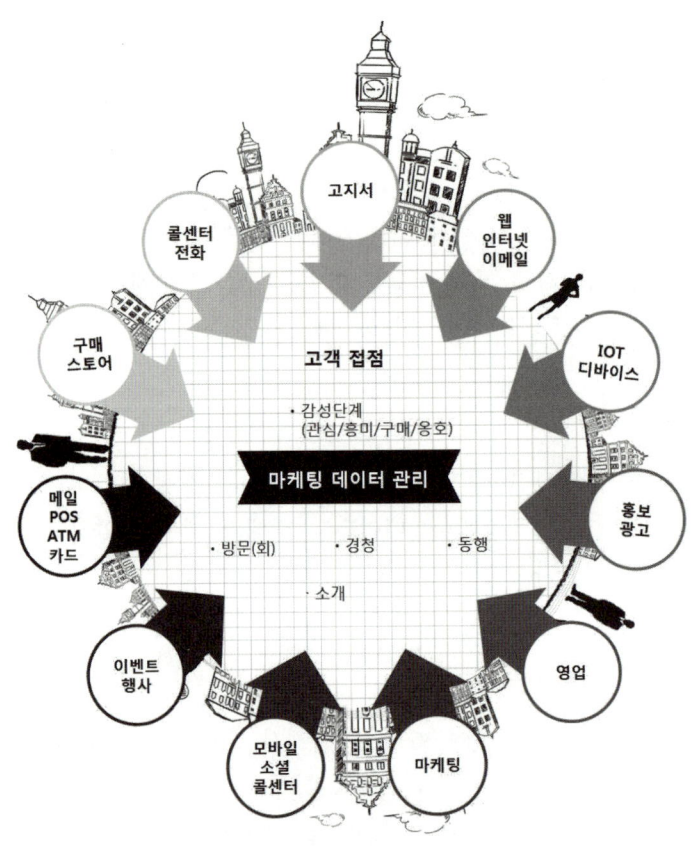

그림 7.14 마케팅 데이터 관리

마켓 4.1 데이터 중심의 마케팅 커뮤니케이션에서 데이터를 통합적으로 관리하기 위해서는, 사물 인터넷 기술의 소프트웨어를 사용하여야 한다. 제품정보가 디지털화되면서 기존의 제품 유통은 옴니채널, 인터넷 쇼핑몰, 온라인 상거래, 홈쇼핑, 모바일 상거래로 급격하게 이동하고 있다. 마켓 4.1의 빅데이터 관리는 전통적인 데이터와 디지털 데이터를 통합적으로 관리할 수 있는 소프트웨어 기술을 이용하여야 한다.

- **옴니채널**: 온라인과 오프라인을 넘나드는 소비행태를 활용하는 것으로 여러 판매 채널이 유기적으로 결합해 소비자의 소비 경험을 극대화하는 유통채널 방식

3) 빅데이터 마케팅 가이드라인

마케터는 마케팅 활동 가이드라인을 가지고 빅데이터 마케팅 전략을 수립할 경우 많은 도움이 된다. 마케팅 활동 가이드라인은 마케팅 과제를 명확하게 하고 마케팅 활동에 빅데이터를 잘 이용할 수 있게 한다. 다음은 빅데이터 마케팅 가이드라인이다.

① 통합된 마케팅 기술 플랫폼과 소프트웨어 기술을 사용하여 고객을 종합적으로 지원할 수 있도록 한다.
② 고객 감동을 제공할 수 있어야 하며 고객 관계에 신뢰를 쌓으면서 점진적으로 개선할 수 있도록 개별화를 한다.
③ 마케팅 과제를 명확히 파악한 후, 통찰력을 갖고 마케팅 활동에 빅데이터를 혁신적으로 이용할 수 있어야 한다.
④ 빅데이터를 마케팅에 이용하는 목적을 명확히 한다.
    - 고객과 더욱더 소통한다.
    - 고객과 더 나은 신뢰를 쌓는다.
    - 고객에게 더욱더 나은 고객 감동을 제공한다.

마케터의 창의적인 생각과 소프트웨어 기술력을 결합해 빅데이터를 마케팅에 이용하는 목적은, 고객의 희망과 니즈를 만족하게 할 수 있는 고객 중심의 마케팅 활동을 하는 데 있다.

- 고객 관계 관리 패러다임의 전환: 마켓 3.0까지는 제품과 고객을 관리함이 중요하게 간주하였고 마케팅 활동의 주요한 대상이었다. 고객은 제품을 구매하기 전에는 공략 목표가 되었으며, 제품구매 후에는 '고객은 왕이다'로 간주하여 관리됐었다. 그러나 마켓 4.1에서는 고객을 협력적이고 창조적인 상호 관계로 본다. 디지털 데이터를 통하여 고객의 말을 경청하고 질문에 응답하면서 신뢰를 쌓아 가는 관계이다. 고객 참여를 통하여 제품을 개발하고 고객 관계에 신뢰를 쌓으면서 고객 감성 단계를 한 단계씩 높여 갈 수 있다는, 고객 관계 관리 패러다임의 전환이 필요하다.

4) 빅데이터 마케팅 이점

빅데이터 마케팅은, 창의적이고 혁신적이며 전략적인 마케팅 의사 결정을 지원한다.

- 신속하고 정확한 마케팅 의사 결정을 지원.
- 마케팅 활동 결과 개선.
- 고객 중심의 마케팅 활동 지원.
- 비용 대비 효과 향상의 마케팅 자원 활용 가능.
- 창의적이고 혁신적인 신제품개발 기회를 쉽게 가질 수 있음.
- 핵심적인 경쟁우위 요인 발견.

빅데이터 마케팅은 많은 이점을 지니고 있으므로, 마케터는 빅데이터 가치의 중요성을 알아야 한다. 빅데이터에서 새로운 마케팅 기회를 가질 수 있도록 한다.

5) 빅데이터 마케팅 전략

빅데이터를 어떻게 마케팅 활동에 유용하게 이용할 것인가. 마케팅 경영 의사 결정에 빅데이터를 어떻게 전략적으로 활용할 것인가. 빅데이터에 대한 '데이터 전략(Data Strategy)'이 필요하다.

- 데이터 전략(Data Strategy): 경쟁우위를 확보하고, 혁신적인 경영 의사 결정 지원, 고객 감동 향상, 신제품 개발, 수익향상 방안 등 경영전략 수립과 실행에 데이터를 전략적으로 활용할 수 있도록 가공하는 기술이나 모델

빅데이터를 우선 어떤 목적에 활용할 것인가를 생각하고 그 목적에 적합한 범위를 설정한다. 다음으로 데이터 활용 모델을 개발하고 데이터를 수집한다. 그리고 데이터를 분석, 비교·대조, 예측 시뮬레이션 과정을 거치면서 데이터를 전략적으로 이용할 수 있도록 가치화한다. 다음은 빅데이터 마케팅 전략 5단계이다. 세밀한 빅데이터 마케팅 전략은 제품의 특성에 따라 달라진다.

빅데이터 마케팅 전략의 5단계:

① 데이터 활용 모델(데이터 전략) 수립
② 데이터 생성원(Source) 인식 및 대상 범위 설정
③ 데이터 수집 및 기간 설정
④ 데이터 분석, 비교·대조 프로세스 수행
⑤ 예측 시뮬레이션 활용

그림 7.15 빅데이터 마케팅 전략 5단계는, 빅데이터를 마케팅 활동에 어떻게 전략적으로 사용될 수 있는가를 보여준다. 데이터 모델 수립, 수집, 처리, 분석, 예측 시뮬레이션의 5단계의 과정을 거치면서, 마케팅 활동에 빅데이터를 전략적으로 사용할 수 있음을 보여 준다.

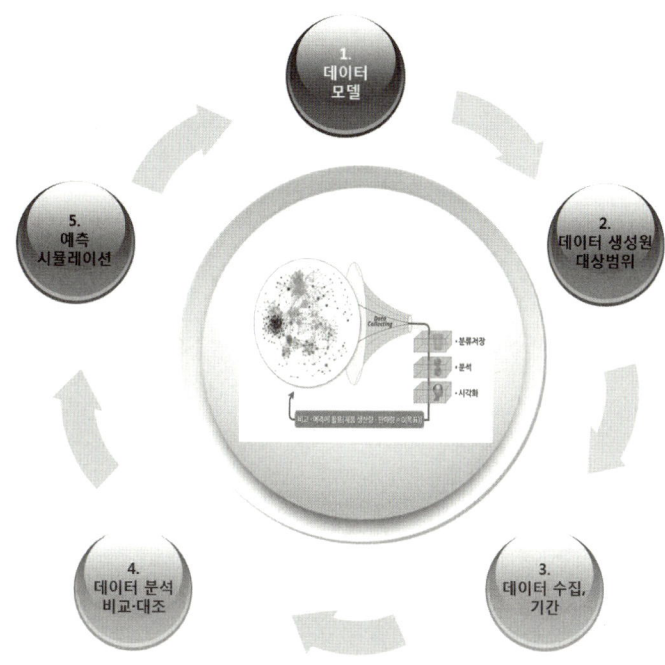

그림 7.15 빅데이터 마케팅 전략 5단계

- **측정지표 지수개발:** "측정할 수 있다면 관리도 할 수 있고, 관리할 수 있다면 개선도 할 수 있다."는 말이 있다. 빅데이터 모델을 수립한 후에, 마케팅 활동 목표에 맞추어 전략 체계도(Strategic Map)의 측정 지표와 지수를 개발한다. 마케터는 제품의 특성에 맞추어 개발된 측정 지표를 주기적으로 측정하고 통제하고 개선할 수 있는 관리활동을 한다.

마케팅 활동 분야	핵심 성과지표 (KPI: Key Performance Index)
〈성장성〉	
• 시장 점유율	%, 수, 지역, 판매액
• CPR(Click Per Rate)	시간, 지역, 매체별
• 좌석 회전율	회, 시간, 지역
• 판매율(m^2 당)	시간, 지역
• 제품인지도	수, 지역, 대상, 매체별
〈활동성〉	
• 고객 만족도	%, 수, 지역, 매체별
• 고객 보유	수, 지역, %, 매체별
• 고객 충성도	%, 제품별, 지역, 매체별
〈수익성〉	
• 마케팅 투자 수익률	%, 판매율
• 마케팅 한계 투자 수익률	%, 제품별, 매체별
• 영업 이익률	%, 제품별, 지역별

- **마케팅 성과 대시보드:** 마케팅 활동 결과를 시각적으로 볼 수 있도록 '성과 대시보드(Dash Board)'를 작성한다. 마케터는 성과 대시보드에 마케팅 활동 결과를 일목요연하게 볼 수 있도록, 제품과 시장의 변화를 측정할 수 있는 주요 지표항목과 지수 기준을 개발하여야 한다. 지표항목은 마케팅 활동 결과 정보를 수집하고 분석할 수 있어야 한다. 고객과 시장의 변화를 360도 볼 수 있도록 상세한 지표와 마케팅 활동을 측정할 수 있는 지수를 개발한다.

마케팅 활동 결과를 가시적으로 관리할 수 있는, 그래프, 파이 도표, 계측원형 디스플레이, 숫자, 기호, 색, 상징, 소리 등으로 표시하여, 성과 대시보드를 비행기 계기판의 대시보드처럼 작성한다. 그림 7.16 비행기 계기판 대시보드는, 비행기의 내부 환경, 외부 환경, 비행 운항 환경의 데이터를 수집 분석하여 계기판을 통하여 현재 상황을 정확하게 보여 준다. 조종사는 비행기 계기판의 도움을 받아 비행기 운항의 의사 결정을 정확하고 적시에 맞게 할 수 있다. 마케터도 마케팅 성과 대시보드의 지표와 지수를 보며 마케팅 활동을 판단한다. 비행기 조종사가 계기판 대시보드를 보고 비행기 조종의 전반적인 운행 환경을 판단하는 것처럼, 마케팅 활동을 판단한다.

그림 7.17 비행기 계기판 대시보드

6) 구매 의사 결정의 단순화

마켓 4.1의 고객 구매 관련 빅데이터는 분석하면, 기존의 마켓 3.0에서 볼 수 없었던 여러 특징이 나타나고 있다. 가장 눈에 띄는 특징의 하나는, 고객의 구매 의사 결정이 단순화 신속화 민첩화 되었다. 전통적인 구매 프로세스 메커니즘인 AIDA(AIDA: Attention Interest Demand Action) 구매 의사 결정 모델에서 ABC(ABC: Attention by Searching, Buy, Complacence) 모델로 구매 의사 결정이 신속화하고 있다. 고객이 제조회사의 제품 정보보다는 사회 네트워크 관계망이나 고객의 구매 후기에 더 많은 신뢰를 하고 있다. 왜, 어떤 제품에 어떤 요인이 구매 의사 결정에 영향을 주는지에 대하여, 많은 연구가 필요할 것으로 보인다.

그림 7.17 구매의사 결정의 단순화는, 마켓 4.1에 특징적인 구매 의사 결정 단순화를 도식으로 표시하고 있다. 고객은 구매 현장에서 제품 정보와 사용자 후기를 찾아서, 자신이 제품에 대하여 바라는 고객 니즈를 생각한다. 제품이 자신의 니즈를 충족시켜 줄 가능성 유무를 결정하면서 바로 구매를 한다.

그림 7.17 **구매의사 결정의 단순화**

7) 고객 경로

고객은 제품의 태도와 감성이 어디에 있는지를 디지털 미디어에 데이터로 남기고 있다. 고객은 제품의 특성, 광고 이미지, 느낌, 감성, 사용 후기 등 고객 경험을 디지털 흔적으로 남긴다. 빅데이터를 통하여 자기의 생각과 원하는 것을 말한다. 기업은 고객에게 제품을 알리고 싶으면 디지털 콘텐츠를 만들어 디지털 미디어에 노출하여야 한다. 고객에게 차별적인 디지털 콘텐츠를 만들어 가시적으로 보여 주어야 한다. 디지털 콘텐츠로 고객의 접점에서 의미 있는 고객 관계를 맺을 수 있다. 마케터는 구매 경로를 파악하고 구매 경로 전반의 고객 접점들을 이해하여야 한다. 고객 접점에서 커뮤니케이션을 강화하고 관계를 개선하는 데 노력을 다하여야 한다. 이러한 마케팅 활동이 고객 감성을 한 단계씩 높이는 방법이다.

고객의 제품 태도는 구매 의사 결정에 영향을 미치고 있다. 구매 의사결정 경로인 고객 경로는 중요한 접점이다. 고객 경로는, 어떻게 무관심이나 무지의 상태로부터 관심, 흥미, 구매, 재구매, 옹호, 적극적 옹호, 입소문 단계까지로 이동하는지를 보여준다. 마켓 4.1에서 고객 경로는, 고객이 제품에 대하여 어떤 태도를 가지고 있는가를 명확하게 구분하여야 한다. 제품에 대한 고객이 태도는, ①인지(무관심 → 관심), ②흥미, ③구매, ④옹호(공유, 적극적인 지원)로 크게 4단계(또는 인지, 호감, 질문, 행동, 옹호의 5단계)로 구별할 수 있다. 마케터는 고객의 제품에 대한 태도를 ①인지(무관심 → 관심), ②흥미, ③구매, → ④옹호(적극적 지원)로 단계별로 변환할 수 있도록 세분된 마케팅 활동을 할 수 있어야 한다. 고객의 빅데이터를 분석하여 아주 세분된 마케팅 활동을 할 수 있다. 고객 감성 단계를 파악하고 고객 태도 구간에 따른 차별화된 마케팅 커뮤니케이션 전략을 수행한다. 이러한 빅데이터 마케팅은 궁극적으로 마케팅 활동의 생산성을 높이고 마케팅 비용을 효율적으로 사용할 수 있다.

8) 시장 세분화

시장을 세분화하는 기준은 여러 방법이 있다. 마켓 3.0에서 시장 세분화 기준은 상세히 잘 분석하고 연구하고 있다. 소비자의 구매행위 분석 측면에서 잘 분석되었다. 그러나 기존의 이러한 세분화 기준들이 마켓 4.1에서도 적용될 수 있는지 검토가 필요하다. 마켓 3.0에서의 시장 세분화 기준이, 과연 마켓 4.1에서 같은 세분화 기준을 적용하는 것이 적정하는가에 대한 검토가 필요하다. 마켓 4.1에서 기존의 시장 세분화 기준은 디지털 데이터 분석을 통하여 다시 검토하여야 한다. 마켓 4.1에서도 시장 세분화가 중요한 것은, 시장을 세분화할수록 적은 비용으로 마케팅 활동을 효율적으로 수행할 수 있기 때문이다.

마켓 4.1에서 시장 세분화 기준은, 고객 경험, 고객 감성, 소셜 네트워크 관계망 속에서 참여자들의 평가, 고객 가치 등 고객 감성이 제품구매에 어떻게 영향을 미치는가에 따라 세분화 기준으로 삼아야 한다. 아래의 시장 세분화 기준은, 마켓 4.1에서 훌륭하게 사용할 수 있는 시장 세분화 기준이다.

- 고객 감성
- 고객가치
- 라이프 스타일
- 소셜 네트워크 관계망
- 소셜 네트워크 관계망 속에서 참여자들의 평가, 후기
- 위치 기반
- 디지털 미디어

9) 빅데이터 소프트웨어

빅데이터 소프트웨어 시스템의 기본 구성은, 빅데이터 수집, 저장, 변환 프로세스와 분석 프로세스, 그리고 시각화 프로세스로 크게 3가지 분야로 구성하고 있다.

- **수집 프로세스:** 로그수집, 크롤링, 센싱, API, SNS, IoT 등
- **분석 프로세스:** 데이터 마이닝, 통계 모델, 소셜 네트워크 분석, 고급 분석 등
- **시각화 프로세스:** 통계화, 분포도, 추세 가시도, 대시보드, 리포팅, 인포그래픽, 시간, 공간 관계 등

그림 7.18 빅데이터 소프트웨어 구성은, 빅데이터 소프트웨어 시스템의 기본 구성도이다. 인터넷 포털, 소셜네트워크, 카페 등 데이터 생성원에서 수집된 데이터를, 수집하고 분석하는 과정을 거치면서 디지털 기기를 통하여 사용자에게 BI(BI: Business Intelligence) 소프트웨어로 시각화된 정보를 전달하는 과정을 보여 준다.

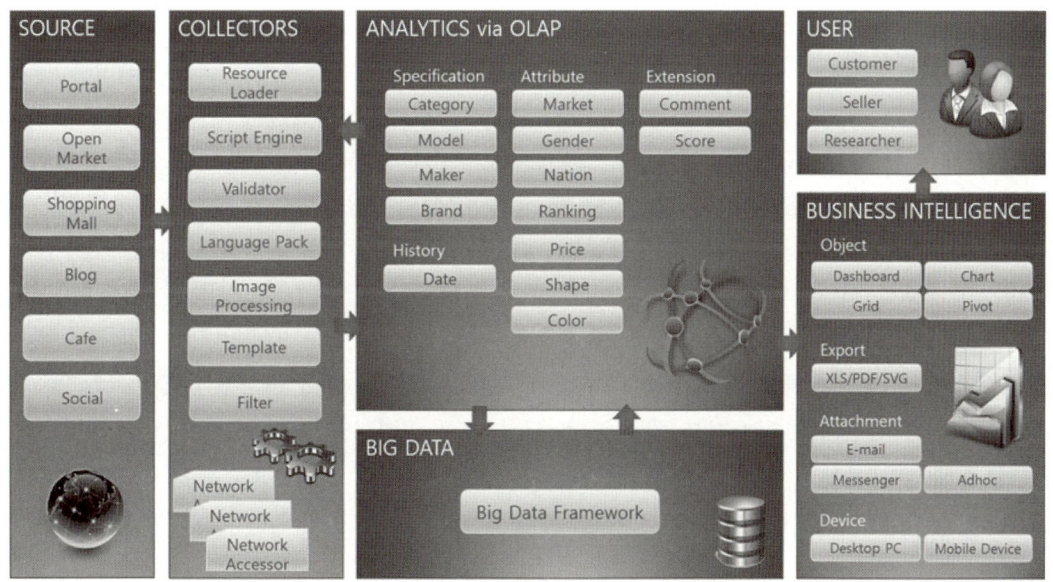

그림 7.18 빅데이터 소프트웨어 구성

- **빅데이터 응용사례:** '고객 유지 캠페인' 활동에 빅데이터를 사용한 사례이다. 그림 7.19 고객 이탈 방지는, 고객 전화의 데이터 원천을 수집, 저장, 변환의 과정을 거치면서 고객 유지 캠페인을 자동화하는 과정이다. 소셜 네트워크와 웹 데이터의 정보 자료를 고객 분석과 마케팅 자동화 기술을 이용하여, 빅데이터 시스템에서 고객 유지 캠페인을 자동화하는 과정이다.

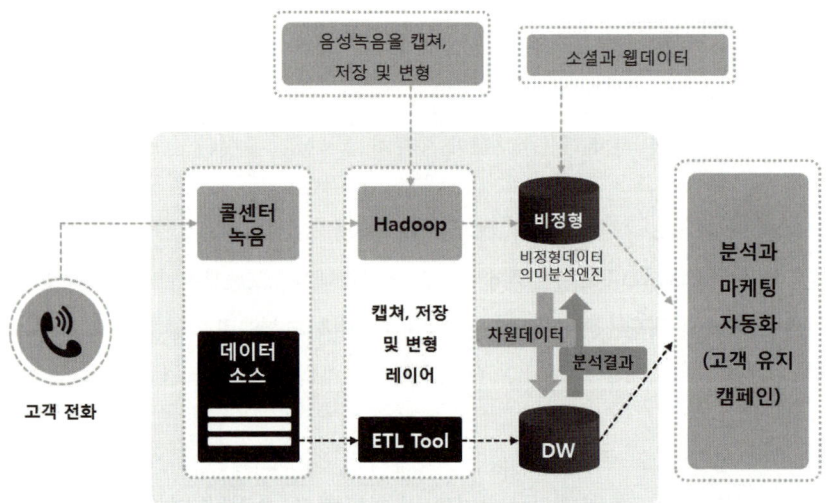

그림 7.19 고객 이탈 방지

6 분석과 예측

 다수의 기업이 비슷한 제품을 가지고, 독점적인 위치를 확보하지 못하고 시장에서 극심한 경쟁을 하고 있다. 시장에 독점구축을 할 수 있는 경쟁력 있는 제품을 출시하지 못했다. 마케팅 경쟁을 치열하게 할 수밖에 없는 형편이다. 마케터가 시장을 분석하고 예측을 할 수 있다면, 마케팅 활동의 성과는 매우 좋아질 것이다. 마켓 4.1의 데이터 중심의 마케팅은, 고객분석을 하므로 변화하고 있는 지금의 고객을 알 수 있고 향후 고객의 변화를 예측할 수 있다. 향후 고객이 어떻게 변화되리라는 것을 예측할 수 있다. 고객 변화를 예측한 마케팅 활동은, 제품에 독점적인 경쟁력을 지니게 한다. 고객의 변화를 예측하고 마케팅을 하는 것은 그가 속한 산업에서 경쟁력이 독점적인 위치를 보여준다.

① 고객을 알고,
② 어떻게 접근하고,
③ 어떤 제품 서비스를 제공하는가.

 고객이 원하고 바라는 것을 알아야, 고객 중심의 마케팅을 할 수 있다.
 분석과 예측으로, 고객의 의지적 행위인 "왜 구매하는가?", 앞으로 무엇을 바라고 어떻게 할 것인가의 생각도 어느 정도 알 수 있다. 마케터는 더 나은 마케팅 의사결정을 위하여 하나하나의 마케팅 활동에 대한 결과까지 예측하여야 한다. 고객 데이터를 "수집 → 분석 →

비교·대조 → 예측 시뮬레이션"의 프로세스적 접근을 통하여, 데이터를 마케팅에 전략적으로 이용하여야 한다. 데이터를 측정하고 분석하는 것은, 보고 싶은 것을 보기 위하여 필터 렌즈(조그마한 창)를 끼고 고객을 관찰하는 것이라고 할 수 있다. 빅데이터가 광범위하고 너무 커서 볼 수 없는 것을 수집과 분석, 비교·대조의 프로세스적 접근으로 보고 싶은 것을 세밀하게 보는 것이다.

데이터로 마케팅 활동을 예측할 수 있다면, 예측의 효과는 마케터가 생각하는 것보다 훨씬 강력하게 나타날 것이다. 고객의 마음을 조금이나마 들여다보고 마케팅을 하므로, 작은 예측의 마케팅 활동도 기대하지 못했던 커다란 효과가 발생한다. 마케터가 분석 예측을 하여야 하는 이유는, 팔리는 제품을 생산하여 악성 재고를 줄여야 하고, 생산비용을 낮추면서 품질 수준과 서비스 수준을 향상해야 하기 때문이다. 스팸 메일 발송을 줄여야 하고 광고 홍보비를 낮추어야 하나, 고객 감동은 향상해야 하고 혁신적인 경쟁력을 갖출 수 있는 제품을 개발하여야 하기 때문이다. 마케터는 제품과 고객의 데이터로 마케팅 소프트웨어 기술을 이용하여 분석 예측 모델을 개발하여야 한다. 그리고 모델을 개선할 수 있도록 데이터 간의 상관성을 계속해서 파악할 수 있어야 한다.

1) 무엇을 분석하고 예측할 것인가 ?

고객, 시장, 제품에서 일어나는 모든 것은 분석 예측할 가치가 있다. 예를 들면, 고객이 ① 어떤 생각을 하고 있으며, ② 어떤 제품을, ③ 언제 구매하는가, ④ 얼마만큼 사용하고, ⑤ 어떻게 사용하고, 그리고 ⑥ 왜 구매하는가? 등, 고객과 시장, 제품에 관한 모든 것을 분석 예측할 수 있다. 마케터는 고객의 생각과 변화를 눈으로 볼 수 있도록 시각화하여 분석 예측을 하여야 한다. 관심과 구매 행위를 보고 고객에게 일어날 수 있는 모든 것을 분석 예측하여야 한다. 언제 어떤 제품을 구매할 것인가를 예측하여야 한다. 심지어는 어떤 성향이 있고 투표하는가, 어떤 종교를 언제 가질 수 있는가 등 소비자의 가치까지도 예측할 수 있을 것이다. 마켓 4.1 시대에 인터넷 산업을 이끄는 기업들은, 빅데이터를 이용하여 인공지능 학습 기반의 분석 예측 모델을 독자적으로 개발하여 사용하고 있다. 빅데이터를 마케팅 의사 결정 지원에 적극적으로 활용할 수 있는 비즈니스 모델을 갖고 있다.

분석 예측 모델의 기본 프로세스는, ① 빅데이터를 인식하고 모으는 수집 과정, ② 모델을 통한 분석 과정, ③ 다른 특성을 보인 데이터와의 비교·대조 과정, ④ 예측 시뮬레이션 과정을 거치면서, 빅데이터를 가치화하여 마케팅 활동에 전략적으로 사용한다. 마케팅 활동에 데이터 가치화로 빅데이터를 마케팅 활동에 전략적으로 활용할 수 있다. 그림 7.20 마케팅 활동 분석·예측 프로세스는, 빅데이터를 수집하고 분석 모델을 이용하여 데이터 특성을 분석하고 비교·대조 과정을 거치면서 데이터를 가치화하여, 예측 시뮬레이션에 빅데이터를 전략적으로 사용할 수 있는 과정을 보여 준다.

| (개인의 빅데이터 특징) | (분석모델) | (비교·대조) | (예측 시뮬레이션) |

그림 7.20 마케팅 활동 분석 · 예측 프로세스

2) 분석 예측의 목적

분석 예측의 목적은, 충성스러운 옹호(적극적 지원) 고객을 확보할 수 있 콘텐츠를 개발하여, 고객 감성 단계를 높이는 것이다. 고객이 제품에 대한 좋은 감성을 갖고 적극적으로 주변 사람에게 표현할 수 있게 하는 것이다. 고객 경험을 제공할 수 있는 콘텐츠를 개발하기 위한 것이다. 마케터는, 분석 예측 모델을 하는 최종 목적은, '고객 감성 단계를 향상하는 것이다'라는 생각으로, 마케팅 자원을 사용하여야 한다.

마케팅에서의 분석 예측의 목적은, '마케터의 직관의 영역' 너머에 있는 '고객과 제품의 진실'을 찾는 것이다. 마케터에게는 논리에 어긋나는 것처럼 보이는, 고객, 시장, 제품의 연관 관계를 보여주는 것이다. 다음은 분석 예측을 어떻게 마케팅 활동에 응용할 수 있는가를 보여 주는 사례이다.

- 빅데이터:
  - 구매행위: 클릭 수, 시간, SNS 활동, 소득/소비율
  - 인구동태: 성별, 연령, 주거보유 형태
  - 고객가치: 제품에 대한 태도, 고객 감성
- 분석모델:
  - 데이터 특성과 구매행위
  - 데이터 가치
  - 고객 가치
  - 디지털 미디어
- 비교 · 대조:
  - 고객 변화: 수익, 감성, 제품, 시간
  - 시장 변화: 점유율, 지리적 시장, 특성적 시장

- 고객가치 변화: 수단 가치, 최종 가치
- 준거집단: SNS 활동, 지역, 제품, 시간
• 예측 시뮬레이션:
- 고객: 구매빈도, 구매행위, 사회 네트워크 관계망
- 신제품: 가격, 예상 매출액, 목표 고객별 요구사항
- 시장: 시장 진입 시 목표 고객과 제품 변화, 특성
- 고객 가치: 제품에 대한 태도, 고객 감성

3) 분석 예측의 응용 모델(3W1H 모델)

 분석 예측 모델은, 고객, 시장, 제품의 마케팅 활동을 위한 마케팅 의사 결정 지원 모델이다. 분석 예측 모델은, 예측하고자 하는 목적과 예측 프로세스에 드는 자원, 예측하는 프로세스와 기준, 예측의 궁극적 이유인 마케팅 활동을 어떻게 할 것인가를 예측한다. 분석 예측 모델은, 무엇을 예측할 것인가: What?, 예측하는데 어떤 자원을 어느 정도 사용할 것인가: Which?, 어떤 프로세스로 예측할 것인가: How?, 그리고 가장 중요한 예측을 왜 할 것인가: Why?, 구조적 도식으로 표시할 수 있다.

 그림 7.21 3W1H 모델은, 분석 예측 모델이 기본적으로 어떻게 마케팅 활동을 지원할 수 있는가를 보여 준다. 무엇을 예측하여 마케팅 활동에 어떻게 활용할 것인가를 구조적으로 보여 준다.

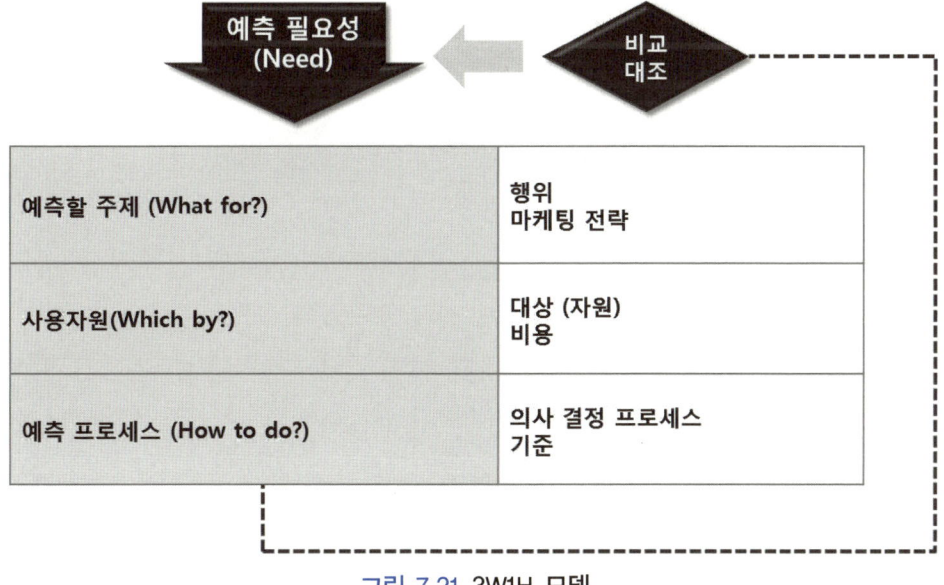

그림 7.21 3W1H 모델

1. 무엇을 예측하는가 (What for?)
   - 행위
   - 마케팅 전략
2. 무엇을 사용할 것인가(Which by?)
   - 자원
   - 비용
3. 어떻게 예측할 것인가 (How to do?)
   - 의사 결정 프로세스
   - 기준
4. 왜 예측이 필요한가 (Why?)
   - 제품 변화
   - 고객 변화
   - 시장 변화

4) 분석 예측 모델 활용

분석 예측 모델은 마케팅 활동 전 영역에서 매우 유용하게 활용된다. 고객 태도와 고객 감성 변화, 광고 미디어 채널 효과, 구매 행위, 구매 행위의 변화, 목표 시장, 고객가치, 시장 세분화 등 고객, 시장, 제품의 마케팅 영역을 포함한다.

다음은 분석 예측을 활용하는 사례이다. 마케터는 전반적인 마케팅 활동에 대해 분석 예측을 할 수 있다.

- 고객 태도와 고객 감성 변화
- 미디어 채널 광고와 최적 광고비 할당, 광고 우선순위
- A, B 제품구매의 상관성, 구매순위
- 인구 지리적 특성
- 구매와 서비스
- 고객 가치
- 시장 세분화, 세분 시장별 예상 매출액
- 디지털 콘텐츠
- 사회 네트워크 관계망

5) 분석 예측 프로세스별 데이터 가치화

분석 예측 프로세스에서 마케팅 활동에 사용되는 데이터를 어떻게 가치화할 것인가. 마케팅 활동에 어떻게 데이터를 가치화할 것인가. 같은 데이터라도 분석 예측 단계별로 데이터를 어떻게 이용하느냐에 따라 가치화 수준은 다르다. 마케팅 활동의 가치도 데이터의 활용 가치화 수준에 따라 다르다. 마케팅 활동 가치화에 따른 데이터 가치화 단계를 보여준다. 데이터 가치화는 4단계로 구분할 수 있다.

① 데이터화 단계: 빅데이터를 수집하여 관리하는 데이터 마트 또는 데이터 웨어 하우스(Data Ware House) 시스템에서 필요한 데이터를 추출하여 변환과정을 거쳐 기초적인 데이터로 사용하는 데이터화 단계
② 정보화 단계: 데이터를 가공하여 경영정보 관리시스템에 활용할 수 있는 데이터 가치 정보화 단계
③ 경영화 단계: 데이터를 비교·대조의 과정을 거쳐 경영 의사 결정에 적극적으로 활용할 수 있는 데이터 가치 경영화 단계
④ 전략화 단계: 혁신적인 제품개발 등 전략적 마케팅 활동에 활용할 수 있는 데이터 가치 전략화 단계

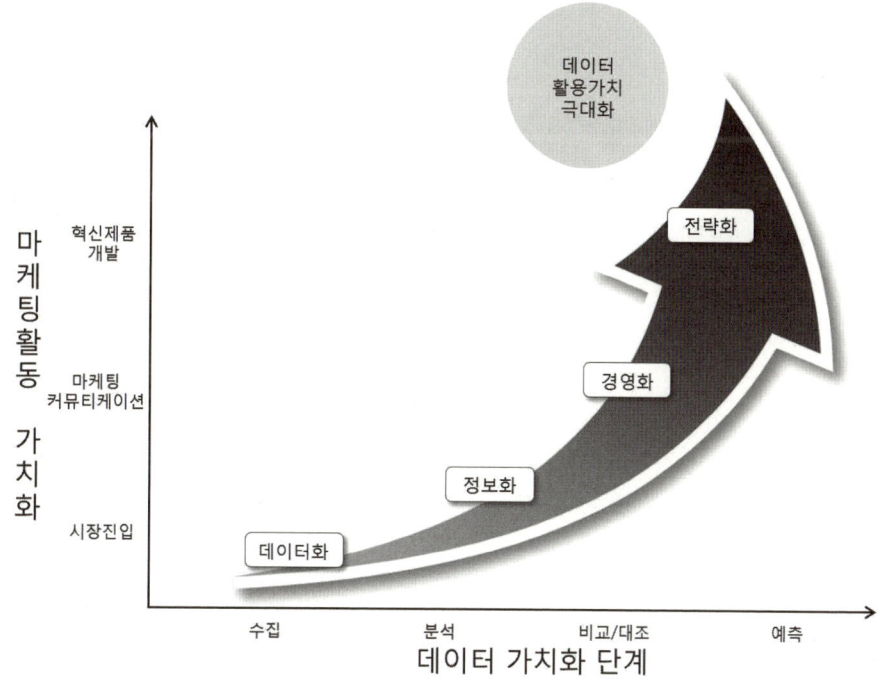

그림 7.22 데이터 활용 가치화

그림 7.23 마케터 활동별 데이터 가치는, 마케터의 마케팅 활동 영역인 제품 서비스, 디지털화, 데이터 과학, 빅데이터 영역에서, 데이터 수집, 분석, 비교·대조, 예측 시뮬레이션 단계별로 어떤 구체적인 마케팅 활동을 할 것인가를 보여 주는 사례이다. 마켓 4.1 데이터 중심의 마케팅에서 앞으로 이야기하고 연구할 영역이다.

활동영역	단계	수집	분석	비교·대조	예측 시뮬레이션
제품 서비스	개발	사용자 요구 사항	생산량 판매량	지역별 판매량 경쟁제품 판매량	혁신 신제품 개발
디지털화	광고	자료	알고리즘 개발	비용, 효과	다른 매체 미디어 광고 전략
데이터 과학					
빅데이터					

그림 7.23 **마케터 활동별 데이터 가치**

MEMO

PART 03

미래 기회와 대응 전략

CHAPTER 08 미래 예측

CHAPTER 09 미래 유망 사업

CHAPTER 10 요약과 대응 전략

CHAPTER 08 미래 예측

제8장에서는 4차 산업혁명의 진행과 관련된 미래를 예측한다. 여기에서 제시하는 변화의 트렌드와 메커니즘에 대한 이해는 기업과 비영리 조직의 혁신을 추진하고, 취업과 창업을 준비하고, 미래에 대한 대응 전략을 수립하는 데 필수적인 내용이 될 것이다.

1 4차 산업혁명의 진로

빛의 속도로, 쓰나미처럼

4차 산업혁명의 가장 두드러진 특징은 그것의 진행 속도라고 할 수 있는데, 앞에서 논의한 바와 같이 4차 산업혁명은 빛의 속도로 진행하고 있다. 이와 같이 4차 산업혁명은 급속히 진행될 것이라는 예상은 틀릴 가능성이 적다고 본다. 그 이유를 생각해 보고자 한다.

4차 산업혁명의 핵심 요소는 신기술(인공지능 등)과 신제품(로봇 등)이다. 그렇다면 이들 신기술과 신제품의 원재료는 무엇인가? 한 가지 원재료는 과학과 기술에 관한 정보(줄여서, 과학 기술 정보)이며, 다른 한 가지 원재료는 과학 기술 정보를 이용하여 새로운 기술과 제품을 만들어 내는 인간의 '창의력'이다. 먼저, 첫 번째 원재료인 과학 기술 정보가 어떤 특성을 가지고 있는지를 생각해보겠다. 그것의 가장 큰 특징은 그것의 유통 확산 속도가 매우 빠르다는 점이다. 그 속도가 얼마나 빠르냐 하면 빛의 속도와 같은 전파의 속도이다. 왜냐하면 현대 사회는 정보 통신이 고도로 발달하여 과학 기술 정보가 정보 통신망을 통해서 빛과 그 속도가 같다는 전파로 유통 확산되기 때문이다.

두 번째 원재료인 창의력에 대해서 생각해 보겠다. 선진국은 창의력의 가치를 인정하여 창의력이 있는 인재라면 매우 후한 보상을 약속하며 인재를 스카우트하고 이들이 마음 놓고 일할 수 있는 여건을 마련해주고 일할 수 있도록 지원하고 있다. 이와 같은 창의적인 인력에 대한 파격적인 지원은 연구 생산성을 올릴 수밖에 없다. 이와 같은 4차 산업혁명 시대의 창의적 인재에 대한 연구 지원 시스템을 2차 산업혁명의 주역이었던 토머스 에디슨의 나홀로 연구실과 비교해 보겠다. 에디슨은 한 가지 제품이나 기술을 개발하기 위하여 나홀로 실험을 수십 번 또는 수백 번씩 수행해야 했다. 또, 3차 산업혁명의 주역 중의 하나였던 스티브 잡스는 제대로 된 4년제 대학도 졸업하지 못하였다. 3차 산업혁명의 또 하나의 영웅인 빌 게이츠는 자신의 PC소프트웨어 사업을 개발하기 위해서 하버드대학을 중퇴하였다.

이와 같이 제2차 산업혁명 시대의 에디슨이나 3차 산업혁명 시대의 스티브 잡스와 빌 게이츠의 연구 개발 시스템과 4차 산업혁명의 주역 중의 하나인 구글의 연구 지원 시스템을 비교하면 가히 하늘과 땅 차이라고 할 수 있을 정도로 구글의 시스템이 우월하다. 따라서 4차 산업혁명의 기술과 제품 개발 속도는 2차와 3차의 산업혁명에서의 개발 속도와 비교가 안될 정도로 빠를 수밖에 없다. 결론적으로 4차 산업혁명은, 첫 번째로 과학 기술 정보의 유통 확산 속도가 빠르고, 두 번째로 창의적 연구 지원 시스템이 고도화되었기 때문에, 가히 빛의 속도로 진행한다고 할 수 있는 것이다. 따라서 이와 같은 4차 산업혁명의 파장은 어느 날 쓰나미처럼 우리 앞에 나타날 것이다.

제1단계: 4차 산업혁명 도입기

4차 산업혁명의 초기에는 부분적인 지능화가 진행될 것이다. 초기에는 전면적인 인공지능화보다는 전체 업무 중에서 일부에 대해서 인공지능화를 실행할 것이다. 그 다음 단계는 인공지능화가 확대 적용될 것이다. 인공지능화의 초기 단계에서는 머신 러닝 형태의 인공지능이 많이 응용될 것이다.

또, 각종 센서를 이용하는 사물인터넷도 활용되어 인력을 대체하는 흐름도 하나의 트렌드를 이룰 것이다. 하지만 4차 산업혁명의 초기 단계에는 일자리 감소는 심각하지 않게 보일 수도 있다. 하지만 앞으로 5년 이내에 한국의 기업들도 인공지능, 로봇, 자율주행차 등 첨단 기술을 적용하는 제품과 서비스를 본격적으로 생산하게 될 것이다. 한국의 중소기업들도 이 시기에 여러 가지의 국부적 인공 지능화 과제들을 성공시킬 것이다. 이와 같이 되는 데 소요되는 시간은 대략 5년 정도가 될 것이다. 그 이후에는 4차 산업혁명 기술이 널리 적용되고 관련 제품과 서비스도 널리 사용될 것이다. 인공지능 분야의 선도 기업은 인공지능 개발용 소프트웨어 도구와 하드웨어를 개발하게 될 것이다. 그렇게 되면 특정 문제 해결을 위한 인공지능 개발이 용이해질 것이다. 이렇게 되면 일자리 문제는 각국에서 더욱 심각한 문제가 될 것이다.

4차 산업혁명 도입기에서는 일부 기업들이 혁신을 통해서 크게 성장하는 사례들이 나타날 것이다. 이미 독일의 제조업, 일본의 로봇 산업, 미국의 자율주행차와 인공지능 산업, 중국의 드론 산업 같은 것들이 그러한 사례가 될 것이다.

🔷 제2단계: 4차 산업혁명 확산 시기

4차 산업혁명 확산 시기에는 범용 인공지능이 개발되어 인공지능이 여러 분야에서 손쉽게 활용되는 환경이 조성될 것이다. 인공지능 제품에서의 선두 주자들은 자신들의 제품을 통해서 세계 시장의 제패를 노릴 것이다. 이 시기에는 로봇도 널리 사용되게 될 것이다. 이렇게 되면 여러 가지의 생산 활동과 교육, 엔터테인먼트 등을 포함하는 서비스의 모든 분야가 크게 변할 것이다. 이에 따라서 새로운 기업들이 대두하게 될 것이다. 마치 정보화 시대에 미국의 애플사와 마이크로소프트사가 PC를 생산하여 막대한 부를 축적한 것과 같은 현상이 일어날 것이다. 미국의 아마존의 유통 분야 사업도 급속도로 성장하게 될 것이다. 경쟁 국가와 기업들도 지역 시장을 방어하고 확보하기 위해서 치열한 경쟁을 할 것이다. 이러한 현상이 관측되는 것은 대략 2025년경이 될 것이다. 일본의 로봇 산업도 비약적으로 발전하여 생산과 서비스의 많은 분야에서 활용될 것이다.

🔷 직업과 일자리

제조와 서비스 시스템의 인공지능화를 추진하기 위해서는 인공지능 전문가가 많이 필요할 것이다. 또, 사물인터넷 전문가도 많이 필요할 것이다. 또, 빅데이터 전문가를 필요로 하는 기업은 구인난을 경험하게 될 것이다. 인공지능화의 초기 단계로 여러 가지의 앱들이 필요하게 될 것이므로 앱 개발 전문가를 필요로 하는 일자리도 많아질 것이다. 그러나 앱 개발 분야의 임금 수준은 낮고 직업의 안정성도 낮을 가능성이 크다. 왜냐하면, 앱이 일반 소모품이 아니어서 대량 생산의 필요가 없고, 앱 개발 회사들이 소규모 사업체들이기 때문이다.

🔷 정치 사회적 대응 시스템

4차 산업혁명 시대에 한국은 기술적인 측면에서 세계에서 아직은 선도 국가라고는 할 수 없다. 그러므로 미래에 선도 국가가 되기 위해서는 세계의 변화에 한국은 발 빠르게 대처해야 할 것이다. 이렇게 하기 위해서 한국은 사회 정치적 의사 결정 시스템을 개선할 필요가 있다고 하겠다.

2 스마트폰의 활용 범위가 확대된다

인터넷 지식 사전 위키피디아(Wikipedia)는 스마트폰을 모바일 PC(mobile personal computer)라고 정의하고 있다. 스마트폰은 전화기에 지능(intelligence)과 자료 처리와 디스플레이 스크린을 도입한 것으로서 1974년에 특허가 출원되었고 1993년부터 상업적으로 보급되기 시작하였다. 하지만 스마트폰이 현재의 모양을 갖추게 된 것은 미국의 애플사가 2007년에 넓은 화면과 손가락으로 입력을 할 수 있는 터치스크린을 채택한 아이폰(iPhone)을 출시하면서부터이다. 현재의 스마트폰들은 대부분 안드로이드(Android)운영 체계를 사용하고 있다.

이와 같이 아이폰이 주도하는 스마트폰은 제2장에서 지적한 바와 같이 우리의 일상생활을 여러 가지로 변화시키고 있다. 그런데 스마트폰은 화면이 작고 입력 장치가 제한되어 있었는데 이 문제를 해결하는 디바이스가 출시되었다. 한국의 삼성전자가 스마트폰을 데스크탑 PC나 TV의 모니터에 연결하는 장치를 출시한 것이다. 그래서 이 장치에 이미 출시된 스마트폰 용 키보드를 연결하면 스마트폰을 현재의 PC처럼 사용하기가 더욱 편리해질 것이다. 앞으로 스마트폰의 기억 장치의 용량을 확대하고 운영 체계를 더욱 발전시키면 스마트폰은 현재의 PC를 능가하는 기능을 하게 될 것이다.

사실 이미 출시된 스마트폰들이 음성 인식 기능을 가지고 있어서 책상용 PC나 노트북 PC보다 더 진화된 기능을 가진 측면도 있다. 스마트폰에 지금보다 더 진화된 인공지능 기능이 탑재되면 스마트폰은 지금보다 훨씬 더 지능적인 기능을 할 수 있을 것이다. 또, 스마트폰에 생체 인식 기술이 활용되면 더욱 진화된 기능을 하게 될 것이다. 앞에서도 언급한 바와 같이 스마트폰은 이미 사무기기가 되었으며, 학습 도구이고, 비서 역할도 하고 있다. 이미 이와 같은 기능을 가지고 있는데 여기에 고기능의 인공지능이 탑재되면 스마트폰이 앞으로 무슨 일을 하게 될지는 상상하기 어려울 정도가 될 것이다. 스마트폰의 발전 추이와 활용 방안에 관심을 가질 필요가 있다.

스마트폰과 무선 키보드로 기차에서 작업하는 은행원

3 min •

저자는 이 책을 집필하던 2017년 8월에 일본의 지방도시에서 논문 발표를 마치고 도쿄로 가던 지선 기차에서 스마트폰과 키보드와 아이패드를 좌석 앞 테이블 위에 올려놓고 무언가 열심히 하고 있는 젊은이를 보았다. 저자는 호기심에 물어보았더니 아이패드에 있는 자료를 바탕으로 스마트폰에 있는 MS 워드를 이용하여 서류를 작성하고 있다고 하였다. 무선 키보드였는데, 키보드와 스마트폰은 블루투스로, 스마트폰과 아이패드는 와이파이로 연결되어 있다고 하였다. 그 사람은 나이가 30대 후반 쯤 되어 보였는데 은행원이라고 하였다. 기차의 주행 시간은 3시간 쯤 되었는데 목적지에 도착하자 작업을 멈추었다. 이것을 보니 이제 스마트폰과 키보드만 있으면 여행을 할 때 개인용PC를 굳이 가지고 다닐 필요가 없는 세상이 되었다는 것을 실감하였다. 미래에는 얼마나 더 발전할지 궁금해졌다.

그림 8.1 기차에서 스마트폰과 무선 키보드와 아이패드를 가지고 작업하는 모습
(2017. 8. 25. 일본에서 저자 박춘엽 촬영)

 Like    Comment    Share

3 SNS의 영향력이 증대한다

앞(제2장과 제4장)에서 언급한 바와 같이 SNS는 이제 개인과 개인 간의 소통을 위한 수단의 차원을 넘어서 비즈니스의 핵심 요소로 진화하였다. 그런데 SNS의 영향력은 이 정도에서 끝나지 않을 것이다. 그래서 기업에서 일하는 사람은 임원, 중간 관리자, 그리고 일반 사원에 이르기까지 SNS를 이해하고 활용하는 능력을 갖춰야 한다고 저자는 주장하였다.

앞으로 SNS가 일상생활과 비즈니스에서 어떤 영향을 미칠지 정확하게 예측하기는 어렵다. 하지만, 그것의 영향력이 증대할 것이라는 점은 짐작할 수 있다. 예를 들면, SNS 중의 하나인 트위터는 2006년 3월 21일에 처음으로 메시지를 보냈다고 하니 그 나이가 이제 12살이 되었는데 트위터는 미국 정치에서도 막강한 영향력을 과시하고 있다. 특히, 트럼프 대통령은 기자 회견 등을 통한 전통적인 방법을 이용하지 않고 자기의 생각 또는 주장을 트위터에 바로 올려서 전통적인 언론 매체를 우회하는 경우가 많다. 그래서 트럼프 대통령은 자신에 관한 뉴스를 스스로 주도하고 있다. 트위터는 하나의 새로운 정치적 소통 수단으로 자리매김을 하고 있다. 트럼프 대통령을 따라서 부통령도 트위터에서 활발하다.

또, 다른 예를 들면, SNS를 이용하면 추가 부담 없이 전 세계에 친구를 만들고 소통할 수 있다. 일부 SNS에서는 언어 장벽도 없다. 예를 들면, 페이스북에서는 번역 기능이 탑재되어 있어서 언어 장벽을 거의 느끼지 않는다. 이제 SNS에 영상 인식 기술이 접목되면 사진을 넣으면 옛날 친구를 찾게 될 것이다. 현재도 링크트인을 이용하면 외국에 직장을 구하는 데 도움을 받을 수 있다. 이미 진행되고 있는 바와 같이 SNS를 통해서 상행위를 촉진하는 일이 더욱 많아질 것이다. SNS는 중소기업에게는 특히 더 중요하다. 이미 언급한 바와 같이 SNS는 단점도 있지만, 이점도 많으므로 그 영향력은 더욱 확대될 것이다. 그러므로 SNS를 활용하는 능력은 그 중요성이 커질 것이다.

4 인재의 선발과 평가 기준이 달라진다

기업에게 가장 소중한 자산은 인적 자원이다. 그래서 지금까지 한국의 기업들은 나름대로 최선의 인재를 선발하느라고 심혈을 기울였다. 그래서 많은 성공을 거두었다. 한국의 기업들은 일부를 제외하고는 독창적인 아이디어가 다소 부족하더라도 열심히 일하는 인재들을 중심으로 성공을 거두었다. 그런데 4차 산업혁명의 시기에는 글로벌화는 더욱 진행될 것이며 기업 간의 경쟁은 더욱 치열해질 것이다. 이제 한국이 과거 수준의 인재만 가지고 세계 10위권 규모의 경제를 유지하고 일인당 국민소득 4만 달러 시대로 갈 수 있겠는가? 앞으로 어떤 사람들을 채용할 것인가? 그 기준을 생각해 보겠다. 이 부분을 취업 희망자는 특히 유의하여 읽어두면 유익할 것이다.

- **자율성**: 앞으로 기업에서는 상명하복보다는 스스로 일을 찾아서 문제를 해결하는 자율적인 사람을 원하게 될 것이다. 이런 사람은 밤늦게까지 회사 회식에 참석하지 않아도 된다. 이와 같은 자율적인 사원들은 상급자라고 해서 무조건 윽박지르면 회사를 떠난다.
- **문제 해결 능력**: 문제 해결 능력이라 함은 업무 중에 문제를 발견하고 그에 대한 해법을 찾아내는 능력을 말한다. 아무리 인공지능이 발달해도 인공지능이 문제를 발견하거나 복잡한 문제를 스스로 해결하지는 못할 것이다. 그래서 문제를 발견할 수 있고 어려운 문제를 잘 해결하는 인재가 중요해진다.
- **비판적 사고**: 상명하복하고 비판적 사고력이 없는 사람은 이제 가치가 크지 않을 것이다. 과거에는 비판적 사고가 무용한 적이 있었다. 하지만 지금은 문제의 본질을 찾아내는 시발점인 비판적 사고야말로 매우 중요한 재능이다.
- **협력하는 사람**: 지금은 시스템의 시대이다. 기업 내에서 혼자 할 수 있는 일은 많지 않다. 일이 되게 하려면 협력이 필요하다. 남을 잘 도와주는 여유가 있고 남의 도움도 잘 끌어내는 사람이 필요하다.
- **외국어**: 취업 희망자가 하나 이상의 외국어를 하지 못하면 일차적 선발 대상에서 제외될 확률이 높다. 이제 입사하면 바로 해당 분야의 업무를 외국어로 수행할 수 있는 능력을 갖춘 사람이 선호될 것이다. 이제 말을 알아듣고 독해하는 수준의 외국어 능력으로는 부족하다. 이제는 자유롭게 말하고 쓸 수 있는 외국어 능력이 필요하다.
- **예측력**: 우수한 최고 경영자의 핵심 역량은 미래 예측력이다. 그런데 사원 중에서 해당 업무에서 예측력이 있다면 기업으로서는 보물과 같을 것이다. 문제를 예측하는 사람은 해법도 같이 생각하게 되니 문제는 쉽게 해결된다.
- **SNS 활동성**: SNS 친구들을 얼마나 많이 가지고 있는가? 블로그 방문자는 어느 정도인가? 블로그에 외국인 친구들은 얼마나 되는가? 등이 선발 면접에서의 질문이 될 것이다.
- **글로벌 스카우트**: 기업이 외국인도 유능하면 선발하게 될 것이다. 기업이 글로벌화되면 외국인 사원이 있어도 업무 수행에 지장이 없을 것이다. 한국의 개인들에게도 해외 취업의 기회가 많아 질 것이다.

5 유연 근무제가 확대된다

유연 근무제란 일정한 장소에서 정해진 시간(예를 들면, 오전 9시부터 오후 6시까지)에 일하는 것에서 벗어나 근무 시간과 근무 장소를 근로자가 선택하는 근무 제도를 말한다. 고용된 사람이라면 고용주의 방침에 따라 근무 시간과 장소를 준수하는 것이 관행이다. 하지만 여러 가지 요인에 의해서 근무 시간과 장소가 유연하게 운영될 필요성이 생기는 것이다. 한국에서 실시되고 있는 유연 근무제에는 다음과 같은 것들이 있다. 이런 유연 근무제는 더욱 확산될 것이다.

- 시차 출퇴근제: 1일 8시간, 주 5일, 즉 주당 40시간 범위 내에서 출퇴근 시간을 조정하는 출퇴근제
- 선택 근무제: 1개월 단위로 하여 월 평균하여 1주 근무 시간이 40시간이 넘지 않는 범위 내에서 근무 시간을 조정하는 제도
- 재량 근무제: 업무 수행을 근로자 재량에 따라야 하는 경우에는 근로자와 고용자가 합의한 시간을 근로 시간으로 인정하는 제도
- 재택 근무제: 근로자가 회사에 출근하지 않고 집에서 일하는 제도
- 원격 근무제: 회사가 통상적으로 일하는 공간에서 일하지 않고 별도의 공간에서 근무하는 제도. 해외에서 원격으로 근무하는 경우도 보편화될 것이다.

정부에서는 이와 같은 유연 근무제에 대해서 지원 제도도 실시하고 있다. 유연 근무제는 근로자에게만 이로운 것이 아니고 고용주의 입장에서도 유리한 점이 많이 있다. 예를 들면, 유연 근무제를 적용하면 업무의 효율이 올라갈 수도 있으며, 유능한 사람을 고용하는 데 유리할 수 있으며, 직원들의 근무 만족도가 상승할 수도 있다. 유연 근무제는 미국이나 유럽 여러 나라에서는 널리 시행되고 있는 제도이다. 한국에서도 여성의 경제 활동 장려, 전문 인력의 효율적 활용 등의 목적으로 이와 같은 유연 근무제도의 도입이 장려되고 있다.

정보 통신이 발달하고 또 일의 성격상 한 곳에 모이지 않아도 수행될 수 있는 업무가 많아져서 유연 근무제가 기업에게나 근로자에게 추가 부담이 없이 실행되는 환경이 되었다. 경영자들은 이와 같은 노동 환경의 변화를 적극적으로 활용해야 할 것이다.

6 교육과 학습 시스템이 변한다

한국이 경제적으로 성장하고 민주화를 이루는 데는 교육의 힘이 컸다고 인정하고 있다. 그런데 그 교육이 지금은 여러 가지 문제점을 자지고 있다고 지적되고 있다. 이들 문제점에 대해서도 각자의 입장과 견해에 따라 다르겠지만 공통적인 문제점으로는 과도한 사교육, 과도한 지식 중심적 교육, 과도한 경쟁, 입시 위주의 교육 등은 어느 정도 공감하는 문제점이라고 생각한다.

그런데 4차 산업혁명이 진행되고 있는 이 시점에서 교육 개혁은 더 미룰 수 없는 과제다. 교육 개혁의 방향과 내용은 속단하기 어렵다 하지만 지금과 같은 교육 시스템으로는 피교육자의 개인적 행복과 한국이라는 집단 전체의 행복도 낙관할 수 없다고 본다. 한국이 실시하

고 있는 지식 중심적 교육과 평가 시스템으로서는 미래 사회에 필요한 능력으로 판단되는 것들, 예를 들면, 복잡한 문제에 대한 해결 능력, 비판적 사고, 창의력, 감성 지능과 같은 능력을 잘 갖춘 인적 자원을 생산해 내는 데 한계가 있을 것이다. 따라서 한국의 교육 시스템은 혁신해야 한다. 교육 혁신을 위해 우리에게 남아 있는 시간은 그리 길지 않을 것이다.

미래 사회에서는 경제 활동을 하기 위해서는 평생 학습을 해야 한다. 다시 말하자면, 미래에 업무 수행 능력을 유지하기 위해서는 지속해서 새로운 지식과 기능을 습득해야 한다. 왜냐하면, 요즘은 기술의 발전과 사회의 변화 속도가 예전보다 매우 빨라서 과거에 배운 지식들이 쉽사리 진부해진다. 예를 들면, 10년 전에 대학에서 마케팅을 전공한 현재의 마케팅 매니저는 디지털 마케팅에 대해서 학교에서 많이 배울 수 없었다. 이런 사람은 직장생활을 하면서 새로운 마케팅 환경에 적응할 수 있도록 새로운 마케팅 기법에 대해서 꾸준히 학습해야 할 것이다. 그래서 미래 사회에는 개인이 주도하는 자기 스스로 학습과 교육 기관을 이용하는 기관 학습이 지속해서 필요하게 된다. 이와 같은 수요에 부응하여 좀 더 효율적이고 효과적인 학습 서비스 시스템이 등장할 것이다.

미래 사회에서 생존하기 위해서는 기본적으로 수학과 과학 지식이 필수적이다. 미래에는 문학 작가가 인공지능으로 생산된 문학 작품을 이해하기 위해서는 인공지능의 기반이 되는 수학과 과학 분야의 기초 지식이 필수적일 것이다.

토머스 프레이라는 세계적인 미래학자는 앞으로 인공지능과 원격교육이 발달하게 되는 2030년이 되면 현재의 대학의 절반이 사라질 것이라는 예측을 내놓기도 했다. 이 말은 앞으로는 굳이 건물과 교실이 있고 교수를 직접 만날 수 있는 대학의 물리적인 캠퍼스에 가지 않아도 대학 교육을 받을 수 있게 된다는 것이다. 이때 외국어를 잘하게 되면 굳이 외국에 가지 않고도 국내에서 외국 대학의 강의를 듣고 시험을 치러서 외국 대학의 학위를 받을 수 있게 된다는 것이다. 그렇게 되면 외국어를 잘하는 사람은 돈과 시간을 절약할 수 있게 된다. 이것은 이미 부분적으로 현재 진행형이다.

7 기업의 사회적 책임이 중요해진다

제2장에서 논의한 바와 같이 소비자들은 기업의 사회적 책임에 대해서 점점 더 많은 관심을 갖게 될 것이다. 사회적 분위기가 바뀌고 있으며 국민들의 소득과 학력이 상승함에 따라 공익에 관한 관심이 증대하고 있다. 기업의 사회적 책임은 여러 가지 형태로 나타날 수 있다. 한국적 현실에서 기업의 사회적 책임 중의 하나는 고용에 있어서 기업의 사회적 책임을 다하는 것이라고 본다. 이에 따라 개인 소비자들의 기업의 사회적 책임에 대한 관심과 행동이 좀 더 적극적으로 바뀔 것이다.

기업의 사회적 책임은 이제 대기업만의 문제가 아니고 중소기업에게도 적용되는 개념이 되고 있다. 예를 들면, 프랜차이즈 본사도 기업의 사회적 책임을 무시한다면 소비자들로 외면 받을 수 있다. 기업의 사회적 책임이 큰 분야 중의 하나가 언론 분야이다. 이 분야에 속한 기업들도 사회적 책임을 다하지 않으면 독자와 시청자들로부터 외면 받을 수 있다.

기업은 소비자를 새로운 관점에서 인식해야 한다. 이제 소비자는 정보가 부족하고 힘도 없는 연약한 개인이 아니다. 현재와 미래의 소비자는 과거의 소비자에 비하여 정보력도 강하고 필요에 따라 결집할 수도 있으며 사이버 공간을 통해서 결집된 힘을 과시할 수도 있다. 따라서 기업은 소비자의 의견을 청취하고 그들의 욕구를 반영하는 데 신경을 써야 할 것이다.

8 농업과 농촌이 부활한다

현재 농민은 고령화되었다. 현재 농업 인구의 대부분은 고령화로 인하여 10년 이내에 생물학적으로 은퇴할 수밖에 없다. 농업은 수익성이 낮은 사업이 되었다. 지금은 농촌을 선호하는 사람보다 피하는 사람의 수가 더 많다. 도시화는 19세기 이후 계속되는 세계적인 추세이다. 따라서 농촌은 계속 위축되어 왔다.

현재의 귀농 인구로는 농업을 경제성 있는 산업으로 만들 수 없다. 따라서 농업 체계의 근본적인 변화가 예상된다. 현재로서는 한국의 대기업들도 섣불리 농업에 발을 들여놓을 것 같지 않다. 만약 농업이 한국에서는 경제성이 있는 사업 거리라고 판단되었으면 한국의 대기업들이 새만금 개발 사업에 적극적이었을 것이다. 하지만 현실은 그렇지 않다. 한국의 농업은 현재로서는 너무나 노동 집약적이며 한국산 농산물의 국제 가격 경쟁력은 높지 않다.

그렇다고 농업과 농촌을 포기할 수는 없다. 국가는 생명 산업이며 식량 산업인 농업을 포기할 수 없다. 그런데 이제 고령화된 인구가 일할 수 없게 되면 현재의 방식으로는 농업을 영위할 수가 없다. 따라서 앞으로 농촌과 농업을 살리기 위한 혁신이 진행될 것이다. 앞으로 예상되는 농업의 변화 방향은 다음과 같다.

- **지능화**: 한국 농업의 노동집약적 특성에서 벗어나기 위해서 취해야 방향 중의 하나는 농업의 지능화이다. 농업에 드론과 인공지능 로봇 그리고 사물인터넷과 같은 기술들을 활용하여 농업을 지능화하고 노동력 투입을 줄이는 형태로 발전할 것이다.
- **기계화**: 국제 농산물에 대한 한국 시장의 장벽은 매우 낮다. 따라서 현재와 같은 노동집약적 형태로는 저가의 외국 농산물과 경쟁하기 어렵다. 따라서 한국의 농업은 원가를 낮추기 위해서 노동집약적 형태로부터 탈피하여 기계화가 진행될 것이다.
- **기업화**: 한국의 농가는 일부를 제외하고는 기업화되어 있다고 할 수 없다. 한국의 농업도

경쟁력을 높이기 위해서는 현대적 경영 기법이 적용되는 기업화가 진행될 것이다.
- **유통 시스템의 혁신:** 농산물은 신선도 문제와 전통 농산물에 대한 소비자의 집착이 있어서 한국 내에서 생산된 농산물에 대한 선호도가 높다. 하지만 유통 과정에서 생산자의 이익이 잘 반영되고 있지 못하다. 첨단 기술을 농산물의 생산과 유통에 활용하여 농민들의 이익이 향상되고 농업을 살리는 방안이 개발될 것이다.
- **새로운 농촌 모형 개발:** 농촌과 농업에 상기와 같은 혁신이 일어나기 위해서는 새로운 농촌과 농업 모형이 개발될 것이다. 단순히 농업의 생산성 향상만으로는 농촌과 농업을 살릴 수 없다. 자유무역협정 등 시장 개방에 대한 농촌의 보호를 위해서 농촌에 많은 금액을 투입했다고 한다. 그러나 실질적으로 농촌과 농민이 나아진 것이 있느냐는 질문에 대한 대답은 회의적이다. 좀 더 근본적인 농촌 혁신 모형이 개발될 것이다.

9 미래 인구와 경제 성장

한 국가의 인구는 국력과 국가의 경제를 결정하는 중요한 요소일 뿐만 아니라 인구 구조는 경제의 성장과 국민의 복지에도 영향을 미치는 중요한 요인이다. 인구의 이와 같은 중요성을 인식하고 기업 경영에서도 인구 문제에 대한 기본적인 이해가 필요하다. 앞(제2장)에서 지적한 바와 같이 인구는 그 트렌드가 한 번 정해지면 그것을 바꾸기가 어렵다. 한국의 인구 문제는 한국의 출산율은 세계 최하위 수준이며 저출산 고령화로 압축할 수 있다.

한국은행(2017)은 "인구 고령화가 경제성장에 미치는 영향"이라는 연구 보고서를 발표하였다. 이 연구 보고서의 내용을 중심으로 한국의 인구 문제와 경제 성장과의 관계를 요약하고 경영자에게 주는 함의를 고찰해 보고자 한다(조선일보, 2017. 7. 6.).

이 보고서는 한국의 경제 성장률은 2016-2025까지 연평균 1.9 퍼센트이다가, 2026-2035 동안에는 연평균 0.4 퍼센트로 뚝 떨어진다고 예측하였다. 이와 같은 현상이 발생하게 되는 이유는 한국의 인구 고령화 속도가 매우 가파르고 은퇴 후 근로소득이 감소하고 이것은 소비의 위축을 가져오기 때문이라고 설명하고 있다.

한국은행 보고서는 인구 고령화와 생산가능 인구 감소를 완화해 줄 요소로 여성 경제활동 증가를 꼽았다. 한국은 여성 경제 활동 참가 비율이 선진국에 비하면 낮은 편에 해당한다. 따라서 한국 여성의 경제 활동 참가가 증가할 수 있는 여지는 많다. 그러나 청년 실업률이 매우 높은 한국의 현실에서 여성들이 진출할 일자리가 충분히 발생할지는 속단하기가 어렵다. 경제 성장률을 올릴 수 있는 다른 대안은 일반 직장인의 은퇴 시기를 5년 정도 늦추는 것이다. 하지만 이것도 경제 성장률을 획기적으로 지속해서 올리지는 못하는 것으로 예측되었다.

최근에 정부는 출산율 감소의 심각성을 다시 한 번 인식하고 출산율을 올리는 효과가 있을 것이라고 예상되는 좀 더 적극적인 조치를 발표하고 있다. 그러나 그러한 조치들이 효과를 나타내는 데까지는 얼마나 시간이 필요할지 예측하기 어렵다. 좀 더 근본적인 대책은 청년 청년들의 일자리와 소득이 개선되어 결혼을 하고 자녀를 두고 싶은 여유가 생기도록 하는 것이라고 할 수 있다. 그러나 이러한 근본적인 변화가 일어날 수 있는 정책은 무엇인지 확실하지 않은 상황이다. 출산율 증가를 위한 정책들이 현실화되어서 출산이 늘기까지는 상당한 시간이 필요하고 출산이 늘어서 경제의 성장률이 상승하는 데는 또 다른 시간이 걸린다. 그러므로 낮은 출산율이 지속되는 현 상황이 반전하는 시점이 언제가 될지에 대한 관심이 집중될 수밖에 없다.

10 재앙이 될 것인가? 축복이 될 것인가?

4차 산업혁명이 인류에게 재앙일까 축복일까? 라는 질문이 종종 제기된다. 그런데 이 질문에 대한 정답은 없다고 본다. 왜냐하면, 4차 산업혁명이 축복이 되느냐 아니냐는 4차 산업혁명 자체가 결정하는 문제가 아니고 4차 산업혁명을 주도할 인간이 결정할 문제이기 때문이다. 이 질문에 대한 대답은 인간의 선택의 문제가 된다는 말이다.

많은 사람들이 4차 산업혁명을 일자리를 감소시켜 대량 실업이 발생할 가능성이 크다고 우려의 목소리를 내고 있다. 이와 같은 우려는 기우가 아닐 것이다. 예를 들면, 자율주행차가 상용화되는 단계에 이르면 지금의 우려가 현실로 바뀔 것이다. 즉, 자율주행차로 인한 실업자가 많이 발생할 것이다. 그러나 그것이 재앙이 될지 아닐지는 인간이 어떤 선택을 하느냐에 따라서 달라질 것이다. 만약 기술의 진보로 인하여 발생하는 실업을 예측할 수 있다면 그에 대응하는 조치를 선제적으로 취하여 실업이 재앙이 되지 않게 해야 할 것이다.

원론으로 돌아가서. 4차 산업혁명의 본질은 인간이 기술을 이용하여 좀 더 편안하게, 좀 더 적은 노력으로도 좀 더 많이 생산하여 잘 살려고 하는 노력인 것이다. 그렇다면 새로운 생산과 서비스 시스템의 도입으로 말미암아 발생하는 불가피한 불균형 현상에 대해서도 대비책을 마련하여 4차 산업혁명으로 인한 부작용을 최소화하는 노력을 해야 할 것이다.

결론적으로 요약하면 4차 산업혁명은 재앙이 될 수도 있고 축복이 될 수 있다. 다만, 그것을 재앙으로 받아들일 것인가 또는 축복으로 만들 것인가는 기술을 어떻게 활용하고 어떤 사회 경제 시스템을 설계하고 어떻게 운영하느냐에 달려있다고 할 수 있다.

CHAPTER 09 미래 유망 사업

1 황금 알을 낳는 거위 12

1차 산업혁명에서는 증기기관, 2차 산업혁명에서는 전기, 3차 산업혁명에서는 컴퓨터와 인터넷이 황금 알을 낳은 거위였다면, 4차 산업혁명에서는 무슨 사업이 황금 알을 낳는 거위가 될까?

1) 인공지능

인공지능 산업은 4차 산업혁명 시대의 핵심 산업이 될 것이다. 구글과 마이크로 소프트 등이 집중 투자하고 있다. 2020년에 인공지능 산업은 700억 달러 규모로 성장할 것이며 앞으로 20년 동안 호황을 누리는 산업이 될 것이라는 예측이 있다. 인공지능에 대한 기술적인 설명은 제3장에서 다루었다.

2) 드론

드론 산업은 2020년까지 6000퍼센트(60배)가 성장할 것으로 예측된다고 한다. 2020년에 1,270억 달러 규모로 성장할 것이라고 한다. 드론은 피자나 배달하는 단순한 기계가 아니고 농업에서 병충해 방제, 얼굴 인식 기술 등과 결합하여 범인 발견 등에 활용 등에 쓰일 것이다. 또 병원에서는 심근경색 환자를 구조하는 데도 사용하게 될 것이다. 특히 드론의 가격이 하락하고 있어서 실용화 영역이 확대되고 있다. 드론에 대한 기술적인 설명은 제3장에서 다루었다.

3) 가상현실

가상현실은 오락 산업 등에서 활용될 것으로 예상하고 있다. 페이스북의 창업자 마크 저커버그가 가상현실 기업 오규러스 리프트(Oculus Rift) 사를 20억 달러에 사들였다. 가상현실은 2025까지 800억 달러 산업이 되리라고 예측되고 있다고 한다. 디지 캐피탈은 가상현실 산업이 2020까지 1,500억 달러 산업이 될 것이라고 예측하기도 하였다. 페이스북의 사회적 가상현실 팀은 가상현실을 친구 사귀는 데 사용하는 방법을 찾고 있다. 또, 파일럿 훈련, 잠수부 교육, 수술 교육 등에 활용하는 방안을 모색하고 있다. 가상현실에 대한 기술적인 설명은 제3장에 있다.

4) 웨어러블 디바이스

애플사의 애플 시계와 핏비트(Fitbits)는 웨어러블 산업의 초기일뿐이다. 약간의 침체기가 있었지만 웨어러블은 기하급수적으로 성장하고 있다. 지금 산업 규모는 140억 달러이고, 2020년까지 340억 달러로 성장할 것으로 예상되고 있다. 웨어러블 장치는 건강관리 특히 만성질환자들에게 중요한 장치가 될 것으로 예상된다.

5) 모바일 지불

모바일 지불은 증가 추세에 있다. 앞으로는 소매점에서 계산대가 사라지며 지불하기 위해서 계산대에서 줄을 서는 일도 없어질 것이다. 소비자는 매장에서 원하는 물건을 집어 들고 나오면 계산이 완료되는 소매점이 생길 것으로 예측해 왔다. 미국의 인터넷 쇼핑몰 업체인 아마존이 아마존고(Amazongo)라는 소매점을 시작하겠다고 발표했는데 아마존고가 바로 이런 소매점이 될 것이다. 이 새로운 점포에서 소비자는 점포에 들어갈 때 앱을 열기만 하면 아마존 계정이 열리고 구매한 물건에 대해서 요금이 청구될 것이다. 한국에서 이와 같은 모바일 지불 시스템은 아직 미미하다. 하지만 미국에서는 상당히 큰 비중을 차지하고 있다. 소비자들에게 스마트폰은 현실적으로 은행이나 다름없게 되는 것이다. 모바일 기술과 관련된 핀테크에 대한 기술적인 설명은 제3장에서 다루었다.

6) 디지털 화폐와 가상 화폐

비트코인과 다른 가상 화폐가 미래에 화폐가 움직이는 방법을 크게 변화시킬 것으로 예상되고 있다(디지털 화폐에 대해서는 제3장에서 설명하였다). 가상 화폐는 마치 인터넷이 통신을 혁명적으로 바꾼 것처럼(세계 어느 곳에 있거나 누구와도 통신이 저렴한 비용으로 가능한 것처럼) 가상 화폐도 세계 어느 곳과도 아무 때나 금융 거래를 가능하게 할 것이다. 그렇다고 가상 화폐가 현금을 완전히 대체한다는 말은 아니다. 하지만 가상 화폐의 출현은 지금까지 수 백 년 동안 매우 권위적이며 독점적인 지위를 누려왔던 금융 제도에 대변혁이 예상된다. 이와 같은 새로운 금융 시스템의 출현은 새로운 사업 기회를 만들 것이다.

7) 유전체학

유전체학(genomics)은 수십조 달러 산업이 될 것이라고 예측되고 있다. 만약 DNA를 좋게 만들 수 있다면, 우리는 두뇌를 좀 더 명석하게 할 수도 있을 것이며 당뇨병 유전자도 제거할 수 있을 것이고 곱슬머리도 해결할 수 있게 될 것이다. 물론 윤리적인 문제가 남아 있기는 하지만 한 사람의 유전자 정보를 해독하는 데 드는 비용이 100만 원 수준으로 낮아짐에 따라 이와 같은 상상이 현실적으로 가능해질 전망이다. 물론 유전체학을 이용하여 인간의 유전자에 대한 편집 행위를 하기 위해서는 엄격한 과정을 거쳐서 자격이 부여된 전문가들에 의해서만 시행되게 될 것이다. 유전체학에 대한 설명은 제3장에서 하였다.

8) 사물인터넷

사물인터넷도 미래에 수십조 달러 산업이 될 것으로 예측되어 주목받고 있다. 2017년 현재 인터넷에 연결된 사물인터넷 디바이스는 84억 개 정도로 추정되고 있다. 그런데 2020년이 되면 200억 개가 넘을 것으로 추정되고 있다. 사물인터넷이 설치되면 각종 사고와 장비의 고장을 예방할 수 있어서 사물인터넷의 비용 효과는 이미 입증되었으므로 사물인터넷 산업이 성장하는 데는 장애가 없어 보인다. 사물인터넷에 대한 설명은 제3장에서 하였다.

9) 로봇

오랫동안 상상의 기술로 여겨지던 로봇이 이제 현실이 되었다. 이제 로봇은 제조업에서뿐만 아니라 병원에서 환자를 맞이하고, 대화의 상대가 되는 일도 한다. 한국에서는 공장 이외에서는 로봇이 활용되는 정도가 아직은 매우 낮다. 한국에서도 최저 임금이 오르게 되면 로봇의 경제성이 호전되고 로봇이 서비스업에서도 더 널리 활용될 것이다. 로봇에 대한 설명은 제3장에서 하였다.

10) 스마트 주택

미래의 주택에는 인공지능과 사물인터넷과 웨어러블 기술이 하나의 시스템으로 연결되어 작동하게 될 것이다. 사물인터넷을 이용한 스마트 냉장고와 도난 방지 시스템, 조명, 인공지능과 사물인터넷이 결합된 냉난방 시스템 등이 한 지붕 아래서 상호 연결되어 편리함과 쾌적함을 가져올 것이다. 스마트 주택에 대한 기술은 아직 한국의 아파트 문화에는 본격적으로 적용되고 있지 않지만, 타운하우스 등을 중심으로 시작되어 새로운 미래의 주거 문화를 만들 것이다.

11) 자율주행차, 전기차, 수소 연료 자동차

자율주행차의 기술적 진보는 매우 빠르게 진행되고 있는 것으로 보인다. 하지만 아직도 자율 주행차를 수용할 수 있는 사회 제도적 시스템은 미비한 상태로 보인다. 예를 들면, 운전자와 보행자와 다른 차1 운전자가 모두 위험한 상황에서 누구를 구하고 누구를 희생할 수 있도록 만들어야 하는가 등에 대한 의견이 수렴되지 않은 상태이다. 또, 한국에서는 미국과는 달리 아직도 자동차가 들어가기 어려운 골목길이 있는 실정에서 자율 주행차를 보편적으로 이용하는 데는 한계가 있을 수 있다. 따라서 한국에서 자율주행차는 미국과 같은 자동차 선진국에 비하여 좀 늦게 도입될 가능성이 크다. 하지만 자율 주행차가 큰 산업이 될 것은 분명하다.

한편, 전기차와 수소 연료 자동차는 한국에서도 빠르게 보급될 가능성이 크다. 왜냐하면, 한국의 대기오염이 심각한 수준이므로 이를 극복하기 위한 수단으로 탄소 연료를 대체하는 전기 자동차나 수소 연료 자동차를 선호할 것이기 때문이다. 미래 자동차에 대한 설명은 제3장에서 하였다.

12) 3D 프린터

3D 프린터는 주택을 건설하고, 인공 장기를 만들고, 자동차를 생산하는 등에서 이미 적용되고 있다. 이러한 가능성이 확인된 3D 프린터는 그 가격이 내려가고 속도가 빨라지고 다양한 재료에도 잘 적용되고 있다. 이런 발전 동향을 보면 3D 프린팅 기술이 건설과 제조업뿐만 아니라 보건과 의료 분야에서도 매우 중요한 역할을 할 것으로 예상된다. 3D 프린팅에 대해서는 제3장에서 설명하였다.

2 욜로는 미래 비즈니스의 핵심 개념

욜로(YOLO 또는 Yolo)는 You Only Live Once(오직 한번 사는 당신의 인생)의 머리글자를 모아서 만들어진 표현이다. 이 표현은 캐나다의 음악가 드레이크의 2011년 노래 The Motto의 가사에 나타나는 표현인데 21세기 초반 청소년 문화와 음악의 주된 요소가 되었다. 이 말이 함의하는 것은 '인간은 자신의 인생을 즐겨야 한다, 그것이 위험을 수반하는 한이 있더라도, 인생이라는 것은 두 번 다시 오지 않는 기회인 것처럼 말이다'라는 것이다.

이와 같은 개념이 완전히 새로운 것은 아니다. 서양에도 과거의 노래에서 그 뿌리를 찾을 수 있지만, 한국에도 '노세 노세 젊어 노세 ….'로 시작하는 민요가 함축하고 있는 바와 같이 인생을 즐겁게 살고자 하는 것은 인간의 오래된 욕망이다.

그러나 과거에는 힘든 노동과 한정된 수입 때문에 그 인생을 즐기겠다는 꿈은 소수만이 이룰 수 있었는데 이제 상황이 바뀌었다. 경제가 성장하며 생활에 여유가 생기고 핵가족화가 진행되고 또 싱글 족이 증가하며 인생의 의미를 즐기는 데서 찾으려는 욕망을 보통 사람도 실현할 수 있는 환경이 조성된 것이다. 그래서 인생을 즐기려는 욕구가 미래 비즈니스의 핵심 개념 중의 하나가 될 것이다. 왜냐하면, 비즈니스라는 것은 인간의 욕구를 그림자처럼 쫓아가는 것이기 때문이다.

3 대세는 서비스 산업

미래 사회의 중요한 특징 중의 하나는 여가 시간이 증가한다는 것이다. 이 여가 시간을 메워주는 것이 서비스 산업이다. 20세기 중반부터 미국을 중심으로 영화산업과 스포츠 산업 등 여가 산업이 성장한 것도 기계화와 생산성 향상으로 근로자들이 많은 여가 시간을 가질 수 있게 되었기 때문이었다. 한국에서도 여가 시간이 늘면서 오락 산업이 크게 성장하고 있다.

서비스 산업은 상당히 광범위하다. 서비스 산업 중에서 특히 엔터테인먼트 산업에 포함되는 것들에는 방송, 신문, 출판, 영화, 연극, 애니메이션, 음반, 비디오, 게임, 광고, 캐릭터 산업, 스포츠, 관광, 이벤트, 테마공원, 레저, 카지노 여흥 산업 등을 포함한다. 엔터테인먼트 산업에 직접 포함되지는 않지만, 엔터테인먼트 산업과 관련이 많은 산업으로는 식당, 백화점, 쇼핑몰, 호텔업 등이 있다. 이와 같은 산업은 그 특징 중의 하나는 우리가 통상적으로 여가 시간이라고 하는 시간에 즐거움을 주는 사업이라는 점이다.

4 6070+세대를 위한 비즈니스

지난 십 년간의 신생아 수를 보면 어린이를 위한 사업은 큰 전망이 없어 보인다(일부 업종을 제외하고는). 그러나 앞으로 한국에서 노인의 수는 급격히 증가한다. 그런데 한국의 노인은 OECD 국가 중에서 빈곤 율이 가장 높다고 한다. 그렇다면 어린이와 노인 어느 쪽에도 비즈니스 기회는 없다는 말인가? 대답은 '아니다. 기회는 있다'이다. 그렇다면 어디에 어떤 기회가 있을 것인가?

대답은 6070+이다. 왜 6070+가 비즈니스 기회를 만드는가? 6070+는 60대와 70대 초반의 세대를 지칭하는 표현이다. 이들은 직장에서 퇴직한 후 10년 이내의 사람들이다. 이들은 노년 초기로서 현직에서 퇴직하여 여유 시간이 많아진 연령층이다. 이들 초기 노년층은 소득이 감소하여 소비력이 없을 것으로 생각할 수 있지만, 반드시 그렇지만은 않다. 이들 중에는 노년을 위해서 금전적으로 충분한 여유가 있는 사람도 있고 보통 수준의 재력가도 자녀교육과 결혼이 끝난 후에 여유가 상당히 있는 사람들이 많다. 그래서 60대가 새롭게 떠오르는 소비자들이라는 것이 언론에서 가끔 뉴스거리가 되기도 한다.

6070+세대는 중 금전적으로 여유 있는 그룹은 시간과 돈을 모두 갖추고 있으며 욜로에 대한 욕구가 매우 강해서 더 늦기 전에 인생을 좀 더 적극적으로 즐겨야겠다는 의욕이 넘치는 그룹이다. 이들은 3박 4일 정도의 해외여행으로는 성이 차지 않는다. 그 정도는 이제 많이 해봤다. 이들은 좀 더 색다르고 차별화된 것이라면 망설이지 않고 구매할 의향이 있다.

특히 한국의 베이비 붐 세대가 은퇴를 시작하면 이들은 앞 세대에 비하여 좀 더 준비된 은퇴자들이 될 것이다. 물론 모두 그렇지만은 않지만, 여유 있는 사람의 비율이 증가한다. 또, 앞으로는 건강 상태가 좋아져서 60대와 70+에도 상당한 수입을 유지하는 노인 초년생들이 늘어난다. 이들의 욕구를 만족시키는 포인트가 비즈니스의 출발점이 될 것이다.

5 일하는 여성에 주목

한국은행이 분석한 미래 한국의 경제 성장에 대한 보고서에서 논의한 바에 의하면 신생아를 중심으로 한 경제 성장 전망은 암담하다(제8장 제8절 참조). 이 난국을 타개할 수 있는 중요한 대안은 일하는 여성의 비율을 높이는 것이다. 정부는 어린이 보육을 지원하기 위해서 그리고 여성의 경제 활동을 지원하기 위해서 각종 지원책을 도입할 것이다. 예를 들면, 육아 휴직의 확대, 보육 시설의 증설, 보육 지원의 확대, 유연 근무제의 확대 등 낱낱이 헤아릴 수 없이 많은 시책이 도입될 것이다.

그 결과로 가정에 있던 여성들이 경제 활동을 하는 비율이 늘 것이다. 이들은 맞벌이로써 경제적 여유도 있고 경제권도 있으며 씀씀이도 만만하지 않을 것이다. 그런데 이들에게 아무리 많은 육아와 가사 지원을 해도 이들은 바쁘고 힘들다. 따라서 이들 가정을 가지고 일하는 여성들의 욕구는 계속 증대할 것이다. 따라서 이들의 욕구를 만족시키는 비즈니스가 성장할 것이다.

또, 일하는 여성 중에는 독신 여성도 많아질 것이다. 이들은 가정을 가진 여성들과는 다른 욕구를 가지고 있다. 그리고 이들은 소비력이 높다. 이들이 일도 즐기고 인생도 즐길 수 있는 비즈니스를 개발한다면 성공할 가능성이 높다. 얼마 전에 텔레비전 방송에서 반찬 가게로 성공한 사례가 보도되었다. 반찬 가게가 새로운 업종은 아니지만 이 가게의 성공 요인 중의 하나는 서비스를 고급화해서 비싸더라도 고급화를 원하는 수입이 많지만 바쁜 여성들을 표적으로 한 것이다.

6 일인 가구에 주목하라

한국에서 1인 가구는 전체의 25퍼센트를 넘었다. 1인 가구의 비율은 앞으로 계속 빠르게 증가할 것으로 전망된다. 그러나 한국의 각종 비즈니스는 1인 가구의 욕구의 일부만 만족시키고 있는 실정이라고 할 수 있다. 일인 가구는 종류가 많다. 노인 1인 가구, 미혼 1인 가구, 비혼 1인 가구, 학생 1인 가구 등 다양하다. 이들 각각의 욕구를 만족시키는 점에 착안하면 좋은 사업 기회를 발견할 수 있을 것이다. 1인 가구 사업의 예를 들면, 소포장 판매, 반려동물 산업, 공유 경제 개념을 응용하는 사업 등이다. 요즘 흔히 사용되는 혼밥(혼자 밥 먹기), 혼술(혼자 술 먹기) 등도 1인 가구와 관련된 사업들이다. 요즘 편의점에 1인 가구를 위한 각종 상품의 매출이 크게 늘고 있다고 한다. 이러한 트렌드는 앞으로도 상당 기간 계속 증가할 것이다.

7 플랫폼 비즈니스

플랫폼이라 하면 기차역에서 승객들이 기차에 타고 내리기 좋도록 철로 옆에 지면보다 조금 높게 설치해 놓은 평평한 승하차 장소를 의미한다. 그런데 정보산업에서는 플랫폼이란 애플리케이션 소프트웨어를 작동시킬 수 있도록 하는 기반이 되는 운영체계(operating system)가 설치된 환경을 의미한다. 예를 들면, 스마트폰에는 많은 앱들이 실행되므로 모바일 기기의 운영체계도 플랫폼에 해당된다. 또, 페이스북, 트위터 같은 것들도 여러 사람들이 교류하는 장으로서의 기능을 가진 것으로 일종의 플랫폼이라고 할 수 있다. 따라서 플랫폼이란 (기차의 플랫폼처럼) 두 사람 이상의 사람(보통 소비자와 생산자)들이 정보, 서비스, 상품 등을 교류하는 장소라는 뜻이 된다.

인터넷 쇼핑몰에는 자신들은 물건을 직접 사거나 팔지 않고 생산자와 소비자들이 사고파는 행위를 도와주도록 장(소)을 마련해주는 곳이 있다. 한국의 대형 인터넷 쇼핑몰 중에는 이런 형태의 쇼핑몰이 많다. 그래서 플랫폼은 일종의 비즈니스 모델이다. 그래서 플랫폼은 미래의 비즈니스 모델로 그 중요성이 매우 크다고 하겠다. 한국 내에도 플랫폼 이용한 각종 스타트업들이 설립되고 있다.

8 온라인 교육과 훈련

한국은 온라인 교육과 훈련 시스템이 매우 발달한 나라에 속한다. 하지만 지금은 비용이 많이 드는 편이다. 하지만 앞으로 온라인 교육과 훈련 사업은 더욱 성장할 것이다. 앞으로 특화된 분야의 온라인 교육은 그 시장이 충분히 있을 것이다.

9 신재생 에너지 산업

한국에서도 이제 신재생에너지에 좀 더 적극적인 관심을 두기 시작했다. 극심한 대기 오염으로 인하여 과거의 방식에만 고집할 수 없으며, 신재생 에너지의 개발을 통해서 지속 가능하고 위험이 적은 사회를 만들 수 있기 때문이다. 신재생 에너지에는 태양광 에너지, 풍력 에너지, 해양 에너지, 바이오 에너지, 지열 에너지, 그리고 연료 전지 등이 있다.

신재생 에너지의 주요 특징은 다음과 같다.

- **지속성**: 신재생 에너지는 재생이 가능하므로 고갈될 염려가 없다.
- **환경 친화성**: 이산화탄소와 오염 물질 배출이 적어 친환경적이다. 신재생 에너지는 발전소 건설과 같은 자연 파괴가 적고, 환경 친화적으로 개발할 수 있다.
- **기술의 비표준화**: 아직은 기술의 표준화가 이루어지지 않은 상태이다.
- **대재앙의 가능성이 작다**: 신재생에너지는 원자력 발전소의 사고와 같은 큰 재앙의 위험이 적다.
- **한계점**: 한국은 국토가 비교적 협소하고 지가가 높아서 신재생에너지가 경제성이 높을 것인가에 대해서는 개별적으로 철저한 분석이 필요하다. 환경 파괴의 가능성에도 유의할 필요가 있다고 본다.

10 미래 사업 100가지[31]

여기에서는 4차 산업혁명이 진행되는 과정에서 현재 또는 미래에 유망하다고 판단되는 사업 아이디어 100가지를 소개한다.

1) 정보 통신

(1) 소프트웨어 개발

앞으로 각종 소프트웨어 개발이 필요할 것이다. 사람이 직접 개입하지 않고 제공되는 지능적 기계와 지능적 서비스는 소프트웨어를 통해서 가능하다. 소프트웨어 개발에는 많은 시간과 비용이 든다. 그런데 인도와 같은 컴퓨터 소프트웨어 인력 강국과 협력하면 경쟁력 있는 제품을 생산할 수 있을 것이다. 그래서 인도 기업과 공동으로 소프트웨어를 개발하거나

---

[31] 여기에서 소개하는 내용은 www.profitableventure.com에 소개된 내용과 필자가 연구한 내용을 한국 실정에 맞게 편집한 것이다.

인도로부터 기술자를 고용하는 방안을 생각해 볼 수 있다.

(2) 웹 디자이너

지금은 사업이나 고객 서비스를 강화하려면 웹 사이트부터 만들어야 한다. 이 사업은 특별히 점포를 가질 필요가 없이 컴퓨터 분야의 전문 지식과 인터넷에 연결된 PC만 있으면 가능하다. 요즘은 웹디자인 사업이 글로벌화되어서 국제적인 도메인 네임(www.xxx.com 또는 www.yyy.net 등)을 확보하면 외국의 웹디자이너들이 웹디자인을 해주겠다는 메일을 보내온다.

(3) 앱 개발

이제 앱은 많은 사업과 활동에 있어서 필수품이 되었다. 하지만 스마트폰 앱의 역사는 짧다. 2007년 스마트폰이 출시되면서 그 유용성이 널리 인정되었다. 그런데 이제 그것은 교육, 엔터테인먼트, 여행, 학습, 소매 등 모든 분야에서 필수품이다. 어린이를 위한 앱 개발도 관심을 가질 만한 중요한 영역이다. 앱 개발 사업에 있어서도 이제 자신만의 전문 분야를 확보하는 것도 사업의 효율을 높이는 한 가지 방법이다.

(4) 소프트웨어 시험 검사 서비스

애플리케이션 프로그램이나 웹사이트 등에 대해서 충분한 시험 검사를 하지 않고 인수하면 많은 문제가 발생할 수 있다. 불완전한 소프트웨어를 사용하면 큰 손실이 발생할 수 있기 때문이다. 따라서 소프트웨어를 구매 또는 인수하기 전에 시험 검사는 필수이다. 따라서 이와 같이 시험 검사를 대행하는 서비스는 수요가 꾸준히 증가할 것이다.

(5) 인스타그램 컨설팅

인스타그램이 마케팅 도구로 사용되는 비율이 늘고 있다고 한다. 그래서 인스타그램의 활용 방법에 대한 컨설팅 서비스 수요도 증가할 것이다.

(6) 블로그 컨설턴트

블로그 컨설팅 사업은 온라인으로 서비스를 할 수 있으므로 저비용으로 시작할 수 있는 미래 지향적 사업이다.

(7) 컴퓨터 보안 사업

앞으로 인터넷 해킹은 더욱 심해질 것이다. 따라서 기업과 관공서 가정에서도 컴퓨터 보안의 필요성은 증대하고 관련 서비스의 수요도 증대할 것이다.

(8) 웹사이트 매매업

웹사이트 관리자가 돌 볼 수 없지만 아직도 방문자가 있는 휴면 웹사이트를 구매하여 다시 활성화시키거나 판매하는 사업이다.

(9) 도메인 매매업

특정한 목적을 가지고 웹사이트 도메인을 확보하려고 하면 누군가가 선점하고 있다는 것을 발견할 것이다. 실제로 사용하지 않으면서도 도메인 이름을 선점해버리는 경우도 많다. 그래서 필요한 사람에게 도메인 소개하고 중개하는 사업이 필요한 상황이다.

(10) 휴대폰 수리업

휴대폰이 고장 나면 수리비가 상당히 비싸다. 따라서 앞으로 저렴한 가격으로 휴대폰을 수리해주는 사업이 수지를 맞출 수 있을 것이다.

(11) 독자적인 SNS 시도

이미 세계적인 SNS가 아니더라도 SNS에서 틈새시장을 공략하면 성공할 수도 있다. 페이스북, 트위터도 처음에는 소규모 기업이었다.

(12) e북의 저술과 출판과 판매

이제 종이 책을 굳이 고집하지 말고 e북으로 책을 만들고 판매하는 사업이 성장하게 된다.

(13) 온라인 학교를 설립

특별한 분야에 대해서 전문적인 교육을 제공하는 온라인 학교를 설립해 볼 만하다. 한국은 인터넷이 발달하여 상당히 많은 온라인 교육 기관이 있지만, 자신만의 특별한 영역을 개발하면 성공할 수 있다.

(14) 온라인 헌책 점을 개설

이제 헌책들은 아직 사용할 수 있는 상태이지만 저장 공간이 없어서 버리는 경우가 많다. 이런 것들을 모아서 온라인으로 판매하는 사업을 계획해 볼 가치가 있다.

(15) 인터넷 장비 제조

인터넷이 유지되기 위해서는 장비가 필요하다. 저가로 신뢰도가 높은 장비를 생산하면 많은 수익을 올릴 수 있다.

(16) 정보 기기 임대 사업

컴퓨터, 프로젝터, 팩스, 프린터 등을 임대해 주는 사업을 하면 수익을 올릴 수 있다. 사용자는 단기간만 사용할 목적이면 구매보다는 임대를 선택할 것이다.

(17) 원스톱 IT 제품 거래소

미국에 가면 자동차 관련 부품과 용품을 파는 전문 쇼핑센터가 있는데 그 규모가 상당히 크다. 이제 IT 분야도 이와 같은 전문 상가가 필요하다. 한국에도 이에 해당하는 전문 상가가 있지만 새로운 비즈니스 모델로 접근하면 성공할 수 있을 것이다.

(18) 온라인 도서관

이제 e북이 보편화됨에 따라 개인들이 책을 사서 보유할 필요가 없어지고 있다. 앞으로 온라인 도서관이 설립되게 될 것이다.

(19) 인터넷 사업자

인터넷 사업자가 되는 방법을 조사해 본다. 지금까지는 독점적이었으나 앞으로 독점성이 무너지게 될 수 있다.

(20) 컴퓨터 부품과 액세서리 제조

인건비가 싼 나라로 가서 컴퓨터 부품과 액세서리를 제조하는 사업을 구상해 보면 기회를 발견할 수 있을 것이다.

2) 바이오 의료 산업

(1) 수의사

요즘은 반려동물을 위한 의료비를 많이 지출하는 사람들이 증가하고 있다. 현재로서는 반려동물에 대한 의료 보험이 없어서 부르는 게 값이라고 한다. 수의사 자격을 따려면 수의학 수학 기간이 6년이라는 점이 고려되어야 한다.

(2) DNA 디자인 기업

유전체학의 발전에서 얻은 결과들을 이용하면 인간의 DNA의 염기서열을 수정하면 유전적인 특징을 변화시킬 수 있는 단계에 이르고 있다. 그래서 소비자에게 가장 적합한 DNA를 설계해주는 사업이 미래의 사업으로 부상할 것이라고 한다.

(3) 신체 조직 만들기

지금은 인간의 손이나 발과 같은 인체의 일부를 만드는 일은 어렵다. 하지만 피부를 증식시키거나 근육을 육성시키는 기술이 개발되면 중소기업 규모에서도 가능하게 될 것이다.

(4) 고기 생육 업

고기 생육 자(meat grower)라는 말을 들어본 적이 있는가? 공장에서 고기를 성장시키는 사람을 말한다. 인조로 생육 된 고기는 아직 맛이 문제다. 하지만 도살을 반대하는 사람도 있어서 앞으로 이 사업은 일반화될 것이다.

(5) 나노 의료 기술

이것은 나노 기술을 이용하여 세포를 보수하는 기술이다. 앞으로는 나노 로봇을 이용하여 질병을 치료하는 것이 보편화할 것이다.

(6) 줄기세포 제약 사업

줄기세포가 이미 질병 치료에 활용되고 있다. 앞으로는 줄기세포를 응용한 약들이 개발될 것이다.

(7) 동물 복제 사업

앞으로 동물 복제가 큰 사업으로 성장할 것이다. 자신이 사랑하는 반려동물을 복제하고자 하는 사람이 늘고 있다.

(8) 비료 생산 회사

고체 및 액체의 비료 수요는 꾸준히 늘고 있다고 한다. 여기에도 첨단 기술을 적용하면 높은 수익성의 사업을 시작할 수 있다.

(9) 제약 사업

제약 산업을 유망한 미래 산업이다. 진입 장벽이 낮은 아이템으로 시작하면 초기 비용을 줄일 수 있다.

(10) 건강 보조 식품 사업

건강 보조 식품 시장은 꾸준히 성장하고 있다. 한국은 전통 한약재가 많아서 건강 보조 식품의 원료가 되는 자원이 많은 나라이므로 기회가 많다.

3) 환경 관련 사업

(1) 공기 통조림 사업

한국에도 공기 통조림 사업이 이미 시작되었다. 외국 제품들도 수입되고 있다. 이 분야의 사업도 빠르게 성장할 것으로 예측되고 있다.

(2) 온실가스 감사관

현재의 온실가스 관리는 매우 복잡하다. 청정 공기 정책을 강화하면 온실가스 감사관의 역할도 활성화될 것이다.

(3) 물 무역

물은 이미 희귀 자원이 되어 가고 있다. 좋은 물에 대한 욕구는 끝이 없을 것이다. 따라서 앞으로 물은 희귀 자원처럼 무역의 대상이 될 것이다. 2025년에는 세계 인구의 3분의 2가 물 부족을 겪을 것이라는 예측이 있다.

(4) 태양열 사무실

앞으로 신재생 에너지 정책이 활성화되면 신재생 에너지 사업에 여러 가지 혜택이 주어질 것이다. 이런 혜택을 이용하여 태양열 에너지를 이용한 사무실 개발 사업을 하면 좋은 성장 기회가 있을 것이다.

(5) 바이오 연료 생산

한국에서도 신재생에너지 정책이 추진되면 농업의 일부가 바이오 연료 생산업으로 전환될 가능성이 있다. 수익성 있는 기술을 확보하면 앞으로의 크게 성장할 수 있다.

(6) 에너지 저장 산업

신재생 에너지가 활성화되면 에너지 저장 장치가 필수적인 사업으로 등장하게 될 것이다. 앞으로의 정책 추이에 유의하면 기회를 잡을 수 있을 것이다.

(7) 풍력 발전

한국은 지역에 따라 풍력 발전에 매우 적합한 곳이 많다. 따라서 지역에 따라 풍력 발전 사업이 적합한 곳에서는 고려해 볼 만한 사업이다.

(8) 태양열 양수 사업

태양열을 이용해 양수할 수 있다면 농업을 경제적으로 운영할 수 있는 경우가 있다. 이런 경우에는 태양열 양수기 설치를 고려하면 수익성을 맞출 수 있을 것이다.

(9) 의료 폐기물의 재활용

바이오 기술을 활용하면 의료 폐기물을 재활용할 수가 있다고 한다. 재활용 사업을 외관이 지저분해 보이지만 수익성이 높은 사업이다. 의료 폐기물 재활용 사업도 수익성이 높은 사업이다.

(10) 그린 컨설팅

모든 사업체들이 환경에 신경을 써야 하는 시대가 되고 있다. 기업 자체로서는 환경 문제 전문가를 보유할 수 없는 경우가 많다. 따라서 외부 환경 전문가의 도움이 필요하다.

4) 자동차 관련 사업

(1) 전기차 충전소

머지않아서 한국에서는 전기차의 보급이 자리를 잡게 될 것이다. 이렇게 되면 전기차 충선소가 많이 필요하게 된다. 출장 서비스와 같은 전기차 충전과 같은 다양한 사업들이 성장하게 될 것이다.

(2) 자동차 쉐어링 사업

스마트폰 사용 비율이 높아지고 앱이 발달하게 됨에 따라 자동차 쉐어링 사업도 용이해졌다. 중소 규모의 자동차 쉐어링도 활성화될 전망이다.

(3) 전기 자동차 생산

화석 연료를 사용하지 않고 전기를 사용하면 자동차 엔진 부분은 매우 단순하다. 따라서 중소 규모의 전기 자동차 생산업체가 등장할 수 있다. 한국은 중국의 전기 자동차와 경쟁해야 하는 어려운 국면을 맞고 있다. 중국으로부터 전기 자동차를 수입하는 것도 고려해 볼 만하다.

(4) 수소 생산

수소차를 운용하려면 수소가 필수적이다. 그러나 아직 수소의 생산과 공급은 아직 미미한 상태이다. 따라서 수소 생산은 중요한 사업이 될 수 있다. 가정에서도 수소를 사용하는 시대가 올 것이다.

5) 경영 컨설팅과 지원

(1) 모바일 마케팅 컨설턴트

모바일 구매는 폭발적으로 늘고 있다. 그래서 스마트폰, 태블릿 PC 등 모바일 기기를 이용한 마케팅이 매우 중요해졌다는 것이다. 따라서 기업은 모바일 마케팅의 전문가로부터 컨설팅을 받아야 한다.

(2) SNS 컨설팅

저자가 이미 앞에서 지적한 바와 같이 SNS의 중요성은 급증하고 있다. 기업뿐만 아니라 공공 기관들로 고객들에게 양질의 서비스를 제공하고 좋은 평가를 받기 위해서는 SNS의 장점을 최대로 살리고 단점을 최소화해야 한다. 이런 욕구 때문에 SNS 컨설팅이 활발해질 것이다.

(3) 아웃소싱 컨설팅

이제는 핵심 부품이나 서비스를 제외하고는 외부로부터 조달하는 것이 대세다. 아웃소싱은 국제화되고 있다. 그러다 보니 아웃소싱 전문가의 도움을 받는 것이 좀 더 효율적이 된다.

(4) 사원 모니터링 서비스

이미 많은 회사원들이 모바일 기기를 가지고 돌아다니며 일하고 있다. 기업으로서는 이들이 어떻게 근무에 충실히 하고 있는지 확인하고 싶어 할 것이다. 이런 필요성을 위해서 애플리케이션 프로그램이 개발될 것이다. 또, 전문 서비스를 이용하기도 할 것이다.

(5) 검색 엔진 최적화 사업

검색 엔진 최적화(search engine optimization, SEO)란 웹 페이지 검색 엔진이 인터넷상에서 자료를 수집하고 순위를 매기는 활동에 대해서 자신의 사이트가 검색 결과에서 상위에 나올 수 있도록 하는 작업을 의미한다. 웹페이지 검색에서 상위에 나타나면 방문자 수가 늘어나기 때문에 마케팅에서 매우 효과가 크다. 그런데 네이버와 같은 포털 사이트와 구글과 같은 검색 사이트에서 내부적으로 서로 다른 기준은 사용하기 때문에 특정 기업이 자신의 웹사이트가 많이 검색되도록 하는 데는 상당히 전문적인 지식이 필요하다. 따라서 이와 같은 SEO 서비스에 대한 필요성은 계속 증가할 것이다.

(6) 회계 관리 서비스

앞으로 기업의 회계 관리는 디지털 자료와 인공지능을 이용하면 지금보다 단순화될 것이다. 하지만 사업자들은 외부로부터 회계 관리 서비스를 필요로 할 것이다.

(7) 경영 지원 사업

경영을 잘하려면 참으로 다양한 지식이 필요하다. 인사관리, 생산관리, 수출입, 회계 관리, 자금 조달, 기술 개발 등 업무의 많은 분야가 전문적인 지식을 필요로 한다. 따라서 기업인들에게 전문 지식을 제공하는 컨설팅 사업에는 많은 기회가 있다.

6) 노인과 은퇴자 관련 사업

(1) 노인의 가정 돌봄이

노인들이 요양소에 가지 않고 가정에서 돌봄 서비스를 받기를 원하는 사람이 증가할 것이다. 이러한 수요에 부응하는 산업이 성장할 것이다. 이들이 필요한 것은 음식, 청소, 건강과 운동, 의복 등 광범위하다.

(2) 은퇴자 돌봄 서비스

앞으로는 부유한 은퇴자들이 많이 증가할 것이다. 이들은 식사, 세탁, 청소 등 다양한 분야에서 돌봄 서비스를 필요로 할 것이다.

(3) 노인 음식

노인들은 저작과 소화 능력이 떨어지므로 이에 적합한 음식이 필요하다. 따라서 노인 전용 음식 사업이 성장할 것이다.

(4) 방문 미용실

부유한 고령층을 위해서 방문하는 미용 서비스 수요가 증가할 것으로 예측되고 있다. 앞에서 지적한 바와 같이 노인층이 모두 가난한 것은 아니다. 부유한 노인들의 수가 늘고 있다.

7) 연예 엔터테인먼트 건강 스포츠 분야

(1) 홀로그램 극장

홀로그램을 이용한 극장이 지금의 3D 극장보다 더 인기를 누릴 것이라고 한다.

(2) 연예인 교육 훈련 사업

가수 지망생, 개그맨 지망생 등 연예 엔터테인먼트 분야의 지망생들이 늘고 있다. 이들에게 학교 교육에서 할 수 없는 분야의 서비스를 제공하면 좋은 사업이 될 수 있다.

(3) 피트니스 센터 사업

미국의 창업 트렌드를 보면 피트니스 센터 창업이 매우 활발하다. 한국에서도 이 분야의 사업이 꾸준히 성장하고 있다. 미국에는 연중무휴 24시간 피트니스 센터가 인기리에 성장하고 있다고 한다. 또, 여성 전용 피트니스 센터도 고려해 볼만하다.

(4) 운동 관리사

건강, 질병 치료, 미용 목적으로 운동을 하는 사람들이 많다. 이들은 전문적인 지도를 필요로 하는 경우가 많다. 이런 서비스를 하는 운동 관리 컨설팅 사업도 유망하다.

(5) 제트 추진 장비 대리점

사람이 제트 추진 장비를 등에 지고 잠깐 하늘을 나는 장면을 본 적이 있는가(여수 엑스포에서 볼 수 있었다). 이것은 인간이 개인용 제트 추진 장비를 이용하여 하늘을 나는 체험을 하는 장면이다. 제트 엔진 추진 체험 사업이 뜰 것이라고 한다.

(6) 특별한 여행 사업

이제 한국인들 사이에서 여행은 필수적인 여가 활동에 해당한다. 특별한 분야의 여행 안내 사업도 성장할 것이다. 크루즈 여행도 성장하고 있다.

8) 우주 항공 분야

(1) 우주 채광

지금 단계에서 우주에서 필요한 광물을 채굴한다는 것은 공상 과학 소설의 이야기로 들릴 수 있다. 하지만 지구상의 일부 자원은 매우 빠른 속도로 소진되고 있다. 따라서 우주 공학이 조금만 더 발전하면 우주에서의 채광은 수익성이 있을 것으로 예측되고 있다.

(2) 달나라 여행 가이드

수년 내에 상업적인 달나라 여행 실현될 것이라고 한다. 이와 같은 우주 시대에 우주여행 안내 사업도 자리를 잡을 것이다.

(3) 나노 위성

인공위성은 점점 작아져서 머지않아 나노 위성이 많이 발사될 것이다.

(4) 우주 호텔

상업적 우주여행이 시작되지는 않았지만, 미국에는 우주여행 자를 위한 호텔을 준비하는 회사가 있다.

9) 기타 제조

(1) 3D 프린팅 제조 사업

3D 프린팅의 기기를 이용하여 맞춤형 제조를 한다. 이와 같은 제조 서비스에 대한 수요는 급속히 증가할 것이다. 3D 프린터 수입 사업도 고려할만 하다.

(2) 화장품 제조 사업

한국은 화장품 산업 강국이 되었다. 화장품 산업도 미래 산업이다. 화장품 제조는 제약 사업보다 용이하다고 할 수 있다. 화장품 사업을 너무 어렵게만 보지 말고 틈새시장을 공략하면 성공적으로 시작할 수 있다.

(3) 가상현실 개발 사업

가상현실 기술은 교육 엔터테인먼트 등 여러 분야에서 널리 쓰일 것이다. 따라서 가상현실 개발 사업이 크게 성장할 것이다.

(4) 휴대폰 제조

머지않아 중소기업도 휴대폰을 제조할 수 있게 될 것이다. 부품 조달 시장이 형성되어 있으므로 이 시장을 잘 활용하면 저가로 경쟁력 있는 휴대폰을 만들 수 있을 것이다.

(5) 휴대폰 액세서리 생산

휴대폰 액세서리 시장이 매우 빠르게 성장하고 있다. 휴대폰의 미래를 고려하면 독창적인 아이디어 제품을 시도해 볼 수 있다.

(6) 기술 잡지 출판

기술이 시시각각으로 발전하므로 주간이나 월간의 기술 잡지의 수요가 있다. 온라인 잡지를 만들면 소규모 투자로도 시작이 가능하다.

(7) 광섬유 제조 사업

인터넷의 발전과 함께 광섬유의 수요는 증가할 것이다. 지금은 기술도 많이 알려져서 어렵지 않다고 한다. 틈새시장을 목표로 저임금 국가에서 생산하는 등 여러 가지 대안을 검토해 볼 수 있다.

(8) 상자 공급 사업

많은 사업체들이 고객에게 제품과 서비스를 전달하기 위해 상자가 필요하다. 아직 전문적인 상자를 사용하지 않고 있는 사업체를 찾아서 그들에게 적합한 상자를 제공하면 꾸준한 사업으로 발전할 수 있을 것이다.

(9) 로봇 부품 생산

특정 분야의 기술이 있는 사람은 로봇의 부품을 생산하는 사업을 시작할 수 있을 것이다.

10) 농어업

(1) 드론 활용

농업용 드론을 보급하는 사업이다. 국산 드론이 만족스럽지 않으면 수입해서 농약 살포 등에 활용하는 사업이다.

(2) 수경 재배

흙을 직접 이용하지 아니하는 수경 재배 시장이 성장하고 있다. 화초, 채소 등을 수경으로 재배하는 시설과 식물 일체를 공급하는 사업이다.

(3) 공기 정화 식물

미세 먼지 등으로 깨끗한 공기에 관심이 커지고 있다. 농장에서 재배하는 공기 정화 식물을 소비자가 직접 영상으로 실물을 보고 선택하면 택배를 이용하여 배달하는 사업이다.

(4) 유기농 계약 재배

소비자와 유기농 재배를 계약하고 농산물을 생산한다. 지금은 영상 교류가 용이하므로 소비자가 재배 과정을 직접 볼 수 있어서 서로 신뢰할 수 있다.

(5) 귀농자를 위한 지원 사업

귀농자를 위해서 표준 주택 설계를 개발하고 자재를 공급하는 사업 등 귀농자 지원 사업을 하면 수익성 있는 사업이 될 수 있다. 지금은 한국에서 귀농 자가 집을 준비하는 데 너무 많은 시간과 노력을 투입한다.

(6) 동물 사육에 사물인터넷 활용

가축들에게 웨어러블 인터넷을 착용시키면 인력 수요가 줄어든다. 이 분야의 사업도 수요가 점차 증가할 것이다.

(7) 수직 농업

농업도 바이오산업 중의 하나이다. 지금까지 농업은 평면적이었다. 하지만 앞으로 배양액을 이용한 농업에서는 다층 구조물에서 식물을 배양하게 될 것이다. 이런 것은 이런 농업은 부분적으로 현실화되어 있다. 이러한 농업이 더욱 성장할 것이다.

(8) 해양 스포츠 관광 사업

한국에서 해양 스포츠는 아직 저조한 편이다. 삼면이 바다인 한국에서 앞으로 이 분야의 산업이 크게 성장할 것이다. 이미 해양 낚시 인구가 수백만 명 이사이라고 한다.

11) 기타 서비스업

(1) 연구 사업

연구를 통해서 얻은 새로운 지식이 생산되고 이를 바탕으로 하여 새로운 산업을 일으키고 일자리를 만들고 있다. 지금까지는 연구는 고도의 전문가들이 대학이나 대형 연구소에서 수행해 왔다. 하지만 미래에는 정보의 접근성이 쉬워지고 장비의 공동 활용이 용이해지면 소규모의 연구 사업도 경쟁력을 발휘할 수 있을 것이다.

(2) 결혼 상담과 치유

독신자가 늘면서 역설적으로 결혼상담소가 호황을 누리고 있다. 이러한 추세는 앞으로도 계속될 것이다. 결혼 문제 상담업도 호황을 누릴 것으로 예상된다.

(3) 전문 통역사

이제 인공지능으로 인하여 일반적인 통역 번역 서비스가 실시간으로 가능하게 되었다. 하지만, 특수한 분야의 전문적인 문제에는 인간 통역사가 필요하다. 미국의 노동통계국의 직업 전망에 따르면 전문 통역사의 수요가 2022년까지 46퍼센트가 성장할 것이라고 한다.

(4) 사생활 보호 보안 기업

지금도 인터넷과 CCTV의 사용으로 인하여 사생활 보호가 중요한 과제가 되었다. 따라서 앞으로는 사생활 보호 전문 기업이 호황을 누릴 것이다.

(5) 로봇 수리 사업

앞으로 수많은 로봇들이 사용될 것이다. 그렇게 되면 제조사가 애프터서비스를 한다고 하더라도 로봇 수리 수요는 많이 증가할 것이다.

(6) 자유 기고가 플랫폼

기업은 특별한 재능을 단기적으로 필요할 때 자유기고가를 고용하려고 한다. 자유 기고가들의 수요와 공급이 소통되는 플랫폼을 만든다면 거래가 활성화되어 수익성 있는 사업이 될 것이다.

(7) 기술 전시회 개최

4차 산업혁명 관련 기술 전시회, 신제품 전시회 등을 개최하면 수익을 낼 수 있다.

(8) 빅데이터 분석

빅데이터 시대가 되었다. 빅데이터는 사업에 대한 많은 정보를 포함하고 있다. 하지만 빅데이터를 잘 분석해서 유용한 정보를 찾아낼 수 있는 사람과 서비스는 제한되어 있다. 따라서 앞으로 빅데이터 분석 전문 사업이 뜰 것이다.

(9) 유아 영어 교육 사업

한국에서 영어 학습을 시작하는 나이가 내려가고 있다. 그래서 앞으로는 유아를 상대로 하는 영어 교육 사업이 성장할 것이다. 유아 영어 교육에 관한 논쟁이 있다. 그러나 유아 영어 교육에 대한 부모들의 욕구는 점점 커지고 있다. 그러므로 유아 영어 교육은 거스를 수 없는 대세이다.

(10) 반려동물 돌보미

반려동물의 수가 늘고 있으며 관련 지출도 증가하고 있다. 그래서 수의사의 수요가 증가할 것이다. 하지만, 수의사 자격을 따기는 것은 쉽지 않다. 그러므로 수의자 자격은 없어도 어느 정도 트레이닝을 받으면 반려 동물 돌보미 서비스를 할 수 있다. 온라인으로 출장 서비스 중심으로 하면 자신의 취미를 사업으로 연결시킬 수 있다. 수의사와 연대하여 서비스를 할 수도 있다.

(11) 인터넷 검색과 연구

이제 인터넷에는 사람들이 필요로 하는 지식이 거의 무한대로 있다. 그래서 검색 기술을 잘 활용하면 많은 문제들을 슬기롭게 해결할 수 있다. 그래서 인터넷 검색을 통해서 문제에 대한 해답을 찾는 서비스가 전문 비즈니스로 자리 잡게 될 것이다.

(12) 개인 교습

SNS를 통해서 특정 주제에 관한 개인 교습을 할 수 있다. 앱을 이용할 수도 있다.

(13) 공유 경제 플랫폼

지금까지 우버, 에어비앤비, 한국의 중고나라 등 많은 공유 경제 플랫폼이 있지만, 아직도 공유 경제 개념을 적용할 수 있는 영역이 많이 남아 있다.

(14) 첨단 기술 컨설팅

중소기업에서는 자신들의 사업소에 사물인터넷, 인공지능, 로봇 같은 것을 어떻게 적용해야 하는지에 대한 전문가의 컨설팅이 필요하다.

(15) 크라우드펀딩 컨설팅

크라우드펀딩은 점점 활성화될 것이다. 이 분야의 컨설팅 수요도 증가할 것이다.

(16) 재난 컨설팅

한국에도 지진이 자주 발생하게 됨에 따라 앞으로 재난 대비 컨설팅과 교육 수요가 증가할 것이다. 한국에서도 이재 재난에 대비하려는 의식이 매우 높아졌다. 따라서 보험, 안전 교육 등 재난 관리 사업이 성장할 것이다.

(17) 가상 화폐 투자 컨설팅

가상 화폐에 투자하려면 경험자 또는 전문가의 도움이 필요하다. 가상 화폐 시장은 매우 불안정한 상태로 발전하고 있다. 전문가의 컨설팅이 필요한 상태이다.

(18) 인공지능 교육 훈련 사업

인공지능 개발과 활용에 관한 교육과 훈련 수요가 많이 증가할 것이다.

CHAPTER 10 요약과 대응 전략

격변하는 미래의 상황에서 생존하고 번영하기 위해서 각자는 변화를 이해하고 변화에 대응하는 전략을 마련해야 할 것이다. 그래서 제10장에서는 먼저 이 책의 제1장에서 9장에 걸쳐서 소개한 내용을 요약하고, 4차 산업혁명이 가져올 엄청난 변화의 쓰나미에 대응하는 상황별 대응 전략을 논의하고자 한다. 특히 각자가 처한 상황에서 실천할 수 있는 변화에 대한 대응 전략을 제시하고자 한다. 대응 전략은 개인, 기업, 비영리 조직 그리고 지방자치단체와 중앙 정부로 구분하여 제시하고자 한다.

1 요약

제1장에서는 4차 산업혁명의 본질적 특성에 대해서 다루었다. 4차 산업혁명은 기회의 창이라고 할 수 있다. 그런데 이 기회의 창은 스스로 열리지 않는 창이다. 기회를 잡으려면 인간이 스스로 노력하여 기회의 창을 열어야 한다. 한국은 1, 2차 산업혁명에 참여하지 못하였으나 다행히 3차 산업혁명부터는 주체적으로 참여하여 많은 경험을 쌓고 성과를 거두었다. 그러나 한국은 현재 일자리 부족과 부의 편중으로 인한 사회적 문제를 안고 있다. 4차 산업혁명 시대에는 과거의 경험을 타산지석으로 삼아야 할 것이다.

제2장에서는 4차 산업혁명이 가져오는 변화의 요인과 그 특징에 대하여 고찰하였다. 변화의 요인으로는 스마트폰, 물리적 연결망, 사회적 연결망, 소비자 욕구의 변화, 인구 변화, 노동 문제와 일자리, 여가 시간, 교육과 학습, 과학 기술 공학 수학, 그리고 국제적 환경을 다루었다. 이들 변화 요인들이 왜 그리고 어떻게 우리의 생활과 경제 활동과 사회를 변화시켜 왔으며 앞으로 변화시킬 것인가에 대해서 논의하였다. 제2장의 내용을 이해하면 미래를 예측하고 대응하는 능력이 향상될 것이다.

제3장에서는 4차 산업혁명의 원천이 되는 새로운 기술과 개념에 대해서 다루었다. 여기에

서 다룬 새로운 기술과 개념으로는 인공지능, 로봇, 사물인터넷과 웨어러블 디바이스, 바이오 의료 기술, 자율주행차, 전기 자동차, 수소 연료 전지차, 3D 프린팅, 빅데이터, 가상현실과 증강현실, 드론, 공유 경제, 가상 화폐와 블록체인, 그리고 핀테크이다. 4차 산업혁명을 이해하려면 이들 요소 기술과 개념에 대한 이해가 필수적이다.

제4장에서는 앞으로 4차 산업혁명 시대에 업무 수행에 필요한 업무 역량에 대해서 다루었다. 여기에서 논의한 업무 역량으로는 복잡한 문제 해결 능력, 비판적 사고, 창의력, 인사 관리, 타인과의 코디네이팅, 감성 지능, 판단과 의사 결정, 서비스 지향성, 협상력, 인지적 유연성 등에 대해서 그 본질을 설명하고 그러한 역량을 함양하는 방안에 대해서 다루었다. 이 외에도 외국어 능력, 자신의 업무를 위한 전문 지식과 능력, 컴퓨터와 사이버 업무 역량 등도 4차 산업혁명 시대에 업무 수행을 위해 필수적인 역량임을 설명하였다. 특히 사이버 업무 역량에서는 SNS 활용 능력도 필수적인 업무 역량이 된다는 점을 논의하였다.

제5장에서는 신제품과 신규 사업 개발에 대해서 다루었다. 먼저 신제품 개발의 중요성을 재확인하고 신제품 개발을 위해 해야 할 일을 10단계로 나누어서 단계별로 논의하였다. 논의된 신제품 개발 단계의 내용은 기업의 내부와 외부 상황 분석, 신제품 개발 전략의 개발, 아이디어 창출, 아이디어 선별, 제품 콘셉트 테스트, 사업성 분석, 디자인, 원형 개발과 시험, 생산, 론치(상품화)을 포함한다. 마지막으로는 신규 사업 개발에 대하여 다루었다.

제6장에서는 제조 혁신과 스마트 팩토리에 대해서 다루었다. 여기에서는 먼저 제조 혁신이 발전해온 과정과 중요성을 간단히 소개하고 제조 패턴의 변화, 스마트 팩토리의 개념과 중요성, 스마트 팩토리의 추진 방법, 스마트 팩토리의 추진 모델 그리고 스마트 제조의 미래에 대해서 다루었다. 일부 독자들에게는 조금 생소한 주제라고 생각되지만, 스마트 팩토리는 4차 산업혁명의 시작이며 핵심 부분이므로 기본적인 이해가 필요하다고 본다.

제7장에서는 새로운 마케팅 혁신에 대해서 다루었다. 지금은 인터넷의 발명과 함께 디지털 마케팅이 활발하게 발전하여 과거의 마케팅에서는 상상하지 못했던 마케팅 활동이 전개되고 있다. 이러한 마케팅 활동은 앞으로 빅데이터 시대가 열리면서 또 한 번의 큰 변화를 겪게 될 것이다. 이런 관점에서 이 책은 미래 지향적인 빅데이터 기반의 마케팅 활동에 대하여 다루었다. 특히, 데이터 과학과 빅데이터를 이용한 분석과 예측 등에 대해서 심도 있게 다루었다.

제8장에서는 미래를 예측하였다. 특히, 4차 산업혁명의 진로, 스마트폰의 활용 범위 확대, SNS의 영향력 증대, 인재 선발과 평가 기준의 변화, 유연 근무제, 교육과 학습 시스템의 변화, 기업의 사회적 책임의 증대, 농업과 농촌의 부활, 미래의 인구와 경제 성장 등에 대해서 예측하였다.

제9장에서는 미래의 유망 산업에 대해서 다루었다. 먼저, 미래의 유망 산업 12가지로 인공지능, 드론, 가상현실, 웨어러블 디바이스, 모바일 지불, 디지털 화폐와 가상 화폐, 유전체학, 사물인터넷, 로봇, 스마트 주택, 자율주행차, 전기차, 수소 연료 자동차, 3D 프린터에 관해서

설명하였다. 그리고 미래 산업의 핵심 개념으로 욜로의 중요성, 서비스 산업의 중요성, 6070+세대, 일하는 여성, 일인 가구, 플랫폼 비즈니스, 온라인 교육과 훈련, 신재생 에너지 산업에 대해서 설명하였다. 그리고 미래의 유망 사업 아이디어 100가지를 소개하였다.

2 개인 차원의 대응 전략

◆ 취업을 위한 대응 전략

한국에서 취업 문제는 앞으로 4차 산업혁명이 진행되면 더 심각해질 전망이다. 그렇다면 이와 같은 시대에 좋은 일자리를 얻으려면 어떻게 해야 할까? 해답은 간단하다. 해답은 '좋은 직장에 취업하려면 그 기업과 구인 조직이 원하는 소양(소위 취업 스펙)을 잘 갖추는 것이다'라고 할 수 있다. 그렇다면 기업과 조직이 취업 지원자에게 원하는 취업 스펙은 무엇일까?

기업이 원하는 취업 스펙과 선발 방식은 요즈음 바뀌고 있지만 앞으로 더 바뀔 것이다. 기업은 4차 산업혁명 시대에 적합한 인재를 원하게 될 것이다. 기업이 4차 산업혁명 시대에 원하는 취업 스펙의 윤곽은 이 책의 제4장에서 다룬 업무 역량이 될 것이다. 기업은 지원자에게 좀 더 현실적인 테스트를 적용할 것이다.

취업 스펙과 관련하여 여기에서 몇 가지 더 언급하면 지금 전개되고 있는 4차 산업혁명 시대에 유능한 직장인이 되기 위해서는 단순히 많은 것을 아는 것보다는 미래에 업무를 수행하는 과정에서 발생하는 또는 발생할 수 있는 문제를 실질적으로 해결하는 업무 역량을 갖춰야 한다. 구체적으로는 제2, 3, 4장을 잘 읽고 표 4.3, 4.4, 4.5, 4.6, 4.7 그리고 4.8에 있는 내용들을 확인하면 도움이 될 것이다.

이미 많은 대학과 실업계 고등학교에서 현장 문제 중심의 문제를 가지고 학생들을 교육하고 있다고 본다. 학생들은 이런 과제에 적극적으로 참여해야 할 것이다. 최근에 각 대학에서 4차 산업혁명 관련 강좌를 많이 개설하고 있다. 졸업반이더라고 이러한 강좌를 수강하면 취업에 많은 도움이 될 것이다.

그리고 제8장 제4절에서 다룬 인재 선발과 평가 기준에 대한 내용을 다시 한 번 숙독하면 좋을 것이다. 그리고 취업 지원자는 자신의 재능을 입증할 만한 경험을 축적하고 이것을 자기소개서와 면접에서 충분히 표현하도록 해야 할 것이다.

외국어 능력은 지금까지 많이 강조되어 왔지만 여기에서 반복하자면 단순히 외국어 시험 점수뿐만 아니고 실질적인 외국어 구사 능력을 갖추도록 해야 한다. 특히 영어는 가장 중요한 외국어라는 점은 말할 것도 없다. 영어 등 외국어를 구사하는 외국어를 잘하면 국외에서도 취업할 기회가 많다. 이제는 해외로 어학연수를 가지 않고도 영어를 잘 할 수 있는 환경이 되었다(이 문제는 제4장 제12절에서 다루었다). 또, 머지않아 개인의 사이버 업무 역량도 인재 선발의 기준이 될 수 있다고 언급해 두고자 한다(보수적인 고용주는 사이버 능력에 대해서 부정적인 견해를 가질 수도 있음을 지적해 둔다).

🔷 성공을 바라는 직장인을 위한 대응 전략

직장인에서 일하는 사람들은 각자의 전략이 있을 것이다. 예를 들면, 인간관계를 중요시하는 전략, 성실을 무기로 하는 전략, 기술과 외국어 등 자신의 재능을 인정받아 성공하는 전략, 중간 정도를 목표로 하는 전략 등이다.

자신은 어떤 부류인가? 자신이 어떤 부류에 속하든지 간에 4차 산업혁명은 직장인들에게 좋은 기회가 될 수 있다. 직장인들도 제2, 3, 4, 5장에서 다룬 내용을 숙지하고 실행하여 조직의 발전에 기여를 한다면 중요한 인재로 발탁될 수 있을 것이다. 구체적으로는 제4장에 있는 표 4.3, 4.4, 4.5, 4.6, 4.7 그리고 4.8에 있는 내용들을 확인하면 도움이 될 것이다. 직장에서 엄청난 것이 아니더라도 사소한 것이라도 조직의 발전에 기여할 수 있는 것을 시도를 해보기 바란다. 또, 제9장에 있는 미래 사업에 대한 내용도 기존의 기업에게 유용한 내용이 될 수 있다.

🔷 학부모를 위한 자녀 교육 전략

얼마 전에 저자는 '요즘 초등학생들은 앞으로 사회생활에서 고생을 많이 하게 될 것이다. 왜냐하면, 그때 가면 세상이 너무 많이 변하여 지금 배우고 있는 것들이 무용해질 것이기 때문에.'라고 하는 말을 들은 적이 있다. 하지만 4차 산업혁명의 쓰나미는 이와 같은 예상보다 훨씬 빨리 올 가능성이 있다. 세상은 지금의 중학생들이 직장 문을 두드리게 되는 10년 이내에 많이 변할 것이다. 학부모들은 자녀들이 소위 '좋은 직장'을 얻도록 총력 지원을 하고 있다. 하지만 그런 직장을 제한되어 있어서 모두 그런 직장을 차지하는 데에 성공할 수는 없다. 그렇다고 포기하거나 패배자가 될 수도 없다.

자녀가 행복한 삶을 살 수 있도록 하는 것이 대부분 부모들의 소망일 것이다. 이러한 목표가 말로는 평범해 보이지만 실제로 이러한 목표를 달성하기는 쉽지 않은 것이 현실이다. 현재 한국 사회는 빈부 격차가 심하고 일자리가 충분하지 않아서 자녀가 미래에 평범한 행복을 누리기를 바라더라도 긴장의 끈을 놓을 수 없는 것이 현실이다.

자녀를 미래에 경쟁력 있는 사람으로 양육하려면 미래형 인간으로 성장할 수 있도록 지원해야 할 것이다. 이 책의 독자들은 미래에는 현재와 같은 단순 지식보다는 비판적 사고력과 창의력이 더 중요해질 것이라는 내용을 기억하고 있을 것이다. 만약 그런 재능이 없어도 좋다. 다른 사람과 잘 소통할 수 있고 인지적 유연성이 있는 사람도 중요할 것이기 때문이다. 사람은 모든 것을 잘하기도 어렵지만 모든 것을 못하는 사람도 없다. 이 책의 1, 2, 3, 4장을 읽으면 무언가 길이 보일 것이다.

미래를 준비한다고 미래에 대한 지식을 주입식으로 넣는 것은 별 의미가 없을 것이다. 기초적인 독서와 수학 과학을 익히며 다른 사람과 잘 어울릴 수 있으면 미래에도 행복하게 살 수 있을 것이다. 단, 외국어를 잘하면 취업과 진로 선택의 폭이 넓어질 것이다. 아무리 인공지능이 발달해도 국제 관계를 하며 살아야 할 한국인에게는 외국어를 직접 구사할 수 있는 능력은 유리한 조건이다. 요즈음은 사이버 환경이 좋아져서 외국에 가지 않고도 영어를 잘하는 사람이 많아졌다. 저자가 제4장 제12절에서 소개한 영어 학습법을 참고하기 바란다.

학부모들이 자녀들의 미래에 대해서 너무 불안해하지 말고 자녀가 잘 적응해 갈 수 있도록 격려해주면 좋을 것이다. 소위 성공했다는 부모들에게는 자신들의 성공 방식을 자녀에게 적용하려고 하지 말라고 말하고 싶다. 부모들의 과거의 성공 방식이 미래에는 맞지 않을 수 있다. 미래 사회는 직업과 일과 재능의 가치가 지금과는 다르게 변할 것이다.

창업 희망자들을 위한 대응 전략

창업 희망자에게 4차 산업혁명이라는 변화의 시기는 절호의 기회가 될 수 있다. 왜냐하면, 기존이 질서가 무너지고 새로운 질서가 세워지는 과정에서 소비자 욕구의 변화가 있을 것이며 이를 만족시키는 시스템 즉, 제품과 서비스의 개발, 생산, 유통에 있어서 기존 질서가 파괴되고 새로운 질서가 수립되는 과정에 새로운 기회가 발생하기 때문이다.

창업 희망자들에 대한 사회적 인식을 엄청나게 변하였다. 요즈음은 창업에 대한 인식이 매우 좋아졌다. 창업 희망자는 이 책을 처음부터 꼼꼼히 읽으며 창업 아이디어를 탐색하고 기회를 창출해 보기 바란다. 또, 제8과 제9장의 내용을 바탕으로 하여 자신의 창의력을 활용하여 비즈니스 모형을 개발하기 바란다. 또, 실패의 위험을 줄이는 여러 가지 방안도 연구해 보기 바란다. 창업 분야의 전문 서적으로는 박춘엽(2013)의 『창업학』을 추천한다.

3 기업을 위한 대응 전략

1) 과거와는 다르다

3차 산업혁명 기간에 한국은 지각생으로 출발하였으나 놀랄만한 성과를 이루었다. 성공한 사람들은 자신이 앞선 성공에서 사용했던 방법을 또 적용하고 싶어 한다. 그러나 안타깝게도 4차 산업혁명에서는 3차 산업혁명에서 사용했던 방법은 통하지 않을 것이다. 모든 것이 너무나 달라질 것이기 때문이다. 그렇다면 구체적으로 무엇이 달라지고 있는가?

🔷 선진국의 기술과 제품을 복제하기가 어려워졌다

산업 기반이 미약하고 산업화 경험이 짧았지만 한국은 3차 산업혁명 기간에 선진국의 제품과 기술을 배우면서 생산해서 성공했다. 예를 들면, 외국의 전시회에 가서 구해온 제품과 제품 사진을 가지고도 비슷한 제품을 또는 품질이 더 우수한 제품을 만들어서 성공하였다. 한국의 자동차 생산 설비도 처음에는 외국의 낡은 것 그대로 이전하거나 복제 또는 모방하였다. 하지만 결과는 성공이었다.

하지만 4차 산업혁명 시대에는 외국의 기술과 제품을 복제하기가 어려워졌다. 예를 들면, 미국으로부터 인공지능 기계를 한 대 사와도 복제를 할 수가 없다. 그 인공지능에 사용된 소프트웨어는 눈으로 볼 수 없으므로 '선진 제품을 눈으로 보고 복제하는 전략'으로는 이제 성공할 수 없다. 로봇도 마찬가지다. 지능형 로봇은 외형이 핵심 기술이 아니고 그 안에 들어 있는 인공지능이 핵심 기술이다. 따라서 눈으로 봐도 복제할 수 없다. 또, 이제 저작권과 지적 재산권도 과거보다는 더 엄격해지고 까다로워졌다. 외국의 또는 국내 타사의 제품을 무단으로 복제하기가 어려워졌다. 한국이 선진국으로 도약하려면 전에 사용했던 방법을 버리고 새로운 방법을 찾아야 한다. 이제는 '복제하되 조금 개량하고 싸고 좋게 만들어서 성공하겠다'는 사고는 버려야 한다.

경쟁자가 많아졌다

한국이 1960년대에 산업화에 관심을 가졌을 때는 경쟁자가 많지 않았다. 당시에 중국은 자본주의 경제와 교류하지 않았고 아직 자본주의적 방식을 채택하지도 않았다. 한국은 한국전쟁을 치렀지만, 동남아시아의 국가들보다 한 발자국 먼저 산업화를 시작했다. 하지만 지금은 상황이 많이 달라졌다. 소국이지만 싱가포르와 타이완은 이미 한국을 앞질렀다. 말레이시아와 베트남 그리고 인도네시아가 우리를 추격하고 있다. 중국만큼 인구가 많은 인도가 이제 적극적으로 산업화를 추진하고 있다. 인도도 머지않아 한국의 경쟁자가 될 것이다. 마음을 놓을 수 없는 상황이다.

한국이 경쟁자들보다 유리한 것이 많지 않다. 우선 전기차와 드론에서는 중국이 앞서가고 있다. 인공지능에서도 중국이 앞서고 있다고 한다. 고속철도 건설에서도 중국이 앞서가고 있다고 한다. 조선이나 철강 분야에서도 중국이 추격이 무섭다. 타이완의 중소기업의 기술 경쟁력은 대단하다. 타이완은 한국의 대기업과 같은 규모의 대기업이 하나도 없다. 하지만 타이완은 한국뿐만 아니라 숫자상으로는 일본보다 더 잘 사는 나라가 되었다. 타이완은 중소기업 수출만 가지고 그렇게 잘 사는 나라가 되었다. 그러므로 타이완의 중소기업 제품 경쟁력이 얼마나 높은지는 더 말할 필요가 없다. 한국은 이와 같은 중국, 타이완, 싱가포르, 말레이시아, 인도네시아, 인도 그리고 유럽의 중진국들과 경쟁해야 한다.

🔷 경쟁에서도 유리한 조건이 많지 않다

수출해서 성공하려면 경쟁국들보다 유리한 조건이 많아야 하는데 한국이 유리한 조건은 많지 않다. 국제 무역을 잘 하려면 외국어라도 잘해야 하는데 한국은 불리하다. 중국 수출에서는 중국어를 사용하는 타이완이 절대적으로 유리하다. 싱가포르는 영어와 중국어 타밀어 말레이어가 공용어이다. 말레이시아와 인도네시아에는 화교가 많아서 중국과 유대가 좋다. 한국이 또 일본과의 경쟁에서도 수월하지 않다.

🔷 결론

경영 환경을 검토해 본 결과 한국의 국제 경쟁 환경은 녹녹하지 않음을 알 수 있다. 과거와는 다른 새로운 경쟁 전략을 개발해야 한다.

2) 인재 확보

🔷 기술 기반 융합형 인재 확보

조직에 새로운 요소를 첨가하려면 새로운 요소가 있어야 한다. 그 새로운 요소 중 으뜸은 인재다. 그래서 혁신과 도약을 원하면 유능한 인재를 영입해야 한다. 그러한 인재는 기술 기반 융합형 인재라고 생각한다. 그런 유형의 인재는 이공계 전공자로서 신기술 분야에 관심이 많은 비판적이고 창의적인 인재라고 생각한다. 그리고 이들이 경영학, 마케팅 등을 이해하면 더 좋을 것이다. 한국의 기업과 조직에서는 인문사회계열 전공자가 과도한 영향력을 행사해 왔다고 생각한다. 하지만 발 빠른 기업들은 이공계 인재들에게 더 많은 기회를 부여하고 있다. 이제 사이버 시대에는 기업의 마케팅과 조직의 홍보 활동에서도 사이버 세계에 대한 능력이 우수한 이공계 출신이 더 잘할 수 있다. 기업의 인재 선발 평가 기준을 작성할 때 제4장에 있는 표 4.3, 4.4, 4.5, 4.6, 4.7 그리고 4.8에 있는 내용들을 참고하면 도움이 될 것이다.

🔷 사원들에게 신기술 교육

유능한 신입 사원을 채용하여 4차 산업혁명에 따라갈 수 없다. 4차 산업혁명은 이미 시작되었는데 신입 사원을 채용하여 준비할 만큼 그렇게 여유가 없다. 현재의 사원 중에서 인공지능과 로봇 그리고 사물인터넷을 잘 아는 사원은 많지 않다. 회사의 임원부터 신입 사원까지 전원에 대하여 첨단 기술과 경영 전략에 대하여 재교육하여야 한다. 신기술과 관련된 더 자세한 내용은 제3장과 제4장을 참고하기 바란다. 구체적으로는 표 4.3, 4.4, 4.5, 4.6, 4.7 그리고 4.8에 있는 내용들을 참고하면 도움이 될 것이다.

🟦 연수와 교육 지원

사원들이 자신의 업무 영역에서 새로운 지식과 기술을 습득할 수 있도록 지원해야 한다. 조직 내에 옛날 지식으로 연명하고 있는 중간 관리자는 없는지를 조사하고 재평가해야 한다. 이들에 대한 혁신 없이는 조직의 발전을 기약하기 어렵다. 앞에서 지적한 바와 같이 세계는 정보화 시대를 지나 이제 사이버물리적 시스템 시대에 진입했다. 사이버물리적 시스템에 대한 이해와 능력이 부족한 인재로서는 4차 산업혁명을 선도하는 기업과 조직이 되기 어렵다. 조직의 구성원들이 조직의 사업과 관련된 사외의 각종 모임과 강연회 등에 참여하여 업계의 최신 동향을 파악하는 것은 매우 중요하다. 모임에 참석한 사람은 주요 내용을 사내의 구성원들과 공유하도록 해야 한다.

🟦 글로벌 채용

인도는 세계적인 IT 강국이다. 따라서 IT 기업이라면 인도인 IT 기술자의 채용도 고려해야 한다. 한국 내에는 인도인 IT 기술자가 이미 상당수 일하고 있다. 인도의 IT 기술자는 영어를 잘하기 때문에 한국에 오면 다음 날부터 일할 수 있다. 이들과는 언어 장벽이 없다.

3) 전 사원을 사이버 전사로

요즘 사업을 시작한 사람들 중에는 전통적인 광고를 한 번도 하지 않고 사업을 궤도에 올려놓는 사람이 늘고 있다. 과거에 영향력이 엄청났던 신문 광고는 이제 옛날 그 위력이 없다. 신문 광고는 역사적 유물로 변해가고 있다. 세상의 정보 유통은 사이버 공간으로 옮겨진 것이다. 이제 사이버 공간의 지배는 경쟁에서 승리하기 위한 필수조건이라는 것이 확실해졌다.

사이버 공간을 지배하려면 전 사원을 사이버 전사로 만들어야 한다. 전 사원을 사이버 전사로 만들기 위해서는 다음과 같은 조치를 할 것을 제안한다.

- 모든 사원이 블로그를 갖도록 한다(스스로 제작할 수 있도록 한다).
- 방문자가 많은 블로그를 운영하는 사원에게 축하한다.
- 모든 사원에게 페이스북, 트위터, 링크드인, 인스타그램 등의 SNS 활동을 장려한다. (단, 업무에 방해가 되지 않도록 지침을 제시할 수 있다).
- 1,000명 이상의 사이버 친구를 가진 사원을 축하한다.
- 모든 사원에게 SNS 마케팅을 교육한다.
- 사원들이 유튜브 등에 조직을 위한 콘텐츠를 올리는 것을 장려한다.
- 유튜브 콘텐츠에 조회 수가 많은 사원에게는 축하한다.
- 전 사원이 데이터 무제한 스마트폰을 사용하게 한다.

- 스마트폰 사용 요금을 지원한다.
- 사원들에게 최신형 스마트폰 구매를 지원한다.
- 관련 분야의 사회적 이슈에 댓글 달기를 장려한다. (불법적인 행위는 조심한다)
- SNS를 통한 외국 친구들과의 교류를 장려한다.
- 세대 간 디지털 리터러시 차이를 해소한다.

이상과 같은 조치들을 통하여 모든 사원들의 디지털과 사이버 능력이 향상되면 업무 수행 능력이 향상되고 사내의 소통이 원활해질 것이다. 따라서 기업의 경쟁력도 향상될 것이다.

4) 사원들에게 정당한 대우

- 이익 공유: 회사가 돈 많이 버는데 급여를 안 올려주면 사원들이 분노한다. 이제 사원들도 세상 돌아가는 것 다 잘 안다. 나쁜 최고 경영자와 오랫동안 일할 유능한 사원은 없다. 성과를 인정해주지 않으면 유능한 사람은 회사를 떠난다. 갈 곳은 많다.
- 기여가 큰 사원들의 공을 인정: 특별히 조직에 기여도가 큰 사원을 인정하지 않으면 사원은 그 직장을 떠나거나 회사 일에 무관심하게 된다.
- 사원들의 복지와 즐거움: 사원들에게 복지과 즐거움이 있는 직장이 되도록 노력한다.

5) 소비자들과 소통

회사와 비영리 조직은 홈페이지나 블로그에 소비자와 소통할 수 있는 창을 개설할 것을 제안한다. 그렇게 되면 생산하는 제품과 서비스에 대한 반응을 신속하게 저비용으로 수집하여 경영에 반영할 수 있다. 또, 사원들이 SNS 활동을 활발하게 하면 소비자의 반응 정보를 수집할 수 있게 되어 신제품 개발, 품질 향상, 배송 등에 대한 소비자의 반응을 수집할 수 있다. 현재 청와대는 사이버 시스템을 통하여 국민들과 원활하게 소통함으로써 많은 성과를 내고 있는 것으로 보인다.

6) 혁신은 작은 플러스부터

한국의 기업과 비영리 조직들도 4차 산업혁명에 대비하기 위해서 발 빠르게 움직이고 있다. 선진국의 거대 기업들도 4차 산업혁명 시대에 걸맞은 사업을 준비하느라고 바쁘다. 그러나 비교적 조용하다. 이미 지적한 대로 4차 산업혁명은 쓰나미처럼 올 것이므로 조용하다고 방심하면 안 된다. 지금은 폭풍 전야의 고요와 같은 때이다.

도약하려면 기존의 사업에 무언가 새로운 요소를 플러스(+)해야 한다. 그것이 사물인터넷이 될 수도 있고, 전 사원의 사이버 전사화도 좋다. 무언가 요즘 뜬다는 새로운 사업 요소를 현재의 사업에 플러스하라고 권하고 싶다. 하다 보면 잘하는 방법이 보이고 의외의 성과가 나올 수 있다. 손 놓고 있지 말고 무엇인가 변화와 플러스를 시도하라고 하고 싶다.

4 비영리 조직을 위한 실행 가이드

비영리 조직들도 4차 산업혁명을 통하여 많은 변화를 하게 될 것이다. 비영리 조직들의 변신 방향은 다음과 같이 정리할 수 있다.

1) 서비스 향상

비영리 조직은 사이버 기술을 활용하여 고객을 위한 서비스를 향상하도록 해야 한다. 그리고 사이버 기술과 인공지능 사물인터넷 로봇 등을 이용하여 원가를 절감해야 할 것이다. 조직 구성원들에게 변화의 지식을 교육하고 그들이 조직을 스스로 혁신할 수 있는 역량을 함양해야 할 것이다. 특히, 비영리 조직의 임원들은 4차 산업혁명이라는 변화의 물결을 적극적으로 학습하기 바란다.

2) 학교의 변신

4차 산업혁명과 관련된 교육 문제 전체는 너무 방대하여 이 책에서 다룰 수 없다. 저자는 4차 산업혁명의 주제들 중에서 한두 가지 한정된 주제에 대해서 언급하고자 한다.

🟦 초중고 교육에서 스마트 기기의 활용

스마트폰은 어린이와 학생들에게는 문명의 이기라기보다는 조심해서 사용해야 할 대상으로 인식되는 듯하다. 그래서 스마트폰은 청소년 교육 현장에서 '활용'보다는 '규제'의 대상으로 인식되는 경우가 많은 것 같다. 하지만 스마트폰은 사이버공간의 지식을 활용하여 문제를 해결하는 데 유용하게 사용하는 도구로 사용할 수 있다. 앞으로 이 학생들이 학교를 졸업하고 직업 현장에 가서 일하는 동안 스마트 기기를 많이 사용하게 될 것이다. 그러므로 스마트 기기를 교육 현장에서 적극적으로 사용하는 것은 장려해야 할 일이라고 생각한다.

🟦 주입식 지식보다는 현장 문제 해결 교육

이제 지식의 접근성이 좋아지는 세상이 되었다. 이러한 환경에서는 지식의 암기력의 차이는 크게 중요하지 않다. 필요한 지식은 이제 사이버공간에서 시간과 공간의 제약을 거의 받지 않고 확보할 수 있게 되었다. 그래서 지식의 암기력이 뛰어나지 않은 사람도 중요한 문제를 풀 수 있게 되었다. 이러한 시대에 지식 중심의 교육은 컴퓨터 시대에 계산 능력 향상을 위한 주산을 교육하는 것과 비슷하다고 할 수 있다. 따라서 이제 교육은 지식 주입보다는 문제 해결 능력을 향상하는 데에 초점이 맞추어져야 할 것이다.

 대학의 변신

초중고 교육은 변화하는 데 많은 논의와 절차를 거쳐야 한다. 하지만 대학은 자율성이 있으므로 4차 산업혁명 시대에 부응하여 재빠르게 변신할 수 있다. 따라서 이 책의 앞에서 논의한 내용들을 중심으로 학생들이 새로운 시대에 좀 더 쉽게 적응할 수 있도록 기회를 주어야 할 것이다. 인지도가 낮은 대학은 이런 기회를 통해서 대학의 명성을 올리는 시도를 할 수 있을 것이다. 이미 상당수의 대학들이 이런 점에 착안하여 4차 산업혁명 시대에 부응하는 혁신을 하고 있는 것으로 알려져 있다.

5 지방 자치 단체와 중앙 정부의 대응 전략

1) 지방 자치 단체의 대응 전략

지방 자치 단체는 개별적으로 상황이 크게 다르다. 서울특별시와 같이 인구도 예산도 산업도 인재도 많은 곳이 있는가 하면 인구도 적고 농업이나 어업이 기반 산업이며 예산도 적은 곳도 있다. 따라서 지방 자치 단체에 따라서 4차 산업혁명에 대한 접근법이 다를 수 있다. 이와 같은 차이는 당연한 것이다. 하지만 모든 지방 자치 단체들이 4차 산업혁명의 쓰나미로부터 오는 변화의 물결을 피할 수는 없을 것이다. 따라서 모든 지방 자치 단체들은 4차 산업혁명으로부터 오는 변화를 각자가 처한 상황에서 긍정적으로 소화하고 준비하기 위해서 나름대로 4차 산업혁명을 긍정적으로 대응하려는 자세를 가지는 것이 좋을 것이다. 구체적으로 말하자면, 지역의 특성과 상황에 따라 적절한 4차 산업혁명 대응 사업을 전개하면 의외로 큰 성과를 얻을 수도 있을 것이다.

2) 중앙 정부의 활동

중앙 정부는 대통령 직속으로 4차산업혁명위원회를 2017년 9월에 설치하고 4차 산업혁명을 국가 발전의 기회로 활용하고자 다각적인 활동을 전개하고 있다. 동 위원회의 홈페이지 www.4th-ir.go.kr 를 방문하면 동 위원회의 활동 상황을 볼 수 있다.

부 록

용어 해설

참고 문헌

색인

용어 해설

- AI (Artificial Intelligence): 인공지능, 컴퓨터에서 인간과 같이 학습하고 사고하고 판단하는 논리적인 방식을 사용하는 인간의 지능과 같은 기능을 하는 고급 컴퓨터 프로그램
- AR (Augmented Reality): 증강현실, 현실의 이미지나 배경에 3차원 가상 이미지를 겹쳐서 하나의 영상으로 보여주는 기술
- APS (Advanced Planning and Scheduling): 최상으로 고객의 요구를 만족하게 하려고 선행계획을 통해 생산 자원을 배분하는 시스템
- BEMS (Building Energy Management System): 건물 내에서 사용하는 에너지를 효율적으로 관리해 주는 시스템
- BOM (Bill of Material): 제품을 구성하는 자재를 기본으로 소요되는 자재의 수량과 자재가 조립되는 순서에 대한 구조를 체계적으로 기술한 것
- CAD (Computer-Aided Design): 컴퓨터를 이용한 설계 프로그램
- CAE (Computer-Aided Engineering): 컴퓨터를 이용한 해석 (구조, 동역학, 유체, 열전달, 진동, 충격, 피로 파괴 등)
- CAM (Computer-Aided Manufacturing): 컴퓨터를 이용한 생산자동화, CAD에 의한 설계 데이터를 이용하여 생산설비를 자동화하여 생산하는 형태
- CNC(Computer Numerical Control): 컴퓨터를 활용하여 데이터로써 공작기계를 제어하는 방법
- Cpk (Process Capability Index): 실질적 공정능력 지수, 공정의 치우침을 고려한 산포 값
- CPS (Cyber-Physical System): 사이버물리적 시스템, 제조기업의 정보. 컴퓨터 시스템과 사람, 공정, 설비와 같은 물리적 시스템을 네트워크로 통합하여 안전하고 신뢰성 있게 분산 제어하는 제조시스템 구축 기술
- ERP (Enterprise Resource Planning): 기업의 자원, 재무와 회계, 자재, 구매, 품질, 생산, 설비 등을 유기적으로 연계하여 관리하는 시스템
- Fab-Lab: 제작실험실 (Fabrication)이란 의미의 팹랩 (Fab-Lab)은 3D프린터와 같은 실험생산 장비를 갖추고 누구나 제품을 제작해 볼 수 있도록 하는 오픈 실험 제작 공간
- HEMS (Home Energy Management System): 가정 내에서 사용하는 에너지를 효율적으로 관리해 주는 시스템
- HMI (Human and Machine Interface): 기계의 상태나 제어를 컴퓨터 화면으로 표시하여 쉽게 관리할 수 있도록 한 프로그램과 컴퓨터 장비
- ICT (Information and Communication Technology): 정보 통신 기술

- Indiegogo: 미국에서 유명한 3대 크라우드 펀딩 플랫폼 (킥 스타터, 인디고고, 고펀드미) 중 하나
- IOS (Internet of Services): 서비스 활동을 고유 식별체계로 인식하고 인터넷으로 정보를 교류하는 개념
- IoT (Internet of Things): 사물인터넷, 인터넷을 기반으로 모든 사물을 연결하여 사람과 사물, 사물과 사물 간의 정보를 상호 소통하는 지능형 기술
- Kickstarter: 미국에서 유명한 3대 크라우드 펀딩 플랫폼(킥 스타터, 인디고고, 고펀드미) 중 하나
- Micro Factory: 생산 공장의 초소형화로 수요자의 기호 특성에 따른 다변화된 제품을 필요한 시간에 필요한 장소에서 필요한 양만큼 최적 생산할 수 있는 공장
- NC (Numerical Control): 복잡한 형상의 제품을 수치로 표현된 전자정보를 이용하여 가공할 수 있는 가공 장비
- OEM (Original Equipment Manufacturing): 주문자가 요구하는 제품과 상표명으로 완제품을 생산하는 형태
- O2O (Online-To-Offline): 온라인 채널의 고객을 오프라인 점포로 유도하는 사업 전략
- PLC (Programmable Logic Controller): 제어 로직 프로그램을 실행할 수 있도록 고안된 시스템으로 제어를 위한 입출력 장치를 포함하고 있음
- POP (Point of Production): 생산현장에서 생산 시작과 종료 데이터를 수집하는 수준의 제조현장 관리시스템
- R&D (Research and Development): 연구 개발 활동
- RFID (Radio Frequency Identification): 전파식별, IC칩과 무선을 이용하여 다양한 사물의 정보를 인식하여 관리용으로 사용할 수 있게 하는 인식기술
- SMT (Surface Mounting Technology): 표면 실장 기술, 인쇄회로 기판(PCB) 위에 반도체나 다이오드, 칩 등을 다수의 장비로 실장하고 이를 경화시키는 기술
- 3D Printing 기술: 3차원 디자인 기술기반의 디지털 정보를 제조 장비에 입력하여 소재를 적층식(additive)으로 쌓아 제품을 생산하는 기술과 이를 활용한 서비스
- VMI (Vender Managed Inventory): 고객사의 창고 또는 공정 내에서 자재 공급사의 관리 하에 운영되는 자재
- WBS (Work Breakdown Structure): 업무 행동을 분해하고 단위별로 분류하여 단위별로 관리하는 기법

참고 문헌

- 기획재정부(2010), 시사경제용어사전, 대한민국정부, 기획재정부.
- 김옥기(2014), "데이터 과학 어떻게 기업을 바꾸었나?," 이지스 퍼블리싱, pp. 79-84.
- 골먼(Daniel Goleman, 1995), Emotional Intelligence, New York, NY, England: Bantam Books, Inc. (한국어 판) 다니엘 골먼 저, 감성지능 상, 황태호 역, 비전코리아, 1996년, 감성지능 하, 비전코리아, 1996년.
- 골먼(Daniel Goleman, Annie McKee, and Richard E. Boyatzis, 2002), Primal Leadership: Realizing the Power of Emotional Intelligence. (한국어 판) 다니엘 골먼 저, 장석훈 역, 감성의 리더십, 청림출판, 2003년.
- 노상규(2016), 오가닉 비즈니스, Organic Media Lab, pp. 146-159.
- 딜로이트 안진회계법인(2016), 인더스트리 4.0과 제조업 생태계, p. 10.
- 딜로이트 컨설팅(Deloitte Consulting, 2016), 커넥티드 엔터프라이즈의 세계를 탐험하다. pp. 11-13.
- 딜로이트 컨설팅(Deloitte Consulting, 2016), 사물인터넷을 활용한 제조업의 스마트화, p. 5.
- 라이틀(1998), Lytle, R. S., P. W. Hom and M. P. Mokwa (1998), "SERV*OR: A Managerial Measure of Organizational Service-Orientation," Journal of Retailing, V. 74(4), p. 464.
- 로스 (Ross, Alec)(2016), The Industries of the Future, New York, Simon & Shuster.
- 뤄전위(2017), 4차 산업혁명 따라잡기, 김신호 옮김, 도서출판 한중.
- 리사 아더(2014), 빅데이터 마케팅, 이흥섭 옮김, 더난출판, pp. 75-92.
- 류한석(2012), 모바일 플랫폼 비즈니스, 한빛비즈, pp. 111-118.
- 마틴(1995), Martin, Mattew and Rebeca Rubin (1995), A New Measure of Cognitive Flexibilty, Psychological Reports, Vol. 76, pp. 623-626.
- 매스로우(Abraham Maslow)(1943), "A Theory of Human Motivation," Psychological Review. 2.
- 맥레오드(Saul McLeod (2007), "Maslow's Hierarchy of Needs," in https://www.simplypsychology.org/maslow.html, (Saul McLeod 2007, updated 2016).
- 머니투데이, "비트코인 송금도 18일부터 허용," 머니투데이, 2017. 7. 7. 제2면.
- 문승태(2017), "4차 산업 혁명 시대 진로 교육," 머니투데이, 2017. 8. 7. 제8면.
- 미래창조과학부(2016), 4차 산업혁명 시대의 생산과 소비, 지식 공감, pp. 135-143.
- 박세정(2015), 데이터, 플랫폼, 테크놀로지 마케팅 미래지도를 바꾸다, 아틀라스북수, pp. 203-214.

- 박춘엽, 김성희(1992), 신규사업의 전략과 실무, 서울: 도서출판 아오.
- 박춘엽(1997), "한국 경제에서 중소기업의 역할 변동," 일본학(동국대학교 일본학연구소 발행), 제16집, pp. 138-168.
- 박춘엽(1998(1)), "가칭 '소상공인 발전 센터' 설립을 위한 제안", 가칭 '소상공인발전센터' 도입을 위한 정책 토론회 발제문, 1998. 7. 16. (국회의원회관소회의실).
- 박춘엽(1998(2)), "소상공인 지원센터 설치의 타당성," 중소기업연구, 제20권, 제2호, pp. 193-208.
- 박춘엽(2013), 창업학: 이론 방법 사례, 보명북스..
- 박한구, 송형권, 장원중, 이순열, 임채성(2017), 4차 산업혁명: 새로운 제조업의 시대, 호이테북스..
- 배성환 외 3인(2012), 빅데이터와 SNS시대의 소셜 경험전략, 에이콘출판주식회사, pp. 34-44.
- 백윤수(2017), "제4차 산업 혁명과 창의 융합 인재 교육," 중앙일보, 2017. 6. 6. 25면.
- 벤 웨이버(2015), 구글은 빅데이터를 어떻게 활용했는가, 북 카라반, pp. 95-103.
- 브라이언 솔리스(2015), 경험은 어떻게 비즈니스가 되는가, 다른, pp. 11-22.
- 빈현우(2017), 나는 가상화폐로 3달 만에 3억 벌었다, 이코노믹북스.
- 산업연구원(정책자료 2007-62), 지능형 유연 생산시스템 분야의 2020 비전과 전략, p. 55.
- 삼정 KPMG 경제연구원(2015), 제조업, Are you Smart?, p. 15.
- 세계경제포럼(World Economic Forum) (2015), "The Future of Jobs," A Survey Report by the World Economic Forum).
- 슈밥(Klaus Schwab, 2016), 클라우스 슈밥의 제4차 산업혁명, (송경진 옮김), 세계경제포럼(World Economic Forum), 새로운 현재.
- 스마트공장 추진단(2016), 스마트 공장 사업소개, pp. 5-7.
- 스마트공장 추진단(2016), 스마트공장 업종별 참조모델, pp. 14, 18, 19, 26, 27, 34, 35, 365, 372, 373, 380, 381, 393, 400, 407.
- 시겔 에릭(2014), 빅데이터 다음 단계는 예측 분석이다, 이지스 퍼블리싱, pp. 144-162.
- 아카바네 요시하루, 아이케이 마나부, 이소 토모히로, 노지마 니이치로(2017), 블록체인 구조와 이론: 예제로 배우는 핀테크 핵심 기술, 양현 옮김, 위키북스.
- 알렉스 그레이(Alex Gray)(2016), "The 10 Skills You Need to Thrive in the Fourth Industrial Revolution," 2016. 1. 19.(Formative Content of World Economic Forum). https://www.weforum.org/agenda/2016/01/the-10-skills-you-need-to-thrive-in-the-fourth-industrial-revolution
- 알렉스 오스터왈더 외 4인(2016), 밸류 프로포지션 디자인, 아르고나인미디어그룹, pp. 104-118.

- 오토미 히로야스(2003), 다나카 고이치, 자신을 경영하는 생각의 기술, 양억관 옮김, 서울, 스테디북, 2003. 09. 22.
- 외머 아튼, 도미니크 레빈(2017), 빅데이터를 활용한 예측마케팅 전략, 고한석 옮김, 마인드큐브.
- 윤상진(2012), 플랫폼이란 무엇인가?, 한빛비즈, pp. 140-146.
- 이상한, 정영훈(2015), 빅데이터 시스템 구축가이드, 프리렉, pp. 234-236.
- 임석재(2015), 핀테크 보안 동향, TTA Journal, Vol. 158, pp. 72-79.
- 장재준, 황온경, 황원규(2017), 4차 산업혁명, 나는 무엇을 준비할 것인가, 한빛비즈(주).
- 정연승(2014), 49가지 마케팅의 법칙, 한스미디어, pp. 289-294.
- 정재학, 케빈 리(2010), 마케팅 성공사례, 길벗, pp. 199-202.
- 조선일보(2017. 7. 6.), "인구 고령화 이대로 가면 10년 뒤 제로 성장…여성 경제활동 증가가 현실적 해결책" 조선닷컴뉴스, 2017. 7. 6.
- 정주필, 최재용(2017), 디지털 화폐 혁명: 블록체인과 가상화폐 투자 전략, 매경출판.
- 중소기업진흥공단(2017), 스마트공장 구축 및 추진 실무, pp. 14, 35, 56, 140.
- 중소기업진흥공단(2017), 사례로 배우는 스마트공장 핵심 포인트, pp. 25-29.
- 중소기업청(2016), 중소. 중견기업 기술로드맵(2017-2019) 스마트 팩토리, pp. 4-5.
- 차두원 외 14 인, 4차 산업혁명과 빅뱅 파괴의 시대, 서울, 한스미디어.
- 파커, 지오프레이(Parker, Gregory G., Marshal W. Van Alstyne, and Sangeet Paul Choudary) (2016), 플랫폼 레볼루션, 이현경 옮김, 서울: 부키(주).
- 푼케(Funke, Joachim) (2012), "Complex Problem Solving", in Encyclopedia of the Sciences of Learning, Springer.
- 케이시, 마이클, 폴 바냐(2017), 비트코인 현상 불록체인 2.0: 가상 화폐, 금융혁명 그 이상을 꿈꾸다. 유현재, 김지연 옮김, 미래의 창.
- 피터틸(2014), 제로투원, 한국경제신문, pp. 13-20.
- 필립 코틀러(Philip Kotler), 허마원 카타자야, 이와 세티아완(2017), 필립 코틀러의 마켓 4.0, 이진원 옮김, 서울: 도서출판 길벗.
- 필립 코틀러(2003), 필립 코틀러의 마케팅 A to Z, 세종연구원, pp. 13-18.
- 한국무역협회 국제무역연구원(2015), 다시 뛰는 미국 제조업 플랫폼 전략을 통한 혁신, pp. 7-8.
- 히라스 아쓰시 칼, 안드레이 학주(2011), 플랫폼 전략, 더숲, pp. 188-192.
- DFKI(2012, 독일 인공지능연구소), Cyber Physical System in Factory Automation, pp. 9-10.

- ETRI(2013), 중소기업 융합제품 개발을 위한 개방형 혁신 인프라 구축, pp. 135, 138.
- International Electrotechnics Commission(2015), 미래공장(백서), pp. 237-239.
- LG경제연구원(2016), 일본 제조업의 IoT 전략, pp. 13-24.
- World Economic Forum(2017), Technology & Innovation for the Future of Production, pp. 24-26.

웹사이트 자료

- http://dupress.com/collection/internet-of-things/IOT
- http://dupress.com/collection/3d-opportunity/3D Printing
- http://dupress.com/collection/cognitive-technology/AI
- http://localmotors.com/
- http://fablab-seoul.org/
- http://www.techshop.ws/
- https://www.google.co.kr/search?q=big+data&tbm=isch&imgil=a4LFi1JGlXZoOM%253A%253B19bw1s670-U7XM%253Bhttp%25253A%25252F%25252Fwww.eazystock.com%25252Fblog%25252F2015%25252F09%25252F01%25252F4-ways-big-data-is-changing-how-companies-manage-inventory%25252F&source=iu&pf=m&fir=a4LFi1JGlXZoOM%253A%252C19bw1s670-U7XM%252C_&usg=__PFO0ywzdaPXIMe8wJlYc2T32Pbc%3D&biw=1280&bih=615&dpr=1.5&ved=0ahUKEwiQ6Z_N3u7UAhXBrJQKHQyeAzoQyjcIUQ&ei=qxJbWdDnOMHZ0gSMvI7QAw#imgrc=lBbMNUSC77fyFM:&spf=149914380 0182
- https://fintech.treasury.gov.au/economic-benefits-of-fintech/
- http://thepeakperformancecenter.com/educational-learning/learning/principles-of-learning/maslows-hierarchy-needs/

색 인

(1)

10대 요인	11
1차 산업혁명	7
1차적 연결망	15

(2)

2차 산업혁명	7
2차적 연결망	15

(3)

3D 프린터	277
3D 프린팅	53, 291, 298
3D 프린팅 제품	223
3차 산업혁명	7

(4)

4차 산업혁명	2, 4, 35
4차 산업혁명의 본질	3
4차 산업혁명의 진로	262, 298
4차 산업혁명의 진화 과정	167
4차산업혁명위원회	307

(6)

6070+세대	278

(D)

DNA 디자인 기업	284

(E)

e북	283

(I)

IT 제품 거래소	284

(S)

SNS	15, 16
SNS 활동성	268
SNS 컨설팅	288
SNS를 통한 사회적 연결망	18
SNS의 단점	120
SNS의 영향력	267, 298
SNS의 이점	120
SNS의 종류	17
SNS의 중요성	17
SO 전략	138
ST 전략	138
STEAM	33
STEM	32
SWOT 매트릭스 분석	138
SWOT 분석	137
SWOT 분석 사례	137

(T)

TW 전략	138

(W)

WO 전략	138

(ㄱ)

가상 화폐	62, 275, 298
가상 화폐 투자	296
가상현실	56, 274, 298
가상현실 개발	291
가상현실 제품 개발	155
가성비	22
가치사슬	178
가치사슬의 초연결	179
감성 지능	98, 298
감성화	23
강점	137
개방형 제품 개발	209
개인 교습	295
개인 맞춤형 제조	171
건강 보조 식품	285
건강 스포츠	289
검색 엔진 최적화	288
결혼 상담과 치유	293
경영 지원	289
경영 컨설팅과 지원	288
경영 환경 변화	11
경영과학	78
고객 감동	229
고객 감성 시장 세분	232
고객 감성별 마케팅 활동	233
고객 경로	249
고객 관계	229
고객 관계 관리	228
고객 아이디어 제품화	219
고객 이탈 방지	252
고객 지향성	107
고급화 욕구	22
고기 생육 업	285
공급사슬 관리시스템	202
공급사슬 관리시스템 요구사항	203
공기 정화 식물	292
공기 통조림 사업	286
공유 경제	58, 298
공유 경제 플랫폼	295
과학 기술 공학 수학	31
광섬유 제조	292
교육과 학습	31, 298
교육과 학습 시스템	269
교육의 혁신	129
구매 의사결정	249
국제적 환경	33
귀농자	293
그린 컨설팅	287
글로벌 스카우트	268
글로벌 채용	304
기술 간 융합	209
기술 잡지 출판	291
기술 전시회	294
기업 내부와 외부 상황 분석	137
기업 혁신가	130
기업을 둘러싼 제조 환경	186

기업을 위한 대응 전략	301	동물 복제 사업	285
기업의 사회적 책임	24, 270	동물 사육	293
기회	4, 137	드론	57, 274, 298
기회의 창	2, 4, 5, 6	드론 활용	292
		디자인	152
		디지털 리터러시	123
(ㄴ)		디지털 마케팅	226, 230
		디지털 미디어	230
나노 위성	290	디지털 화폐	275
나노 의료 기술	285	디지털화	225
내부적 요인 분석	137		
넬슨 만델라	4		
노동 문제와 일자리	27	**(ㄹ)**	
노인 음식	289		
노인의 가정 돌봄이	289	러다이트 운동	30
농업	271, 298	로봇	39, 276, 298
농촌	271, 298	로봇 부품	292
		로봇 수리 사업	294
		론치	157
(ㄷ)		론치 리더의 선임	158
		론치 리더의 업무	158
달나라 여행	290	링크트인	16
대응 전략	297		
대학의 변신	307		
데이터 가치	258	**(ㅁ)**	
데이터 가치 혁신	240		
데이터 과학	234	마케팅	298
데이터 과학 마케팅	238	마케팅 데이터 관리	244
데이터 마이닝	236, 237	마케팅 소프트웨어	233
데이터 중심의 마케팅	212	마케팅 전략 4.1	212
데이터 중심의 마케팅 특징	214	마케팅 커뮤니케이션	213
데이터 중심의 마케팅 활동	216	마케팅 커뮤니케이션의 구조	217
데이터 활용 가치화	257	마케팅 활동 분석	254
도메인 매매업	283	마크 저커버그	16
독자적인 SNS 시도	283	말트비 밥콕	5

매슬로의 욕구 8단계	21	블로그 컨설턴트	282
면접	11	블록체인	62, 298
명예퇴직	68	비료 생산 회사	285
모바일 마케팅	228	비영리 조직	306
모바일 마케팅 컨설턴트	288	비정규직과 임금	29
모바일 지불	275	비트코인	63
문제 해결	81	비판적 사고	79, 81, 268, 298
문제 해결 순서	75	비판적 사고의 사례	85
문제의 해결 방법	74	비판적 사고의 실행	82
물 무역	286	빅데이터	54, 240, 294, 298
물리적 연결망	15	빅데이터 기반의 예측 생산	221
미래	298	빅데이터 마케팅	244
미래 비즈니스	277	빅데이터 마케팅 전략	246, 247
미래 사업	281	빅데이터 소프트웨어	251
미래 예측	262		
미래 유망 산업	274		
미래 인구	272	**(ㅅ)**	
미래에 필요한 업무 역량	68	사고의 종류	68, 69, 81
미래의 인구	298	사물 인터넷 환경의 생산 서비스	220
		사물인터넷	42, 169, 276, 293
		사물인터넷과 웨어러블 디바이스	298
(ㅂ)		사생활 보호 보안 기업	294
		사업성 분석	150
바이오 연료 생산	286	사원 모니터링 서비스	288
바이오 의료 기술	48, 298	사이버 리터러시	122
바이오 의료 산업	284	사이버 리터러시 평가표	123
박춘엽	28	사이버 업무 역량	119, 298
반려동물 돌보미	295	사이버 업무 역량 평가	123
방문 미용실	289	사이버 전사	304
배타성	23	사이버물리 제조 시스템	170
복잡한 문제 해결 능력	70, 298	사이버물리적 시스템	121
복잡한 문제의 해법	77	사회적 네트워킹 사이트	16
분석과 예측	252	사회적 네트워킹 서비스	16
블로그	17		

사회적 연결망	16	스마트 기기의 활용	306
사회적 연결망의 구분과 특성	19	스마트 도시	46
사회적 학습	31	스마트 제조공장	174
산업혁명	33	스마트 제조시스템 구성	190
산업혁명의 전개 과정	8	스마트 제조의 미래	207
상자 공급	292	스마트 조립 공정	196
새로운 서비스	134	스마트 주택	276
생산	156	스마트 팩토리	164, 183, 184, 298
서비스 산업	278	스마트 팩토리 수준별 정의	191
서비스 지향성	107, 298	스마트 팩토리 이미지	183
서비스 향상	306	스마트 팩토리 추진 모델	194
설비관리 시스템	204	스마트 팩토리 추진 방법	187
설비관리 시스템 구성 체계	205	스마트 팩토리의 범위	189
설비관리 시스템 요구 사항	206	스마트 혁신	171
소비와 유통 채널	166	스마트 홈	45
소비자 참여	24	스마트공장 고도화	194
소상공인	28	스마트공장 기초수준	191
소상공인지원센터	28	스마트공장 상위 수준	193
소셜 메시징	17	스마트폰	11, 264, 298
소셜 미디어	229	스마트폰 열공족	11, 14
소통	305	시장 분석과 마케팅 전략	151
소프트웨어 개발	281	시장 세분화	231, 250
소프트웨어 시험 검사	282	시험	152
수경 재배	292	신경기술	48
수소 생산	287	신규 사업	298
수소 연료 자동차	277	신규 사업 개발	130, 161
수소 연료 전지차	52, 298	신규 사업 분야의 탐색	162
수원 화성	7	신규 사업의 목적	162
수의사	284	신기술 교육	303
수준별 요구사항	205	신기술의 이해	127
수직 농업	293	신재생 에너지	281
숭실대학교	8	신제품	130, 298
슈밥	29	신제품 개발	130

신제품 개발 과정	136
신제품 개발 전략	138
신제품 개발의 이유	131
신제품 개발의 특징	135
신제품 개발이 실패하는 이유	159
신제품 아이디어 요약 양식	144
신제품 아이디어의 원천	140
신제품 콘셉트 요약	150
신제품의 종류	132
신체 조직 만들기	285
실행 요약문	151

(ㅇ)

아브라함 매슬로	20
아웃소싱 컨설팅	288
아이디어 선별	143
아이디어의 정리 정돈	143
아이디어의 평가	146
아인슈타인	80
안중근	24
알렉스 그래이	69
앱 개발	282
약점	137
업무 역량	69, 70, 298, 299
업무 역량 종합 평가	128
업무 환경의 변화	91
에너지 저장 산업	286
에딘버대학교	38
에어비앤비	59, 61
엔터테인먼트	289
여가 시간	30
연구 사업	293
연수와 교육 지원	304
연예	289
연예인 교육 훈련	289
오락성 욕구	23
오픈 소싱	181
오픈 소싱 혁신	181
온라인 교육	280
온라인 도서관	284
온라인 학교	283
온라인 헌책 점	283
온실가스 감사관	286
외국어 능력	115, 298
외부 요인 분석	137
욕구 8단계 모형	20
욕구의 고도화	20
욕구의 변화	20
욜로	277
우버	60
우주 채광	290
우주 항공	290
우주 호텔	291
운동 관리사	290
원형 만들기	152, 154
웨어러블 디바이스	42, 47, 275
웹 디자이너	282
웹사이트 매매업	283
위협	137
유기농 계약 재배	292
유능한 인재 선발 전략	91
유능한 협상가	112
유아 영어 교육 사업	294
유연 근무제	268, 298
유전체학	48, 276

융합화 제품	222	자녀 교육 전략	300
은퇴자 돌봄 서비스	289	자동차 쉐어링 사업	287
의료 폐기물의 재활용	287	자동차의 재탄생	49
의사 결정 과정	106	자유 기고가 플랫폼	294
의사 결정 문제의 종류	103	자율성	268
이순신 장군	100	자율주행차	49, 277, 298
인 바운드 마케팅	231	재난 컨설팅	295
인공지능	35, 238, 274, 298	재앙	273
인공지능 교육 훈련 사업	296	저비용으로 영어 능력	116
인구 문제의 특성	25	전기 자동차	51, 298
인구 변화	25	전기 자동차 생산	287
인구 트렌드	26	전기차	277
인더스트리 4.0	165	전기차 충전소	287
인사 관리	298	전략의 개발	139
인사 관리 능력	90	전문 분야의 업무 역량	125
인스타그램	16, 282	전문 지식과 능력	298
인재 선발	298	전문 통역사	293
인재 확보	303	전통적 사회적 연결망	18
인재의 선발과 평가	267	정보 기기 임대 사업	284
인적 자원의 혁신	68	제약 사업	285
인지적 유연성	112, 298	제조 공장의 변화	168
인지적 유연성의 측정	114	제조 기술의 지능화	173
인터넷 검색과 연구	295	제조 운영 시스템	195
인터넷 사업자	284	제조 운영 시스템 구성 체계	198
인터넷 장비 제조	283	제조 운영 시스템 요구 사항	197
일본	14	제조 유연성 확대	209
일인 가구	280	제조 자원 조달	181
일자리	29, 264	제조 패턴의 변화	171
일하는 여성	279	제조 플랫폼의 구성	177
		제조 혁신	164, 165, 298

(ㅈ)

자기소개서	11, 35, 68, 88	제조 혁신을 촉진	167
		제조 혁신의 배경	164
		제조 현장의 변화	165

제조와 마케팅 융합	210
제트 추진 장비	290
제품 서비스	217
제품 시험	155
제품 콘셉트 개발	147
제품 콘셉트 요약	149
제품 콘셉트 테스트	147
제품 포지션	225
제품개발 시스템	199
제품개발 시스템 구성 체계	199
제품개발 시스템 요구 사항	200
제품과 서비스가 융합된 제품	218
제품의 디자인	153
조직의 단체 포상	98
조직의 혁신	11
주입식 지식	306
줄기세포 제약 사업	285
중앙 정부	307
증강현실	56, 298
지방 자치 단체	307
직업	264
직장인을 위한 대응 전략	300

(ㅊ)

찰스 스윈돌	4
창업	11, 301
창업 기회	35
창업 희망자	131, 301
창의력	87, 298
창의력을 기르는 방법	89
창의적 인재의 발굴	88
창의적인 인재의 특징	87

첨단 기술 컨설팅	295
체내 삽입 기술	49
초연결 사회	19
초월성 욕구	24
초중고 교육	306
축복	273
출시 전략	159
취업	299
취업 스펙	299
취업 준비생	11, 35, 68, 131
취업을 위한 대응 전략	299

(ㅋ)

카일 챈들러	5
컴퓨터 보안 사업	282
컴퓨터 부품	284
컴퓨터 활용 능력	119
컴퓨터 활용 능력 평가	124
크라우드펀딩 컨설팅	295

(ㅌ)

타인과의 코디네이팅	93, 94, 298
탈레스	3
태양열 사무실	286
태양열 양수 사업	287
토머스 에디슨	4, 5
트리즈	143
특별한 여행	290

(ㅍ)

판단과 의사 결정	298
판단과 의사 결정 능력	102
페이스북	16
포지션 전략	223
표적 집단 토론	148
풍력 발전	286
플랫폼 비즈니스	280
플랫폼 제조	176
피트니스 센터	290
핀테크	63, 298

(ㅎ)

학교의 변신	306
한국 인구 문제의 고민	25
한국의 경험	7
한국의 스마트공장	187
한국이 얻은 교훈	9
해양 스포츠 관광 사업	293
핵심 기술과 개념	35
헬렌 켈러	4
혁신	305
현대 사회의 연결망의 구조	19
현장 문제 해결 교육	306
협상력	109, 298
협상의 6대 요소	110
홀로그램 극장	289
화장품 제조	291
환경 관련 사업	286
회계 관리	288
휴대폰 수리업	283
휴대폰 액세서리 생산	291
휴대폰 제조	291

저자 약력

박춘엽
학력: 미국 조지아공대 산업시스템공학 석사와 박사(부전공: 경제학 및 응용통계학), 숭실대에서 전자계산학 및 농학을 공부
경력: 동국대학교 산업시스템공학과 교수, 미국 조지아공대 객원교수, 사우디아라비아 알야마마대학교 경영대학 교수, 한국중소기업학회 회장, 한국창업학회 초대 회장, 소상공인지원센터 초대 자문위원장, 대통령직 인수위원회 경제자문위원, 중소기업정책과 창업 및 일자리 창출 전문가
현직: 동국대 산업시스템공학과 명예교수, 한국방송통신대 경영대학원 강의전담 교수, 4차산업혁명연구원 원장, 패트릭어학원(www.patrick-english.com) 원장
저서: 창업학 외 베스트셀러 다수, 논문: 국내외 학술지에 다수
blog: http://blog.naver.com/choonpark   e-mail: choonpark@naver.com

박병연
(현직) 중소기업진흥공단 청년창업사관학교 교수
(전) 중소기업진흥공단 정보화지도실, 경영혁신실 지도위원, 호남연수원 연수원장
(전) MicroAge 시스템 컨설턴트 (미국 Los Angeles, CA)
학력: University of Texas (Arlington) MBA (MIS 전공), 동국대학교 대학원 경영학과 졸업(마케팅 전공)
강의: 컨설팅 방법론(국민대 대학원), 경영혁신 방법론(동국대 대학원), 고급통계학(상명대학교)
저서: 경영혁신 프로그램 리팩토리 Ver. V(공저)
e-mail: YouAreByPark@gmail.com

오점술
(현직) 중소기업진흥공단 청년창업사관학교 교수
(전) 중소기업연수원 교수실장, 중소기업진흥공단 지부장
학력: 부산대학교 졸업, 연세대학교 경영대학원졸업
저서: ISO 9001 품질경영시스템 구축을 위한 가이드라인, 최적 공정설계를 위한 다구치 기법
e-maill: ohjsool@naver.com

손인배(도와준 이)
(현)미국공인회계사(AICPA), 중소기업진흥공단 전문위원
학력: 학사(연세대학교 졸업), 경영학 석사, 경영학 박사

4차 산업혁명의 핵심 전략

2018년 1월 19일 초판 인쇄
2018년 1월 26일 초판 발행

저 자 | 박춘엽, 박병연, 오점술, 손인배(도와준 이)
발행인 | 우주온
펴낸곳 | 도서출판 책연

주 소 | 경기도 부천시 길주로 561번길 124 (여월동)
Tel (070) 4645-9010 | Fax (050) 4030-2102

출판등록 제 386-2017-000065 호
ISBN 979-11-961572-3-4   03320   정가 19,500원

ⓒ 2018, 박춘엽, 박병연, 오점술
저자와 협의 하에 인지는 생략합니다.
이 책의 일부 또는 전부의 무단 복제를 금합니다.